COURS

DE

DROIT CRIMINEL.

IMPRIMÉ CHEZ PAUL RENOUARD, RUE GARANCIÈRE, N. 5.

COURS

DE

DROIT CRIMINEL,

FAIT A LA FACULTÉ DE DROIT DE PARIS,

PAR M. BERRIAT-SAINT-PRIX.

—

QUATRIÈME ÉDITION,
REVUE, CORRIGÉE ET AUGMENTÉE.

PARIS,

NÈVE, LIBRAIRE DE LA COUR DE CASSATION

PALAIS DE JUSTICE, N° 9.

M DCCC XXXVI.

AVIS AUX ÉLÈVES

SUR LE COURS DE DROIT CRIMINEL.

I. *Rédaction*. Composé en 1807, sur les dispositions des lois en vigueur à cette époque (1), et rectifié successivement sur le Code d'instruction criminelle de 1808, sur le Code pénal de 1810, et sur la jurisprudence, ce Cours est, pour une grande partie du texte, à-peu-près tel qu'il a été *dès-lors* enseigné à la Faculté de droit de Grenoble (2). On y a ajouté beaucoup de notes composées d'après les motifs, et en suivant la méthode indiquée dans le Cours de Procédure civile, *avis aux élèves, pages vij et viij, sixième édition*.

(1) Loi sur les Jurés et Code pénal de 1791 , Code de brumaire an iv, etc. (v. *ci-apr. p.* 53, *n.* 4 *et* 6, *et p.* 54 , *n.* 3).

(2) Ainsi, Le Graverend (v. *ci·apr. p. vij, n.* 5) se trompait lorsque, en émettant, en 1816 (*introduct. , p. xlvj*) , le vœu que le Droit criminel fût professé dans les Facultés de Droit, comme le prescrit l'article 2 de la loi du 22 ventose an xij , il donnait à entendre que cet article n'avait été exécuté nulle part. Dans les diverses éditions de notre Cours de Procédure civile , dont la première a paru en 1808 , nous avons toujours fait mention de notre Cours de Droit criminel, et annoncé qu'il était expliqué chaque année... L'erreur de Le Graverend était d'autant plus singulière qu'en 1812, il avait , comme délégué du directeur de la librairie, examiné la 3e édition du même Cours de procédure. Il y a néanmoins persisté dans ses dernières éditions (*d. p. xlvj*), quoique avant sa mort (1827), nous eussions déjà publié trois éditions de notre Cours de droit criminel.

II. *Éditions...* Première, 1817, Grenoble, in-8 de vj et 167 pages.

Seconde... 1821, Paris, in-8 de vj et 200 pages.

Troisième... 1825, Paris, in-8 de vj et 208 pages (on y a joint, en octobre 1832, un supplément de 8 pages).

Quatrième... avril 1836, Paris, in-8 de viij et 256 pages.

Le manuscrit de cette édition a été revu en entier par le fils aîné de l'auteur, Charles Berriat-Saint-Prix, procureur du roi à Dreux, à qui sont dues en outre, beaucoup de corrections et d'additions. Leur grand nombre n'a permis d'indiquer que les plus étendues de ces dernières; elles sont signées des initiales: CH. B. S.

III. *Citations.* Les observations présentées dans le cours de procédure pour les citations (*d. p. vij, et p.* 803, § 2) sont applicables au Cours de Droit criminel.

IV. *Abréviations et autorités.* On s'est également servi des signes abréviatifs dont l'explication est donnée dans le Cours de Procédure, *p.* 801, § 1, avec les différences suivantes :

Comme, à un très petit nombre d'exceptions près, on n'a cité, pour la jurisprudence, que des décisions de la Cour suprême, la plupart, de la section criminelle, les signes *arr. cass.* (arrêt de cassation), *arr. rej.* (arrêt de rejet), ou simplement *arr.*, indiquent les arrêts de cette section. Pour ceux de la section civile, on a ajouté *cass. civ.*, ou *B.-c. civ.* (cassation en matière civile, Bulletin civil).

Les arrêts rendus en matière criminelle étant presque tous puisés dans le Bulletin officiel de la même Cour, on a souvent indiqué leurs numéros pour en faciliter la recherche. Le signe *n*. (n°) désigne toujours un arrêt du Bulletin, et le signe *B-c.*, le Bulletin criminel (3).

Indépendamment de plusieurs des ouvrages désignés dans le Cours de procédure (p. 804 à 807), on s'est servi des suivans :

1. *Manuel d'Instruction criminelle*, contenant le Code d'instruction criminelle, le Code pénal, etc., par Bourguignon, 1810, 2 v. in-8.

2. *De l'instruction criminelle*, par Carnot, 1812, et 1817, 3 v. in-4; seconde édition, 1829 et 1830, 3 v. in-4, avec un supplément, formant le tome iv, qui a paru en 1835 (citations : *Carnot, Code crim.*, *ou comm. crim.*, en ajoutant le signe 2ᵉ *édit.*, lorsque nous nous servons de celle-ci).

3. *Commentaire sur le Code pénal,* par le même, 1823 et 1824, 2 v. in-4 (citation : *Carnot, comm. pén.*, ou *Code pén.*).

4. *Dictionnaire des arrêts modernes* (Paris, chez Nève), tome 2, ou partie criminelle, par M. Laporte, 1814, in-4.

5. *Traité de législation criminelle*, par Le Graverend, 1816, 2 v. in-4... 3ᵉ édition revue et corrigée sur les notes manuscrites de l'auteur et d'après les changemens survenus dans la législation et la jurisprudence, par M. Duvergier, 1830, 2 v. in-4 (nous ajoutons le signe 3ᵉ *édit.*, quand nous la citons).

6. *Journal de droit criminel*, par M. Chauveau, 1829 à 1835, 5 v. in-8 (citation : *J-cr.*).

7. *Code pénal progressif*, ou commentaire sur la loi modificative du Code pénal, par le même, 1832, in-8 (citation : *Code progress*). (4)

Le Cours de Droit criminel faisant suite à celui de Procédure civile, et complétant les élémens des ma-

viij

tières que le professeur est chargé d'enseigner, on a jugé inutile d'y répéter beaucoup de règles et de décisions déjà exposées dans ce dernier Cours; on s'est borné à indiquer les passages où elles se trouvent, en citant les pages de sa 6ᵉ édition (5).

(3) Quoique nous persistions dans l'opinion émise dans le même ouvrage (*d. avis, p. vij, note* 8), sur la jurisprudence et l'usage qu'on peut en faire, et que nous proposons, quelquefois, des objections contre divers arrêts de la Cour suprême, nous n'en pensons pas moins qu'ils sont les guides les plus sûrs qu'on puisse offrir pour l'interprétation des lois. La Cour de cassation est une des institutions les plus heureuses et les plus utiles qu'on doive à la législation moderne.

(4) Autres ouvrages cités dans les notes :

1. *Collection des lois, decrets, etc.*, par **M.** Duvergier, 1824, et années suivant., 35 vol. in-8.

2. *Jurisprudence générale du royaume*, etc., par **M.** Dalloz, 1824 et années suivant., 23 vol. in-4.

3. *Lois de la presse, en* 1834, par M. Parant, 1834, in-8.

4. *Code annoté de la presse*, par M. Cellier, 1835, in-8.

5. *Manuel des contributions indirectes*, par M. Girard, 2ᵉ édit., 1834, in-8.

6. *Code d'instruction criminelle et Code pénal, expliqués par la jurisprudence*, par **M.** de Grattier, 1834, in-8.

7. *Des fonctions d'officier de police judiciaire*, par **M.** de Molènes, 1834, in-8.

8. *Théorie du Code pénal*, par MM. Chauveau et Hélie, tome 1ᵉʳ, 1835, in-8.

(5) ☞ Depuis la publication de cette sixième édition (novembre 1835), on a recueilli quelques décisions de procédure civile, qu'on a mises, avec un *errata*, à la fin du Cours de Droit criminel (page 256).

COURS

DE DROIT CRIMINEL.

OBSERVATIONS PRÉLIMINAIRES.

On nomme droit criminel, le système, l'ensemble des règles relatives aux délits. Il se divise en deux parties, la législation et la procédure criminelles.

La législation criminelle a pour but de réprimer les délits.

La procédure criminelle détermine les règles qu'on doit observer lorsqu'il s'agit de parvenir à ce but.

Ainsi la législation et la procédure criminelles sont deux branches différentes du droit, et il est naturel de diviser en deux parties le cours où nous devons traiter de l'une et de l'autre.

PREMIÈRE PARTIE.

LÉGISLATION CRIMINELLE.

L'objet de la législation criminelle étant la répression ou punition des délits, pour en bien saisir les principes, il faut examiner : 1° les délits en eux-mêmes ; 2° les peines dont on les punit : c'est ce qu'on va faire dans les deux sections suivantes.

SECTION PREMIÈRE.

DES DÉLITS.

Nous traiterons dans cette section, 1º des caractères des délits; 2º de leurs espèces principales, ou de leur classification; 3º de leurs résultats, c'est-à-dire de l'action publique et de l'action civile auxquelles ils donnent lieu; 4º des individus qui les commettent, ou qui sont passibles des mêmes actions; 5º des lois d'après lesquelles ils doivent être punis; 6º des Tribunaux qui sont chargés de l'application de ces lois.

CHAPITRE PREMIER.

Des caractères des délits.

I. Le délit est une action ou une omission d'action (1) d'où résulte une atteinte directe à la sûreté des personnes ou des propriétés. C'est ce qui se déduit de l'idée que la loi nous en donne elle-même en ces termes : « faire ce que défendent et ne pas faire « ce qu'ordonnent les lois (2) qui ont pour objet le « maintien de l'ordre social et la tranquillité publi- « que, est un délit. » *C-br.* 1. — *V. aussi* ci-apr. *p.* 9.

(1) *Une omission...* C'est que pour atteindre à leur but, les lois dont nous allons parler, ne se bornent pas à défendre certaines actions ; elles en ordonnent aussi sous diverses peines ; par exemple, la réparation des fours, le ramonage des cheminées, l'éclairage et le nettoiement des rues, la démolition des édifices qui menacent ruine. *C-pén.* 471, ⸹. 1, 3 *et* 5. — V. aussi *B. c.* 1820, *n.* 135; 1821, *n.* 198; 1822, *n.* 55.

Observations. 1. La peine des omissions précédentes étant seulement une amende d'un franc à cinq francs (*C-pén.* 471, *in pr. et dd.* ⸹. 1, 3 *et* 5), on conçoit que les contrevenans préféreraient la subir et plus d'une fois, plutôt que de réparer leur omission, surtout lorsqu'il s'agit de *démolition* d'édifices. Mais comme en statuant sur un délit le tribunal criminel a l'attribution essentielle de prononcer sur les dommages qui en sont la suite (v. *ci-apr. chap. des actions*), il a aussi par là même le droit, et il est de son devoir de faire cesser et en quelque sorte de détruire les résultats du délit. V. *à*

ce sujet, rej. 24 *janv.* 1834 , *n.* 36. — V. aussi *B. c.* 27 *mars et* 15 *mai*
1835, *n.* 112 *et* 186.

2. Il suit de là que le juge de police devra, comme une conséquence de la
condamnation, ordonner la démolition soit d'un établissement insalubre non
autorisé (v. *B. c.* 27 *juill.* 1827 , *n.* 200) , soit d'ouvrages différens de ceux
que la mairie avait permis. *B. c.* 1822 , *n.* 55; 1830, *n.* 173 *et* 184; 1831 ,
n. 216, 250, 297 *et* 298; 1832, *n.* 66, 100 , 375, 390 *et* 400; 1833, *n.* 495 *et*
496; 1834, *n.* 35, 166, 322, *etc.* — V. aussi (clôture de spectacle non permis)
d. rej. 24 *janv.* 1834. — V. toutefois, quant aux démolitions, M. *Chauveau,*
J-cr. 1831, 218.

3. A plus forte raison devra-t-il ordonner la démolition d'un édifice
menaçant ruine. *B. c.* 29 *déc.* 1820 , *n.* 161; 2 *déc.* 1825, *n.* 231 ; 26 *mars*
1830, *n.* 81.

4. Peu importe l'*étendue* des frais des opérations précédentes, parce que la
compétence du juge de police se détermine d'après la somme de l'amende, et
non pas d'après celle des dommages. D. *B. c.* 27 *juill.* 1827.

5. Il peut toutefois accorder un délai pour ces opérations , sauf à l'administration , si l'intérêt public l'exige, à y faire procéder avant l'expiration du
même délai. V. *rej.* 15 *sept.* 1825. — V. aussi *B. c.* 26 *avr.* 1834.

6. Observez d'ailleurs qu'il est un cas où la peine d'une *omission* est bien
plus considérable (50 à 500 francs d'amende); c'est celui où il s'agit d'un
incendie causé par un défaut de réparation de maison ou de nettoyage de
cheminées, etc. et communiqué à des propriétés voisines. V. *C-pén.* 458.

(2) Ainsi que les réglemens de police. V. *à ce sujet, ci-apr. art.* 1, *p.* 10.

Nous indiquerons dans la suite les lois que désigne
ce texte (3). Il suffit de remarquer à présent qu'elles
sont connues sous le nom de lois *pénales,* parce que
la peine qu'elles prononcent contre les actions ou
omissions dont on vient de parler, est ce qui les distingue surtout des autres sortes de lois (4). Ainsi l'on
peut dire en général qu'*un délit est une infraction à*
une loi pénale. (5)

(3) V. ci-après, chapitre des lois criminelles (générales ou spéciales).

(4) *Observations.* 1. A la vérité, les lois *civiles* prononcent aussi très
souvent des punitions contre ceux qui les enfreignent ; mais ces punitions
telles qu'une déchéance d'un droit, une indemnité pécuniaire et même une
amende, ne sont pas proprement des peines, dans le sens que le droit criminel attache à ce mot ; aussi, les lois civiles n'ont-elles pas confié aux juges
criminels le soin de les infliger. *V. ci-apr. p.* 5.

2. Dès-lors, les amendes encourues par un notaire, pour des contraventions
à la loi du notariat, devant être prononcées par le tribunal civil, ne sont point
considérées comme des peines, pas plus que ces contraventions comme des
délits. V. *B. c.* 30 *juin* 1814, *n.* 29 , *et rép. xv,* 519, *avec le réquisit.* , *mot*
notaire , § 7.

3. A la vérité encore, l'amende criminelle consiste comme l'amende civile,
dans une prestation pécuniaire au profit du trésor public ; mais la première
étant, ou l'a dit, une peine, d'une part n'est pas susceptible de cumul ni de
responsabilité civile, et de l'autre, se prescrit ordinairement par un espace de

temps plus court, et est accompagnée de contrainte par corps (v. *ci-apr. art. de la nature des peines, des prestations, de la responsabilité, et de la prescription*), tandis qu'il n'en est pas de même en général, pour l'amende civile, qui, au fond, n'est qu'une indemnité en faveur du trésor. V. *B. c. civ.* 14 *fév.* 1832, *p.* 26.

(5) *Observations.* 1. C'est ce qui résulte d'ailleurs de l'art. 1er du Code pénal, où l'on nomme *infractions punies* par la loi , soit la contravention, soit le délit proprement dit, soit le crime.

2. Il suffit que l'infraction existe, pour qu'il y ait délit. Il ne dépend pas d'un tribunal d'affranchir de l'action publique, sous prétexte que le fait imputé, tel que la conduite d'un char à travers un terrain *emblavé* (C-pén. 475, ÷. 10, le punit d'amende)', 1° n'intéresse point l'ordre public. *B. c.* 11 *juin* 1813, *n.* 126, *et (avec le réqu.) rép. xiv*, 207, *mot tribunal de police, sect.* 1 , § 2 (v. aussi *ci-apr., chap.* 3 , *note* 9 , *p.* 27). — 2° A toujours été pratiqué, en un mot, est passé en usage. V. *ci-apr.* § *des excuses, note* 6, *n.* 3.

II. C'est ici le lieu d'exposer divers principes qui servent à compléter l'idée que l'on doit se former des caractères des délits.

1. « Aucun acte, aucune omission ne peut être « réputée délit, s'il n'y a contravention à une loi pro- « mulguée antérieurement (6). » *C-br.* 2. — V. aussi *C-pén.* 4 ; *C-cr.* 22 *et* 364. — On voit que c'est une conséquence du *principe* que la loi (*C-civ., art.* 2) ne peut avoir d'effet rétroactif (7).

(6) *Observations.* 1. *Exemples.* L'anticipation sur le lit d'une rivière non navigable ni flottable, l'écoulement, par filtration, de latrines dans un puits voisin, la morsure d'un chien fermé dans une cour, n'étant point indiqués dans les lois pénales , ne sont pas des délits. V. *réqu. et arr. cass.* 29 *juin* 1813, *rép. xij*, 174, *mot rivière,* § 2 ; *autres,* 7 *sept. et* 12 *fév.* 1809, *id., sup., xiv,* 204, *et B. c. n.* 151.

1 *a.* Autres exemples de *faits* non considérés comme délits : dommage par *abattage* d'arbres... *Rej.* 12 *avr.* 1822, *n.* 65.

Tapage à quatre heures du matin. *B. c.* 12 *sept.* 1822, *n.* 125 (il s'agissait du bruit fait à cette heure par un ouvrier, en posant une enseigne ; mais aucune loi ne fixe celle où peuvent commencer les travaux).

Passage à gué d'une rivière, près d'un pont où l'on doit un péage... *B. c.* 25 *oct.* 1822, *n.* 156.

Incendie de sa propre maison si cela ne nuit à personne... *Rej.* 21 *nov.* 1822, *n.* 167 ; *B. c.* 19 *mars* 1831, *n.* 55 ; *séance des pairs,* 23 *mars* 1832; *B. c.* 8 *janv.* 1835 , *n.* 5.

Extension de branches sur la voie publique... *B. c.* 24 *oct.* 1823, *n.* 145.

Excavation faite dans un terrain fort voisin d'une grande route... *B. c.* 15 *février* 1824 , *n.* 30, *p.* 83.

Voyez-en d'autres, *ci-apr. ch.* 2, *art.* 2, *n. du vol,* surtout *note* 26, *n.* 2, *ibid., p.* 21.

2. Bien plus, un fait répréhensible, tel que *l'infraction* de ban , désigné

comme délit, par la loi ancienne, et non désigné comme tel par la loi intermédiaire, ou le.Code de 1791, et enfin désigné de nouveau par la loi actuelle, ou le code de 1810 (*art.* 33), ne peut être puni, quoique poursuivi sous la dernière de ces lois, s'il a eu lieu sous l'empire de la seconde. V. *B. c. cr.* 9 *sept.* 1815, *n.* 204.

3. Par la même raison, l'auteur d'un autre fait répréhensible, tel que l'attentat sans violence, à la pudeur d'une jeune fille, commis depuis la rédaction, mais avant la mise à exécution du Code pénal de 1832, a dû être jugé d'après le Code de 1810, et par conséquent acquitté, puisque le code de 1810, ne parle pas de ce fait. *B. c.* 20 *sept.* 1832, *n.* 362.

(7) *Observations.* 1. L'action non caractérisée comme délit peut être fort répréhensible aux yeux de la religion ou de la morale ; mais des considérations politiques ont pu aussi déterminer le législateur à en abandonner la répression à la religion même ou à l'opinion publique.

C'est peut-être pour cela que, dans sa nomenclature des délits, il a omis de parler du suicide (*B. c.* 27 *avr.* 1815, *n.* 28), et qu'il en a retranché les soustractions entre époux et parens. V. *ci-apr. p.* 21. — V. aussi *p.* 19, *note* 20; *B. c.* 15 *nov.* 1819, *n.* 125.

2. Réciproquement, si une action répréhensible aux yeux de la société, ne l'est pas à ceux de la morale, on a pu, à plus forte raison, ne pas la ranger au nombre des délits, et c'est aussi ce qu'on a fait quant au *recel* d'un criminel parent, à l'*évasion* d'un débiteur... Voy. *ci-apr. art. des délits*, *note* 18 ; *et de la complicité*, *notes* 9 *et* 10 ; *cours procéd.*, *tit. de la contrainte*, *note* 17, *p.* 702.

3. En dernière analyse, un fait quelconque ne peut être passible de peines qu'autant qu'il a été expressément qualifié *délit* par la loi. V. *Carnot*, *code cr.*, *t.* 1, *p.* 56, *n.* 51.

2. Nul délit ne peut être puni des peines qui n'étaient pas prononcées par la loi (8) avant qu'il fût commis. *C-br.* 3; *arr. cass.* 6 *niv. xiv.*; *C-pén.* 4. — C'est une deuxième conséquence du même *principe.* (9)

Il résulte de là que si un fait imputé à un particulier n'est susceptible d'aucune de ces peines, il ne peut être prononcé aucune condamnation. V. *C-br.* 432; *B. c.* 20 *niv. xiij*, 29 *janv. et* 13 *août* 1813, 12 *juin* 1823, *n.* 64, 15, 181 *et* 63; *arg. de C-cr.* 410 *et de C-pén.* 1 (**10**).

De ces règles et de celles qui attribuent à des Tribunaux particuliers le jugement des délits, il résulte également qu'aucune peine proprement dite ne peut être appliquée à un fait qu'autant qu'il est considéré comme *délit,* et que la réparation en est poursuivie devant les Tribunaux criminels. V. *arr. cass. civ.* 20 *juill.* 1812, *et cr.* 30 *juin* 1814, *n.* 82 *et* 29. (**11**)

(8) Il ne faut pas en conclure qu'une action simplement défendue par un réglement de police (v. *ci-apr. art.* 1, *p.* 10), soit exempte de peines : elle est alors passible de l'une des peines prononcées par les lois générales de police, pour les contraventions. *Arg. de L.* 24 août 1790, *tit. xj, art.* 5; *B. c.* 3 *mai* 1811, *et* 24 *août* 1815, *n.* 72 *et* 47; *C pén.* 471, ☇. 15; *ci-apr. p.* 13, *note* 8, *n.* 3.

(9) *Observations.* 1. On a donc, mal-à-propos, appliqué la peine de mort à des vols commis en l'an IV, à force ouverte, avec violence, armes et blessures, par plusieurs individus, dans l'intérieur d'une maison habitée, parce que le Code pénal de 1791 'ne les punissait que de 14 ans de fers, et que la mort n'a été substituée à cette peine, que par la loi du 26 floréal an V... V. *d. arr.* 6 *niv.; autre,* 9 *frim. x , n.* 59.

2. L'omission de la peine provient ou d'une inadvertance ou d'une volonté tacite du législateur. Si c'est d'une inadvertance, le prévenu doit en profiter ; si c'est d'une volonté tacite, comme si ' législateur a pensé qu'une simple prohibition serait suffisante , à plus forte raison le prévenu ne peut-il alors subir de peine.

En vain objecterait-on que, comme il est improbable que le législateur ait voulu établir une règle inutile, telle qu'une loi prohibitive, non accompagnée de peines, il faut alors suppléer à son omission, en appliquant les peines qu'il a prononcées pour des cas de même genre : outre qu'on a eu en tout temps des exemples de ces sortes de règles que Macrobe appelle lois *imparfaites* (v. *Cujas , frag. d'Ulpien , tit.* 1 , § 1 ; *rép. iij,* 337, *mot déclar. de coupe ; cours procéd., tit. de la distribution, note* 9), il est de principe rigoureux que le juge criminel « ne peut prononcer des peines par induction ou présomption , ni même sur des motifs d'intérêt public (*réqu. et arr. cass.* 8 *sept.* 1809, *n.* 152, *et rép., sup.,* 335). »

5. *Exemple.* La loi du 9 floréal an XI avait renouvelé la défense faite par l'ordonnance de 1669, titre 26, article 3, aux particuliers de couper leurs futaies sans une déclaration préalable à l'administration forestière ; défense abrogée tacitement par l'article 6, titre 1, de la loi du 29 septembre 1791 , puisqu'il déclare qu'ils ne sont plus soumis à cette administration, et qu'il leur rend la libre disposition de leurs bois, mais en la renouvelant, elle avait omis d'y joindre une peine... Donc l'on ne pouvait , en cas de contravention à sa défense, appliquer la peine de l'art. 3 de l'ordonnance : c'était aux législateurs, et non pas aux juges, à remédier à cette omission par une nouvelle mesure. V. *d. arr.* 8 *sept.* — Et c'est aussi ce qui a été fait dans la suite, par le décret du 15 avril 1811 (*d. décr. et rép., sup.,* 339; *id. ix,* 341 ; *B. c.* 11 *déc.* 1812 *et* 12 *déc.* 1823) et par le Code forestier, *art.* 122 *et suiv.*—V. aussi *ci-apr., p.* 28, *note* 13, *n.* 2.

(10) *Observations.* 1. La loi du 4 août 1789 en défendant d'*ouvrir* les colombiers pendant le temps fixé pour leur clôture, par les administrations , n'indique pas de peine ; on ne peut donc en infliger (à moins que l'arrêté de clôture n'en fixe une, *suiv. B. c.* 5 *déc.* 1834); mais les propriétaires peuvent alors tuer les pigeons qu'ils trouvent sur leur sol. V. *réqu. et B. c.* 29 *janv.,* 13 *août et* 30 *oct.* 1813, 27 *juill.* 1820, 27 *sept. et* 5 *oct.* 1821 ; *rép. xv,* 117 *et suiv., mot colombier.* — C'est que les pigeons sont alors considérés comme *gibier*... Hors de ces cas, c'est un vol que de les tuer et de les prendre. V. *B. c.* 20 *sept.* 1823, *n.* 132.

1 *a.* Néanmoins , il est aussi permis de les tuer, quoique aucun arrêté n'ait fixé une époque de clôture des colombiers ; seulement on pourra être tenu de prouver que les pigeons commettaient des dégâts au moment où on les a tués. *V. B. c.* 1ᵉʳ *août* 1829, *n.* 175.

1 *b.* Dans la même hypothèse, on ne peut se les approprier sans commettre un vol, *suiv. Douai,* 30 *déc.* 1831, *J.-cr.* 1832, 134, *et M. Chauveau, ib.*

Que devra donc faire le maître du sol dévasté par les pigeons lorsqu'il les aura tués?. et cette observation s'applique aux volailles dont il va être question (*ci-apr. n.* 2)... Les laisser sur place, dit-on (v. aussi *Carnot, Code pén. ij,* 445, *art.* 454, *n.* 5).

Ainsi, dans le cas où la loi n'aurait prescrit aucune mesure de police à l'égard des cadavres des animaux, il serait forcé de les laisser se corrompre sur son sol, et lorsque l'infection deviendrait trop forte, de se donner l'embarras de les enfouir, ou d'en payer la dépense !... Il faudrait donc supposer que le législateur aurait eu bien de la sollicitude pour les maîtres de ces animaux, pour ces maîtres qui s'inquiétaient si peu de faire respecter la propriété de leurs voisins !

Mais la mesure de police dont nous parlions existe. Les bestiaux morts doivent, sous peine d'amende, être enfouis dans la journée (*Code rural, tit.* 2, *art.* 13); d'où il nous paraît résulter implicitement que si le propriétaire des pigeons et des volailles tués légitimement sur le sol d'autrui, ne les réclame pas dans cet espace de temps, le propriétaire du sol pourra aussi très légitimement en disposer.

2. S'il s'agit de volailles laissées à l'abandon, quoiqu'on ait également le droit de les tuer, leur maître est passible de peines de police. *Arg. de C-rur., tit.* 2, *art.* 3, 8 *et* 12; *B. c.* 11 *août* 1808, *n.* 166 (*et rép. xiv,* 828, *mot volailles*), 22 *août* 1816, *n.* 54, 18 *nov.* 1824, *n.* 168.

(11) Par conséquent, en matière d'injures verbales, le juge civil ne peut prononcer que des réparations civiles. V. *d. arr.* 20 *juill.*; *et ci-apr. art.* 1, *note* 13, *p.* 14. — V. aussi *ci-dev. note* 4, *p.* 3 *et* 4.

3. On ne peut être déclaré coupable d'un délit qu'autant qu'il est constant. *B. c.* 25 *fruct. xiij,* 14 *août* 1823, *n.* 209 *et* 115; *C-cr.* 345, ℣. 1. (**12**)

(12) Parce que, dans ce cas, il n'est pas certain qu'il y ait infraction. Ainsi on n'a pu appliquer une peine de police pour une exposition de comestibles gâtés (*C-br.* 605, ℣. 5; *C-pén.* 475, ℣. 14) en se bornant à dire qu'on *pouvait conclure* qu'ils l'étaient. V. *d. arr.* 25 *fruct.*; *id.* 23 *nov.* 1821, *n.* 185. — V. aussi *ci-apr. chap. des lois, note* 11, *et partie ij, observations préliminaires, n. xj,*(règle sur les jugemens).

4. Il n'y a ni crime, ni délit, lorsqu'on a été contraint à un fait répréhensible par une force à laquelle on n'a pu résister (**13**), ou lorsqu'on était en démence au temps de ce fait. *C-pén.* 64. (**14**)

(13) *Observations.* 1. Cette condition est essentielle. On serait coupable si l'on avait commis un délit d'après un simple ordre d'une personne à qui l'on devait des égards; si, par exemple, un domestique avait volé, d'après l'ordre de son maître. *Arr. rej.* 11 *nov.* 1811, *rép. xiv,* 622, *mot violence, n.* 7; *M. Merlin, ib.*

2. La règle du texte est fondée sur ce que, *en général,* il ne peut y avoir de délit sans intention criminelle (v. *rép. vj,* 416, *note* 2, *mot intention; B. c.*

6 *mars* 1812, *n.* 5o *et ib.*; *rej.* 21 *nov.* 1822, *n.* 167); nous y reviendrons en traitant des Excuses, *ci-apr. sect.* 2, *tit.* 3, § 3.

(14) Démence. *Observations.* 1. Le juge criminel peut et doit examiner et juger la question incidente de la démence, surtout lorsqu'il a à rendre une décision sur une instruction commencée. **V.** *réqu. et arr. régl.* 9 *déc.* 1814, *rép. xv*, 186, *mot démence*, § 2, *n.* 5.—V. aussi *ci-apr. chap. des actions, note* 55, *n.* 2.

2. Sous le code de brumaire, lorsque le défenseur de l'accusé demandait de poser cette question, on ne pouvait le refuser. *Arg. de id.*, 373, 374; *arr. cass.* 11 *frim. xj*, *n.* 4.

On a, depuis le Code pénal actuel, décidé le contraire, pour le cas où le jury a déclaré l'accusé coupable, parce que, dit-on, en s'exprimant ainsi, le jury a supposé qu'il y avait volonté, et par conséquent point de démence. **V.** *arr. rej.* 26 *oct.* 1815, *Jalbert*, 1816, *p.* 345, *et* 17 *janv. et* 10 *oct.* 1817, 28 *mai* 1818, *et* 9 *juin* 1831, **B.** *c. n.* 6, 93 *et* 71, *et* (pour le dernier) **J-cr.** 1832, 312.

Cette jurisprudence nous paraît sujette à bien des difficultés, et surtout donner lieu à des conséquences fort dangereuses. Elle fait dépendre l'existence d'un accusé, du plus ou moins d'aptitude des jurés à faire des distinctions métaphysiques assez subtiles. Il pourra s'en rencontrer beaucoup qui ne sauront pas reconnaître si la volonté nécessaire à la culpabilité est exclusive de la démence. En effet, on a l'exemple d'un jury qui, sur une 1re question, a répondu que l'accusé avait commis le crime (un homicide) *volontairement*; et sur une autre, qu'il était *en démence*; et la cause soumise à la cour suprême, elle a décidé qu'il n'y avait pas de contradiction entre ces deux réponses, parce que le jury avait parlé de la volonté que peut avoir un homme en démence; volonté *quasi-animale.* — **V.** *arr. rej.* 4 *janv.* 1817, *Jalbert*, p. 20. — Mais elle a dans la suite jugé, et avec raison, suivant nous, que, dans ce cas, l'accusé aurait dû être acquitté. **B.** *c.* 9 *oct.* 1823 *et* 29 *août* 1829, *n.* 141 *et* 203.

3. Quoi qu'il en soit, lorsque la question n'a pas été posée, si le jury pense que l'accusé était en démence, il doit le déclarer non coupable. **M.** *Laporte*, 81, *mot démence*; *arr.* 11 *mars* 1813, *ib.*

CHAPITRE II.

Des diverses espèces de délits.

Le mot *délit* est, ainsi qu'on vient de le dire et qu'on le voit souvent dans le Code d'instruction criminelle (1), une expression générale par laquelle on désigne toute infraction aux lois pénales. On s'en sert aussi pour indiquer une des trois classes générales d'infractions déterminées par le Code pénal.

Ces trois classes générales sont les contraventions, les délits proprement dits, et les crimes. On les distingue les unes des autres, par la nature de l'atteinte qu'elles portent à la sûreté des personnes ou des propriétés, et surtout par le plus ou moins de gravité de la peine dont on les punit (2). Le Code pénal entre dans de grands détails à cet égard ; il suffira pour l'objet de notre Cours, d'indiquer les subdivisions de chaque classe générale, avec quelques-unes des espèces particulières d'infractions qu'elles comprennent. (3)

____

(1) Voy. en les art. 22, 41, 91, 214, 226, 227, 274, 307¹, 308, etc. — Voy. aussi Bourguignon, Manuel, art. 1 ; surtout B. c. 28 mars 1822.

(2) Nous parlerons de ces peines, section 2, tit. 1.

Observations. 1. On y verra que les *contraventions* sont, en général, punies d'un emprisonnement d'un jour à cinq jours ; les *délits*, proprement dits, d'un emprisonnement de six jours à cinq ans ; les *crimes*, de peines afflictives ou infamantes.

2. Ces dernières peines séparent essentiellement les crimes, des autres délits. V. à ce sujet, *B. c. 15 oct. 1813, n. 225.*

(3) L'indication de toutes les espèces serait trop longue pour qu'on pût les retenir exactement, et se dispenser d'avoir recours au texte du Code pénal. Mais nous y suppléerons dans notre explication orale, et en suivant le même texte, au moins pour les plus remarquables, dont on trouvera d'ailleurs aussi l'indication dans la note 10 *a* du chapitre des lois, où l'on expose les modifications faites au Code pénal de 1810.

ARTICLE PREMIER.

Des contraventions.

I. *Caractères.* On appelle ainsi les actions ou omissions punies au plus, soit de quinze francs d'amende, soit de cinq jours d'emprisonnement. *C-cr.* 137; *C-pén.* 465, 466. (4)

Ce sont les infractions, soit aux lois de police, soit même aux simples réglemens de police, pourvu que ces réglemens réunissent les conditions suivantes :

1° Qu'ils aient été légalement faits et publiés par les autorités administratives ou municipales. *C-pén.* 471, ℣. 15; *rej.* 6 *mars* 1834, *n.* 72 (4 *a*) ;

2° Qu'ils concernent les objets de police dont la surveillance a été attribuée par la loi à ces autorités (5). *D.* ℣. 15;

3° Qu'ils n'établissent pas des peines plus fortes ou autres que celles portées par les lois de police (6) ;

4° Qu'ils n'aient pas été désapprouvés (6 *a*) par l'autorité administrative supérieure. (7)

Enfin si ces réglemens sont étrangers aux mêmes objets, il faut qu'ils aient pour but d'assurer l'exécution d'une loi.(8)

---

(4) *Observations.* 1. Les articles 471 à 483 du Code pénal, indiquent les diverses espèces de contraventions, mais, comme on le verra tout-à-l'heure, ils ne sont pas exclusifs, et il est d'autres lois qui en indiquent aussi. C'est à la nature ci-dessus de la peine qu'il faut s'attacher pour reconnaître ces sortes de délits. V. *Barris, au rép. iij,* 432, *mot délit,* § 3.

2. Si le *maximum* d'une peine dont le *minimum* est inférieur à 15 francs, les excède ou peut les excéder, l'infraction est un délit correctionnel. *B. c.* 29 *juin* 1820, 9 *mars* 1821, 19 *déc.* 1822, 4 *avr.,* 25 *juill. et* 21 *août* 1823, 31 *janv. et* 4 *juin* 1824, 15 *janv.* 1825, 20 *juin* 1827, 5 *nov.* 1829, 14 *mai* 1830 *et* 22 *nov.* 1832.

2 *a.* S'il y a incertitude sur ce maximum (par exemple dans le cas où la loi mesure la peine sur le dommage), il faut, non pas faire une évaluation, mais s'adresser au juge supérieur, qui alors, statue sur la cause lors même que d'après l'instruction elle paraît ensuite du ressort du juge inférieur. Voy. plusieurs des arrêts précédens, et beaucoup d'autres aux tables du B. c. *mot* compétence.

2 *b.* Mais, daus ce même cas, si la demande en dommages, s'élève à plus de *quinze francs* il est clair que l'infraction sera un délit correctionnel. V. *B. c.* 18 *avr.* 1835, *n.* 141.

3. Le minimum de l'amende pour contravention municipale, est de *un* franc, et celui de l'amende pour contravention rurale, de *trois* francs. *Loi* 23 *therm. iv*, *art.* 2 (elle est toujours en vigueur. *B. c.* 15 *fév.* 1811, 1 *fév.* 1822, 21 *nov.* 1828).—Mais voy. pour une *exception*, p. 13, note 9, n. 2.

(1 *a*) *Observations.* 1... *publiés..* D'après la jurisprudence antérieure à 1832 (v. note 5) il fallait que les réglemens eussent été ou *publiés*, ou *envoyés* officiellement aux intéressés (il n'était pas besoin qu'ils le fussent au juge de police). *B. c. ou rej.* 31 *août* 1821, 17 *déc.* 1824, 31 *juill.* 1830. — V. aussi *id.*, 13 *avr.* 1833 *et* 8 *août* 1834.

2... *Par les autorités administratives...* par exemple, par les préfets. V. *au reste*, *B. c.* 22 *juill.* 1819, 6 *et* 7 *fév.*, *et* 6 *mars* 1824, 26 *juill.* 1827, 13 *janv.* 1828, 15 *mai* 1829, 6 *déc.* 1833. — Ainsi que par le préfet de police de Paris. V. *rej.* 21 *nov.* 1834, *n.* 382. — Voy. aussi *id.*, 4 *oct.* 1834, 19 *fév.* 1835, *n.* 352 *et* 61.

3. Ajoutons que, pour que les réglemens soient obligatoires, il faut qu'ils soient *généraux*, ou au moins concernent une certaine classe et non pas seulement un certain particulier; de sorte qu'un simple ordre d'un maire à un individu ne peut leur être assimilé. *B. c.* 24 *août* 1821, 24 *oct.* 1823 *et* 2 *oct.* 1824. — V. aussi *id.*, 23 *avr.*, 29 *mai et* 26 *juin* 1835.

(5) Ces règles adoptées par la jurisprudence, d'après les lois du 24 août 1790 (*tit. xj, art.* 2, 3 *et* 5) et 22 juill. 1791 (*tit.* 1, *art.* 46), ont été consacrées en 1832, par le Code pénal, art. 471, ⸹. 15.

Observations. 1. Les objets confiés à la surveillance des autorités ci-dessus sont rangés par la loi du 24 août (*tit. xj, art.* 3), en six classes que nous allons exposer sommairement :

1re Salubrité, sûreté et commodité des rues et autres voies publiques ;

2e Rixes et autres délits qui troublent la tranquillité publique ;

3e Maintien de l'ordre dans les foires, les marchés et autres lieux publics ;

4e Fidélité du débit des denrées au poids et à la mesure ;

5e Précautions en cas d'incendies et d'autres fléaux ;

6e Surveillance des insensés et des animaux féroces etc. laissés en liberté. V. aussi *L. de déc.* 1789, *art.* 50; et quant aux *établissemens insalubres* et aux *épizooties*, ci-apr. section de la police, note 1, n. 2.

2. Des maires ont donc le droit de prescrire, sous des peines de police, des mesures pour les objets suivans, comme rentrant dans quelqu'une de ces six classes. Voy. *en les motifs aux décisions qu'on va citer, et surtout aux réqu. et arr. cass.* 3 *août* 1810 *et* 2 *juill.* 1813 (*B-c. n.* 98 *et* 144), *au rec. alph.*, 2e *éd.*, *t.* 5, *p.* 586, *et au rép. xiv*, 200, *mots préfets*, ⸹ 4, *et trib. de police, sect.* 1, ⸹ 2.

A. La suppression des gouttières. *Arr. cass.* 14 *oct.* 1813, *n.* 218 ; *rép. xiv*, 668; *rej.* 21 *nov.* 1834, *n.* 382.

B. Le nettoiement des rues. *B. c.* 12 *nov.* 1813 (*et rép. ib.*, *avec le réqu.*) 28 *août* 1818, 16 *mars* 1821, 15 *oct.* 1825, 7 *déc.* 1826, 4 *oct.* 1827, 9 *juin et* 6 *oct.* 1832.

C. La réparation des chemins vicinaux. *B.c.* 20 *juin* 1812 *et* 24 *déc.* 1813, *n.* 149 *et* 263 (*id.*, *avec le réqu.*, à *rép. xiv*, 671, *mot voirie*).

D. Les momens de clôture des maisons et cafés. *B. c.* 17 *fév.* 1814, 31 *mars* 1815, 30 *avr.* 1819, 13 *déc.* 1834.

Observez qu'il y a contravention alors même que les gens trouvés dans les cafés, cabarets, etc., après l'heure prohibée, ne buvaient pas, à moins qu'ils n'y demeurent, ou n'y soient pensionnaires. *B. c.* 1822, *n.* 40, 48 *et* 158 ; 1823, *n.* 51, 52, 72 *et* 150; 1824, *n.* 35 *et* 199; 1831, *n.* 22; 1833, *n.* 72

E. F. etc. Voy. dans le bulletin criminel les arrêts suivans : (*poids et me-sures*) 1818, n. 55, 79, 94 et 127; 1819, u. 10 et 101; 1820, n. 58; 1821, n. 75; — (*parcours*) 1819, n. 37; 1821, n. 17 et 109; — (*toits de paille*) 1819, n. 52; — (*clôture de chiens*), 1819, n. 91; — (*démolition de maisons*) 1819, u. 105; 1820, n. 161; ci-dev. p. 2, note 1; — (*alignemens de id.*) 1821, n. 43; 1834, n. 139 et 140; 1835, n. 188; — (*autres objets et questions*), 1818, u. 75; 1819, u. 10 et 83; 1820, n. 33; 1821, u. 10, 20, 38 et 87.

N.B. Les décisions sur ces objets ou autres de même genre rendues après l'été de 1821, époque où s'imprimait notre seconde édition, sont si nombreuses, que nous sommes forcé de renvoyer sur ce point aux tables du même bulletin criminel, années 1821 à 1835, mots *autorité municipale* et *régle-ment de police.*

3. Mais les peines portées par les réglemens étrangers aux mêmes matières, ne peuvent être appliquées par les tribunaux. V. *dd. réqu. et arr. 3 août 1810 et 2 juill. 1813, et ci-apr., note* 8, *n.* 2. — V. aussi pour des exemples , *B. c.* 1813, *n.* 179 *et* 181; 1820, *n.* 16, 33, 35 *et* 105; 1821, *n.* 43, 153 *et* 160; 1826, *n.* 262; surtout *même n.* 2 *de note* 8.

(6) *Observations.* 1. Cela est conforme aux principes généraux du droit criminel. V. *au reste, B. c.* 1 *déc.* 1809 *et* 12 *nov.* 1813, *n.* 183 *et* 248; *ci-dev. n.* 2, *p.* 4; *ci-apr. sect.* 2, *tit. des peines, art.* 1, *n.* 2.

1 *a.* A plus forte raison les réglemens ne sont pas obligatoires, en premier lieu, lorsqu'ils prononcent des peines dans des cas où la loi n'en établit pas, comme en cas de sortie des pigeons. V. *ci-dev. p.* 6, *note* 10. — Voyez toutefois *B. c.* 1834, *ib.*

En second lieu, lorsqu'ils établissent une *taxe* comme une sorte de peine de la contravention, par exemple un droit d'indemnité en faveur des visiteurs de bestiaux suspects ; taxe qui, loin d'être autorisée par les lois, est implicitement défendue par celles de finances (v. *l'art. des crimes, p.* 16, *note* 17)... Et dans ce cas, le jugement en dernier ressort, par lequel le tribunal de paix condamne au paiement de la taxe (inférieure à 50 francs) doit être cassé pour excès de pouvoir. V. *deux arr. du* 22 *fév.* 1825, *B. c. civ., n.* 26; *et cours procéd., tit. de la cassat., note* 13 *a, n.* 3 *b, p.* 533.

2. Lorsque la peine du réglement est différente, on applique celle de la loi. V. *d. arr.* 1 *déc.; autres,* 3 *mai* 1811, 10 *avr.* 1819, 13 *mai* 1820. — Voy. aussi *id.* 29 *mars et* 13 *déc.* 1821, *et* 19 *fév.* 1825, surtout *ci-apr. note* 8, *n.* 2 *et* 3.

(6 *a*) Il n'est donc pas besoin d'approbation expresse dans les cas où la loi n'en exige pas. V. *B. c.* 24 *avr.* 1834, *n.* 122.

(7) V. *B. c.* 1822, n. 88; 1825, n. 91; 1832, n. 50, 166, 225 et 511; 1833, n. 494; 1834, u. 122; etc.

Observations. 1. Si le réglement renferme quelque disposition nuisible à des particuliers et non fondée sur l'utilité générale, ils peuvent en demander la réformation soit à l'autorité administrative dont il émane, soit à l'autorité supérieure, en se fondant sur les dommages qu'il leur cause ; jusqu'à ce qu'on l'ait obtenue, les tribunaux doivent maintenir l'exécution du réglement. V. *B. c.* 1811, *n.* 70; 1815, *n.* 47; 1819, *n.* 52; 1821, *n.* 109; 1822, *n.* 22; 1823, *n.* 52 *et* 73 (*bis*); 1824, *n.* 40, 96, 142, 164 *et* 194; 1825, *n.* 152; 1832, *n.* 511. — D'autant plus que le recours à cette autorité supérieure ne suspend pas l'exécution. V. *B. c.* 26 *juill.* 1827, *n.* 197; *rej. crim.* 28 *sept.* 1832, *J-cr.* 1832, 295; *B. c.* 27 *déc.* 1834, *n.* 419.

2. Les tribunaux ne peuvent interpréter les réglemens, ni examiner si leur exécution a dû cesser; cela est du ressort de l'autorité qui les a faits. *B. c.* 17 *fév.* 1814, 30 *oct.* 1823, 16 *juill. et* 11 *nov.* 1824, 30 *mars* 1827, 24 *sept.* 1829.

(8) *Observations.* 1. Alors c'est la loi plutôt que le réglement, qui sert

de guide au tribunal pour sa décision. *DD. réqu. et arr. 3 août* 1810 *et 2 juill.* 1813; *et autre*, 13 *août id., n.* 181.

2. Si le réglement est étranger aux matières indiquées au n. 1 de la note 5, p. 11, ou ne se rattache point à l'exécution d'une loi, ou y ajoute, ou déroge au droit commun, les tribunaux ne peuvent concourir à son exécution (voy. *ci-dev., B. c.* 29 *mars* 1821, 10 *déc.* 1824, *et* 26 *mars* 1825); par exemple, forcer des protestans à tapisser leurs édifices pendant des processions (*B. c.* 20 *nov.* 1818 *et* 26 *nov.* 1819, *sect. réun.*)... prescrire un mode d'architecture qui n'a pas pour objet la sûreté publique (*B. c.* 14 *août* 1830)... défendre de blanchir les maisons (*Rej.* 25 *août* 1832). — V. pour d'autres exemples, *B. c.* 19 *avr.* 1834, 3 *avr. et* 15 *mai* 1835, *n.* 122 *et* 192.

3. On voit, par ce qui est exposé dans les numéros précédens et dans les notes 5 à 7, que pourvu que le réglement soit relatif à une des matières indiquées par la loi du 24 août (*d. note* 5), les actions qu'il défendra seront des contraventions lors même qu'elles ne sont point prévues par une loi pénale ; dans ce cas, il fallait, avant la révision du Code pénal faite en 1832, infliger les peines de police indiquées par le code de brumaire, art. 600 et 606, c'est-à-dire, un à trois francs d'amende (ou 1 à 3 jours de prison), et en cas de récidive, le double seulement de l'amende. V. *à ce sujet, entre autres, réqu. et B. c.* 15 *janv.*, 19 *et* 26 *mars et* 16 *avr.* 1825, 24 *févr.* 1826, 25 *mai*, 4 *août et* 21 *déc.* 1827, surtout 6 *août* 1830, 13 *janv.* 1831, 23 *févr.* 1832. — Il faudrait aujourd'hui, ce semble, prononcer 1 à 3 francs d'amende, et en cas de récidive, un à trois jours de prison. *Arg. de C-pén.* 471, ÿ. 15, *et* 474, *combinés.*

II. *Genres.* On peut diviser les contraventions en trois genres, suivant qu'elles sont relatives à la police municipale, ou à la police rurale (9), ou participent de l'une et de l'autre.

Les contraventions du premier genre sont en général réglées par le Code pénal ; telles que le *jet,* devant un édifice, d'une chose de nature à nuire (10), la vente de boissons falsifiées. *C-pén.* 471, ÿ. 6, *et* 475, ÿ. 6; *arr. rej.* 28 *oct.* 1814, *rép. xv,* 304, *mot falsification.* (11)

(9) *Observations.* 1. Cette division est utile, parce qu'on suit des règles différentes pour ces deux classes de contraventions, soit quant au minimum des peines (*ci-dev. p.* 11, *note* 4, *n.* 3), soit quant à la prescription (v. *en ci-apr. le* §, *n. iv*).

2. Ce qu'on vient de dire s'entend seulement des contraventions de police rurale non prévues par le Code pénal. A l'égard de celles dont il s'est occupé, on suit ses dispositions (v. *à ce sujet , B. c.* 21 *nov.* 1828, *n.* 305), soit pour la prescription , soit pour le minimum des peines. Par exemple, le minimum de l'amende pour le défaut d'échenillage, pour le cueillage de fruits , le glanage, le passage d'hommes ou de bestiaux sur le terrain d'autrui, ensemencé, est de 1 franc et non pas de 3... V. *art.* 471, ÿ. 8, 9, 10, 13 *et* 14.

3. D'autre part , le Code pénal a aussi réuni diverses infractions de police rurale à des infractions de police municipale , dans la division générale qu'il a faite des contraventions en trois classes.

4. Les contraventions de la première classe sont désignées dans l'art. 471, et sont punies de 1 franc à 5 francs d'amende, et deux d'entre elles peuvent l'être, en outre, d'un emprisonnement de un à trois jours ; enfin, leur récidive doit l'être d'un semblable emprisonnement. *C-pén*, 473, 474.

5. L'amende est portée de 6 francs à 10 francs pour celles de la seconde classe, avec un semblable emprisonnement facultatif, également pour deux d'entre elles, et qui peut être porté pour toutes en cas de récidive, jusqu'à cinq jours. *C-pén.* 476 à 478.

6. Enfin, l'amende des contraventions de troisième classe s'étend de 11 à 15 francs, avec un emprisonnement facultatif de un à cinq jours pour quelques-unes, et qui est forcément de cinq jours pour toutes, en cas de récidive. *C-pén.* 479 à 482.

7. Mais dans toutes-les hypothèses précédentes, le juge peut modérer les peines s'il y a des circonstances atténuantes. V. *ci-apr.* § *des excuses*.

(10) Mais qui n'a point causé de blessure, car dans ce cas le jet deviendrait un *délit* puuissable d'après le Code pénal, art. 320. V. *arr. cass.* 10 *juin* 1812, *n.* 150, *et ci-apr. p.* 18, *texte*, *in f.*

(11) V. d'autres exemples, ci-dev. note 1, p. 2 ; ci-apr. chapitre des lois, note 11.

Les contraventions de police rurale sont, aussi en général, réglées par le Code rural (**11** *a*), telles que les dégâts des volailles. *C-rur., tit.* 2, *art.* 3 *et* 12 ; *arr. à note* 10 *n.* 1 *b et* 2, *ci-dev. p.* 7. (**12**)

Les contraventions mixtes sont réglées, soit par le Code pénal, telles que les injures verbales, le refus des monnaies de bon aloi. *C-pén.* 471, ♂. 11 , *et* 475, ♂. 11 (**13**). — Soit par des lois particulières. (**14**)

(11 *a*) Les articles 40 et 44 de son titre 2, ont été modifiés en 1832, par le Code pénal, art. 479, ♂. 10, 11 et 12. V. *d. chap. des lois, note* 12.

(12) Il y en a plusieurs qui sont réglées par le Code pénal. *Observations.* 1. Plusieurs des faits prévus par le Code rural, sont tantôt des contraventions, tantôt des délits proprement dits, selon la nature de la peine qu'il prononce. V. *à ce sujet*, **B**. *c.* 29 *juin* 1820, *n.* 87.

2. A l'égard de l'autorité du Code rural. V. *d. chap. des lois, art. ij.*

(13) V. aussi quant aux INJURES VERBALES, *arr. cass. civ.* 20 *juill.* 1812 et 11 *mai et* 21 *déc.* 1813, *n.* 82, 47 *et* 139 ; *rép. vj*, 121, *x*, 520, *xiv*, 621, *et* 662, *xv*, 371, *mots injure*, § 4, *n.* 1, *question préjudicielle, n.* 7, *violence, n.* 2, *et voie de fait*, § 2, *n.* 2.

Observations. 1. Il résulte de ces autorités (*surtout de rép. vj*, 121, *mot injure*, § 4, *n.* 1) combinées avec quelques autres (*C-pén.* 222 à 233, 367 à 376 ; *arr. cass.* 1 *oct.* 1811, *n.* 171) : 1° qu'on met au nombre des *délits* correctionnels les outrages aux fonctionnaires et aux agens d'exécution (**v.** *ci-apr. note* 18, *p.* 17) et les injures qui renferment, soit l'imputation d'un fait punissable, c'est-à-dire, une *calomnie*, soit celle d'un vice déterminé (lorsqu'elles ont été graves et publiques) ; 2° qu'on range, parmi les simples *con-traventions*, les injures qui n'ont aucun de ces caractères ; 3° que le lésé qui se pourvoit par simple action civile pour injures verbales, doit s'adresser au juge de paix (quant à l'action du ministère public, **v.** *ci-apr. p.* 24, *n.* 7).

Mais il faut modifier ces décisions, en premier lieu d'après la loi du 17 mai 1819 qui : 1° abroge plusieurs des articles cités (v.'*d. ch. des lois*, *note* 10) ; 2° substitue la qualification de *diffamation* à celle de calomnie, et donne diverses règles, soit quant à la diffamation , soit quant à l'injure proprement dite. **V.** *d. L., art.* 13 *et suiv.* ; *Examen des lois relatives à la presse, par Carnot* (*édit. de* 1820), *p.* 35 *et suiv.*, surtout *les Lois de la presse en* 1834, *par* **M.** *Parant.* — **V.** aussi **arr.** *rej. ou cass.* 17 *mars*, 11 *août*, 13 *et* 20 *oct.* 1820, 19 *janv.* 1821 *et* 20 *janv.* 1825 ; *ci-apr. ch. des lois*, *note* 10 *a, n. ij.* — En deuxième lieu, d'après la loi du 25 mars 1822 sur les *journaux* et la *presse....* Voy. *dd. auteurs.*—En troisième lieu, pour la *compétence* relative aux injures envers des fonctionnaires , d'après la loi du 8 octobre 1830 (celles qui résultent de paroles paraissent être du ressort des tribunaux correctionnels... et les autres espèces , du ressort des assises. **V.** *rej. ou* **B.** *c.* 10 *juin* (*sect. réunies*) *et* 26 *juill.* 1834, **B.** *c.* ; *M.Chauveau, J-cr.* 1834, *p.* 50, 201 *et* 251 ; *d. chap. des lois*, *note* 12 *b.*

2. Selon les réquisitoires indiqués à ces pages 510, 621 et 662 du répertoire, les *voies de faits légères*, non qualifiées expressément comme contraventions par le Code pénal, ne donnent plus lieu qu'à une action civile, devant le juge de paix, tandis que d'après un arrêt du 14 avril 1821 (*B. c. n.* 61) elles sont encore rangées au nombre des contraventions.

(14) Telles que jadis l'inobservation des fêtes. **V.** *L.* 18 *nov.* 1814, *et notre* 3ᵉ *édit.*, *p.* 11, *note* 14. — Depuis la charte de 1830, des doutes se sont élevés sur l'*applicabilité* de cette loi. *Voy.* sur ce point *J-crimin.* 1830, *p.* 362, *et* 1831, *p.* 138, où se trouve rapporté un jugement fort remarquable du tribunal de simple police de Laon, du 8 mars 1831, qui a décidé que la loi du 18 novembre a été abrogée virtuellement par la charte de 1830.

ARTICLE II.

Des délits et des crimes.

Le délit proprement dit, autrefois nommé délit correctionnel, est une infraction plus grave que la contravention, mais beaucoup moins que le crime. Toutefois comme, suivant les circonstances qui les accompagnent, les délits se convertissent souvent en crimes et les crimes en délits, la loi les a réunis dans les mêmes divisions. (15)

La première et la plus générale de ces divisions est celle-ci : crimes et délits contre la chose publique, crimes et délits contre les particuliers.

(15) On trouve une classification des diverses dispositions du Code pénal , par ordre de matières, suivant qu'elles ont rapport aux contraventions , aux délits. proprement dits , et aux crimes , dans une table méthodique, rédigée par feu Chabot, de l'Allier. Ce travail utile a été joint à l'édition stéréotype du Code pénal, de Firmin Didot , 1810, 2 vol. in-12.

Pour l'*explication* des diverses espèces de crimes ou de délits, *voy.* ce que nous observons p. 9, note 3.

§ 1 **er**. *Des crimes et délits contre la chose publique.*

Les crimes et délits contre la chose publique se subdivisent en trois genres, suivant qu'ils portent une atteinte :

1. A la *sûreté* extérieure ou intérieure de *l'état,* tels que le port d'armes contre la France, les attentats et complots contre la personne du Roi, la guerre civile, la sédition. V. *C-pén.* 75 à 101 *et* 108. (**16**)

2. *A la constitution* du royaume, comme les entraves à l'exercice des droits civiques, la fraude et la corruption dans les élections, les attentats à la liberté individuelle. V. *C-pén.* 109 à 131.

3. *A la paix publique,* ce qui embrasse le faux, la forfaiture (**16** *a*); les délits des fonctionnaires publics, tels que la concussion (**17**), la corruption, l'abus d'autorité, et ceux des ministres des cultes; la rébellion, les outrages, violences et autres crimes ou délits contre *l'autorité publique* (**18**); les entraves au libre exercice des cultes (**18** *a*); les associations illicites, le vagabondage et la mendicité; les publications d'ouvrages dangereux ou immoraux, etc..... V. *id.,* 132 à 294. (**18** *b*)

---

(16) On peut rapporter à ce genre, les cris, discours, écrits et actes séditieux, désignés par la même loi du 17 mai 1819 (jadis par celle du 9 novembre 1815). V. *les ouvrages cités note* 13, *n.* 1, *p.* 15.

(16 *a*) « Tout crime (non un simple délit) commis par un fonctionnaire public dans ses fonctions, est une *forfaiture* ».—*C-pén.* 166, 168. — Pour l'annulation de ses actes, v. *Cours procéd., p.* 67 *et* 528, *note* 25.

Quant au *faux,* V. ci-apr. part. 2, sect. 1, append. au tit. 3, le § de sa procédure.

(17) La perception des contributions non autorisées par la loi est une concussion. V. *L.* 23 *sept.* 1814, *art.* 19 (reproduit dans les lois de finances de 1818 et années suivantes, entre autres, dans celle du 27 août 1835, art. 14) ; *et pour les autres cas, C-pén.* 174 ; *B. c.* 2 *janv.* 1817, 15 *mars et* 21 *avr.* 1821 , 26 *août* 1824, *n.* 48, 65 *et* 124; *d. cours, p.* 603, *note* 76; *ci-dev. note* 6, *n.* 1 *a, p.* 12 (l'arrêt du 15 mars 1821 (*B. c. n.* 48, *p.* 133) déclare concussionnaire un huissier pour avoir exigé sciemment, des droits plus considérables que ceux qui lui revenaient).

(18) V. aussi L. 10 avr. 1831 (sur les attroupemens) et 24 mai 1834, sur les détenteurs d'armes et de munitions de guerre.

Observations. 1. Dans ce genre de délit sont compris les outrages et *manquemens* de respect, etc., aux juges civils ou criminels et aux administrateurs pendant leurs séances, et ils ont tous à cet égard jurisdiction. V. *cours procéd. p. 29, et note 46, ib., et ci-dev. note 13, p. 14.*

2. Dans le même genre sont également compris les *manquemens* indirects à l'autorité, tels que le *recèlement*, l'*évasion* et la *résistance* d'un criminel ou d'un individu *arrété* (v. ci-d. p. 5, note 7, n. 2 ; ci-apr. § de la complicité, note 10, n. 2 ; cours proc. p. 702, note 17), *le bris de scellé* (C-pén., 249 à 256, et d. cours. p. 772), etc.

3. D'après la loi du 22 floréal an ij, les faits qui, après l'exécution d'un acte de l'autorité publique, interrompent cette exécution ou en font cesser l'effet, étaient considérés comme une espèce de *rébellion* sous le titre d'*offense à la loi*, et l'on avait regardé cette règle comme étant encore en vigueur, même après le Code de brumaire. Mais on a décidé depuis, qu'elle a été abrogée tacitement par le Code pénal de 1810. *Avis cons. d'État, 8 fév.* 1812. — V. aussi *rép. viij,* 724, *mot offense.*

4. Quant au respect dû aux agens d'exécution, v. *Cours proc. p.* 84, 573 et 600 ; *B. c.* 31 *juill.* 1823, *n.* 105 ; — et quant aux obligations des huissiers, *d. cours, p.* 82 *et* 83, *surtout note* 37.

5. *Costume.* Pour qu'un outrage, etc., soit considéré comme fait à un fonctionnaire, tel qu'un agent d'exécution, il n'est pas besoin qu'il fût alors en costume ; il suffit qu'il se soit fait connaître et ait dû être connu comme fonctionnaire, « et qu'il exerçât une des fonctions de ses attributions. » *B. c.* 26 *mars* 1813, 10 *mars* 1815, *n.* 55 *et* 16.—V. aussi *arr.* 23 *frim. xiv,* 9 *niv. xj,* 6 *juin* 1807, 5 *sept. (avec le réqu.)* 1812 (*ces* 3 *derniers au B. c.*), *tous à rép. iij,* 239, *et x,* 63, *mots costume et procès-verbal;* — et pour d'autres questions, *rép. iij,* 709, *et xv,* 308, *mots discipline, n.* 5, *et injure,* § 2, *n.* 9 *bis ; arr., ibid.*

5 *a.* On observe à ce sujet, que le *costume* est nécessaire quand on veut forcer la volonté d'un citoyen, s'introduire dans son domicile et faire un acte quelconque qui puisse rendre la rébellion inexcusable ; mais quand il s'agit seulement de constater un fait, il ne faut qu'une chose, c'est d'avoir caractère. V. *réqu. et B. c.* 11 *oct.* 1821, *n.* 161, *et* 20 *sept.* 1833.

(18*a*) Jadis le sacrilège... Voy. *L.* 20 *avr.* 1825 ; *ci-opr. chap. des lois, note* 10 *à, n. vj.*

(18 *b*) V. aussi LL. 10 déc. 1830 (sur les *crieurs* et *afficheurs*) et 10 avr. 1834 (sur les *associations*) ; M. Chauveau, comment. sur id., J-cr. 1834, 129 et suiv. ; ci-apr. note 10 *a,* n. vij et xj.

§ 2. *Des crimes et délits contre les particuliers.*

Les crimes et délits contre les particuliers sont subdivisés en deux genres, dont le premier concerne les personnes, et le second, les propriétés.

I. Le premier genre embrasse l'homicide et les blessures, les attentats aux mœurs (19), les arrestations illégales, le rapt et autres atteintes à l'état des enfans et mineurs, le parjure, le faux témoignage,

la (**20**) subornation, les injures graves et les diffamations, soit écrites, soit débitées dans les audiences, etc. (**21**) V. *C-pén.* 295 à 378.

L'homicide est volontaire, ou involontaire, ou provoqué, ou légitime.

1. L'homicide volontaire est de deux sortes : le
meurtre, lorsqu'il y a eu volonté subite, et l'*assassinat*, lorsqu'il y a eu préméditation, ou guet-apens.
L'un et l'autre sont punis de peines afflictives (**21** *a*).
V. *C-pén.* 295 à 304.

2. L'homicide *involontaire* n'est au contraire ré-
primé que par des peines correctionnelles. (**22**)

3. L'homicide *provoqué* par des violences graves
est excusable, et par là seulement passible de ces
mêmes peines (**22** *a*).

4. L'homicide *légitime,* ou commandé par l'autorité légitime, ou par la nécessité actuelle de la légitime
défense de soi-même (**22** *b*) ou d'autrui, n'est pas considéré comme un délit.

Enfin les règles relatives aux caractères des diverses espèces d'homicide, s'appliquent en général, aux
blessures et aux coups. *Voy.*, pour ces divers points,
C-pén. 325 à 329 (**23**). — V. aussi *B. c.* 19 *déc.* 1817,
29 *arr.* 1819, 26 *déc.* 1834 (*n.* 414), 30 *et* 31 *janv.*
et 19 *mars et* 2 *juill.* 1835, *n.* 43, 44, 102, 262 *et* 265.

(19) *Observations.* 1. Dans cette classe est comprise la *bigamie*, à moins
que le *bigame* ne puisse prouver qu'il croyait de bonne foi son premier mariage dissous. *Arg. de C-pén.* 340 *et de C-pén. de* 1791 (*part. 2, tit. 2, sect.*
1 , *art.* 32) *conférés* ; *arr. cass.* 13 *avr.* 1815, *n.* 25.

2. Mais la simple possibilité de cette bonne foi ne doit pas empêcher de
poursuivre le prévenu de bigamie. *D. arr.* 23 *avr.*

3. Il peut aussi écarter la poursuite en établissant que son premier mariage
était nul ; mais il faut pour cela qu'il soit recevable à en proposer la nullité,
et les juges criminels sont compétens pour statuer sur les fins de non-recevoir
qui s'élèvent contre cette nullité. *Réqu. et arr. rej.* 8 *août* 1811 *et* 17 *déc.*
1812, *rép.*, *i,* 776 *et suiv.*, *xv,* 64 *et suiv., mot bigamie; rej.* 16 *janv.* 1833,
B. c. — Enfin, il peut, pour la première fois, proposer cette nullité devant la
cour d'assises. *D. rej.* 16 *janv.*

4. *Autres questions...* V. rép. xvj, 766 à 773, mot mariage, sect. 6, § 2,
qu. 4; Carnot, com. cr., i, 23 et 85 à 100; ci-apr. p. 46, note 5.

(20) *Observations.* 1. La déposition fausse au grand-criminel, ne consti-

tue le crime de *faux témoignage* que lorsqu'elle a été faite aux *débats* (v. ci-apr. § *de la proc. du faux*), parce que les dépositions antérieures peuvent être changées. *B. c.* 18 *fév.* 1813, 26 *avr.* 1816, 14 *sept.* 1826 ; *rej.* 4 *juill.* 1833, *B. c. n.* 251 ; *Bourguignon, art.* 71, *note* 1. — Et faite aux débats, elle n'est pas non plus un faux témoignage, si elle a été rétractée avant leur clôture. V. *d. rej.* 4 *juill.*

2. *La subornation* était autrefois considérée comme un délit, lors même que le témoin, d'abord séduit, avait ensuite déposé la vérité. Il en est autrement depuis le Code pénal de 1791 ; elle n'est délit qu'autant qu'elle a été suivie d'un faux témoignage constaté. *B. c.* 9 *mars* 1809 ; *arg. de C-pén.* 365 ; *réqu. et B. c.* 4 *déc.* 1812 (*est à rép. xij,* 788, *h. v., n.* 7) ; *d. arr.* 18 *fév. et* 26 *avr.* ; *id.* 16 *nov.* 1821, 14 *et* 30 *sept.* 1826, 30 *juill.* 1831, 16 *janv.* 1835.

2 *a.* *Quid* si en effet il y a eu faux témoignage, mais si en même temps l'accusé est acquitté comme ayant déposé sans intention coupable, et par suite de la subornation ?.. Le *suborneur* sera punissable. Voy. *rej.* 22 *août* 1831, *J-cr.* 1834, 245 ; *M. Chauveau, obs., ib.; Sirey,* 1835, 34 ; *rej.* 4 *oct.* 1834, *B. c. n.* 330.

(21) V. à ce sujet, cours proc. p. **29** ; note 47, ib.; ci-dev. note 13, p. 14.

(21 *a*) Savoir : 1° les travaux forcés perpétuels pour le meurtre, et même la mort, s'il a concouru avec un autre crime, ou s'il a eu pour but de préparer ou de faciliter un délit. V. *C-pén.* 295, 304.

2° La mort, pour l'assassinat ; et il en est de même pour l'empoisonnement, pour le parricide et pour l'infanticide. V. *C. pén.* 302 (la peine de l'infanticide avait été modifiée par la loi 25 *juin* 1824, *art.* 4 *et* 5... v. ci-apr. chap. des lois, note 10 *a*, n. iv, et pour les caractères de l'*infanticide*, arr. cass. 31 déc. 1835, Gaz. des trib. 9 janv. 1836.)

(22) V. toutefois, ci-apr., sect. 2, § des excuses.

Observation. Celui qui, sans le dessein de tuer, se porte volontairement à des voies de fait tellement graves, que l'individu maltraité meurt des coups reçus, a d'abord été assimilé par la jurisprudence au *meurtrier*, par le motif qu'en exerçant volontairement des violences de nature à ôter la vie, on se rend coupable de toutes les suites qu'elles peuvent avoir. *B. c.* 14 *févr.* 1812. —V. *aussi id.,* 2 *juill.* 1819, 20 *juin* 1823.— Mais en 1832 (*L.* 28 *avr., art.* 72, *ou C-pén.* 309, *in f.*) cette assimilation n'a pas été admise, et l'on a simplement puni des travaux forcés à temps, l'auteur de semblables voies de fait. V. *Code progressif,* p. 281.

(22 *a*) Homicide *involontaire* (c'est-à-dire commis par imprudence etc.).. trois mois à deux ans de prison. *C-pén.* 319.

Homicide *provoqué...* idem, un an à cinq ans. *C-pén.* 321 *à* 326.

(22 *b*) On y assimile l'homicide commis : 1° en repoussant pendant la nuit l'escalade ou l'effraction des clôtures d'une maison habitée ; 2° en se défendant contre les auteurs de vols ou pillages exécutés avec violence. V. au surplus, *C-pén.* 329.

(23) *Observations.* 1. L'action de donner la mort dans un *duel* couvenu et loyalement exécuté a d'abord été considérée comme un crime (*rapport au Corps Législat.,* 27 *févr.* 1810, *Moniteur,* p. 232 ; *B. c.* 29 *juill.* 1813, p. 398, *et rép. xv,* 161). Mais on a depuis changé d'opinion à cet égard. V. *B. c.* 8 *avr. et* 21 *mai* 1819, 14 *juin et* 23 *août* 1821, 4 *déc.* 1824 (*sect. réun.*), 11 *mai et* 29 *juin* 1827, *et* 8 *août* 1828 (v. toutefois, *Metz,* 28 *nov.* 1828 *et Bruxelles,* 12 *févr.* 1835, *J-cr.* 1835, 58.

2. Cette dernière règle reçoit exception, quant au duel où n'y avait pas de chances, ou bien qui a été déclaré meurtre. *Voir au surplus rej. et cass.* 21 *sept.* 1821, *et* 19 *sept.* 1822, n. 170 *et* 178 ; *Carnot, sup., i,* 62. — V. aussi *M. Dalloz, jurisprud. génér., xij,* 956 *et suiv.*

2 *a.* Le référé qui a suivi l'arrêt des sections réunies (4 *déc.* 1824, *ci-dev.* note 1) a donné lieu successivement à deux projets de loi répressifs du duel, auxquels les circonstances n'ont pas laissé le temps d'être convertis en lois. — Le premier présenté le 14 février 1829, à la Chambre des pairs (*Monit. p.* 205), par M. le garde-des-sceaux Portalis, rangeait les faits résultant du duel, à l'arme blanche ou à feu, parmi les faits qualifiés par le Code, de délits, de crimes ou de tentative de crimes, et les punissait comme tels. — En cas d'excuse légale reconnue (ce qui comprenait aussi les outrages ou injures graves), la peine était de 1 mois à 2 ans de prison. — De plus, l'éloignement, à 12 myriamètres, du lieu où les faits s'étaient passés, et l'interdiction de certains droits civiques ou civils, pouvaient être prononcés pour 2 et 3 années. — La Cour d'assises devait connaître de tous les faits, même des simples délits, sur le renvoi de la chambre d'accusation, sans décision de première instance, le procureur du roi devant transmettre les pièces au procureur général, sitôt l'instruction achevée. — Le duel, entre militaires, était justiciable des conseils de guerre. — Ce projet fut adopté par la Chambre des pairs, le 19 février 1829 (*Monit. p.* 276).

Le second projet, présenté le 11 mars 1830 (*Monit.*, *p.* 290) à la même chambre, par M. le garde-des-sceaux Courvoisier, était d'une pénalité plus sévère que le premier, et en différait encore dans quelques autres points. — La Cour d'assises n'était plus saisie que des faits qualifiés crimes ; les tribunaux correctionnels connaissaient des délits. — L'instruction suivait la marche ordinaire ; le jury devait toujours être interrogé sur *l'existence des circonstances atténuantes* (que les juges correctionnels pouvaient admettre également) ; alors, en cas d'affirmative, la peine n'excédait pas cinq ans de prison.. la *tentative de duel* était punie de 3 mois à 3 ans. — Ce projet si regrettable ne put même pas être discuté. CH. B. S.

II. Dans le second genre de crimes et délits, qui concerne les *propriétés,* on comprend le vol, la banqueroute (**23 a**), l'escroquerie, l'abus de confiance (**23 b**), la violation des réglemens relatifs aux maisons de jeu, à la liberté des enchères, au commerce et aux arts et manufactures, la contrefaçon, l'infidélité dans les fournitures (**24**), les destructions et dommages volontaires, tels que les incendies (V. *p.* 4, *note* 6, *n.* 1 *a*), démolitions, dégâts de denrées et marchandises, les abattages d'arbres, dévastations de récoltes, déplacemens de bornes, etc. V. *C-pén.* 379 *à* 452. (**25**)

(23*a*) Pour les caractères de la *banqueroute,* soit simple, soit frauduleuse, le Code pénal (*art.* 402) s'en réfère au Code de commerce (*art.* 586 *à* 594). Voy. pour diverses décisions, les tables du B. c. cr., mot *banqueroute,* surtout B. c. ou rej. 1826, n. 95, 1827, n. 152 et 285, 1833, n. 470.

(23 *b*) V. sur ce délit, une revue de la jurisprudence, *J-cr.* 1833, 65 *et suivant., art.* 1105.

(24) A l'égard : 1º de la contrefaçon, V. ci-apr. ch. 3, art. 1, note 2, p. 25 ; — 2º de l'infidélité des fournitures, d. art. 1, n. 5, p. 24.

(25) *Observations*. 1. Quant au déplacement de bornes, V. *Cours procéd.*, p. 52, *note* 44.—Et quant à l'abattage d'arbres, *ci-dev.* p. 4, *note* 6, n. 1 a, et p. 6, *note* 9, n. 5, et ci-apr. *art. des lois spéciales*, *note* 12, n. 2.

2. A l'égard des délits réglés par des lois autres que le Code pénal, V. *ci-apr. d. art. des lois spéciales.*

Le *vol* est la soustraction *frauduleuse* de la chose qui ne nous appartient pas. *Id.* 379. (**26**)

C'est un simple délit lorsqu'il est dégagé de toutes circonstances (**27**). V. *C-pén.* 401.

Il devient un crime punissable de peines plus ou moins fortes, même des travaux forcés à perpétuité (jadis de mort), s'il est accompagné des circonstances aggravantes désignées par la loi. V. *id.* 381 à 400. (**28**)

Il n'est ni crime, ni délit, et il ne donne lieu qu'à des réparations civiles, lorsque la soustraction s'est faite entre époux ou parens et alliés en ligne directe. *Id.* 380. (**29**)

(26) *Observations*. 1. Ces deux conditions sont essentielles pour qu'il y ait vol. V. *arr. cass.* 26 *oct.* 1815, 2 *août* 1816 *et* 10 *avr.* 1818, n. 59, 52 *et* 42. — V. aussi *id.* 11 *nov.* 1819, n. 117, 20 *juill.* 1826, n. 142, *et* (trésor retenu par l'inventeur) 18 *mai* 1827, n. 117, *et rej.* (idem) 29 *mai* 1828, n. 189.

2. Par conséquent, la soustraction que le débiteur fait *du gage qu'il a remis* à son créancier, n'est pas un vol. V. *réqu. et arr. cass.* 29 *oct.* 1812 (*B-c. n.* 233); *et rép. xiv*, 707, *mot vol, sect.* 1, n. 4.

3. Même règle sous le Code pénal de 1810, pour la soustraction de *ses effets* saisis et placés chez un gardien; tandis que précédemment on en aurait suivi une différente, parce que la loi du 22 floréal an ij (v. *ci-dev. note* 18, p. 17) pouvait être applicable à ce cas. V. *d. réqu. et arr.* 29 oct.; *réqu. et arr. rej.* 19 *mai* 1813, *rép. xiv*, 703, *mot vol, sect.* 1, d. n. 4. — Mais on a encore changé de système en 1832, et cette soustraction est actuellement un délit. *C-pén.* 400.

4. A l'égard de la soustraction faite par le *gardien*, des effets à lui confiés, elle est un délit, punissable comme celui d'un dépositaire *judiciaire* (non d'un dépositaire *public*), d'après *C-pén.* 408. — V. *réqu. et arr. rej.* 18 *mars* 1813, *ib. xiv*, 710, n. 5; *autre, au cours de proc.* p. 596, *note* 35 a, *et d. cours*, p. 600, n. 6.

(27) Du moins des circonstances aggravantes indiquées dans le Code, section du vol (liv. 3, tit. 2, ch. 2, art. 381 et suiv.)

Observations. 1. Les principales circonstances qui peuvent aggraver le vol, sont les suivantes, savoir : qu'il ait été commis: 1° la nuit, par deux ou plusieurs individus, ou par un seul, mais dans une maison habitée; 2° par deux ou plusieurs, dans une maison habitée; 3° à l'aide d'effraction, ou d'escalade, ou de fausses clefs, ou par une entrée souterraine dans une maison habitée ; 4° avec armes ; 5° sur un chemin public ; 6° avec violence ou avec menace d'user d'armes ; 7° à l'aide d'un bris de scellés. *Voy.* pour les détails, d. art. 381 , et pour l'emploi de la violence ou des armes , ainsi que pour les caractères de l'effraction, de l'escalade, etc., art. 382 à 399 et 253 , et pour des vols dégagés de circonstances , *B. c.* 16 *juill. et* 11 *sept.* 1818 *et* 11 *avr.* 1822 , *n.* 88 , 119 *et* 53.

2. Le vol simple rend reprochable un témoin, et exclut du bénéfice de cession. V. *cours procéd. p.* 330 *et* 760 , *note* 1.

(28) V. la note précédente , n. 1.

C'est que pour la répression des délits attentatoires à la propriété , on a dû prendre en considération non-seulement le préjudice qu'ils causent et l'intention qui les produit , mais encore la difficulté de s'en garantir. *Arr. cass.* 28 *janv.* 1809 , *n.* 36.

(29) *Observations.* 1. Cette exception morale, puisée dans le droit romain (v. *LL.* 16 , 17, *in pr.*, 36 , § 1 , 52 *in pr. et* § 1 *et* 2 , *ff de furtis ; instit. de obligat. quæ ex del.,* § 12) ne s'applique point aux complices. V. *ci-apr.* le § *de la complicité , note* 8, *n.* 5.—Ni même à l'auteur de la soustraction , s'il l'a commise à l'aide d'un faux, *suiv. rej.* 17 *déc.* 1829 , *n.* 277 , *et J-cr.,* 1830 , *p.* 54.

2. Si le délinquant est un enfant naturel reconnu , il n'est pas affranchi de l'action publique, lorsque la soustraction concerne des ascendans au-delà du premier degré. *B. c.* 10 *juin* 1813. — C'est que l'exception précédente n'a été faite qu'en considération du lien de famille qui existe entre les personnes désignées dans le texte (*p.* 21), et que la loi ne reconnaît de liens de famille en faveur des enfans naturels, que relativement aux père et mère qui les ont reconnus. *Arg. de C-civ.* 756, *et de C-pén.* 299 ; *d. B. c.* 10 *juin.*

3. Les soustractions entre cohéritiers ou associés sont des délits. V. *rép.* *xiv,* 818 , 819 , *mot vol, sect.* 2 , § 4 , *art.* 2 , *n.* 3 *et* 4 , *et x ,* 766 , *mot recélé, n.* 1 , *par arg. de C-pén.* 380 *in f.; arr. rej.* 3 *nov.* 1808 , *à. d. p.* 819.

CHAPITRE III.

Des résultats des délits ou de l'action publique et de l'action civile.

I. Un délit quelconque porte nécessairement une atteinte à l'ordre social, soit parce qu'il enfreint une loi, soit parce qu'il est d'un dangereux exemple, soit parce qu'il porte presque toujours une atteinte effective à la sûreté des personnes qui composent la société, ou à leurs propriétés.

La loi a dû chercher à réprimer cette atteinte. Dans cet objet, elle établit deux actions, appelées l'une, publique ou criminelle, et l'autre, civile ou privée.

Il faut examiner quels sont les caractères et le but de ces actions, qui en a l'exercice, et à quels tribunaux elles se portent.

ARTICLE PREMIER.

Du but et des caractères des actions naissant d'un délit.

§ 1er. *Du but et des caractères de l'action publique.*

I. « L'action publique a pour but la punition des atteintes portées à l'ordre social (*C-br.* 5)» par un délit. Par conséquent, d'après ce qu'on vient d'observer, tout délit donne ouverture à cette action (**1**). *C-br.* 4.

(**1**) Puisqu'il n'est aucun délit qui ne porte cette atteinte, quoiqu'il y en ait qui ne causent pas de dommage (*ci-apr.* § 2, *n.* 1, *p.* 27.)

Observations. 1. On a aussi conclu de ce principe qu'une convention de se soumettre à des peines de police, en cas d'inexécution de certains engagemens, ne détruit pas l'action publique, en un mot, ne la change pas en une simple action civile. *B. c.* 31 *juill.* 1830, *n.* 200.

2. Mais on n'applique pas le même principe en matière de contributions indirectes. V. *ci-apr. note* 8 *a*, *p.* 26.

II. Néanmoins des considérations politiques ou morales ont fait décider :

En premier lieu, que quelques actes répréhensibles, sous certains rapports, tels que la soustraction entre parens, et le recel d'un criminel parent, ne seraient point passibles de la même action. V. *C-pén.* 380 *et* 248; *ci-dev., p.* 21, *et ci-apr. le § de la complicité, note* 10, *n.* 2.

En second lieu, que quelques délits n'en seraient passibles qu'autant que la partie lésée en aurait provoqué l'exercice (**1** *a*). Tels sont (**2**):

1. L'adultère. *C-pén.* 336 *à* 339 (**5**); *arr. cass.* 22 *août* 1816, *n.* 56.

2. La chasse sur le terrain d'autrui, en temps non prohibé (**4**). *L.* 30 *avr.* 1790, *art.* 8; *B. c.* 10 *juill.* 1807, *n.* 154; 12 *fév.* 1808, *n.* 28; 22 *juin* 1815, *n.* 40; 4 *févr.* 1830, *n.* 84.

3. La pêche dans les eaux des particuliers, en temps ou avec le mode non défendus (**5**). V. *arr. rej. cr.* 5 *fév.* 1807, *rép. ix*, 163, *h. v., sect.* 1, § 2. — V. aussi *id.* 11 *déc.* 1834, *J.-cr.* 1835, 44.

4. Le rapt, dans le cas où le ravisseur a épousé la fille enlevée. *C-pén.* 357. (**6**)

5. Les retards, fraudes, etc., des fournisseurs d'armée, dans leur service. *C-pén.* 430 à 433. (**7**)

6. Les crimes commis à l'étranger, par un Français contre un Français. V. *ci-apr. ch.* 4, *n. ij, p.* 45.

7. L'injure envers de simples particuliers. V. *ci-dev. note* 2, *n.* 3, *p.* 25; *arr. ib.*; *M. Parant, p.* 208. (**7** *a*)

8. Les infractions aux lois des contributions indirectes (**7** *b*). V. *ci-apr. note* 8 *a*.

(**1** *a*) Ajoutons, ou que les tribunaux civils auraient d'abord jugé certaines questions préjudicielles. V. ci-apr. p. 41, art. 5, n. vj (on y parle des cas où le *civil tient le criminel en état.*)

(**2**) Indépendamment des autorités citées dans les numéros 1 à 8 du texte (*p.* 24), on peut encore consulter *Bourguignon, art.* 1, *note* 2 ; *Carnot, comm. cr., d. art.* 1, *n.* 15 à 33.

Observations. 1. On doit ranger dans cette classe la *coupe des bois taillis de particuliers* faite par un adjudicataire après le 15 avril, *suiv. B. c.* 23 janv. 1813, *n.* 10.— V. aussi *ci-apr. p.* 28, *note* 13, *n.* 2.

2. *Dr. interm.* On avait d'abord douté s'il en était de même de la *contrefaçon* ; mais il fut ensuite décidé que ce délit pouvait être poursuivi d'office, sans provocation. V. *B. c.* 7 *prair. xj, n.* 146 (Bourguignon, sup., semble attribuer à cet arrêt un sens différent) ; *rec. alph., i,* 612 *et suiv., mot contrefaçon,* § 2 ; *Carnot, sup., n.* 32.

Dr. act. Cette jurisprudence a, depuis, été consacrée par la loi. *C-pén.* 425 à 427 ; *Carnot, ib.*

3. La *calomnie* pouvait également être poursuivie sans provocation. V. *arr. rej.* 3 *juin* 1813 (*par arg. de C-cr.* 22), *Nevers,* 472.—Mais il n'en est pas de même aujourd'hui, quant à la *diffamation* (v. *ci-dev. note* 13. *n.* 1, *p.* 15) et à l'injure envers des particuliers ; une provocation de leur part est nécessaire. *Voyez* Carnot, Examen (cité, d. n. 1), *p.* 43, 45 et 95 ; arr. cass. 19 juin 1828. n. 178, et 10 janv. 1833, n. 7 ; rej. 1 juill. 1830 et 13 mai 1831, J-cr. 1830, p. 320, et 1831, p. 316 ; autres, au B. c., 5 août 1831, n. 177 ; 17 et 23 févr. et 22 sept. 1832, n. 66, 75 et 372, et 15 févr. 1834, n. 54, etc. — *Voyez d'ailleurs,* Lois 26 mai 1819, art. 5, et 25 mars 1822, art. 17 (la loi du 8 octobre 1830 a abrogé cet art. 17, mais non pas l'art. 5 de la loi du 26 mai) ; M. Chauveau, J-cr. 1833, 197 ; Carnot, Comment. crim., 2ᵉ édit., t. 3, p. 30, et t. 4, p. 10.

(3) Le mari ne peut poursuivre l'adultère de sa femme, lorsqu'il a entretenu une concubine dans la maison commune. *C-pén.* 336 *et* 339.

(4) Et par conséquent, faite en temps prohibé, la chasse peut se poursuivre d'office... *Carnot, sup., t.* 1, *p.* 13 *et* 46, *et t. iv, p.* 5 ; *B. c.* 3 *nov.* 1831, *n.* 277.— V. aussi *B. c.* 3 *et* 17 *mai et* 18 *juill.* 1834, *n.* 135, 147 *et* 233 ; et pour la chasse sur son propre terrain, mais sans *permis* de port d'armes, *ci-apr.* § de la prescription, note 10.

(5) Même observation qu'à note 4, pour la pêche faite dans un temps ou avec les instrumens prohibés. V. *B. c.* 17 *brum. xiv,* 12 *fév.* 1808, 27 *déc.* 1810, 21 *fév.* 1812, *n.* 242, 30, 169 *et* 40 ; *rép. ix,* 163, *mot pêche, sect.* 1, § 2. — Même dans le fonds du pêcheur. V. *B. c.* 7 *et* 14 *août* 1823 ; *rép. xvij,* 293, *h. v., d.* § 2.

Observations. 1. À l'égard des instrumens prohibés (filets traînans, ou à mailles trop étroites, etc.), *voy.* ordonn. 15 nov. 1830 ; B. c. 8 juin 1833, n. 225 ; Carnot, sup., p. 46, n. 74.

2. La pêche est en général défendue pendant la nuit. V. *Carnot, sup., p.* 46, *n.* 34.

3. Quelles sont les eaux des particuliers? V. *id., p.* 11 *et* 47 ; surtout *rép. xvij,* 540, *mot rivière,* § 2, *n.* 5.

(6) Il faut alors la provocation de ceux qui, d'après le Code civil peuvent demander la nullité du mariage. *D. art.* 357.

(7) Il faut la provocation du gouvernement. *D. art.* 433.

(7 a) *Observations.* 1. Il faut y ajouter les offenses, diffamations, injures envers les Chambres, ou l'une d'elles, la personne des souverains étrangers, les tribunaux ou autres corps constitués, les agens diplomatiques étrangers, agens de la force publique, etc. *L.* 26 *mai* 1819, *art.* 2 *à* 5 ; *M. Parant* (v. *d. note* 13, *n.* 1). — CH. B. S.

2. *Quid,* si les offenses, diffamations, etc., concernent des autorités ou des administrations publiques, un membre de l'une des Chambres, ou un fonctionnaire public? M. Parant, *p.* 208 *à* 212, décide que la plainte des individus outragés est nécessaire à l'exercice de l'action publique (v. *rej.* 30 *juill.* 1835, n. 311). Il n'en serait pas ainsi, et le ministère public pourrait poursuivre d'office, si l'outrage avait été commis envers un membre d'une Chambre ou un fonctionnaire dans l'exercice de ses fonctions, parce qu'alors ce n'est plus

la personne outragée qui se trouve intéressée à la répression : il y a, de plus, un intérêt d'ordre public. *Id.*, *ib*... CH. B. S.

(7 *b*) Règle contraire pour les délits forestiers ; le ministère public a l'action concurremment avec l'administration forestière, même pour les restitutions et dommages. V. *à ce sujet B. c. 8 mai* 1835, *n.* 172 ; *ci-apr. note* 13, *n.* 1 *et ses renvois*, *p.* 28.

III. Mais aussitôt que les parties lésées ont provoqué l'exercice de l'action publique par rapport à ces délits, le ministère public peut le continuer malgré elles. *B. c.* 23 *janv.* 1813, 22 *août* 1816, 13 *avril* 1820, 31 *juill.* 1830 ; *Bourguignon, art.* 1, *note* 2 ; *Carnot, sup., i,* 13, *n.* 25 ; *Chauveau, J-cr.* 1833, 198. (8)

C'est que, comme on le verra (*ci-apr. art.* 2, *in f.*), la renonciation à l'action civile ne peut nuire à l'exercice de l'action publique. (8 *a*)

Réciproquement, lorsque la partie lésée poursuit un de ces délits, on peut le punir quoique le ministère public ait requis le contraire. V. *réqu. et B. c.* 27 *déc.* 1810, *rép. ix,* 165, *mot pêche, sect.* 1, § 2, *n.* 15.

(8) *Observations.* 1. Ainsi, il peut poursuivre l'adultère dénoncé par le mari, quoique celui-ci ait ensuite agi simplement en séparation de corps. D. *arr.* 22 *août*.

2. Mais le mari en se réconciliant avec sa femme, fait cesser l'effet de la condamnation prononcée contre elle (*C-pén.* 337) et empêche le ministère public d'en poursuivre l'appel. *B. c.* 7 *août* 1823. — V. aussi *rej.* 17 *août* 1827 ; *M. Chauveau, J.cr.* 1833, 259 ; *Carnot, i,* 10, *n.* 19.

(8 *a*) *Observations.* 1. Il en est autrement en matière de contraventions aux lois sur les contributions indirectes. Comme les administrations ont le droit de transiger, de remettre les peines, etc. (*ci-apr.* §§ *des excuses, note* 8, *et de la grâce, note* 15), non-seulement le ministère public ne peut agir sans elles, mais elles peuvent arrêter les poursuites commencées ; en un mot, pour ces contraventions, le ministère public n'est qu'une espèce (*Cours procéd.,* p. 24) de partie JOINTE. V. *rej. cr.* 5 *déc.* 1828, *avoués, xxxvj,* 178 ; *B. c.* 18 *janv.* 1828, 26 *mars* 1830, 14 *nov.* 1833, *n.* 453.

2. La règle précédente souffre cependant quelques exceptions. Ainsi, pour les infractions aux lois sur la garantie des matières d'or et d'argent, le ministère public a la poursuite. *L.* 19 *brum. vj, art.* 102 ; *arr. cass.* 13 *févr.* 1806, *et* 22 *mai* 1807 ; *Girard, Manuel des contrib. indirectes,* 2ᵉ *édit., n.* 532, § 17. — CH. B. S.

Il en est de même pour les infractions aux lois sur les contributions indirectes qui entraînent une peine personnelle, comme l'emprisonnement (par exemple la fraude pour les boissons, par escalade, ou souterrain, ou à main armée. *L.* 28 *avr.* 1816, *art.* 46), l'application de ces peines ne pouvant être poursuivie que par les fonctionnaires chargés de l'action publique, mais étant toujours subordonnée au droit de transaction de la régie. *Arr.* 23 *févr.* 1811 *et* 30 *juin* 1820, *Girard, n.* 712, § 6 *et* 8... CH. B. S.

§ 2. *Du but et des caractères de l'action civile.*

L'action civile a pour but la réparation du dommage causé par le délit à la personne qui en a souffert. *C-br.* 6. — V. aussi *rej.* 24 *janv.* 1834, *n.* 36.

Elle ne naît pas, comme la précédente, nécessairement d'un délit quelconque, puisqu'il est possible, quoique cela soit rare, que le délit n'ait causé de dommage à personne. (9)

Mais elle n'en est pas moins la suite ordinaire d'un délit : de telle sorte que le Tribunal criminel, qui n'aura pas jurisdiction par rapport à un fait qu'on a mal-à-propos qualifié délit, sera par là même incompétent pour statuer sur l'action civile dérivant du même fait. (10)

C'est sous ce point de vue surtout qu'il ne faut pas confondre l'action civile naissant d'un délit, avec les autres espèces d'actions civiles qui ont pour objet la réclamation des droits accordés par la loi civile, et dont nous avons parlé ailleurs. (11)

On voit par ce qui précède, et on le verra encore à l'article suivant, que l'action publique et l'action civile sont essentiellement distinctes.

---

(9) Ainsi l'on a déclaré que tous les faits suivans étaient des délits quoique aucun d'eux n'eût causé de dommages, et n'eût par conséquent donné ouverture à une action civile.

1. Abandon ou passage de bestiaux (vaches, porcs, etc.) dans le fonds d'autrui, même ouvert. *Rép., ix,* 133 *et suiv., mot pâturage,* § 2, *n.* 2; *B. c.* 15 *fév.* 1811, 27 *août* 1819, 23 *mars* 1821, 14 *juin* 1822, 22 *avr.,* 16 *juill. et* 31 *déc.* 1824, 16 *févr.* 1833; *ci-d. p.* 4, *note* 5.

2. Action d'allumer du feu dans des forêts. *Arg. d'Ord.* 1669, *tit.* 27, *art.* 32; *B. c.* 5 *avr.* 1816, *n.* 18 (observons à cette occasion, qu'il est défendu d'allumer et même de porter du feu, non-seulement dans l'intérieur des forêts, mais encore à l'extérieur et dans un rayon de 200 mètres. V. *C-for.* 42 *et* 148.

3. Pâturage dans un bois incendié, et non déclaré défensable. *B. c.* 21 *mars* 1817, *n.* 27. — V. aussi *d. arr.* 31 *déc.* 1824.

(10) V. arr. cass. 1er et 30 avr. 1813, n. 64 et 88; rép. xiv, 205, 225 et 229, mot tribun. de police, sect. 1, § 2, et sect. 2, § 3.

(11) V. Cours procéd., part. 1, section 2, des actions, p. 110.

ARTICLE II.

De l'exercice des actions naissant d'un délit.

§ 1er. *De l'exercice de l'action publique.*

I. L'action publique n'appartient qu'aux fonctionnaires auxquels elle est confiée par la loi. *C-cr. art.* 1er; *C-br.*, 5; *rej.* 26 *juill.* 1828, *n.* 222.

Ces fonctionnaires sont les magistrats qui composent le ministère public, c'est-à-dire auprès des tribunaux de police, les commissaires de police, ou les maires ou adjoints (**12**); auprès des tribunaux correctionnels, les procureurs du roi (**13**); et auprès des Cours royales et d'assises, le procureur-général ou ses substituts (**14**). V. *au surplus, ci-apr. p.* 33, *n. vj, et,* pour leur remplacement, *tit. des officiers de police judiciaire, note* 2.

Le procureur-général a même l'action publique, non-seulement pour les délits de la compétence de ces cours, c'est-à-dire les crimes, mais encore pour les délits proprement dits. *L.* 20 *avril* 1810, *art.* 45; *arr. cass.* 1er *juill.* 1813 (*B.c. n.* 140, *et rép. xv,* 23, *mot appel, sect.* 2, § 8 *bis*) *et* 14 *mars* 1817. (**15**)

(12) Auprès du tribunal de police tenu par le juge de paix, c'est en général le commissaire de police, et au défaut du commissaire, le maire, qui peut se faire remplacer par son adjoint, et au défaut du maire et de l'adjoint, un des autres maires ou adjoints du canton choisi par le procureur-général. Auprès du tribunal tenu par le maire, c'est l'adjoint, ou à son défaut, un conseiller municipal désigné par le procureur du roi. V. *C-cr.*, 144, 145 *et* 167; *arr.* 19 *févr.* 1828, 25 *févr.* 1830, *et* 9 *août* 1834, *B. c., et* 10 *sept.* 1835, *Sirey,* 919; *ci-apr. tit. de la proc. de police simple, note* 14, *n.* 2.

(13) V. *C-cr.* 182; ci-apr. tit. de la procéd. correctionn., § 1.

Observations. 1. Pour les délits des *forêts,* les préposés forestiers ont également l'*exercice* de l'action publique. *D. art.* 182, *et d.* § 1; *ci-dev. p.* 26, *note* 7 *b; ci-apr. p.* 32, *note* 21, *n.* 2, *et p.* 33, *texte, n.* 5.

2. Mais ils ne peuvent poursuivre les délits commis dans les *bois des particuliers,* à moins qu'il ne s'agisse de la violation de quelque réglement dont l'exécution leur est confiée. V. à ce sujet, *arr. rej.* 27 *avr.* 1813 *et* 9 *juill.* 1818, *rép. xv,* 181, *et xvij,* 274 *et* 842, *mots délit forestier,* § 14, *pâturage,* § 1, *et usage (droit d'), sect.* 2, § 5, *art.* 6; *ci-dev. p.* 24, *note* 2, *n.* 1, surtout *p.* 6, *note* 9, *n.* 3.

(14) V. ci-apr. le chapit. de la procéd. des cours d'assises, n. ij.

(15) *Observations.* 1. Ainsi, le procureur-général n'est pas réduit à un simple droit de surveillance à cet égard.

2. On conclut de là qu'il peut appeler d'un jugement correctionnel. *Mêmes arrêts , et ci-apr. tit. de la procéd. correctionn.*, § 2.

II. L'action publique n'appartenant qu'au ministère public, lorsqu'il ne l'a pas exercée par rapport à un délit (**15** *a*), un tribunal criminel ne peut prononcer la peine infligée par la loi à ce délit. (**16**)

(15 *a*) Hors les cas légaux que nous indiquerons (*chap. des tribunaux , n. 1, et note* 18) un juge ne peut lui enjoindre de poursuivre ni de mettre en cause un individu. *B. c.* 27 *nov.* 1828, *n.* 312, *et J-cr.* 1833, 194.

(16) Voir B. c. 23 juill. 1807, n. 159, et rép. xiv, 206, n. 8.

Observations. 1. Il faut néanmoins excepter les délits proprement dits , et les contraventions, poursuivis par la partie lésée. *V. ci-apr. texte n.* 5, *et notes de id.* , *p.* 33.

2. Lorsque le ministère public a fait choix du tribunal auquel il porte son action, il ne peut plus varier. *Ci-apr.* § 2 , *n.* 2, *p.* 35.

III. Par la même raison, si, après avoir agi en première instance, le ministère public n'a pas appelé du jugement contraire à ses conclusions, le tribunal supérieur à qui la cause est soumise par l'appel des autres parties, ne pourra pas réformer ou annuler dans l'intérêt de l'action publique. (**17**)

En conséquence : 1° si ce tribunal n'est saisi que par l'appel du prévenu du délit, il peut bien réformer ou modifier le jugement dans l'intérêt de celui-ci, en supprimant ou modérant la peine prononcée en première instance, mais non pas aggraver sous ce rapport, sa condition, en augmentant la peine, ou en renvoyant le prévenu à subir une instruction plus sérieuse (**18**).... V. *B. c.* 23 *fév. et* 18 *avr.* 1811 ; 27 *mars,* 1er *mai et* 27 *août* 1812 ; 19 *janv. et* 21 *déc.* 1816 ; surtout *régl. cr.* 19 *août* 1813, *rép. xiv,* 229, *mot tribun. de police, sect.* 2, § 3 (**19**) ; *réqu. et B. c.* 4 *mars* 1825, *n.* 42. (**19** *a*)

2° S'il n'est saisi que par l'appel de la partie lésée, il ne peut examiner, confirmer ou réformer le juge-

ment que relativement aux dommages qu'elle réclame (**20**). *Arr. cass.* 15 *janv. et* 17 *mars* 1814,
21 *mars* 1817, 1 *mai* 1818, 7 *mai et* 29 *juillet* 1819,
8 *juin* 1820, 26 *févr.* 1825, 7 *févr.* 1835 (*n.* 67); *arr.
rej. cr.* 19 *mai* 1815, *Jalbert,* 1816, 305; *Carnot,
sup.*, *i*, 21, *n.* 4. (**20 a**)

Ces règles sont fondées sur ce que le magistrat,
à qui l'action publique appartient, y a renoncé en
n'appelant pas du jugement qui y statuait (**20 b**); ce
qui fournit au prévenu, pour repousser l'action publique, la fin de non-recevoir tirée de la chose jugée,
ou de la maxime célèbre, *non bis in idem.* (**21**)

(**17**) Voir arr. cass. cr. 19 févr. 1813 (appel d'un tribunal de police simple),
et 19 nov. 1814, B. c. n. 34 et 40, et rép. xv, 693, mot trib. de police, sect. 2,
§ 3; B. c. 24 juill. 1818, n. 91.

Observations. 1. Réciproquement, si le ministère public a seul appelé, on ne
pourra réformer le jugement quant à la réparation civile accordée au lésé (**v.**
B. c. 22 *oct.* 1812, *n.* 220, *et ci-apr. note* 19, *n.* 2). Quoique on le puisse
quant à la peine (v. *tit. de la procéd. correct., note* 18, *n.* 3).

2. Mais la règle exposée dans le texte reçoit exception quand le ministère
public du tribunal d'appel a lui-même appelé comme il le peut en matière
correctionnelle (v. *en la procéd.*, § 2).. Et cela lors même que le ministère
public de première instance a exécuté le jugement, *suiv. B. c.* 17 *juin* 1819
et 16 *janv.* 1824, *n.* 68 *et* 69.

(**18**) Ainsi, il ne pourra ni renvoyer l'appelant au procureur du roi ou au
juge d'instruction, comme prévenu d'un crime, quoiqu'on ait reconnu, pendant l'instruction de l'appel, que le fait à lui imputé est réellement un crime,
ni se déclarer incompétent par ce motif. *B. c.* 19 *févr.* 1813, 17 *nov.* 1814,
19 *janv.* 1816, 30 *juin*, 11 *août et* 28 *déc.* 1827, 29 *févr. et* 18 *juill.* 1828,
12 *mars* 1829, 18 *févr.* 1831, 24 *avr.* 1835, *etc.* — Voy. aussi *ci-apr. note*
19 *a, n.* 5, *p.* 51.

(**19**) *Observations.* 1. Et cela, quand même le ministère public était encore dans son délai d'appel et était présent à l'audience d'appel. *B. c.* 17 *nov.*
1814, *et* 19 *août* 1831, *n.* 40 *et* 186.

2. En un mot, on ne peut statuer que sur ce qui fait l'objet et la matière de
l'appel de la partie. *D. arr.* 19 *févr.*; *id.* 9 *mai* 1812, *n.* 117. — Mais voyez
ci-apr. n. 4.

3. Tandis que, si le ministère public eût appelé, on aurait dû, dans l'hypothèse de la note 18, annuler le jugement de première instance et renvoyer,
ou agir en réglement pour faire renvoyer le prévenu de crime au fonctionnaire
compétent. *C-cr.* 214; *ci-apr. tit. de la proc. correct., note* 15, *n.* 2; surtout
B. c. 17 *juin* 1819 *et* 50 *juin* 1832, *n.* 68 *et* 242.

4. Mais dans le même cas de l'appel du ministère public, quoique le condamné n'en ait pas lui-même interjeté, le tribunal a encore le droit, soit de
modérer, soit de supprimer la peine, la règle du n. 2 recevant exception lorsqu'il s'agit de l'intérêt du condamné. *V.* à ce sujet, *d. B. c.* 4 *mars* 1825, *et
Carnot, sup., i*, 22, *n.* 7.

5. A plus forte raison, dans ce même cas, ne pourrait-on point adjuger des dommages à la partie civile qui n'aurait pas appelé. V. *Carnot, ib.*, 21, *n.* 5; *arr. cass.* 16 *nov.* 1821, *cité ib.*; surtout *arr. cass. et rej.* 24 *août* 1852, *n.* 521, *B. c.*

(19 *a*) *Observations.* 1. Les décisions des deux premiers alinéas du texte du n. iij, et des notes 17, 18, 19, 20 et 20 *a* sont fondées sur les principes de l'avis du conseil d'état, du 12 novembre 1806, cité dans plusieurs des arrêts indiqués dans ces alinéa et notes, avis fondé lui-même, y est-il dit, sur la jurisprudence de la cour de cassation.

2. Il en résulte notamment, que l'appel du prévenu ne relève pas le ministère public de son défaut d'appel; qu'ainsi, on n'applique pas au criminel, la règle de procédure civile (v. *notre cours, p.* 470, *texte, n. 5 et ses renvois*), que l'intimé peut appeler incidemment en tout état de cause... ce qui est confirmé par un arrêt du 3 janvier 1822 (*B-c. n.* 5), relatif à une cause dans laquelle le prévenu avait seul appelé, et où l'on dit (*p.* 15) « que le ministère « public n'a pas appelé, et que, par conséquent, il a acquiescé et a pensé que « la vindicte publique était satisfaite. »

3. On y ajoute aussi (*d. p.* 15) que la position du prévenu ne peut pas être aggravée par son appel, et qu'elle l'a été en retenant sur l'appel d'un jugement de police, comme prévenu de délit, l'individu qui ne l'avait été que de contravention.

4. Même doctrine dans un arrêt du 18 du même mois (*n.* 11, *p.* 36), attendu, y dit-on, que l'appel ne saisit le tribunal « supérieur que de la con-« naissance de la disposition qui est l'objet spécial de cet appel; que les autres « dispositions n'étant point attaquées sont nécessairement réputées acquies-« cées par l'appelant; qu'elles ne peuvent être réformées à son préjudice sous « le rapport de l'intérêt civil, et que pour qu'elles pussent l'être dans l'intérêt « de la vindicte publique, un appel du ministère public est indispensable. » (v. pour des décisions analogues, *B. c.* 11 *mars* 1826, 4 *mai et* 7 *et* 14 *juill.* 1827, *n.* 40, 110, 175 *et* 186).

5. D'après ces principes, si un prévenu a été renvoyé par une ordonnance (non attaquée) de la chambre du conseil (v. *tit. des procéd. de police judic.*, § 3, *n. iv*) au tribunal correctionnel, et si, condamné par celui-ci à la prison, il a seul appelé, le tribunal supérieur pourra bien réformer ou modifier dans l'intérêt du condamné, mais non pas aggraver son sort, en annulant même pour incompétence le premier jugement. *B. c.* 4 *et* 25 *mars* 1825, *n.* 42 *et* 59. — V. aussi *id.* 22 *juill.* 1830 *et* 21 *avr.* 1832.

(20) *Observations.* 1. Dans ce cas, le prévenu ne pourra, en appel, être condamné à une peine, mais à des prestations civiles. *DD. arr.* 15 *janv.* 1814, 21 *mars* 1817 *et* 26 *fév.* 1825. — V. aussi *arr.* 13 *avr.* 1821, *n.* 19 (matière de *diffamation*).

2. Le tribunal *saisi, après une cassation*, suivra la même règle si le seul lésé a recouru. V. *ci-apr. art. de la cassat., note* 25, *n.* 5.

(20 *a*) Règle analogue quand la partie, contre laquelle on a prononcé une *responsabilité civile* (v. en ci-apr. le §), a seule appelé. *Arr. cass.* 24 *juill.* 1818, *n.* 91.

(20 *b*) On verra (*tit. de la procéd. correctionn., note* 18, *n.* 3), qu'au contraire, la peine prononcée contre le prévenu peut être modérée et même supprimée en appel, quoique lui-même n'ait pas appelé. — A l'égard du droit d'attaque du ministère public du tribunal d'appel, même en cas d'exécution du jugement de première instance, *voy.* d. tit., note 9, *n.* 1, et ci-dev. note 17, *n.* 2, *p.* 30.

(21) *Observations.* 1. Cette maxime, tirée des lois romaines (*LL.* 7, § 2, *ff, et* 9 *in pr., C. de accusationib.*) signifie qu'on ne peut être jugé deux fois pour le même délit. V. *une foule d'exemples et d'exceptions au rép., h.*

v., viij, 607 *à* 616, *et xv,* 463 *à* 506; *ci-apr. ch. des assises, note* 63, *et de la contumace, note* 8. — V. aussi *arr. cass.* 15 *avr.* 1819, 19 *janv.* 1821, 21 *oct.* 1831, 3 *mai,* 14 *et* 20 *juill.* 1832, 16 *févr.* 25 *avr. et* 15 *juill.* 1833; *notre cours de procéd.,* p. 309, *note* 11.

2. Néanmoins, l'administration forestière a droit d'appeler, même dans l'intérêt de l'action publique. *Arg. de C-cr.* 202; *B. c.* 31 *janv.* 1817.—V. *ci-dev. note* 13, *p.* 28; *ci-apr. tit. de la procéd. correctionn., note* 8, *n.* 4.

IV. Il ne faut pas néanmoins en conclure que l'action publique soit indéfiniment la *propriété* du magistrat chargé du ministère public; au contraire, il n'en a que l'exercice au nom de la société; d'où il résulte qu'il n'a pas, comme l'aurait un simple particulier, la faculté d'empêcher, en renonçant à son action, le tribunal auquel il l'a soumise, d'y statuer. Il faut sans doute qu'il soit présent et ait pris connaissance de l'affaire (**22**), pour qu'il y ait une partie relativement à laquelle on puisse prononcer dans l'intérêt de l'action publique; mais cela suffit. Lors même qu'il déclarerait n'avoir à requérir aucune peine (**22** *a*), le tribunal, s'il est convaincu de la culpabilité, ne doit pas moins appliquer la peine indiquée par la loi (**23**). V. *B. c.* 24 *niv. xj,* 14 *pluv. xij,* 27 *juin* 1811; *surtout* 17 *déc.* 1824, 9 *juin* 1826 *et* 29 *févr.* 1828; *réqu. à répert. ix,* 160, *mot pêche; Carnot, code cr., art.* 182, *n.* 14, *art.* 149, *n.* 4 (1ʳᵉ *édit.*); *arr. rej.* 23 *juill.* 1813, *M. Laporte,* 261, *n.* 3.

(**22**) V. arr. cass. 10 janv. 1806, 1 avr., 8 juill. et 24 déc. 1813, n. 65, 152 et 263 (et à rép. xiv, 671, mot voirie, n. 10); 3 mars 1814, n. 18; 7 mars 1817, n. 19; 15 oct. 1818 et 12 mai 1820, n. 129 et 90, surtout 2 mars 1827, n. 46, et 3 janv. 1834, n. 8; ci-apr., part. 2, titres : 1° des officiers de police judiciaire, note 2 (pour son remplacement en cas d'empêchement); 2° des procédures de police simple et correctionnelle, notes 14 et 4, n. 5; ci-dev. p. 28, note 12.

(**22** *a*) Ou même se désister de son action. V. *Carnot,* 2ᵉ *édit., i,* 49, *n.* 84; *B. c.* 17 *déc.* 1824, *n.* 193; 25 *sept. et* 6 *déc.* 1834, *n.* 320 *et* 393; 7 *févr. et* 28 *mars* 1835, *n.* 51 *et* 116.

(**23**) *Observations.* 1. Il semble qu'on pourrait aussi fonder, sur les considérations précédentes la règle d'après laquelle le ministère public peut attaquer un jugement conforme à ses conclusions, règle que la cour de cassation s'est bornée à motiver sur ce qu'on n'a droit d'opposer au ministère public que les fins de non-recevoir légales, et que la loi, à cet égard, n'en établit

qu'une seule contre lui, celle d'avoir laissé écouler le délai fixé pour se pourvoir. — Voir *réqu. et arr. cr.* 25 *févr.* 1813, *n.* 36, *et civ.* 20 *nov.* 1811 (*B.
c. civ. n.* 113), *rép. xv,* 90 *et* 506, *mots cassation,* § 4, *n.* 6, *et notaire,* § 3,
n. 2; *M. Chauveau, J-cr.* 1834, 37 *et* 38.

2. Il peut aussi, après avoir conclu devant le même tribunal contre un
prévenu comme agent de la société, quant à l'action publique, conclure en sa
faveur comme organe de la loi. V. *d. arr.* 14 *pluv. xij.* — V. aussi *cours de
procéd., p.* 27, *note* 33, *n.* 1.

V. Cette espèce de *propriété* de l'action publique
n'est pas non plus attribuée au ministère public pour
toutes sortes de délits; elle ne lui est réservée exclusivement que pour les crimes (**24**). — A l'égard des
délits correctionnels et des contraventions (**25**), il
faut distinguer entre l'exercice, proprement dit, et
les résultats de l'action, c'est-à-dire entre la poursuite
de ces deux sortes de délits et la demande de leur
punition. Celle-ci, ou la conclusion tendant à l'application de la peine, n'appartient qu'au ministère public.
La poursuite, au contraire, peut être faite, soit par
lui, soit par les parties lésées (**26**). V. *rec. alphab.*,
mot Tribunal correctionnel, § 1ᵉʳ (2ᵉ *édit., t.* 5, *p.*
372); *C-cr.* 64, 145, 153, 182 *et* 190; *avis du Cons.
d'Etat du* 12 *nov.* 1806; *Bourguignon, art.* 1ᵉʳ, *note* 2;
Barris, répert. iij, 433, *mot délit,* § 5; *B. c.* 13 *avr.*
1820; *Carnot, sup.,* 2ᵉ *édit., i,* 22, *n.* 8.

VI. Enfin, tous les magistrats chargés du ministère public n'ont pas indifféremment l'exercice de
l'action publique. Cet exercice est restreint aux délits
commis: 1° dans leur ressort; 2° et 3° par des individus qui l'habitent, ou qui y sont trouvés. V. *ci-apr.
tit. des officiers de police judiciaire, n.* 1. (**27**)

(24) C'est-à-dire, en matière de *grand-criminel.*
(25) C'est-à-dire en matière de *petit-criminel.*
(26) *Observations.* 1. Ainsi, au grand-criminel, la partie lésée ne peut
être qu'une partie *accessoire* dans l'instance, tandis qu'au petit-criminel,
elle peut exercer l'action. *Barris, rép. iij,* 433, *mot délit,* § 5.

2. Mais, pour que le tribunal soit saisi, il faut nécessairement que l'action
ait été exercée par elle ou par le ministère public. *B. c.* 23 *juill.* 1807, *n.*
159, *surtout* 16 *nov.* 1821, *n.* 179.

(27) A l'égard des autres délits, ils ont le droit et ils sont tenus de les
dénoncer. V. *au surplus, tit. des procéd. de police judic.,* § 1, *n.* 2.

§. 2. *De l'exercice de l'action civile.*

I. L'action civile appartient à celui auquel le délit
a causé des dommages. *C-cr., art.* 1; *C-br.*, 6.

Par conséquent, un autre particulier n'a pas le
droit de l'exercer (**28**), à moins que le délit ne tende
à compromettre ses propres intérêts. (**29**)

Mais la *propriété* de l'action ne reçoit aucune restriction, par rapport au lésé; il peut exercer cette action, ou y renoncer, si bon lui semble.

Il faut qu'il l'exerce, soit par poursuites principales, soit par intervention (**30**), pour qu'il en ob-
tienne le résultat, c'est-à-dire les dommages. S'il s'est
borné à provoquer l'action du ministère public, le
juge ne pourra lui accorder des dommages. *B. c.* 9
août 1811, *n.* 114; *rép. xj*, 540, 567, *mot réparat.
civile,* § 2 *et* 6.

S'il l'a exercée, le juge devra y statuer, quelque
modique qu'en soit l'objet. V. *B. c.* 23 *déc.* 1814 (**31**)...
V. aussi 22 *oct.* 1819, 6 *mars et* 18 *juin* 1824 (**31 a**).

(28) Il faut qu'il y ait un intérêt direct et un droit formé. *Instruct. du* 29
sept. 1791. — Voy. *à ce sujet, rec. alphab., iv,* 253, *mot question d'Etat,*
§ 1 ; *rép. ix,* 304, *mot plainte, n.* 3; *C.-cr.* 94; *Le Graverend,* 3ᶜ *édit., i.*
195; *M. Chauveau, J-cr.* 1832, 168, *et* 1833, 161. — V. aussi *rej. cr.* 8
août 1835, *Sirey,* 35, 921.

(29) *Observations.* 1. Par exemple, le délit qui a causé des dommages à
un domestique, pouvant compromettre les intérêts du maître, celui-ci est
recevable à en porter plainte. V. *rej.* 26 *vend. xiij, rép., sup.*

2. La femme a besoin d'autorisation pour intenter l'action civile au criminel, mais non pas pour se défendre contre cette action ou contre l'action
publique. V. *cours proc. p.* 738 *et* 740, *notes* 3 *et* 7 ; *B. c.* 23 *janv.* 1823,
et 20 *janv.* 1825; *Carnot, sup., i,* 19, *n.* 38 *et suiv.*

(30) V. *n.* 5, p. 33; ci-apr. p. 41, *n.* 5, et tit. des procéd. de police
judiciaire, note 4. — *V. surtout* Carnot, i, 48 (n. 77) et iv, 14.

(31) Et quand même le défendeur offrirait de payer les dommages (il s'a-
gissait du dégât causé par une vache laissée à l'abandon). V. *d. arr.* 23 *déc.*
— V. aussi *ci-d.* p. 27, *note* 9, *et* p. 4, *note* 5.

(31 a) *Règle générale.* En statuant sur un délit, le tribunal criminel a,
on l'a dit (*p.* 2, *note* 1, *n.* 1) l'attribution essentielle d'adjuger les restitutions et les dommages qui en sont la suite, et par conséquent de faire cesser
le délit ou d'en détruire en quelque sorte les résultats, par exemple d'ordonner.
la clôture d'un spectacle illégalement ouvert. V. *rej.* 24 *janv.* 1834, *cité ibid.*

II. Le lésé est libre de porter son action (v. *ci-apr.*
art. 3) aux tribunaux civils ou aux tribunaux criminels (31 *b*) et quelquefois à différens tribunaux criminels (32); mais il ne peut pas varier dans son choix :
une fois qu'il a soumis l'action civile à un tribunal, il
n'a pas la faculté d'en abandonner la poursuite pour
la porter à un autre. V. *Barris, au rép. iij*, 431, *mot
délit, §. 1; d. rép. vj*, 499, *et ix*, 305, *mots intervention,*
§ 2, *et plainte, n. 5; arr. cass. 3 flor. x et 18 mess.
xij, ibid., et au B-c.; Carnot, sup., art. 3, n. 9 à 11,
art. 128, n. 20, et t. 4, p. 20; B. c. 9 mai 1828, n. 140,
et rej. 11 fév. 1832, n. 57.* (33)

Et ce principe est si général, qu'il s'applique également au ministère public. V. *réquis. et arr. rej. cr.
18 juin 1812, rép. xiv*, 223, *mot trib. de police, sect. 2,*
§ 3; *arr. régl. cr. 7 juin 1821, B. c. n.* 88. (34)

(31 *b*) Excepté pour l'action civile naissant d'une banqueroute. V. *C-comm.*
598 *et* 600, *conj.; Carnot, sup.,* 2ᵉ *édit., i*, 65 *et suiv.*

(32) Dans la rigueur, il ne doit la porter qu'au seul tribunal criminel compétent pour connaître du délit dont elle résulte; mais comme le caractère de
ce délit peut, dans le principe, n'être pas bien apprécié, rien ne s'oppose à
ce que le lésé agisse devant le magistrat criminel chargé d'instruire les délits
d'un genre plus grave, sauf à celui-ci de renvoyer le jugement au tribunal
qui connaît des délits moins graves. Mais, dans ce cas, le lésé n'aura pas non
plus le droit de varier.

Par exemple, le lésé a porté sa plainte au juge d'instruction; sur le rapport
de celui-ci, la chambre du conseil a déclaré qu'il n'y avait pas lieu à poursuivre, et ni le lésé ni le ministère public n'ont formé opposition à sa décision (*ci-apr., d. tit. des proc. de pol. jud.,* § 3, *n. iv*) : dans ce cas, le
lésé ne peut revenir, par une nouvelle action, devant le tribunal correctionnel, parce qu'il a fait son choix entre les deux voies qu'il avait pour agir,
l'une par l'entremise du ministère public, l'autre, par citation au tribunal
correctionnel. V. *arr. de Besançon, maintenu en cassation le 18 avr.* 1812,
rép. ix, 303, *mot plainte, n. 2.* — V. aussi *rej. cr.* 26 *juill.* 1828, *n.* 222,
et 22 *juill. et* 2 *sept.* 1831, *n.* 165 *et* 203.

(33) *Observations.* 1. D'après le 1ᵉʳ arrêt, lorsqu'on a réclamé au civil la
restitution d'un dépôt, on ne peut porter plainte au correctionnel en soustraction de ce dépôt, si l'on n'articule que les mêmes faits. D'après le 2ᵉ, on
ne peut abandonner l'action civile pour intervenir au procès criminel et l'y
faire juger. — *V. aussi* rej. cr. 30 mars 1832, J-cr. 1832, iii (séparation
demandée au civil pour le fait indiqué p. 25, note 3).

2. La règle du texte reçoit exception lorsqu'on s'est adressé au juge criminel et qu'il s'est déclaré incompétent *B. c. civ.* 21 *nov.* 1825.

3. Voyez au sujet de la même règle et d'autres exceptions, *Cours de procédure, p.* 191, *notes* 17 *et* 18, *et les autorités citées ibid.*

(34) *Observations.* 1. Ainsi, après avoir provoqué une instruction crimi-

nelle, le procureur du roi ne peut, tant qu'elle est soumise à la chambre du conseil, agir (c'est-à-dire saisir) par citation directe au tribunal correctionnel. *D. réqu. et arr.* 18 *et* 7 *juin.*

2. Par la même raison, lorsque l'accusé a été déclaré par un jury, non coupable de meurtre, le procureur du roi ne peut le traduire au tribunal correctionnel comme coupable d'homicide par imprudence. V. *au reste sur cette décision et ses* restrictions, *réquis. et arr. rej.* 29 oct. 1812, *rép. xv*, 464, *mot* non bis, *n.* 5 *bis.* — V. aussi *Riom, Agen et Colmar*, 1829, 1830 *et* 1831, *J-cr.* 1829, 176, 1830, 308, 1831, 104, surtout *M. Chauveau, d. p.* 104 *et suiv.*

III. Quel que soit d'ailleurs le tribunal auquel le lésé a porté l'action civile, ou même s'il ne l'a pas encore exercée, la renonciation qu'il fait à cette action ne peut arrêter (35) ni suspendre l'exercice de l'action publique. *C-cr.* 4. — V. aussi *C-c.* 2046; *C-pr.* 249; *arr. cass.* 2 *août* 1821, n. 123. (36)

Cette règle est fondée sur ce que les deux actions sont essentiellement distinctes, quant à leur but et à leurs caractères (*v. ci-dev. art.* 1, § 2, *p.* 27), et quant aux personnes à qui elles appartiennent. (37)

(35) *Observations.* 1. A plus forte raison, s'il n'a pas renoncé (non plus que le ministère public), on ne peut le renvoyer au tribunal civil. *D. B. c.* 23 *déc.* 1814.

2. Mais la règle du texte reçoit exception quant aux délits des *douanes;* l'administration est autorisée à transiger et arrêter l'action publique. V. *arr. rej.* 30 *juin* 1820, *B. c. n.* 93; *arrêté et ordonn. cités ib.; B. c.* 6 *sept.* 1821 (il en est de même pour les autres administrations... v. *ci-apr.* § *des excuses, notes* 8 *et* 8 *a.*)

(36) *Exemples.* 1. L'homologation d'un concordat passé entre le failli et les créanciers n'empêche point le ministère public d'exercer l'action publique pour banqueroute frauduleuse. V. *réquis. et B. c.* 9 *mars* 1811, *n.* 33, *et rép. xv,* 267 *et suiv., mot faillite,* § 2, *art.* 2, *n.* 1; *rej. cr.* 27 *déc.* 1828, *n.* 335, *p.* 958.

2. Même règle, quant à l'action publique relative à une escroquerie, quoique la somme escroquée ait été rendue avant toute poursuite judiciaire. *Arr. cass.* 6 *sept.* 1811, *n.* 127.

3. On peut compromettre sur l'action civile, mais non pas sur le délit d'où elle naît. V. *cours procéd. p.* 42, *note* 10.

(37) Par conséquent, quoiqu'il n'y ait pas de plainte du lésé, le tribunal ne doit pas moins prononcer, si le ministère public a agi. *Arr. cass.* 11 *juin* 1813, *n.* 126, *et rép. xiv,* 207, *mot trib. de police, sect.* 1, § 2, *n.* 8. — Bien plus, si le lésé a également agi (par intervention), et si l'on décide qu'il n'a pas intérêt, ce défaut d'intérêt ne peut vicier la poursuite du ministère public. V. *rej.* 4 *mars* 1830, *J-cr.* 1830, 211.

Mais il en est autrement si le ministère public ni le lésé n'ont agi. V. *ci-d. note* 26, *n.* 2, *p.* 33.

ARTICLE III.

Des tribunaux auxquels se portent les actions naissant d'un délit.

I. La jurisdiction étant distribuée en France entre les tribunaux criminels et les tribunaux civils, ces derniers devraient, à la rigueur, connaître exclusivement de l'action privée ou civile résultant d'un délit; mais comme les preuves du délit servent le plus souvent à établir et déterminer les dommages qui sont l'objet de l'action civile, il a paru convenable de donner aux tribunaux criminels le pouvoir d'y statuer. V. *C-cr.* 3; *C-br.* 8.

Néanmoins, ce pouvoir ne leur est accordé que lorsqu'on exerce devant eux l'action civile dans le même temps que le ministère public leur a soumis l'action publique ou criminelle. V. *dd. art.*

Outre qu'au défaut d'exercice de l'action civile, ils n'en seraient pas saisis (58), et par là même, ne pourraient la juger, elle n'est qu'un accessoire ou incident de l'action publique (59); si l'on a prononcé sur celle-ci, avant qu'on ait exercé l'autre, les fonctions du juge criminel sont remplies, l'action civile devient principale, et cesse de lui appartenir. V. *Avis du Conseil d'État, du* 12 *nov.* 1806 (59 *a*).

En un mot, ce n'est que par exception que le juge criminel en connaît. V. *arr. cass.* 13 *vent. vij, n.* 298. — V. aussi *id.,* 30 *avril* 1813, *n.* 88, 4 *mars* 1826, *n.* 43, 24 *sept.* 1829, *n.* 229.

(58) *V.* arr. cass. 9 août 1811, B. c. 114 et rép. xj, 540, mot réparation civile, § 2, n. 1.

(59) Le même principe est établi dans deux arrêts de cassation, l'un du 1er avr. 1813, B. c. n. 64, et rép. xiv, 205, mot trib. de police, sect. 1, § 2, n. 7 (réquis. ib.) ; et l'autre du 3 mars 1814, n. 18.

(59 *a*) V. au sujet des doctrines de cet avis, *ci-d.* p. 31, note 19 *a*.

II. De ces principes dérivent plusieurs conséquences.

1. Si le lésé ne s'est pas rendu partie civile, on ne peut lui accorder des dommages (40). V. *arr. cass.* 16 *janv.* 1808 *et* 9 *août* 1811, *B. c.*, *n.* 8 *et* 114, *et rép. xj,* 540 (41), *mot réparation civile,* § 2, *n.* 1. — V. aussi *B. c.* 4 *mars* 1826, *n.* 43.

2. Si le tribunal criminel reconnaît que le fait à lui soumis ne présente ni délit, ni contravention, il ne peut accorder aucuns dommages au lésé, quoique partie civile. V. *B. c.* 27 *juin* 1812, 30 *avr.* 1813, 3 *mars* 1814, 9 *juin* 1815, 3 *nov.* 1826, 12 *mai* 1827, 29 *févr.* 1828, 17 *mai* 1834; *Carnot, sup., art.* 159, 191 *et* 212; *ci-apr. tit. des procéd. de police,* § 3, *note* 12, *et correctionn., note* 15, *n.* 3. (42)

Mais cette dernière règle reçoit exception en matière de grand-criminel, parce que les Cours d'assises ont le droit de statuer sur les dommages *respectivement* réclamés (42 *a*). V. *C-cr.* 358, 359, 364 *et* 366; *rép. xj,* 569 *et suiv., d. mot réparat.,* § 7, *n.* 1; *ci-apr. p.* 40, *et notes* 47 *à* 50; *tit. ou chap. des procéd. de police, correctionn. et d'assises; M. Chauveau, J-cr.* 1833, 163.

(40) Ni en cas d'absolution, ordonner de lui restituer des effets. *B. c.* 22 *oct.* 1818, *n.* 131, 7 *sept.* 1820, *n.* 118.

On verra (tit. des procéd. de police judic., § 1, n. 4) quand et comment on se rend partie civile au grand-criminel.

(41) On voit que, dans ce cas, il n'y a point eu d'action civile exercée.

(42) *Observations.* 1. L'action civile n'étant qu'un incident de l'action publique, lorsque celle-ci n'a pas lieu, la première cesse d'avoir effet devant les juges criminels.

Ils peuvent au contraire accorder dans ce cas des dommages au prévenu absous. *Arg. des dd. art.; Carnot, ibid.; d. arr. cass.* 30 *avr.* — V. aussi *Le Graverend, ij,* 251 *et* 543.

2. Au reste, la partie civile n'est pas alors privée définitivement de son action en dommages; elle pourra la porter au tribunal civil. V. *même note* 2; *Carnot, sup., art.* 212, *n.* 2, 1re *et* 2e *édit.; d. B. c.* 3 *nov.* 1826, *par arg. de C-cr.* 159.

3. Observez que dans l'hypothèse précédente (celle du n. 2), l'action civile n'a pas pu être jugée, puisque le tribunal criminel s'est déclaré de fait incompétent par rapport à l'action publique, de sorte que la décision du n. 2 n'est point en contradiction avec ce qu'on exposera, p. 39 et 40, n. iv.

(42 *a*) Dans le cas d'absolution comme dans celui d'acquittement ou de condamnation. *C-cr.* 366.

III. Comme le particulier lésé est maître de son action civile, et par là même, libre d'abandonner ou de renvoyer à réclamer ses dommages, il lui est permis d'exercer séparément l'action civile, et devant les tribunaux civils ; mais cette action donnant lieu à une question sur la solution de laquelle le jugement de l'action publique peut avoir de l'influence, l'exercice en est suspendu jusque à ce que l'on ait statué sur cette dernière, si elle a été elle-même exercée avant ou pendant la poursuite de la *première*. — V. *C-br.* 8 ; *C-cr.* 3 ; *cours procéd. p.* 32 (43). — C'est ce qu'on exprime par l'axiome vulgaire, *le criminel tient le civil en état.* — V. *rép., i,* 110, *mot action publique ; arr.* 28 *avr.* 1809, *ib. et B-c. n.* 81. — V. aussi *id.* 21 *avr.* 1821, *n.* 66 (matière de *diffamation*).

(43) *Observations.* 1. Par la raison inverse, si l'action publique n'a point encore été exercée, le tribunal civil ne doit pas renvoyer à juger une action civile instruite. *B. c.* 26 *juillet* 1813, *n.* 81. — Surtout si le lésé ne lui justifie pas de l'exercice effectif de l'action publique. V. *à ce sujet, rej. civ.* 19 *juin et* 14 *août* 1821, *et* 11 *juill.* 1826, *avoués, xxiij,* 225 *et* 275, *xxxj,* 331 ; *Carnot, sup., i, p.* 80, *art.* 3, *n.* 33, *et p.* 102, *d. art.* 5, *observ. addition., n.* 3, 2ᵉ *édit.*

2. Mais il suffit que l'action publique ait été exercée pour entraîner le sursis de l'action civile. V. *arr. cass.* 18 *novembre* 1812, *au rép., xv,* 494, *mot non bis, n.* 15 ; *d. arr.* 28 *avr.*

3. Au contraire, si l'action civile a été intentée et jugée avant l'exercice de l'action publique, son jugement conservera ses effets quoique le jugement postérieur de l'action publique donne une décision différente par rapport au fait d'où sont nées l'une et l'autre actions. V. *réqu. et rej. req.* 8 *avr.* 1812, *rép. xiij,* 818 *et suiv., mot testament, sect.* 5.

IV. On conçoit facilement que le jugement de l'action publique peut avoir de l'influence sur le jugement de l'action civile (43 *a*), puisque le magistrat criminel, saisi de la première, est chargé de vérifier et apprécier le fait d'où naît la seconde, et qu'il a même, pour atteindre à ce but, des moyens probatoires, qui peuvent manquer au juge civil. (44)

A cet égard, on tient en général que le jugement criminel a l'autorité de la chose jugée par rapport à l'action civile non jugée, qu'elle ait été ou non exercée avant ce jugement; qu'en un mot, l'action publique est *préjudicielle* à l'action civile, et est exercée par le ministère public, au péril du lésé, qui n'a point exercé, au criminel, l'action civile. V. *à ce sujet réqu. et arr. rej.* 17 *mars* 1813, *rép. xv,* 490 *à* 500, *mot non bis,* n. 15; *réqu.* 22 *juillet suiv., id., xj,* 571, *mot réparation civile,* § 7, *n.* 1. (45)

D'où il résulte que, lorsque le juge criminel a donné gain de cause au prévenu du délit pour lequel la partie publique le poursuivait, le lésé n'aura aucuns dommages à réclamer au civil, à raison de ce délit (46), et qu'ainsi l'exception de *res inter alios judicata* n'a pas le même effet au criminel qu'au civil. (47)

Mais lorsque le lésé est partie civile au grand-criminel (48), on y suit une règle différente, à cause du pouvoir accordé aux Cours d'assises, de statuer sur les dommages, réclamés par les deux parties (49), de sorte qu'elles ont le droit d'en adjuger au lésé, même lorsque le prévenu est jugé non coupable (50), tout comme d'en refuser à celui-ci dans la même hypothèse. (51)

(43 *a*) Le juge civil peut, par exemple, prendre pour base de sa décision, les faits *établis* dans un procès correctionnel antérieur, *suiv. rej. requ.* 27 *janv.* 1830, *avoués, xxxix,* 144.— V. aussi *Carnot, sup., iv,* 17, n. 93; *Bruxelles,* 1818, *ibid.*

(44) Telles que les preuves vocales qui sont toujours admissibles au criminel, tandis qu'au civil, elles ne le sont en général que par exception. V. *ci-apr. part.* 2, *obs. prélim., n.* 5.

Autres questions sur cette influence... V. *cours procéd.* p. 316, *note* 50.

(45) V. surtout d. cours procéd., d. note 50; rej. cr. 26 juill. 1828, n. 222, et 22 juill. et 2 sept. 1831, n. 165 et 203, rec. alph., cité ci-apr. note 47.

Sens du mot *préjudicielle...* V. ci-apr. p. 42.

(46) V. rép., d. t. xj, p. 571, mot réparation civile, § 7, n. 1.

(47) V. d. cours, p. 500. — V. aussi : 1º pour des *exemples,* B. c. 22 oct. 1818 et 7 sept. 1820, n. 131 et 118; 2º pour des *exceptions,* d. réqu. et rej. 8 avr. 1812 (ci-dev. note 43); 3º pour la solution d'une contradiction apparente, ci-dev. p. 38, note 42, n. 2 et 3.

Observations. 1. Ce que nous disons ci-dessus dans le texte, s'entend du cas où le prévenu a triomphé au criminel parce qu'on a reconnu que le fait à lui imputé n'existait pas. *Voyez* sur cette question importante, et d'autres questions analogues, Rec. alphab., mot faux, § 6, 2ᵉ édit., addit.. vj, 243, et viij, 262 et suiv.; ou bien 4ᵉ édit. (1828), iv, 152 à 176 (les additions y

sont intercalées). — *Voy. aussi* M. Chauveau, J-crimin. 1833 , 166, 167;
Carnot, sup., i, 101 , *surtout* iv, 19 et 20.

2. Mais si le fait à raison duquel le prévenu a triomphé n'a pas les mêmes
caractères légaux que le fait objet de l'action civile, par exemple est un crime
ou un délit, tel qu'un attentat à la pudeur avec violence, tandis que celui-ci
n'est qu'un quasi-délit, tel qu'un simple attentat à la pudeur, la règle du
texte est inapplicable, et des dommages pourront être accordés par le juge
civil. V. *rej. cr.* 5 *mai* 1832, *n.* 161, *et Sirey, xxxij,* 1, 330. — V. aussi
rej. requ. 10 *avr.* 1822 , *avoués, xxiv,* 98 ; *arr. de Bastia,* 8 *nov.* 1831 ,
Sirey, xxxij, 2, 246.

(48) Ou en matière de crimes. *Ci-d. note* 24 , *p.* 33.

(49) V. ci-d. p. 38 ; ci-apr. ch. des procédur. de ces Cours.

(50) V. réqu. et arr. rej. 22 juill. 1813, rép. xj, 569, sup., d. n. 1 ; arr.
cass. ou rej. 13 mai 1813, B. c.; 7 janv. 1830, avoués, xxxix, 89 ; 25 nov.
1831 , j-cr. 1832, 257, et 1833 , 134.

Mais elles ne peuvent en accorder contre celui qui n'a pas été *accusé* du
fait, ou qui ne l'a commis qu'en légitime défense. *B. c.* 11 *oct. et* 19 *déc.*
1817, *n.* 95 *et* 119; *rej. cr.* 4 *nov.* 1831, *J-cr., supra.*—V. aussi *rép. xv,*
493 *à* 495, *mot* non bis, *n.* 15 ; *J-cr.* 1833, 135.

(51) V. réquis. et arr. rej. cr. 30 déc. 1813, à rép. xj, 550 et suiv., d. mot
réparation, § 2, n. 3 bis. — *V. surtout* les autorités citées au cours procéd.
p. 316 , note 50 ; rej. cr. 27 févr. 1835 (délit de presse), J-cr. 95; M. Chauveau, ibid.

V. Non-seulement le criminel tient le civil en état,
mais il oblige la partie civile à poursuivre son action.
Par conséquent, dès qu'elle en a commencé l'exercice
au grand-criminel, elle est forcée d'y réclamer le résultat de l'action ou ses dommages, avant l'arrêt de
la Cour d'assises, faute de quoi elle est désormais,
sur ce point, non recevable. (52)

(52) V. C-cr. 359; d. réqu. 22 juill. 1813; Carnot, sup., art. 358, n. 5;
rej. 22 janv. 1830, *n.* 24 (cet arrêt déclare admissible la demande en dommages formée avant l'arrêt de condamnation de l'un des coaccusés, quoique
elle ne l'eût été qu'après l'ordonnance d'acquittement (v. *ci-apr. chap. des
assises, art. du jugement, n.* 1) de l'autre.)

VI. Le *civil* tient aussi quelquefois le *criminel en
état;* c'est ce qui a lieu dans les questions d'Etat et
les questions préjudicielles civiles.

Dans les premières, d'après des considérations
morales (53), l'action publique contre un délit de
suppression d'état, est écartée jusqu'au jugement
civil et définitif de la réclamation principale d'état.
V. *C-civ.* 326, 327: *rép. x,* 508, *et xiij,* 321 , *mots*

*question préjudicielle et supposition de part ; plus.
arr. cass. cr., ib.* (54) ; *B. c.* 15 *mars* 1822, *n.* 41 *et* 45 ;
Carnot, sup., i, p. 22, *n.* 12, *et p.* 82, *n.* 37 *à* 39.

Nous disons là réclamation *principale,* parce que si
la question d'état ne se présente qu'*incidemment* à
celle qui résulte de l'action publique, elle n'en retar-
dera point le jugement, et sera elle-même jugée par
le tribunal criminel. Il est, en effet, de règle générale,
qu'un tribunal, juge d'une action, est nécessairement
juge des faits d'*exception* (54 *a*) proposés contre cette
action, à moins que ces faits ne puissent être appré-
ciés que par des élémens d'instruction hors des attributions de ce tribunal. —V. *B. c.* 3 *nov.* 1810, 13 *juin*
1818 *et* 2 *août* 1821, *n.* 133, 78 *et* 126. — V. aussi
réqu. et arr. rej. 27 *nov.* 1812, *rép. xv*, 550, *mot
parricide ; arr. cass. civ.* 2 *fév.* 1814 ; *ci-ap. part.* 2,
obs. prélim., n. 5, *et notes* 3 *et* 4, *ib. ; ci-dev. p.* 8,
note 14, *n.* 1. (55)

(55) V. à ce sujet Barris, au rép., iij, 430, mot délit, § 1.

(54) *Observations.* 1. *Exemples.* L'action publique contre le faux, résultant de l'inscription d'un enfant sur les registres civils, comme né d'une
épouse légitime déjà décédée, ne peut être suivie au criminel avant que le
juge civil ait statué sur l'état de cet enfant. V. *B. c.* 9 *fév.* 1810, *n.* 29 (*et
ib.*). — V. aussi *id.* 24 *juill. et* 26 *sept.* 1825 ; surtout *régl. cr.* 21 *juill.* 1831,
n. 164, *p.* 257 *et suiv.*

2. C'est d'après les mêmes motifs que l'inscription de faux n'est pas admissible de *plano* dans ces questions. V. *à ce sujet cours précéd., tit. du faux
incident, p.* 307.

(54 *a*) Voy. relativement à cette règle, même cours, p. 58, note 64, n. 5 ;
et pour le sens du mot *exception*, id., p. 256, *note* 5.

(55) *Exemples.* 1. Le juge criminel peut décider la question de savoir si un
meurtrier est le fils adoptif de l'homicidé (c'est qu'en cas d'affirmative, il serait passible de la peine des parricides). — V. d. *arr.* 27 *nov.*

2. *Idem*, si un accusé était en démence au moment du délit. V. *ci-dev.
note* 14, *p.* 8.

3, 4, etc. V. le répertoire, t. 15, addit. aux mots bigamie, démence et
question préjudicielle, avec leurs renvois.

A l'égard des secondes, ou des *questions préjudicielles,* rappelons d'abord qu'on appelle ainsi toute
question qui doit être jugée avant une autre, parce
que celle-ci serait sans objet si la personne qui l'é-

lève succombait dans celle-là. V. *rép. x*, 508, *h. v.*;
Carnot, sup., i, p. 31, *n.* 40 *et* 41, *p.* 48, *n.* 77,
p. 74, *n.* 19 *à* 32; *cours de procédure, p.* 293, *in f.,*
et p. 295, *note* 9.

Dans ces sortes de questions, l'action publique est
aussi écartée temporairement par la nature des choses,
lorsque l'existence du délit, objet principal de la jurisdiction criminelle, dépend de la solution d'une
question étrangère à cette juridiction, telle qu'une
pure question de propriété immobilière. V. *rép. sup.*;
Laporte, eod. v. (56); et quant aux modifications dont
cette règle est susceptible, *répert, ibid.*; *Barris, ib.,*
xv, 190 *à* 195, *mot dépôt,* § 1, *n.* 6; *C-for.* 182. (57)

(56) *Observations.* 1. *Exemple.* On porte plainte au criminel, à raison
d'un dommage causé dans un fonds (v. *C-pén.* 445 *et suiv.*); le défendeur
répond qu'en supposant qu'il ait causé le dommage, il en a eu le droit, parce
qu'il est propriétaire du fonds... La question de savoir s'il est propriétaire, est
nécessairement *préjudicielle* à la question du délit, car en cas d'affirmative,
le défendeur n'a fait qu'user d'un droit légitime. Mais cette question étant de
la compétence du tribunal civil, il faut attendre qu'il l'ait jugée, pour reprendre la poursuite de l'action publique. V. *arr. cass. de* 1806 *à* 1808, *au rép.,*
sup., n. 2. — V. aussi pour des cas analogues, *un grand nombre d'autres*
arrêts, de 1819 *à* 1835, *cités dans les tables du B. c., mot question pré-*
judicielle.

2. En matière forestière, le défendeur doit provoquer au civil le jugement
de la question préjudicielle pendant un bref délai fixé par le tribunal criminel, sinon celui-ci passera outre. V. *C-for.* 182. — A l'égard des autres matières, *voy. B. c.* 4 *janv.* 1828, *n.* 5.

3. En toutes matières, si ce tribunal n'a point fixé de délai pour cet objet,
comme la loi n'en fixe point non plus, le jugement qu'il rendrait, même après
un long intervalle, sur l'action publique serait irrégulier. V. *arr. cass.* 10
août 1821, *n.* 130.

4. Mais l'on *tient* aussi que l'omission de fixer ce délai rend irrégulier son
premier jugement. V. *une foule d'arrêts de* 1826 *à* 1835, *aux tables du*
B. c., mot question préjudicielle. — à moins qu'il n'y ait point eu de
réquisition à cet égard, *suiv. rej. cr.* 17 *juill.* 1829, *J-cr.* 1833, 313. — ou
sauf au ministère public à en faire dans la suite fixer un. V. *rej.* 15 *déc.*
1827, *B. c., n.* 312.

4 *a.* Enfin, lorsque l'infraction est régulièrement constatée, c'est au prévenu à faire la preuve de son droit (par exemple de sa propriété); son adversaire ne peut être tenu de faire préalablement la preuve du droit contraire,
suiv. B. c. 12 *juill. et* 17 *oct.* 1834.

5. Au reste, le juge criminel peut connaître d'une exception (v..pour ce
mot, *cours proc. p.* 236, *note* 5) fondée sur un droit de jouissance ou sur
un droit de propriété purement mobilière. V. *B. c.* 2 *août* 1821, *n.* 126, *et*
25 *juin* 1835, *n.* 179.

(57) Ainsi il **y** a exception à la règle, ou autrement, le tribunal criminel ne doit pas surseoir dans les trois cas suivans :

1. Lorsque la question préjudicielle a été jugée par une décision non attaquée, qu'on lui produit. *B. c.* 18 *juin* 1807 *et* 27 *fév.* 1818.

2. Lorsque le défendeur n'excipe pas d'un droit qui lui est personnel, s'il prétend, par exemple, que c'est un droit de sa commune. V. *C-for.* 182; M. *Laporte,* 395, *n.* 7 *et* 8; *plus. arr., ib,; B. c.* 24 *oct.* 1817, 22 *juill.* 1819 *et* 7 *févr.* 1835. — Seulement il pourrait dans ce cas demander un délai pour provoquer l'intervention du maire, et si le maire intervenait (avec autorisation), il y aurait une véritable question préjudicielle. *B. c.* 16 *août* 1822, 20 *mars et* 18 *août* 1823, 22 *et* 30 *avr.*, 25 *juin et* 10 *sept.* 1824. — Et il faut observer à ce sujet, que le maire ne doit pas, pour agir, attendre l'instance de cassation, car son intervention n'y serait pas admissible. *D. arr.* 25 *juin* 1824, *n.* 84.

3. Lorsque le droit fût-il reconnu, ou l'exception fût-elle prouvée, il **y** aurait également contravention ou délit. V. *B. c.* 15 *fév. et* 12 *avr.* 1822, 27 *juin* 1823, 30 *avr.*, 2, 9 *et* 15 *oct.* 1824; 19 *et* 21 *mars et* 7 *mai* 1835, *n.* 99, 100, 108 *et* 170; *répert. xvij,* 495, *mot question préjudicielle, n.* 6; *C-for.* 182.

Observation. Des principes développés dans le présent chapitre, combinés avec ceux d'après lesquels l'homicide nécessité par la légitime défense (*ci-dev. p.* 18), n'est pas un délit, on induit une maxime déjà exposée, et que nous rappellerons à cause de son importance : *on ne peut se faire justice à soi-même.*— V. *cours proc. p.* 8. (58)

(58) Mais, n'y a-t-il pas d'autres cas où la voie de fait est permise?. Par exemple, le possesseur avec saisine ne peut-il pas détruire les ouvrages élevés sur son sol, sans être passible d'une action en réintégrande, et à plus forte raison d'une action criminelle?.. V. *à ce sujet cours de procéd.,p.* 129 *et* 130, *et note* 37, *ib.*

Depuis l'impression de cette note 37, où nous citons des arrêts de la section des requêtes qui, dans cette hypothèse, ont déclaré l'action en réintégrande admissible et où nous proposons des objections contre ce système, la section civile a adopté l'opinion de la section des requêtes; mais nous n'avons pas trouvé dans son arrêt (20 *nov.* 1835), du moins tel qu'il est rapporté par la Gazette des tribunaux (26 *id.*), des motifs assez décisifs pour dissiper nos doutes.

CHAPITRE IV.

Des personnes passibles de l'action publique et de l'action civile.

I. En règle générale, les lois de police et de sûreté obligent ceux qui se trouvent sur le territoire qu'elles régissent (1). Par conséquent l'action publique peut être exercée contre tout particulier qui a commis un délit sur le territoire français. (**2**)

(1) Cette règle, établie par le Code civil, art. 3, a été reçue dans tous les temps par tous les publicistes. *M. Grenier, rapport fait au Tribunat le* 9 *vent. xj.* — Et par les mots *lois de sûreté* elle embrasse les lois criminelles. *Pr. verb. du cons. d'Etat,* 6 *therm. ix.*

(2) Même sur un vaisseau neutre en relâche dans un port français ; à moins que le délinquant et le lésé ne soient des hommes de son équipage. *Avis cons. d'Etat,* 20 *nov.* 1806. — Même lorsque la relâche est nécessitée par des réparations urgentes, si ce vaisseau a été nolisé pour l'exécution d'un complot contre la France. V. *B. c.* 7 *sept.* 1832, *n.* 341, *et Lyon*, 15 *octob. suiv., J-cr.* 1833, 183 (affaire du *Carlo-Alberto*).

II. A l'égard des délits commis hors de ce territoire, et qui, d'après la même règle, devraient être soumis au juge du pays où on les a commis, il faut distinguer entre les délinquans français et les délinquans étrangers.

Les premiers peuvent être jugés et punis en France (3): 1° pour les *crimes* (4) commis contre un Français, si ce dernier réclame (**4** *a*), et s'il n'y a pas eu de jugement à l'étranger V. *C-cr.* 7. (**5**)

2° Pour les crimes d'Etat et de falsification du sceau, des monnaies et effets de l'Etat, et des billets de banque. *C-cr.* 5. — V. aussi *C-pén.* 132 *à* 144.

Les seconds (c'est-à-dire les délinquans étrangers) peuvent l'être aussi pour ces derniers crimes, lorsqu'ils sont arrêtés en France, ou lorsqu'on a obtenu leur extradition. *C-cr.* 6. (**6**)

Néanmoins, les ambassadeurs étrangers et les personnes de leur suite sont en général affranchis de la juridiction de nos tribunaux. V. *L.* 13 *vent. ij, et* pour les détails, *le répertoire mot ministre public, t.* 8, *p.* 299 *et suiv.*

(3 et 4) L'article 7 n'emploie que le mot *crimes*; mais il semble naturellement interprété par l'art. 24, qui, en réglant la compétence des procureurs du roi, à l'égard des infractions commises à l'étranger, parle et des *délits* et des crimes. V. *Le Graverend, i,* 85; *arr. Colmar,* 23 *août* 1820, *Sirey,* 20, 2, 336.—Carnot, *dd. art.,* soutient néanmoins qu'il n'y est question que des crimes proprement dits. Il observe notamment (*i,* 126, *n.* 2), que le mot *délit* ayant été retranché avec intention dans l'art. 7, lors de la discussion du conseil d'état, c'est par pure inadvertance qu'on l'a laissé subsister dans l'article 24.

(4 a) Ou mêmes ses parens, *suiv. rej.* 17 *août* 1832, *n.* 311.

(5) *Observations.* 1. Il résulte de là que le jugement criminel étranger a, en France, au profit du délinquant français absous, l'autorité de la chose jugée. Il en serait autrement d'un jugement civil. V. *Cours proc. p.* 566 *et* 567, *et note* 5, *ibid.*

2. Mais l'a-t-il aussi contre le délinquant français condamné, de sorte, par exemple, que frappé, à l'étranger d'une peine opérant la mort civile, il soit considéré comme mort civilement en France?... Non. *Arg. de rej. cr.,* 27 *nov.* 1828, *n.* 315. — Voir à ce sujet, *Richer, traité de la mort civile, liv.* 1, *sect.* 8, *p.* 58.

3. Au reste, on a conclu de la règle du texte, qu'une femme étrangère qui a épousé un Français, devenant par là même Française (*Code civ.* 12), peut le poursuivre en France pour bigamie. *Arr. rej.* 18 *fév.* 1819, *B-c., n.* 24; *rép. xvj,* 766, *mot mariage, sect.* 2, § 6, *quest.* 4; *ci-dev. art. des crimes, p.* 18, *note* 19.

(6) *Observations.* 1. Donc ils ne peuvent y être jugés pour d'autres crimes. V. *B. c.* 22 *janv.* 1818. — Même pour le *recel* fait en France (fût-ce par des Français) de choses volées à l'étranger. V. *B. c.* 17 *oct.* 1834.

2. L'extradition des Français qui, après avoir commis un crime à l'étranger, contre un étranger, se sont réfugiés en France, ne peut être ordonnée que par une décision directe du *roi. Décret,* 23 *oct.* 1811. — Questions à ce sujet... V. *B. c.* 15 *mars* 1822, *et* 17 *oct.* 1834; *ordonn.* (extradition réciproque des Français et des Belges) 16 *déc.* 1834.

III. Les militaires et employés de l'armée (**7**), pour leurs délits commis, soit dans le territoire, soit hors du territoire du royaume, ne sont pas soumis aux règles communes à tous les Français. *C-pén.* 5.

Si ces délits, de quelque nature qu'ils soient (**8**), ont été commis aux armées, ou dans les arrondissemens des armées, ou dans les garnisons, ou pendant que les délinquans sont à leurs corps, ils sont poursuivis et punis d'après les lois et par des tribunaux militaires. V. *réqu. et arr. régl.* 9 *flor. xj*, 10 *fruct. xij et* 3 *pluv. xiij*, *rép. iij*, 489, *mot délit milit.*, *n.* 6 (**9**); surtout *avis cons. d'Etat*, 7 *fruct. xij; Carnot, i*, 49. *n.* 86, 2ᵉ *édit.; et,* quant aux tribunaux, *ci-apr., leur chapit., art.* 2.

Si des militaires ou employés ont commis des délits hors de leurs corps, ou en congé (**10**), ils deviennent justiciables des tribunaux ordinaires. — V. *dd. autorités.* (**11**)

Semblable règle, s'ils ont commis des délits, même *militaires*, avec des particuliers non militaires. *L.* 22 *mess. iv*, *art.* 1 *et* 2; *d. avis* 7 *fructid.; B. c.* 29 *frim. xiij*, 18 *avr.* 1811, *n.* 49 *et* 56 (*sont aussi à rép., sup.*, 496, *n.* 10), *et* 2 *mai* 1817, *n.* 36. (**11** *a*)

Semblable règle pour leurs délits de *chasse*, commis même en garnison. *Avis cons. d'Etat* 4 *janv.* 1806. (**12**)

(7) *Observations.* 1. Un réquisitionnaire en fuite avant son incorporation et un soldat réformé ne sont pas considérés comme militaires. *Arr. cass.* 19 *fruct. v et* 13 *pluv. x, rép. iij*, 493 *et xvij*, 41, *mot délit militaire, n.* 7 *et* 10 *bis; B. c.* 2 *juill.* 1825. — Il en est autrement d'un individu qui fait un service effectif quoique son enrôlement fut irrégulier, *suiv. B. c.* 9 *mai* 1835, *n.* 175.

2. Les *employés* sont désignés avec détails dans la loi du 13 brumaire an v, art. 10. Ce sont, en général, les particuliers attachés à l'administration et aux divers services des munitions, subsistances et hôpitaux, et les domestiques des mêmes personnes et des officiers. — V. *aussi avis cons. d'Etat,* 25 *janv.* 1808, *rép. iij*, 495, *xv*, 181, *et xvij*, 40, *mot délit militaire, n. vij; arr. divers, ib.; B. c.* 4 *avr.* 1833.

3. *Gendarmes.* Ils sont soumis aux juges ordinaires pour leurs délits, lorsque ces délits sont étrangers au service et à la discipline militaires. *B. c. ou rej.* 5 *fév.* 1819 *et* 26 *févr.* 1825, *n.* 17 *et* 36. — V. aussi *B. c.* 14 *nov.* 1833. *n.* 452.

4. Un corps franc autorisé est un corps militaire, et dès-lors non justiciable des cours d'assises. *B. c.* 30 *juin* 1820, *n.* 88.

(8) *Observations.* 1. Dans les cas non prévus par les lois militaires et par les lois civiles, on applique le Code pénal ordinaire. *Avis cons. d'état,* 22 *sept.* 1812 (vivement critiqué par M. Merlin, *rép. xvij*, 295, *mot peine, n.* 7 *bis*). — V. aussi *B. c.* 10 *juin* 1830, *n.* 162.

2. Ainsi l'on a dû acquitter du délit de désertion un mineur de 18 ans. *Régl.* 12 *déc.* 1817 ; *ci-apr.* § *de l'âge, n.* 1.

3. Mais les seconds délits ou crimes militaires ne sont pas punis comme des récidives. V. *B. c.* 23 *janv.* 1835, *et ci-apr.* § *de la récidive.*

(9) On y argumente des articles combinés suivans : 85, *L.* 22 *frim. viij*; 2,

lit. 1 , Code pén. milit. de 1791 ; 3 , L. 3 pluv. ij , et ensuite, de l'avis du 7 fructidor. — *Exemples.*. v. B. c. 10 janv. 1822 , n. 8 , et 19 févr. 1827 (délit de *contrefaçon*, n. 32 ; rej. 22 nov. 1832, n. 458.

(10) *Idem*, les officiers disponibles pour leurs délits *communs*, puisqu'ils doivent être regardés comme en congé. *Avis cons. d'État,* 12 *janv.* 1811.— V. aussi *B. c.* 10 *déc.* 1824, *n.* 184.

(11) *Observations.* La règle du texte est fondée sur ce que les délits commis hors des corps, garnisons et cantonnemens , ne sont pas *des délits de militaire,* mais d'un infracteur des lois , en général. V. *d. avis* 7 *fruct.* — V. aussi *B. c.* 2 *oct.* 1828, *n.* 293, *et arr. régl.* 19 *oct.* 1832, *n.* 426.

2. Mais le militaire est justiciable des conseils de guerre pour les délits qu'il commet en marche, même à quelque distance de son corps. V. *arr. cass.* 5 *janv.* 1809, *n.* 2, *et rép. iij,* 493, *sup.* — V. aussi *id.* 14 *déc.* 1827 *et* 14 *mars* 1828, *n.* 302 *et* 76.

3. *Déserteur.* Pour son délit *commun*, il est justiciable du tribunal ordinaire , sauf, en cas d'acquittement, à être renvoyé pour la désertion au tribunal militaire. *Arr. rej. ou régl.* 2 *fév.* 1828 *et* 10 *avr.* 1829, *n.* 49 *et* 75 ; *ci-apr. chap. vj, art.* 2.

(11 *a*) *Observations.* 1. Si le non militaire a été seul poursuivi et jugé, le militaire redevient justiciable des tribunaux militaires. V. *régl.* 13 *mars* 1835, *B. c. n.* 95.

2. *Non-militaire.* En aucun cas , même pour délit ayant du rapport avec les délits militaires, tels que l'embauchage, il n'est justiciable du tribunal militaire. *Arr. cass., régl., ou rej.* 29 *et* 30 *juin,* 7 , 13 *et* 27 *juill.,* 8 *et* 17 *nov.* 1832 (état de siège).

(12) *Observations.* 1. *Idem,* pour ceux d'octroi. *B. c.* 23 *aout* 1833.

2. Pour leurs délits *spéciaux*, ils étaient jadis justiciables des cours spéciales. V. *notre* 3ᵉ *édition, p.* 37 *, note* 12 *, et ci-apr. ch.* 6 *, note* 1.

IV. Les élèves mineurs de 16 ans, des colléges, sont assujétis à la jurisdiction de l'*Université*, pour leurs contraventions et délits commis dans l'intérieur de ces édifices. *Décr.* 15 *nov.* 1811 *, art.* 76. (**15**)

(15) Ils sont passibles d'une détention de 3 jours à 3 mois, dans un local particulier des colléges. *D. décr. , art.* 77.

A l'égard de la jurisdiction de l'Université, par rapport à ses membres , des règles d'instruction, etc. V. *d. décret.*

V. Il y a aussi des particuliers qui, quoique assujétis pour leurs délits aux règles ordinaires, ne peuvent être mis en jugement qu'en observant certaines formalités, ou en prenant certaines mesures.

1° S'il s'agit de délits commis dans l'exercice de leurs fonctions (**15** *a*) par des agens du gouvernement (**14**), il faut d'abord obtenir son autorisation.

V. *Constitut. an viij, art.* 75; *décr. des* 11 *juin et* 9 *août* 1806 (**15**).—V. aussi *Carnot, i,* 25 à 30, *art.* 1er, 2e *édit., et pour un exemple* (il s'agissait d'un maire), *ordonn.* 17 *juin* 1818 (on y indique les divers textes relatifs à cette matière).

Mais il n'en est pas besoin à l'égard des agens qui ont été ensuite destitués. *Avis cons. d'État,* 16 *mars* 1807; *B. c.* 23 *mars* 1827; *Carnot, i,* 29, *n.* 31. — Ni même des démissionnaires; *suiv. réqu. et B. c.* 5 *juin* 1823.

(13 *a*) Et non point, par conséquent, pour leurs délits privés. *Rej. ou B. c.* 6 *mai* 1826, 1 *juin* 1832, *et* 30 *août* 1833.

(14) *Observations.* 1. On ne considère pas comme tels, les officiers de l'état civil (du moins en cette qualité) et en conséquence l'autorisation n'est pas nécessaire. *Arg. d'avis cons. d'Etat,* 4 *pluv. xij; B. c.* 9 *mars* 1815.

2. Même règle pour les ministres des cultes. *B. c. ou rej.* 23 *juin,* 3 *et* 25 *nov. et* 23 *déc.* 1831, *n.* 143, 278, 304 *et* 328 (on avait d'abord jugé qu'il fallait une autorisation... v. *rej.* 25 *août* 1827, *n.* 226). — V. aussi *Carnot, i,* 28, *et iv,* 10.

(15) *Observations.* 1. Il n'en est besoin, ni pour les employés des contributions indirectes, ou droits réunis (il suffit d'informer leur directeur du mandat d'arrêt lancé contre eux. *LL.* 8 *déc.* 1814, *art.* 144; 28 *avr.* 1816, *art.* 244; *B. c.* 21 *nov.* 1823, *n.* 157), ni pour les percepteurs concussionnaires. *L.* 15 *mai* 1818, *art.* 94, 31 *juill.* 1821, *art.* 55, 4 *août* 1824, *art.* 7, *et* 15 *juin* 1825, *art.* 7. — V. aussi *Carnot, i,* 27, *n.* 27. — Ni pour les employés de l'octroi (le décret du 17 mai 1809 exigeait l'autorisation, mais il y a été tacitement dérogé par l'art. 244 ci-dessus). V. *rej.* 27 *août* 1827, *n.* 225.

2. Le défaut d'autorisation n'est pas opposable à un agent acquitté. *Avis cons. d'Etat,* 17 *déc.* 1809, *rép. xiij,* 368, *mot syndic.*

3. L'autorisation s'obtient par la voie du comité de législation et de justice administrative. *Ordonnances des* 29 *juin* 1814 (*art.* 9), 21 *septembre* 1815, *et* 12 *août* 1830.

4. Mais il y a des employés, pour lesquels il suffit de l'autorisation de leurs supérieurs. Ainsi, peuvent être poursuivis :

1° Les agens inférieurs de l'Enregistrement avec l'autorisation du directeur général. *Arrêté* 9 *pluv. x* ;

2° Ceux de la loterie, *idem... Ibid.*

3° Ceux de la poste aux lettres, *idem... Ibid.*

4° Ceux des douanes, *idem... Arrêté* 29 *therm. xj.*

5° Les percepteurs des contributions, avec l'autorisation des préfets. *Arrêté* 10 *flor. x* ;

6° Les employés des monnaies, avec l'autorisation du directeur général. *Arrêté* 10 *therm. xj* ;

7° Les agens forestiers, avec celle du directeur général pour les gardes généraux et préposés ; du ministre des finances pour les inspecteurs et sous-inspecteurs (pour les conservateurs, le Conseil d'Etat). *Ordonn.* 1 *août* 1827, *art.* 39. CH. B. S... (il n'est pas besoin d'autorisation pour actionner un garde-forestier en responsabilité des délits que par pure négligence, il n'a pas constatés... v. *B. c.* 20 *juin,* 4 *juill. et* 7 *août* 1834).

5. Aux fonctionnaires, employés ou agens qu'on a indiqués (ci-dev. n. 1 et note 14, *p.* 49) comme passibles de poursuites sans autorisation, il faut ajouter ceux-ci :

1° Les gendarmes. *Ordonn.* 29 oct. 1820, *art.* 251 ;

2° Les préposés des poids et mesures. *Décision du Conseil d'Etat*, 29 sept. 1812;

3° Les porteurs de contraintes. *Décr. 5 sept.* 1810 ;

4° Les simples agens de police, tels que les sergens de ville, à Paris. *Arr. de la cour de Paris (chambre correctionnelle), du 18 juill.* 1835. Ch. B. S.

2° Les délits de tout genre, des juges, et les délits correctionnels des grands-officiers de la Légion d'honneur, des généraux, évêques, juges de Cours supérieures et préfets, sont réprimés d'après un mode spécial sur lequel nous reviendrons (*ci-apr. part.* 2, *sect.* 2, *tit.* 3, *append.*, § 3).

3° On a vu (*ci-d. p.* 21 *et* 24) que les soustractions entre époux et parens en ligne directe ne donnent lieu qu'à des réparations civiles (**16**), et que plusieurs délits ne peuvent être poursuivis que sur la plainte des parties lésées.... et l'on verra (*chap. des tribunaux, p.* 79) que les ministres et les pairs, pour certains délits, sont assujétis à une jurisdiction particulière, et qu'il y a aussi des règles spéciales pour l'arrestation des pairs et des députés.

(16) Mais les complices de ces soustractions sont punissables. V. *Ci-apr.* § *de la complicité, note* 8, *n.* 3.

CHAPITRE V.

Des lois criminelles.

.On les distingue, comme celles de la procédure ci-vile, en lois générales et en lois spéciales. (1)

ARTICLE PREMIER.

Des lois générales.

I. Il règne moins d'embarras dans la législation criminelle que dans la législation civile : le système en a tellement changé qu'il n'est pas nécessaire d'étudier les dispositions des lois anciennes (2). Il suffit d'apprendre celles des lois qui ont été rendues depuis la révolution, parce que la prescription a dû éteindre les délits antérieurs, à l'égard desquels les lois anciennes n'avaient pas établi les mêmes règles que les lois nouvelles. (3)

(1) V. à ce sujet, Cours de proc. p. 142 et suiv.

On a déjà observé qu'un *usage* ne peut l'emporter sur la loi. V. *ci-dev.* p. 4, *note* 5 , n. 2, *et ci-apr.*, § *des excuses, note* 6, n. 3.

Pour l'époque où une loi criminelle commence à être exécutoire, il faut suivre les règles du code civil, art. 1er. V. *B. c.* 31 *mars* 1831, n. 66.

(2) Excepté quelques réglemens, maintenus comme lois spéciales (*ci-après* p. 63 *et* 64), s'ils étaient encore en vigueur lors de la promulgation du Code pénal de 1810. V. *Carnot, Code pénal, art.* 484, n. 14 *et* 15. — 2° l'ordonnance de 1669, pour quelques prohibitions relatives à la pêche. V. *id., ibid., et Code crim., i*, 34, n. 48. — V. surtout *L.* 15 *avr.* 1829, *art.* 84.

(3) On verra (§ *de la prescription, et note* 8, *ib.*) que si la prescription établie par les lois criminelles modernes, est favorable au délinquant ancien , elle lui est applicable, et que ces lois n'ont établi aucune interruption qui ait pu proroger les actions provenant d'un délit, pendant l'intervalle qui s'est écoulé depuis le Code pénal de 1791, jusqu'à présent.

D'autre part, ce Code (*art. dernier*) inflige seulement des peines correctionnelles, dont la durée n'embrasse qu'une petite partie du même intervalle, aux faits qu'il n'a pas qualifiés *crimes*, s'ils ont eu lieu avant sa mise en activité ; et quant aux faits anciens qu'il qualifie crimes, il ne les punit que des peines établies par ses propres dispositions.

Enfin les lois criminelles actuelles soumettent, en général , à l'instruction par elles établie, les délits antérieurs à leur mise en activité. V. *décr.* 23 *juill.* *et* 25 *nov.* 1810.

Ces observations confirment ce qu'on a dit dans le texte, puisqu'il en résoit que les lois anciennes, soit pénales, soit de procédure, ne sont susceptibles d'aucune application pour les délits qu'on peut désormais soumettre à nos Tribunaux.

II. Dès le commencement de la révolution, on avait fait quelques changemens partiels au droit criminel, qui était fondé principalement, quant à la procédure, sur l'ordonnance de 1670 (3 *a*). On avait surtout cherché à remédier aux inconvéniens de l'instruction secrète qu'elle prescrivait, et contre laquelle de vives réclamations (4) s'étaient élevées de toutes parts. Tel fut entre autres le but de l'institution des notables-adjoints créés par la loi d'octobre (Décret des 8 et 9) 1789. (5)

(3 *a*) A l'égard de la législation criminelle proprement dite, ou de cette partie du droit qui (*ci-dev.* p. 1) caractérise les délits et détermine leurs peines, elle n'avait pas été refondue comme la procédure, dans une seule ordonnance ; il fallait avoir recours à une multitude d'actes législatifs dont un grand nombre remontaient à plusieurs siècles, et se ressentaient de la barbarie et de l'ignorance de leur temps.

Il suffira de citer pour les *délits*, la magie, la sorcellerie et l'hérésie rangés au nombre des crimes passibles de mort (*voy. le recueil intitulé Code pénal, édit. de 1755, p. lxviij et lxxv*)... et pour les *peines*, le feu, l'écartellement et la roue, en observant que beaucoup de peines, même parmi les plus cruelles, étaient *arbitraires*, c'est-à-dire pouvaient être appliquées ou non, plutôt que d'autres, à la simple volonté du juge. V. *Jousse, ord.* 1670, *édit. de* 1769, *Idée de la justice*, p. *xxxvj.* — V. aussi *ci-apr.* p. 53, *note* 5, *n.* 2 ; *art. des règles générales sur les peines*, *note* 12 *a ; tit. de l'extinction des peines*, *note* 1, *n.* 3.

(4) *Observations.* 1. Il serait trop long d'indiquer les ouvrages qui les contiennent ; la citation suivante nous dispensera d'ailleurs de nous appesantir sur ce point. Un anonyme (on croit que c'est Lally-Tollendal) publia, en 1786, une brochure intitulée : « Essai sur quelques changemens qu'on pourrait faire dès à présent dans les lois criminelles de France ; par un honnête homme qui, depuis qu'il connaît ces lois, n'est pas bien sûr de n'être point pendu un jour. » *Grimm, corresp.*, 3ᵉ *partie, iv,* 149. — Toutes les provinces, dit Carnot (*introduct. au comment. crim.*), réclamaient la révision de l'Ordonnance.

2. Du reste, ces réclamations n'avaient pas d'abord été accueillies. *Delacroix, constitut. de l'Europe, ij,* 254.

3. Elles ne se rapportaient pas seulement au secret de la procédure et du jugement : ou s'était encore récrié, même dès l'origine, sur ce qu'excepté dans un très petit nombre de cas, la loi refusait un conseil à l'accusé. *Lamoignon, au procès-verbal de* 1670, *p.* 263.

4. On se plaignait aussi de ce que l'injure la plus légère exigeait la même instruction que le délit le plus grave, non passible de peines afflictives ou infamantes. *Carnot, sup., édit. de* 1812, *in pr.*

5. On a suivi un système opposé dans le droit criminel moderne, sur ces points et sur une foule d'autres.

(5) *Observations.* 1. Cette loi veut notamment, qu'après la comparution ou l'arrestation de l'accusé, l'instruction soit contradictoire et publique (*art.* 11); qu'il ait le droit de se choisir un ou plusieurs conseils (*art.* 10), de demander après l'interrogatoire, une copie des pièces (*art.* 14), et de proposer, en tout état de cause, ses défenses et faits justificatifs (*art.* 19)... Elle abolit l'usage de la sellette au dernier interrogatoire, et de la question dans tous les cas (*art.* 24)... Elle ordonne que le jugement exprime les faits pour lesquels il punit, et elle défend de condamner, d'après l'ancienne formule, *pour les cas résultant du procès.*

2. Au sujet de la Question, voyez nos ***Recherches sur la question ou torture***, dans la Revue rétrospective, 1835, *B, t.* IV, *p.* 161 *et suiv. Ch. B. S.*

Bientôt on abrogea tout-à-fait ce droit, pour en établir un presque entièrement différent, et quant à la procédure, et quant aux peines. C'est ce qui fut réglé par les lois suivantes :

1. 22 août (décret du 21) et 2 novembre (décret du 27 octobre) 1790, sur les délits des marins, ou *Code pénal maritime.*

2. 22 juillet (décret du 19) 1791, sur la police municipale et la police correctionnelle.

3. 29 septembre (décret du 15), sur l'administration forestière. (5 *a*)

4. 29 septembre (décret du 16) 1791, sur la police de sûreté, la justice criminelle et les jurés.

5. 6 octobre (décret du 28 septemb.) 1791, sur la police rurale, ou *Code rural.* (5 *b*)

6. 6 octobre (décret du 25 septembre) 1791, ou *Code pénal.*

7. 12 octobre (décret du 20 septembre) 1791, sur les cours martiales et la procédure criminelle maritime. (6)

8. 19 octobre (décret du 30 septembre) 1791, ou Code pénal militaire. (7)

(5 *a*) Le titre IX de cette loi règle la procédure, et le titre XV maintenait en général pour la pénalité, l'ordonnance de 1669, relative aux *eaux et forêts.*

(5 *b*) V. p. 63, note 12, n. 1 *a*, pour ses modifications.

(6) Le titre 3 renvoie au Code pénal du 22 août 1790 (*ci-dessus, n.* 1 *du texte*), pour les délits et les peines... il y ajoute néanmoins quelques dispositions.

(7) On voit par les dates des décrets, que ces lois, qui forment à-peu-près un corps complet de droit criminel, et qu'on cite souvent par ces dates, sont

toutes de l'assemblée dite *constituante* ; et cependant on a osé dire au bout d'une douzaine d'années (*Pandectes françaises*, 1803, i, 4) que cette assemblée *ne fit que tout détruire !*

III. Presque toutes ces lois ont été refondues dans la suite (**8**), savoir ;

1. Les lois et le Code maritimes, en partie, dans les décrets des 22 juillet et 12 novembre 1806. (**9**)

2. Le Code pénal militaire, dans les lois des 12 mai 1793, 13 et 21 brumaire an 5, 18 vendémiaire an 6 (**9 a**).

3. La loi du 29 septembre 1791, dans le Code des délits et des peines du 3 brumaire an 4, ou Code de brumaire, et successivement dans le Code criminel ou d'instruction criminelle de 1808 (**10**) et dans celui de 1832.

4. Le Code pénal de 1791, dans celui de 1810, et successivement dans celui de 1832. (**10 a**)

5. Les lois sur la police, en partie, dans les mêmes Codes.

6. Les lois sur les eaux et forêts (v. *p. 53*, *texte n. 5 et note 5 a*), par le Code forestier (21 mai 1827), et par la loi sur la pêche fluviale (15 avril 1829).. *V. à ce sujet, Carnot, i, 33 et 34, n. 47 et 48.*

(8) C'est-à-dire perfectionnées d'après les leçons de l'expérience : car les lois suivantes contiennent les mêmes règles générales et le même système, et l'on cite encore, pour les interpréter, celles de 1790 et 1791 ci-dessus indiquées, et jusqu'à l'instruction (v. *rép. iij*, 541, 565, *et iv*, 915, *mots dénonciateur, n.* 5, *déposition*, § 1, *n.* 2, *et excuse, n.* 6) faite par la même assemblée, sur la procédure criminelle, le 29 septembre (loi du 21 octobre) 1791, instruction dont le plus savant criminaliste moderne (*Carnot, introduct.*) fait l'éloge. — V. aussi *ci-dev. p.* 34, *note* 28, où elle est citée pour une règle importante.

(9) L'art. 50 renvoie, pour les délits et peines, à la loi du 12 octobre (*p.* 53, *texte, n.* 7), qui, elle-même, renvoie à celle du 22 août 1790, *même p.* 53, *note* 6.

(9 a) Il a aussi été modifié dans quelques points particuliers, par exemple pour la *provocation à la désertion*, par la loi du 4 nivose an iv (*B. c. ou rej.* 22 avr. *et* 22 oct. 1831, *n.* 92 *et* 267), et pour le vol militaire, par celle du 15 juill. 1829.

On a le dessein de refondre ces lois dans un même code, et des projets ont même été soumis dans ce but à la Chambre des pairs en 1827 et 1828. V. *Carnot, comm. crim.,* 2ᵉ *édit., i*, 32, *n.* 43.

(10) *Lois qui ont modifié* le Code d'instruction criminelle, *par ordre chronologique.*

Le Code d'instruction criminelle, promulgué du 27 novembre au 26 décembre 1808, mais qui n'a été mis en vigueur (décret du 25 novembre 1810), dans chaque ressort de cour impériale, qu'à dater de l'installation de la cour (dans le courant de 1811), a été modifié par diverses lois dans nombre de ses dispositions.

— I. La loi du 20 avril 1810, sur *l'organisation judiciaire*, etc., a modifié, (art. 10), les art. 479, 481 et 482, en ce qui concerne les membres des Cours royales.

— II. Le décret impérial du 9 septembre 1810 (abrogé), avait prorogé la suspension du jury en Corse, prononcée par les décrets du 10 sept. 1808 et 27 sept. 1806 ; lors de l'installation de la cour impériale de Bastia, une *cour spéciale extraordinaire* y avait été organisée, conformément à l'art. 108 du décret du 18 juill. 1810, et par conséquent une grande partie du liv. 2, tit. 2, chap. 2, 3, 4, 5 du Code, n'était pas appliquée dans cette portion du territoire. — L'Ordonnance du roi, du 29 juin 1814, avait, malgré l'art. 63 de la Charte, maintenu cette cour spéciale sous le titre de *Cour de justice criminelle* ; mais, abrogée par l'ordonnance du 12 novembre 1830, les articles ci-dessus rappelés du Code, ont été mis en vigueur, en Corse, ainsi que les lois qui y sont relatives.

— III. Le décret du 18 octobre 1810 (abrogé) avait déjà dérogé à nombre de dispositions du Code, avant leur mise en vigueur, en établissant 7 cours prévôtales et 34 tribunaux ordinaires de douanes, devant connaître exclusivement des crimes et délits en matière de douanes. — Le décret du comte d'Artois, lieutenant-général du royaume, du 26 avril 1814, en supprimant ces tribunaux, proclama leur *illégalité* et la possibilité de les abolir sans l'intervention de la puissance législative, attendu qu'ils n'avaient été établis que *par un simple décret.*

— IV. Le décret du 4 mai 1812 a modifié ou développé les art. 10 et 510 à 517, relativement à la manière d'obtenir des renseignemens ou de recevoir la déposition de certains hauts fonctionnaires.

— V. Décret du 26 avril 1814, v. n. III.

— VI. La *Charte constitutionnelle*, du 4 juin 1814, art. 64 (1830, art. 55), a modifié les art. 153, 171, 190, 211, 309, en permettant le huis-clos dans certaines affaires.

Elle a (art. 62 et 63) supprimé implicitement les art. 553 à 599 relatifs aux cours spéciales.

— VII. Ordonnance du 29 juin 1814, v. n° II.

— VIII. La loi du 29 octobre 1815 (abrogée, 12 février 1817), sur *la sûreté générale*, avait dérogé aux chap. 7, 8 et 9 du livre 1er et à l'art. 609 du Code, en permettant au gouvernement de détenir certains individus, *sans jugement*, jusqu'à l'expiration de la loi. — Lorsque les motifs de prévention contre le *suspect* n'étaient pas assez graves pour motiver son arrestation, il pouvait être mis, encore sans jugement, sous la surveillance de la haute police. — La loi du 12 février 1817, sur *la liberté individuelle*, avait maintenu, seulement jusqu'au 1er janvier 1818, une partie de ces dispositions. — La loi du 26 mars 1820 (abrogée, 31 juill. 1821 ; v. art. 4), sur *la liberté individuelle*, avait reproduit, avec quelques modifications, les dispositions de la loi précédente. Une décision du Conseil du roi sur l'arrestation, devait avoir lieu *dans les 3 mois.*

— IX. La loi du 9 novembre 1815 (abrogée, L. 17 mai 1819, art. 26) sur *les cris séditieux et les provocations à la révolte*, avait (art. 11) interdit l'application de l'art. 114, pour les délits dont elle attribuait l'instruction et le jugement aux tribunaux correctionnels.

— **X.** La loi du 20 décembre 1815 (abrogée, art. 55, le 16 mai 1818; la Charte de 1830, art. 54, en a aboli le principe), sur *les juridictions prévôtales*, avait fait revivre, art. 43, la plupart des dispositions des articles 553 à 599, sur les cours spéciales, supprimées par la Charte.

— **XI.** La loi du 25 décembre 1815, a modifié les art. 253 et 284 à 290, en supprimant les places de substituts du procureur général, dans les chefs-lieux judiciaires, et en attribuant aux procureurs du roi de chefs-lieux, leurs fonctions, excepté la surveillance des officiers de police judiciaire du département, réservée au procureur général.

— **XII.** La loi du 12 février 1817, v. n° VIII.

— **XIII.** La loi du 28 février 1817 (abrogée, L. 26 mai 1819, art. 31) sur *les écrits saisis*, etc., avait modifié l'art. 35 C. cr.

— **XIV.** La loi du 26 mai 1819, sur *la poursuite*, etc., *en matière de presse*, etc., a modifié, principalement au correctionnel, pour l'instruction de ces sortes de délits, un grand nombre de dispositions du Code :

Les articles 2 à 5, ont dérogé aux articles 22 ;

—	6, 15,	—	—	64, 65, 130, 134, 231, 232;
—	7,	—	—	35 à 39 et 89 ;
—	8,	—	—	127 ;
—	9,	—	—	128 ;
—	10,	—	—	130 ;
—	11,	—	—	127, 135, 217 à 219 ;
—	12,	—	—	130, 231 ;
—	17, 18, 19,	—	—	599 et suiv.
—	28,	—	—	114 ;
—	29.	—	—	657, 638.

— **XV.** La loi du 26 mars 1820, v. n. VIII.

— **XVI.** La loi du 24 mai 1821 (abrogée, L. 4 mars 1831), avait modifié l'art. 351, en exigeant, dans les cas où les cours d'assises étaient appelées à délibérer sur la culpabilité de l'accusé, la réunion de la majorité de la cour à celle du jury, pour la condamnation.

— **XVII.** La loi du 25 mars 1822, sur *les délits de la presse*, etc., avait, par ses art. 17 et 18 (abrogés, L. 8 octob. 1830, art. 5), rendu aux tribunaux correctionnels la connaissance des délits de la presse, et modifié les art. 200 et 201, C. cr.

— **XVIII.** La loi du 2 mai 1827, sur *le jury*, a modifié l'art. 381, et abrogé les art. 382, 386, 387, 388, 391, 392, 395, et les a remplacés par des dispositions qui ont entièrement changé l'économie du Code à cet égard. — Ces modifications sont relatives à la *capacité des jurés*, aux *listes générales*, *annuelles* et *de session*, et au *jury*.

1. — *Capacité des jurés.* — Ne sont plus jurés de droit : 1° les employés d'administration, jouissant d'un traitement de 4,000 fr.; 2° les citoyens désignés, par le Ministre de l'intérieur, sur la proposition du préfet. *D. L.*, *art.* 2; *Code crim. ancien*, 582. — La résidence dans le département, depuis un certain temps, est exigée pour la plupart des jurés de la seconde partie de la *liste générale.*—Ont acquis le droit d'être jurés : 1° les électeurs domiciliés dans le département, et votant dans un autre ; 2° les officiers pensionnés de 1200 francs au moins. *Ibid.*

2. *Listes générales.* — Introduites par la loi; comprennent, de droit, tous les citoyens ayant la capacité de juré. Si elles sont inférieures à 800 noms, elles doivent être complétées avec les plus imposés après les électeurs. *L.*, *art.* 2; — Conditions de publicité, *art.* 3; — Garanties pour la maintenue ou la radiation des inscrits, *art.* 4, 5, 6.

3. *Listes annuelles.* — Introduites par la loi ; extraites, avant le 30 septembre, par le préfet, des listes générales, et comprenant 300 noms au plus

(1500 pour Paris); envoyées au Garde-des-sceaux, au premier président et au procureur général. *Art.* 7.

4. *Listes de session.* — Droit enlevé aux préfets de composer des listes de 60 noms; aux présidens d'assises de les réduire ensuite à 36. *C. crim. ancien*, 387. — Listes tirées publiquement, au sort, par le premier président de la cour royale; comprennent 36 jurés titulaires et 4 supplémentaires (pris parmi les jurés domiciliés dans la ville où siègent les assises), *art.* 9, 12.— Les jurés ne peúvent, de leur consentement, siéger plus d'une fois dans la même année, *art.* 11; *C-cr. ancien*, 391.

5. *Jury.* — Pour les procès de nature à se prolonger, la cour d'assises peut faire tirer un ou deux jurés suppléans pour remplacer les empêchés, *art.* 13.

— XIX. La loi du 30 juillet 1828, sur *l'interprétation des lois*, a été substituée à celle du 16 sept. 1807, dans le renvoi de l'art. 440 de *C.-cr.*

— XX. La *Charte* de 1830, art. 57, a interdit le rétablissement des cours prévôtales, c'est-à-dire des cours spéciales, sous un autre nom.

— XXI. La loi du 8 octobre 1830, sur *l'application du jury aux délits de la presse et aux délits politiques*, a étendu, de nouveau, les dispositions des art. 231 et 232, conformément à l'art. 69 de la Charte. — Les cours d'assises doivent connaître, 1º des délits de la presse proprement dits (L. 17 mai 1819, 1); excepté 3 cas indiqués, *art.* 2 et 3; 2º des délits politiques prévus par le Code pénal, et spécifiés art. 7. — v. plus bas, no XXX.

— XXII. Ordonnance du 12 novembre 1830, v. no II.

— XXIII. La loi du 10 décemb. 1830, sur *les afficheurs et les crieurs publics*, attribue (art. 6) aux cours d'assises la connaissance des délits punis par l'art. 5.

— XXIV. La loi du 10 décembre 1830, sur *les juges-auditeurs*, a abrogé l'art. 256 et modifié l'art. 264. — Les juges suppléans peuvent être appelés aux fonctions du ministère public, suivant les besoins du service; le quart de ceux de Paris l'est de droit.

— XXV. La loi du 4 mars 1831, sur *les cours d'assises*, etc. a abrogé les art. 254, 255, 347, 351, et la loi du 24 mai 1821, et modifié les art. 252 et 253. — D'après ces modifications:

1. Les cours d'assises ne sont plus composées que de 3 juges, y compris le président (cette innovation a été vivement critiquée; v. *Chauveau*, jurisprudence crim., 1831, p. 43 et *Grattier*, Codes criminels, p. vij à xxiv, où la question est traitée avec étendue).

2. Elles ne peuvent plus connaître du fond de l'affaire (excepté le cas de l'art. 352), et le jury, qui est seul juge du fait, ne peut rendre de verdict de condamnation, qu'à la majorité de plus de 7 voix etc. — Cette dernière disposition a été depuis modifiée, v. ci-apr. nº xxxiv.

— XXVI. La loi du 8 avril 1831, sur *la procédure en matière de presse*, a dérogé aux art. 251 et 271, en permettant au ministère public de citer, directement devant la cour d'assises, les prévenus de délits de presse ou d'affichage ou criage publics (v. no xxiii); à l'exception (art. 5), du cas de saisie préalable, réglé par la loi du 26 mai 1819, art. 7. — Cette faculté a été étendue depuis par une des lois du 9 septembre 1835. V. *ci-apr. chapit. des tribunaux*, § 4 (des cours d'assises), *note* 25.

— XXVII. La loi du 21 avril 1832, *relative à la navigation sur le Rhin*, a modifié (art. 3, 4, 5, 7 et 12) les art. 174, 177, 216 et 11 du Code, seulement pour les infractions et dans les limites du territoire qui y sont déterminées. — V. aussi L. 14 brum. VII, et décr. 1 germ. XIII, art. 46.

— XXVIII. La loi du 28 avril 1832, a modifié les art. 206, 339, 340, 341, 345, 347, 368, 372, 399 et 619. — D'après ces modifications qui auraient pu être plus étendues:

1. L'acquitté, correctionnellement, en premier ressort, ne peut être détenu

plus de 3 jours (au lieu de 10), après le jugement, sauf l'appel, 206 ;

2, 3. Les questions d'*excuse* et de *discernement* doivent être posées par le président, *à peine de nullité*, 339, 340 ;

4. Le jury doit être averti, *à peine de nullité*, du droit qu'il a d'admettre des circonstances atténuantes, à la majorité de plus de 7 voix (modifiée, v. n° XXXIV); — précédemment (L. 25 juin 1824) cette faculté était attribuée à la cour seule, et pour un petit nombre de cas (v. note 10 *a*, n. IV). — Cette innovation, la plus importante de beaucoup, de toutes celles de la loi du 28 avril, a été l'objet de sérieux débats législatifs et de vives critiques (v. *Chauveau*, C-pér. progr., 12-37, et 340-351). Ce n'est pas ici le lieu de les analyser, même brièvement; contentons-nous d'observer que si, en conférant au jury ce grand pouvoir d'atténuation, le législateur a consacré, comme on l'a prétendu, *l'omnipotence* que le jury s'était attribuée, de fait, depuis quelques années, et qui avait pris naissance dans la sévérité excessive de la pénalité de 1810, un résultat, non contesté, c'est que, depuis la loi du 28 avril, le nombre des acquittemens scandaleux a sensiblement diminué.

5, 6. L'instruction (art. 345 et 347) relative à la délibération et aux réponses du jury a été éclaircie et complétée, 345 ;

7. La partie civile qui ne succombe pas, en cour d'assises, ne peut plus être condamnée aux frais, 368;

8. Le procès-verbal de la séance ne peut plus être imprimé d'avance, 372 ;

9. Le droit d'assistance au tirage du jury et de récusation de l'accusé a été étendu à son conseil, 399 ;

10. La faveur de la réhabilitation a été étendue aux condamnés à des peines perpétuelles (travaux forcés perpétuels, déportation, dégradation civique accessoire), graciés ou commués, après certains délais, 619.

— La loi du 28 avril et la nouvelle édition des Codes criminels où toutes ses dispositions ont été refondues (art. 104), ont été rendues exécutoires dans tout le royaume (art. 105), à partir du 1er juin 1832. — D'après le projet du gouvernement, les modifications proposées devaient faire une loi séparée ; mais sur la proposition de M. Persil (aujourd'hui Garde-des-sceaux), il fut décidé (*Monit.* du 25 nov. 1831, p. 2229, col. 3) que les changemens seraient faits aux Codes eux-mêmes. Cet amendement qui avait d'abord éprouvé quelque opposition, et qui pouvait peut-être rompre quelquefois l'unité des dispositions des anciens Codes, a eu l'immense avantage d'éviter aux hommes d'application les erreurs et les tâtonnemens, inévitables résultats du rapprochement d'une loi en 103 articles, avec les anciens textes. On peut se rappeler quel embarras résultait de cette opération, en apparence si simple, pour la loi du 25 juin 1824, qui n'avait que 13 articles.

— XXIX. La loi du 23 février 1834 (prorogée d'un an par celle du 1 juin 1835), sur *la gendarmerie*, a étendu les dispositions des articles 48 et 49, en conférant, pour un temps limité, dans dix départemens de l'Ouest, aux maréchaux-des-logis et aux brigadiers de gendarmerie, les fonctions d'officiers de police judiciaire attribuées seulement aux officiers de l'arme.

— XXX. La loi du 10 avril 1834, sur *les associations*, a attribué facultativement à la Chambre des pairs, la connaissance des attentats à la sûreté de l'Etat, commis par les associations non autorisées, et aux tribunaux correctionnels, les infractions prévues par cette loi et l'art. 291 du Code pénal, attribuées précédemment aux cours d'assises, v. n° XXI.

— XXXI. La loi du 1 juin 1835, v. n° XXIX.

— XXXII. La loi du 9 septembre 1835, *sur les crimes, etc. de la presse*, a modifié (art. 12 et 26) les art. 365 et 416.

— XXXIII. La loi du 9 septembre 1835 (bullet. n. 357), *sur les cours d'assises*, a (art. 1 à 6) modifié les art. 61, 127, 133, 217, etc. en permettant au procureur général de citer directement les prévenus de certains crimes, même en état d'arrestation, devant la Cour d'assises... Elle a (art. 7) modifié l'art. 416, comme la loi précédente.

— XXXIV. La loi du 9 septembre 1835 (bullet. n. 358), *sur le Code d'instruction criminelle*, etc. a modifié les art. 341, 345, 346, 347 et 352, et abrogé l'art. 5 de la loi du 4 mars 1851. — La majorité du jury pour condamner et pour atténuer a été réduite à 7 voix ; le vote secret a été établi ; la cour peut, à la majorité, si la culpabilité de l'accusé n'est prononcée que par 7 voix, renvoyer l'affaire à la session suivante.

— XXXV. L'ordonn. du roi du 9 sept. 1835, *sur le vote du jury* a réglé le mode du vote secret jusqu'à la loi qui doit la remplacer en 1836. Ch. B. S.

(10 a) *Modifications subies par le Code pénal* de 1810, *depuis sa première promulgation.*

Depuis la mise en vigueur (1er janvier 1811 ; décr. imp. 13 mars 1810, et 17 déc. 1809) du Code pénal, diverses lois ont successivement abrogé ou modifié un grand nombre de ses dispositions.

I. La Charte de 1814, art. 66, a aboli la confiscation générale des biens, prononcée par les articles 7, 37, 75 à 82, 125, 132 et 159.

En abolissant le sénatus-consulte organique du 28 floréal an XII, elle a modifié implicitement l'art. 115 qui se rattachait aux art. 63 et 67 du S. c.

I *bis.* La loi du 21 oct. 1814 (17, 19) a dérogé en partie, aux art. 283, 284.

II. La loi du 17 mai 1819, a abrogé les art. 102, 217, 367, 368, 369, 370, 371, 372, 374, 375 et 377. Elle a reproduit les délits prévus par ces divers articles, mais en les modifiant quant à l'incrimination et à la pénalité... pour les règles de procédure des art. 370 et 372, v. le n° III.

Suivant M. Parant, *Lois*, p. 77-80, cette loi a encore (art. 8) *absorbé*, en partie, l'art. 287, et abrogé virtuellement l'art. 289 du Code.

III. La loi du 26 mai 1819, art. 20-25, a reproduit, avec des changemens, les règles de procédure des articles 370 et 372, abrogés par le n° II.

III *bis.* La loi du 25 mars 1822, art. 6, a, suivant M. Parant, *Lois*, p. 137 à 140, modifié l'art. 262, et abrogé virtuellement l'art. 263.

IV. La loi du 25 juin 1824 (*abrogée*, L. 28 avril 1832, art. 104) avait modifié les art. 68, 302, 309, 383, 384, 386, 388, 463, et commencé timidement les améliorations développées et complétées, depuis, en 1832.

— Ses modifications étaient relatives à la *poursuite* :

Art. 1. Certains crimes commis par des mineurs de 16 ans ;

2,10. Les vols et tentatives de vols (instrumens d'agriculture, récoltes, etc.) de l'art. 388, commis de jour, par un seul ;

3,10. Les vols dans une auberge où le coupable était reçu, de jour, par un seul individu, 386, 3° ;

       étaient jugés et punis correctionnellement.

— — — à la *pénalité* :

4. Les cours d'assises pouvaient reconnaître des circonstances atténuantes, et, dans ce cas, abaisser les peines prononcées pour :

5. L'infanticide, à l'égard de la mère seulement, d'un degré, 302 ;

6. Les coups et blessures, de l'art. 309, à 5 ans d'emprisonnement ;

7. Les vols simples, sur un chemin public, de 383, jusqu'au maximum de 401 ;

8,10. Ceux de 384, par une seule personne, de jour, avec une seule circonstance, jusqu'au même maximum ;

9,10. Ceux de 386, n. 1, avec une seule circonstance, au même maximum ;

11. Mais sans pouvoir réduire encore la peine inférieure fixée, par application de 463 ;

12. Et exception faite des mendians, vagabonds, et des condamnés à plus de 6 mois de prison.

Les modifications des art. 1, 2 et 3 ont été conservées par la loi du 28 avril 1832, art. 57, 83, 87, et appliquées aux art. 68, 388, et 386, n. 3 du Code actuel.

V. La loi du 28 juillet 1824, *sur les altérations ou suppositions de noms sur les produits fabriqués*, a dérogé aux articles 142 et 143 en créant le délit de contrefaçon de marques, par *imitation* ou *altération*, etc. puni des peines portées en l'art. 423. Avant cette loi, la plupart des contrefacteurs de marques du commerce échappaient aux dispositions générales du Code pénal. — V. *Duvergier, collection*, etc., comment. sur cette loi.

VI. La loi du 20 avril 1825 (*abrogée*, L. 11 octobre 1830) *sur le sacrilége*, avait aggravé les dispositions des art. 257, 381, 384, 386 et 463.—Néanmoins les dispositions de l'art. 11 de cette loi ont été reproduites par la loi du 28 avril, art. 87, et ajoutées à l'art. 386, n. 1, C. pén.

VII. La loi du 10 décembre 1830, sur *les afficheurs et les crieurs publics*, a (art. 9) abrogé l'art. 290.—Depuis, celle du 10 février 1834, sur *les crieurs publics*, sans remettre en vigueur cet article, en a fait revivre le principe (l'autorisation préalable), et en a aggravé les dispositions.

VIII. La loi du 17 avril 1832, sur la *contrainte par corps*, art. 35, 39, 40, a modifié les art. 53 et 467.

IX. La loi du 28 avril 1832, sans toucher aux principes fondamentaux du Code, rénovation qui, toute desirée qu'elle fût par les esprits les plus élevés, n'était pas, et ne pouvait pas être encore dans la pensée du législateur, a tellement amélioré les détails, quant à la pénalité, surtout, qu'elle a pu faire considérer le Code pénal, en quelque façon, comme nouveau. — Elle a abrogé, en entier, les art. 20, 23, 24, 37, 38, 39, 46, 103, 104, 105, 106, 107, 136, 137, et 280, et a modifié les dispositions de 88 autres. — Pour l'époque de sa mise en vigueur et sa fusion avec le Code pénal, v. plus haut, note 10, n. XXVIII, 10, à la fin, p. 58.

Nous avons, pour plus de clarté, divisé et groupé ses modifications sous le rapport de *l'incrimination* et sous celui de la *pénalité*.

—— INCRIMINATION. I. *Modifications atténuantes.*

— *Crime supprimé* :

Non-révélation du crime de lèse-majesté, 103, 104.

— *Crimes devenus délits :*

Proposition faite et non agréée de former un complot pour les crimes de 86 et 87; ancien, 90;

Vol dans une auberge où le coupable était reçu, 386, § 3; V. ci-dessus, n° IV;

Vols et tentatives de vols d'animaux ou instrumens d'agriculture ou de récoltes dans les champs; — de bois dans les ventes; de pierres dans les carrières; de poissons dans les réservoirs, 388; v. ibid.

— *Délits supprimés :*

Non-révélation de crimes contre la sûreté de l'état, 105, 107;

Idem, d'une fabrique ou d'un dépôt de fausse monnaie, 136;

Idem, idem, de sceaux de l'état, de faux billets de banque, etc., 144;

Attribution illégale de titres royaux, 256;

— *Délits* (ruraux) *devenus contraventions :*

Bestiaux menés sur le terrain d'autrui, Code rural, tit. 2, art. 24; C-pén. 479, 10°;

Anticipations ou dégradations de chemins publics, ib. art. 40 et 479, 11°.

Enlèvemens, non autorisés, de pierres, etc., de chemins publics ou de lieux communaux; ib. art. 44 et 479, 12°.

— *Qualifications modifiées :*

Élémens de la tentative, C-pén. 2;

Idem, de l'attentat et du complot, 88, 89;

Violation de domicile par un fonctionnaire ou agent de la force publique, 184;

Coups et blessures à des fonctionnaires, avec intention de donner la mort, 233;

Meurtre accompagné d'un délit, 304;

Incendies (plusieurs cas d'), 434.

—— INCRIMINATION. II. *Modifications aggravantes.*

— *Crimes nouveaux :*

Maladie de plus de 20 jours (ou maladie simple à l'égard d'ascendans) causée volontairement par une substance nuisible, 317;

Attentat à la pudeur, sans violence, sur un enfant de moins de 11 ans, 331;

— *Délits devenus crimes :*

Coups et blessures volontaires ayant causé la mort, sans intention de la donner, 309 (voy. pour la jurisprudence antérieure sur ce fait, p. 19, note 22).

Vol, la nuit, ou par 2 personnes, dans un temple, 386, § 1;

Abus de confiance, par un domestique, ouvrier, commis, etc., au préjudice de son maître, 408;

— *Délits nouveaux :*

Infraction au ban de surveillance, 44, 45;

Offenses publiques envers la personne du roi, 86;

Violation de domicile par un particulier, 184;

Maladie simple causée volontairement par des substances nuisibles, 317;

Détournement, par le saisi, d'objets à lui confiés, ou à un tiers, et recel de ces objets, 400;

Abus de confiance par louage ou mandat, ou travail non salarié, 408;

— *Contravention devenue délit :*

Récidive de jeux de hasard tenus publiquement, 478;

— *Contraventions nouvelles :*

Infractions aux arrêtés légaux de l'autorité administrative ou municipale, 471, 15°;

Idem, aux ordonnances concernant la police des voitures publiques, 475, 4°; 476;

Exposition en vente de comestibles gâtés, ib. 14°, 477;

Enlèvemens simples de récoltes non détachées, ib. 15°;

Vente de pain ou viande au-delà de la taxe par les boulangers, etc., 479, 6°;

Enlèvement, etc., d'affiches de l'administration, ib. 9°.

—— PÉNALITÉ. I. *Modifications atténuantes.*

— *Peines ou accessoires de peines supprimés :*

La marque, 20, 280;

La mutilation du poing, 13;

La mise à la disposition du gouvernement et la détention administrative qui pouvait en être la suite, 44; 271, 282;

— *Idem, remplacés par d'autres moins sévères, dans tous les cas :*

Le carcan, par l'exposition publique, facultative, 22;

— *Idem, idem, dans certains cas :*

La mort, par les travaux forcés à perpétuité, art. 63, 132, 139, 231, 304, 344, 365, 381, 434;

— — par la déportation, art. 89, 91;

— — par les travaux à temps, 434;

— — par la détention, 89;

— — par la réclusion, 434;

Les travaux forcés à perpétuité par le maximum des travaux à temps, 56;
— — par les travaux à temps, 133, 382, 383;
— — par la réclusion, 383.

La déportation par la détention, dans tous les cas temporairement, jusqu'à ce qu'il y ait un lieu pour la déportation, 17; et définitivement, 33, 71, 200, 205.

— — par le maximum de la réclusion, 189.

Les travaux à temps par la réclusion, 364, 365;
La réclusion par la dégradation civique, 362, 365;
Le carcan par la dégradation civique, 111, 143, 177, 178, 198, 228, 263.
La mise à la disposition du gouvernement par la surveillance, 271, 282.
L'alternative de l'amende ou de l'emprisonnement introduite, 311;

N. B. Les autres changemens concernent *l'incrimination* et ont déjà été indiqués.

—— PÉNALITÉ. [L. *Modifications aggravantes* :
— *Peines nouvelles ou aggravées* :
La détention, 6, 20;
L'exposition publique, 22;
La dégradation civique comprenant un plus grand nombre d'incapacités, 34; — faculté d'y joindre l'emprisonnement, qui doit toujours être prononcé envers un étranger ou envers un Français ayant perdu cette qualité, 35;
— *Idem, remplacées par des peines plus sévères* :
Travaux forcés élevés au maximum, 332;
La réclusion remplacée par les travaux forcés, 332;
Le bannissement par la détention, 78, 81;
L'emprisonnement ajouté à la dégradation civique, 228;
— — — — à l'amende, 184, 187.

N. B. Les autres changemens concernent *l'incrimination* et ont déjà été indiqués.

— *Peines. Application... Faculté de les atténuer.*

Abaissement des peines de plusieurs degrés, pour tous les crimes, en cas de circonstances atténuantes, dont l'appréciation a été transportée de la cour au jury, 463;

Idem, pour tous les délits prévus par le Code, quel que soit le dommage causé, par les tribunaux correctionnels, 463;

Idem, par les tribunaux de simple police, 483, 463;
Modification des effets de la récidive, 56, 57, 463.

—— *Peines. Point de départ.*

Peines temporaires comptent de la condamnation irrévocable, 23;
Exception favorable pour l'emprisonnement, en cas d'appel, 24.

—— *Peines. Poursuites... Age.*

Mineurs de 16 ans, poursuivis et punis correctionnellement pour certains crimes, 68; v. ci-dessus, n. IV;
Vagabonds mineurs de 16 ans, exemptés de l'emprisonnement, 271;

—— *Réparations civiles.*

Leur adjudication devenue facultative et leur quotité modifiée, 51.

X. La loi du 10 février 1834, v. n° VII.

XI. La loi du 10 avril 1834, sur *les associations*, a étendu et aggravé les dispositions des articles 291, 292 et 294, et changé, à cet égard, la compétence réglée par la loi du 8 octobre 1830. V. plus haut note 10, n° XXI.

XII. La loi du 24 mai 1834, *sur les détenteurs d'armes et munitions de guerre*, a (art. 1er), abrogé, en partie, l'art. 314.

XIII. La loi du 9 septembre 1835, *sur le Code d'instruction criminelle*, a (art. 2) modifié l'art. 17... CH. B. S.

ARTICLE II.

Des lois spéciales.

I. Les lois spéciales criminelles encore en vigueur sont toutes celles où l'on traite des délits non réglés par le Code pénal de 1810 (à présent de 1832), qui est la loi générale pénale. V. *id.*, 484, *et son exposé des motifs.*

Or, l'on regarde comme *non réglés* par le Code, et les délits dont il ne traite point, et ceux à l'égard desquels il ne renferme que quelques dispositions éparses et détachées qui ne forment pas un système complet de législation. *Avis cons. d'Etat,* 8 *fév.* 1812; *B. c.* 19 *fév.* 1813 *et* 22 *mars* 1816. (11)

Tels sont beaucoup de délits de police rurale, tous les délits en matière de contributions directes ou indirectes, de chasse, etc. V. *le même exposé des motifs où ils sont indiqués* (12). — Tels sont encore (12 *a*) les délits commis par la voie de la presse ou par tout autre moyen de publication. (12 *b*)

---

(11) V. aussi *Carnot, art.* 212, *n.* 4 *et suiv., t.* 2, *p.* 150; *réqu. et arr. rej.* 5 *sept.* 1812, *à rép. xiv,* 486, *mot vente,* § 1, *art.* 1, *n.* 5 *bis.* — On y décide que la vente de *comestibles gâtés,* dont le Code pénal de 1810 ne parle pas, continue à être considérée et punie comme une contravention, d'après la loi du 22 juillet 1791 (*tit.* 1, *art.* 20), et le Code de brumaire (*art.* 605, ⸹ 5), indiqués ci-dev. p. 53, n. 2, et 54, n. 5 (cette décision de la jurisprudence est devenue une loi, en 1852... V. *C-pén.* 475, ⸹ 14).

(12) *Observations.* 1. Pour les délits *ruraux,* on a recours au Code rural (*ci-dev.* p. 53, *n.* 5) de 1791. — V. *entre autres, arr. rej.* 15 *avr.* 1813, *rép. xiv,* 726, *mot vol, sect.* 2, § 3, *art.* 2; *arr. cass.* 13 *janv.* 1815 *et* 22 *mars* 1816, *n.* 3 *et* 14; *ci-dev.* p. 14; *ci-apr.* § *de la prescript.* — Mais quand un délit rural devient crime à raison des circonstances, il faut appliquer le Code pénal actuel et non pas le Code rural, parce que ce dernier fait abstraction des circonstances. *Arr. cass.* 12 *août* 1813, *n.* 177. — V. aussi *id.,* 21 *nov.* 1828, *n.* 307.

1 *a. Modifications subies par le Code rural.*

Depuis sa promulgation le Code rural a subi de nombreuses modifications. Les indications suivantes s'appliquent à celles de ses dispositions qui contiennent quelques règles de procédure criminelle ou qui prononcent des peines (le tit. II tout entier).

I. La loi du 23 thermidor an IV, *relative à la répression des délits ruraux ou forestiers,* a (art. 2) modifié l'art. 4 du tit. II.

II. L'arrêté du 27 messidor an v, ayant pour objet *de prévenir la conta-gion des maladies épizootiques*, a modifié l'art. 23, ib... v. aussi nº vi.

III. La loi du 29 ventose an ix, *qui supprime les assesseurs des juges de paix*, etc. a modifié l'art. 7, ib.

IV. Le *Code civil*, art. 2279, a modifié l'art. 11, ib.

V. Le *Code d'instruction criminelle*, art. 154, 137 et 179, 136 et 166, a modifié les art. 6 et 8, tit. 1, sect. vii, et 1, 2 et 6, tit. ii.

VI. Le *Code pénal* de 1810 (art. 471, nº 1, 445 à 447, 457, 456, 414, 415, 471, nº 10, 459 et 460, 475, nº 10, 444, 451, 479, no 2, 445-448), a abrogé les art. 9, 14, 16, 17, 19, 20, 21, 23, 27, 29, 31, 32, 42, 43, et (art. 453 et 454) modifié l'art. 30 du tit. ii.

VII. Le décret du 16 décembre 1811, *sur la construction*, etc. *des routes*, a (tit. viii, art. 101 et suiv.) modifié l'art. 43, ib.

VIII. Le *Code forestier* (art. 148, 194, 199), a modifié les art. 10 et 56, et abrogé les art. 57 et 58, ib.

IX. La loi du 17 avril 1832, *sur la contrainte par corps* (art. 53 et 55), a abrogé l'art. 5, ib.

X. La loi du 28 avril 1832 (ou le Code pénal de 1832, art. 479, nº 10, 475, n. 15, 388, § 4, 479, nºˢ 11 et 12), a abrogé les art. 24, 34, 40 et 44, ibid. — Ch. B. S.

2. Le président Barris a indiqué dans le répertoire (*iij*, 432, *mot délit*, § 4), les lois spéciales intermédiaires qu'il peut être utile de connaître ; mais son travail est loin d'être complet. Si le temps le permet, nous en donnerons à la fin du cours une notice beaucoup plus étendue. ch. b. s.

(12 *a*) Tels sont également les délits réprimés par des lois postérieures au Code pénal, notamment les délits en matière de Police sanitaire, de Commerce maritime, de Traite des noirs, de Garde nationale, de Recrutement, d'Instruction primaire; les délits commis dans des Attroupemens, dans un Mouvement insurrectionnel. V. *LL*. 3 *mars* 1822; 10 *avr.* 1825; 4 *mars* 1831 ; 22 *mars* 1831 ; 21 *mars* 1852; 23 *juin* 1833; 10 *avr.* 1831 ; 24 *mai* 1834... Ch. b. s.

(12 *b*) Les lois sur la Presse sont une des parties de la législation criminelle qui offrent le plus de difficultés, surtout à cause du grand nombre de leurs dispositions, successivement modifiées, abrogées, remises en vigueur, etc.

Nous avons cru utile d'en présenter ici la série chronologique, avec la note des modifications, comme nous l'avons déjà fait pour le Code pénal, etc. Dans cette nomenclature étendue ne sont pas compris tous les textes relatifs à la propriété littéraire, à la police de l'imprimerie proprement dite, au timbre, etc., ce qui nous eût conduit trop loin (v. MM. Parant, *Lois*, etc., Cellier, *Code annoté de la presse*).

— I. *Édit* d'août 1686, v. no xxvi.

— II. *Réglement du 28 février* 1723, v. *ibid.*

— III. *Charte de* 1814. — Art. 8, modifié par la Charte de 1830, art. 7, n. xxxiii.

— IV. Ordonnance du 10 juin 1814, *sur les abus de la presse*, etc. abrogée par la loi du 21 octobre 1814, numéro suiv.

— V. Loi du 21 octobre 1814, *relative à la liberté de la presse.* — Titre 1, abr. tit ii, art. 22. — Art. 13, 14 et 21, modifiés partiellement par le *décret* du 24 mars 1815, n. viii; — art. 20, modifié partiellement, Ordonn. 13 septemb. 1829, n. xxxi.

— VI. Ordonnance du 23 octobre 1814, *sur la direction générale de la librairie*; abr. décr. du 24 mars 1815, n. viii.

— VII. Idem du 24 octobre 1814, *relative à l'impression ou dépôt et à la publication des ouvrages.* — Art. 2, 7, 8, modifiés partiellement, Ordonn.

13 sept. 1829, n. xxxi; — Art. 4, 8, 10, modifiés partiellement, Ordon. 9 janvier 1828, n. xxviii ; — Art. 5, 6, abrogés avec le tit. 1 de n. v ; — Art. 9, modifié partiellement, Décr. du 24 mars 1815, n. suiv. — Art. 12, abrogé, Loi 9 juin 1819, n. xv, Charte de 1830, art. 7, n. xxxiii.

— VIII. Décret du 24 mars 1815, *qui supprime la direction générale de la librairie.*

— IX. Loi du 9 novembre 1815, *relative à la répression des cris séditieux et des provocations à la révolte,* abrogée, Loi 17 mai 1819, art. 26, n. xiii.

— X. Loi du 28 février 1817, *sur les journaux,* abrogée par son art. 2.

— XI. Loi du 28 février 1817, *relative aux écrits saisis en vertu de la loi du 21 octobre 1814,* abrogée, Loi 26 mai 1819, art. 31. — Malgré cette abrogation formelle, la Cour de cassation a jugé (22 août 1825, bullet. p. 351) que pour les infractions à l'art. 15, n. 1 et 2, de la loi du 21 oct. 1814, cette loi sur les saisies était encore en vigueur. V. *Parant,* p. 63, *Cellier,* p. 26.

— XII. Ordonnance du 8 octobre 1817, *relative aux impressions lithographiques.*

— XIII. Loi du 17 mai 1819, *sur la répression des crimes et délits commis par la voie de la presse, ou par tout autre moyen de publication.* — Art. 2, modifié partiellement, Loi 9 septembre 1835, art. 1, n. xli. — Art. 4, abrogé, Lois 25 mars 1822, art. 2 ; 29 nov. 1830 ; 9 sept. 1835, art. 5, n. xxi, xxxv, xli. — Art. 5, abrogé, L. 25 mars 1822, art. 8, 5 et 9. — Art. 8, complété, ibid. art. 1, et loi 9 sept. 1835, art. 8. — Art. 9, voy. Code pénal, 86. — Art. 15 à 18 ; v. pour l'aggravation de la pénalité, loi 9 sept. 1835, art. 9. — Art. 15, abrogé, Loi 25 mars 1822, art. 5.

— XIV. Loi du 26 mai 1819, *relative à la poursuite et au jugement des crimes et délits commis par la voie de la presse ou tout autre moyen de publication.* — (Les art. 13, 17 à 22 et 24 avaient été modifiés, en partie, par la loi du 25 mars 1822, art. 17 et 18, abrogés depuis). — Art. 17, 18, modifiés partiellement, Loi 9 sept. 1835, art. 25.

— XV. Loi du 9 juin 1819, *relative à la publication des journaux ou écrits périodiques.* — Art. 1, § 1-4, abrogés successivement, Lois 18 juill. 1828, art. 1-7, n. xxix; 14 déc. 1830, n. xxxvii; 8 avril 1831, n. xxxviii ; 9 septembre 1835, art. 13; — Art. 5, § 1, abrogé, Loi 18 juill. 1828, art. 8. — Art. 6, modifié partiellement, ibid. — Art. 8, id. Loi 9 sept. 1835, art. 18. — Art. 10, id. pour la peine, Loi 18 juill. 1828, art. 14.

— XVI. Ordonn. du 9 juin 1819, *concernant l'exécution de la loi précédente.* — Art. 1, 2, 5, modifiés partiellement, Loi 9 sept. 1835, art. 13-15 ; — Art. 4, abrogé, Loi 18 juill. 1828, art. 8.

— XVII. Loi du 31 mars 1820 (*censure*) *sur la publication des journaux et écrits périodiques,* abrogée, Loi 18 juill. 1828, art. 20.

— XVIII. Ordonnance du 1 avril 1820, *concernant l'exécution* de la loi précédente, abrogée, ibid.

— XIX. Loi du 26 juillet 1821, *relative à la censure des journaux,* abrogée par son art. 1.

— XX. Loi du 17 mars 1822, *relative à la police des journaux et écrits périodiques,* abrogée, L. 18 juill. 1828, art. 1.

— XXI. Loi du 25 mars 1822, *relative à la répression et à la poursuite des délits commis par la voie de la presse ou par tout autre moyen de publication.* — Art. 1, 6, modifiés partiellement, Charte 1830, art. 6, n. xxxiii. — Art. 2, abrogé, Loi 29 nov. 1830, n. xxxv. — Art. 5, aggr. de peine, Loi 9 sept. 1835, art. 9. — Art. 12, abr., L. 8 oct. 1830, art. 5, n. xxxiv. Principe renouvelé par loi 9 sept. 1835, art. 20. — Art. 17, 18, abr., L. 8 oct. 1830, art. 5.

— XXII. Ordonnance du 1 mai 1822, *contenant des dispositions rela-*

tives à la publication de tous dessins gravés ou lithographiés.—Abrogée, avec l'art. 12 de la loi précédente, par la loi du 8 octobre 1830, art. 5.—Principe rétabli par la loi du 9 sept. 1835, art. 20, et l'ordonn. du même jour, n. XLI et XLII.

— XXII. Ordonnance du 15 août 1824, *qui rétablit la censure*, abrogée par le numéro suivant.

— XXIV. Ordonnance du 29 septembre 1824, *qui supprime la censure.*

— XXV. Ordonnance du 24 juin 1827, *qui rétablit la censure.* — Abrogée par le n. XXVII.

— XXVI. Ordonnance du 15 septembre 1827, *qui décide que le réglement du 28 février 1723 est encore en vigueur* (l'édit d'août 1686 y est relaté).

— XXVII. Ordonnance du 5 novembre 1827, *qui supprime la censure.*

— XXVIII. Ordonnance du 9 janvier 1828, *qui réduit le nombre d'exemplaires imprimés, et d'épreuves de dessins déposés en vertu de l'ordonnance du 24 octobre 1814.*

— XXIX. Loi du 18 juillet 1828, *sur les journaux et écrits périodiques.* — Art. 2, modifié successivement, lois 14 décembre 1830, art. 1er ; 8 avril 1831, et 9 septemb. 1835, art. 13; nos XXXVII, XXXVIII et XLI. — Art. 5, idem, id., L. 14 déc. 1830, art. 1er et Loi 9 sept. 1835, art. 15.

— XXX. Ordonnance du 29 juillet 1828, *concernant l'exécution de la loi précédente.* — Art. 2 et suivans n'étaient que transitoires.

— XXXI. Ordonnance du 13 septembre 1829, *qui supprime les 4 inspecteurs de la librairie.*

— XXXII. Ordonnance du 25 juillet 1830, *qui suspend la liberté de la presse périodique et semi-périodique.* — Abrogée par la révolution de juillet.

— XXXIII. Charte de 1830, qui (art. 7) abolit définitivement la censure.

— XXXIV. Loi du 8 octobre 1830, *sur l'application du jury aux délits de la presse et aux délits politiques.* — Art. 1 et 6, modifiés, Loi 9 sept. 1835, art. 1, 2, 5. — Art. 7, id., Loi du 10 avril 1834, art. 4, *sur les associations* (Compétence ; délits de C. pénal, 291, 292).

— XXXV. Loi du 29 novembre 1830, *qui punit les attaques contre les droits et l'autorité du roi et celle des chambres, commises par la voie de la presse.* — Art. 1, modifié partiellement, L. 9 sept. 1835, art. 5.

— XXXVI. Loi du 10 décembre 1830, *sur les afficheurs et les crieurs publics.* — Art. 2, modifié, Loi 16 février 1834, n. XL.—Art. 8, id. C. pénal 463.

— XXXVII. Loi du 14 décembre 1830, *sur le cautionnement, le timbre et le port des écrits périodiques.* — Art. 1, modif. partiellement, L. 8 avril 1831, L. 9 septemb. 1835, art. 13, n. XXXVIII et XLI.

— XXXVIII. Loi du 8 avril 1831, *sur le cautionnement des journaux ou écrits périodiques paraissant même irrégulièrement.* — Modifiée, L. 9 sept. 1835, art. 13.

— XXXIX. Loi du 8 avril 1831, *sur la procédure en matière de délits de la presse, d'affichage et de criage publics.* — Art. 2 et 3, modifiés, L. 9 septembre 1835, art. 15.

— XL. Loi du 16 février 1834, *sur les crieurs publics.*

— XLI. Loi du 9 septembre 1835, *sur les crimes, délits et contraventions de la presse et des autres moyens de publication.*

— XLII. Ordonnance du 9 septembre 1835, *concernant l'exécution des diverses dispositions de la Loi du 9 sept. 1835, relative à la publication des dessins, gravures, lithographies, estampes ou emblèmes.*

— XLIII. Ordonnance du 18 novembre 1835, *relative au cautionnement des journaux et écrits périodiques... Ch. B. S.*

II. Il y a aussi plusieurs délits à l'égard desquels la *procédure* est également réglée par des lois spéciales.

Telles sont les infractions: 1° aux lois des *contributions indirectes proprement dites* (**13**), pour lesquelles on suit le mode prescrit par le décret du 22 mars 1805, ou 1ᵉʳ germinal an xiij (**13 a**) : 2° aux lois des douanes, pour lesquelles on suit celui de la loi du 9 floréal an vij. (**14**)

(**13**) C'est ce qu'on nommait jadis les *droits-réunis*. On leur a, depuis 1816, donné le nom de *contributions indirectes,* auquel nous ajoutons la qualification *proprement dites,* afin de les distinguer de celles que nous avons caractérisées, *Cours de proc.,* p. 433.

Voyez au surplus, quant aux contraventions qui les concernent, une foule de décisions au *Répertoire,* mot *droits-réunis,* et aux articles auxquels il renvoie, surtout, vj, 180 et suiv., x, 76 et suiv., xiv, 592 et suiv., xv, 374 et suiv., 594 et suiv. — *Voyez aussi* M. Laporte, p. 102 à 141, où est une analyse de la jurisprudence ; cours proc. p. 436, note 17 ; L. 28 avr. 1816, art. 68, 73, 77, 169, 223, 242 ; les tables du B. c. cr., etc.

(**13 a**) Les règles qu'il établit pour les assignations et leur délai, viennent d'être modifiées. V. *L.* 15 *juin* 1835 (elle fixe ce délai à trois mois, à partir du procès-verbal, ou à un mois, à partir de l'arrestation du prévenu : il est fatal... l'assignation peut être donnée par les commis).

(**14**) Sauf quelques modifications, faites par les lois postérieures, telles que celles des 13 floréal xj, 17 décembre 1814, tit. 3, et 28 avril 1816, tit. 5.

Voyez aussi pour les *douanes,* beaucoup de décisions au Répertoire, iv, 317 et suiv., h. v., et à ses renvois ; M. Laporte, 88 à 102, où est une semblable analyse, la même table du B. c. etc.

☞ Il résulte des observations précédentes que l'étude du droit criminel *ordinaire,* objet principal de notre cours, se réduit à celle d'un petit nombre de lois fondamentales... Voilà les lois dont nous nous attacherons surtout à faire connaître les principes, sauf à rappeler au besoin, dans l'explication, ceux des autres lois pénales, telles que les lois militaires ou spéciales.

CHAPITRE VI.

Des tribunaux qui connaissent des délits.

Observations préliminaires.

On distingue trois classes (**1**) différentes de tribunaux criminels; les tribunaux qui statuent sur les délits ordinaires (**2**), les tribunaux militaires, les tribunaux communs à toute la France. (**3**)

Avant d'exposer leur jurisdiction, nous donnerons quelques règles générales de compétence, qui leur sont applicables.

1. Le tribunal compétent pour appliquer la peine, a *seul* le droit de déclarer le fait et la culpabilité, dont la peine n'est que la conséquence et l'accessoire. *B. c.* 1er *avril* 1813, *n.* 64. (**4**)

1 *a.* La peine *légale* déterminant la compétence, le juge ne peut, en modérant celle qu'il prononce, se donner une jurisdiction sur une cause. V. *arr. cass.* 9 *mars* 1821, *n.* 35. (**4 a**)

2. De deux tribunaux compétens pour une cause, c'est le premier saisi qui a la jurisdiction. *B. c.* 9 *et* 28 *prair. ix,* 26 *pluv. x,* 4 *germ. xj.* (**5**)

3. L'incompétence absolue peut se proposer en tout état de cause, et même en appel. *B. c.* 12 *mars* 1813, *et* 7 *mars* 1822. (**6**)

4. Lorsqu'il y a connexité de délits (**6 a**), même de délits simples et de crimes, ou bien, lorsque de plusieurs co-délinquans, les uns sont, à raison de leur qualité, justiciables des tribunaux d'exception (**7**), et les autres, des tribunaux ordinaires, c'est à ceux-ci qu'il faut renvoyer l'affaire. *Arg. de L.* 22 *messid. iv, et de C-cr.* 555; *B. c.* 4 *déc.* 1812, 19 *fév. et* 4 *juin* 1813; *réqu. et rej.* 18 *nov.* 1813, *rép. xv,* 287, *mot faillite,* § 2, *n.* 2; 29 *avr.* 1813, *Laporte,* 45; *ci-*

dev. p. 46, *n.* 3.—Voy. aussi *ci-apr. part. ij, observat. préliminaires, règle* 8.

5. Ce n'est que sur les faits énoncés dans le dispositif d'un jugement que la peine doit être prononcée. —V. *arr. cass.* 9 *mars* 1819, *n.* 35.

(1) *Observations.* 1. Il y en avait jadis une quatrième qui comprenait les Cours SPÉCIALES.. — V. *C-cr.* 553 *à* 599 ; *L.* 20 *avr.* 1810, *art.* 23 ; *décret du* 18 *oct.* 1810. — Supprimées en 1814 par la Charte de 1814, art. 63, elles ont été temporairement rétablies sous le titre de cours PRÉVÒTALES et conformément à la réserve faite dans cet article 63, par la loi du 20 décembre 1815... Elles ont cessé leurs fonctions après la session législative de 1817. — V. *d. l.* 20 *déc.*, *art. dernier.* — La Charte de 1830, art. 54, a définitivement prohibé leur rétablissement à quelque titre, et sous quelque dénomination que ce pût être, et sans admettre aucune réserve.

2. La loi du 20 avril ayant distingué les cours spéciales extraordinaires des cours spéciales *ordinaires* dont il est question aux articles cités du Code criminel, on avait d'abord cru que celles-ci étaient maintenues, et nous en avions en conséquence exposé sommairement la jurisdiction et la procédure dans notre 1re édition, p. 50 et 134; mais on a depuis reconnu qu'elles étaient abrogées par la Charte (art. 63 de 1814, et 54 de 1830). — V. *rej.* 5 *févr.* 1819, *n.* 17, *et le Code crim. de* 1832, *art.* 553 *à* 559, *aux notes.*

(2) Nous entendons par là les délits prévus en général par le Code pénal... Nous les appellons *ordinaires*, par opposition aux délits punis par les lois spéciales, les lois militaires, maritimes, etc.

(3) *Observations.* 1. Quant à l'*organisation* de ces tribunaux, *voy.* les lois et décrets cités aux art. suivaus... A l'égard des règles relatives à *leur procédure*, voir ci-après, part. 2, sect. 2.

2. Plusieurs magistrats exercent des fonctions différentes au civil et au criminel : ainsi les juges de paix sont en même temps juges de police. Voy. *à ce sujet, cours de proc. p.* 39, *note* 1.

(4) D'où l'on conclut que si le juge de paix a commencé comme juge civil l'instruction d'une affaire où il s'agit d'un dommage causé par un délit, il ne peut la continuer comme juge de police, et réciproquement. V. *d. arr.* 1 *avr.*; *autre du* 10 *juill.* 1829, *n.* 154.—Autre conséquence, *v. ci-d. p.* 38, *n. ij,* 2°.

(4 *a*) C'est que la compétence doit être réglée *in limine litis* d'après le *maximum* de la peine applicable; de sorte que si elle est indéterminée, il faut s'adresser au juge supérieur. V. *B. c.* 17 *et* 25 *juin* 1825, *n.* 115 *et* 123, *et* 20 *janv.* 1826, *n.* 23; *ci-dev. p.* 10, *note* 4, *n.* 2; *et,* pour une contradiction apparente, *ci-après, p.* 71, *note* 11, *n.* 1 *a.*

(5) *Observations.* 1. Le tribunal ordinaire, saisi, ne devait donc pas renvoyer à la cour spéciale. V. *dd. arrêts*; et pour les motifs de la règle, *cours de proc. p.* 35 *à* 38, *n.* IV, auxquels il faut ajouter le suivant.

2. Un tribunal légalement saisi, doit, ou condamner, ou absoudre, ou ordonner régulièrement une instruction plus ample... Il ne peut, sous aucun prétexte renvoyer à une autre autorité (par exemple, à un ministre) pour faire donner au procès la forme qu'elle jugera convenable V. *réqu. et B. c.* 6 *mars et* 18 *juin* 1824.— V. aussi *B. c.* 18 *nov. id., n.* 165.

(6) V. aussi B. c. 26 août 1825, 3 nov. 1826, 3 janv. 1829, et rej. 13 mai 1826, avoués, xxxij, 16.

Ainsi, lorsqu'un prévenu de *crime* est renvoyé simplement au tribunal correctionnel, et condamné par celui-ci à une peine correctionnelle, il peut (ainsi que le ministère public) appeler et ensuite recourir, quoiqu'il n'ait pas proposé le déclinatoire en première instance. V. *réqu. et arr. cass.* 3o *avril* 1812, *rép. xv*, 366, *mot incompétence, n.* 2 ; *d. arr.* 12 *mars.* 1813 — V. aussi sur ce point, *J-cr.* 1834, *n.* 37. —Il y a encore ici mêmes motifs qu'au *Cours de proc. p.* 36 (*note* 6)) et 251.

(6 *a*) Quand y a-t-il connexité? *Voy.* C. cr. 227 ; B. c. 1 oct. 1825, 14 avr. 1827, 28 févr. et 20 mars 1828.

(7) Tels que jadis les cours prévôtales ou spéciales.

ARTICLE PREMIER.

Des tribunaux qui statuent sur les délits ordinaires.

On peut diviser les tribunaux de ce genre en quatre classes : nous en traiterons dans autant de paragraphes, en suivant l'ordre de la hiérarchie. (8)

§ 1er *Des tribunaux de police.*

I. Les tribunaux de *police simple*, c'est-à-dire les juges de paix et les maires, connaissent des contraventions. *C-cr.* 138. (9)

Le juge de paix a, dans sa compétence exclusive, toutes les contraventions commises dans la commune, chef-lieu de son canton, plusieurs des contraventions commises dans les communes non chefs-lieux, savoir, celles qui, hors le cas de flagrant délit, l'ont été par ou devant des individus non présens ou non domiciliés dans ces communes ; celles pour lesquelles on demande des dommages indéterminés ou excédant 15 fr. ; les infractions légères forestières intéressant des particuliers ; les injures verbales ; l'explication des songes. V. *C-cr.* 139 (9 *a*).

Les autres sont attribuées aux maires (10), mais en concurrence avec le juge de paix. *Voy.* pour les détails, *C-cr.* 139, 140 et 166.

Les tribunaux de police statuent en premier ressort, lorsqu'ils prononcent un emprisonnement ou des amendes et réparations civiles qui excèdent 5 francs (11). Dans les autres cas, ils prononcent en dernier ressort (**11** *a*). V. *C-cr.* 172. —V. aussi *Carnot, d. art.; B. c.* 11 *févr.* 1819, 15 *juill.* 1820, 19 *juill.* 1821, 17 *janv.* 1823, 24 *juill.* 1829.

Leur compétence, dans ces derniers cas (ceux de *dernier ressort*), est déterminée par le montant de la condamnation, et non par les demandes des parties, ni par le plus ou moins de gravité de la peine qu'ils eussent dû prononcer (**11** *b*). *Réqu. et B-c.* 5 *sept.* 1811, 5 *sept.* 1812, 26 *mars* 1813; *rép. xiv,* 211, *x,* 63 *et xv,* 438 (**12**), *mots trib. de police, sect.* 1, § 3, *procès-verb.,* § 2, *n.* 5, *et loterie,* § 2, *n.* 4.

(8) *Observations.* 1. Les *conseils de préfecture* peuvent aussi être considérés comme des tribunaux criminels, relativement aux infractions des lois sur la *grande voirie,* qu'ils sont chargés de réprimer. V. *L.* 29 *flor. x; B. c.* 7 *août* 1825, *n.* 198; *rej.* 7 *avr.* 1827 (cas de *petite voirie*), *n.* 277; *B. c.* 31 *janv.* 1833 (chemin de halage), *n.* 27. — V. toutefois *B. c.* 20 *févr.* 1829 (usurpation de chemin public).

2. Mais, lorsque ces infractions sont punies tout à-la-fois d'une amende et d'un emprisonnement, ils ne peuvent prononcer que la première peine, et ils doivent renvoyer les délinquans au tribunal correctionnel pour l'application de l'emprisonnement. V. *d. L.; surtout rép. ij,* 251, *xv,* 110, *et xvij,* 12, *mot chemin, n.* 14; *décr.* 23 *avr.* 1807, *ib.*

3. Les contraventions commises dans une rue qui est en même temps *grande route* peuvent être punies par les tribunaux de police, en concurrence avec les conseils de préfecture. V. *arr. cass.* 13 *juin* 1811, *B. c. n.* 91, *et rép. xiv,* 666, *mot voirie, n.* 6; *B. c,* 16 *avr.* 1824, 7 *déc.* 1826, 3 *mars* 1827, 15 *févr.* 1828. — Si elle n'est pas *chemin public,* c'est par le seul tribunal de police. *B. c.* 29 *août* 1829, *n.* 207.

(9) Dans les communes divisées en plusieurs justices de paix, chaque juge de paix fait à son tour le service au tribunal de police. *Voyez* au surplus pour *l'organisation* de ces tribunaux, dont le greffier (*B. c.* 25 *févr.* 1819 *et* 4 *nov.* 1824) est partie intégrante, *C-cr.* 141 *à* 144, *et* 167, 168; et pour leur *ministère public,* ci-dev. p. 28, et note 12, ibid.

Observations. 1. Les *Prudhommes* (v. *cours proc.* p. 39, *note* 2) connaissent aussi, mais en concours avec les officiers de police et les maires, des délits des ouvriers contre l'ordre de leurs ateliers ou le respect dû à leurs maîtres. *L.* 22 *germ. xj, art.* 19; *décr.* 3 *août* 1810, *art.* 4.

2. Délits des élèves des collèges... V. *ci-dev.* p. 48, *n.* 4.

(9 *a*) La publication des ouvrages immoraux, dont parle aussi cet art., est devenue, sauf dans un seul cas (v. Carnot, ib.) un délit correctionnel. *C-pén.* 287.

(10) Dans l'étendue de leur *commune,* dit l'art. 166; ce qui s'entend de leur mairie. *B. c.* 28 *mars* 1812, *n.* 75.

(11) *Observations.* 1. On n'y comprend pas le montant des frais. *C-cr.* 172 (mais bien la confiscation.. v. du moins, *J-cr.* 1834, 34).

1 *a.* Si à une condamnation non-excédant 5 francs, on joint une charge indéterminée, comme celle d'enlever des matériaux, il y a premier ressort. *B. c.* 9 *août* 1828, 29 *janv.* 1835. —V. aussi *J-cr.* 1834, 34.

2. La faculté d'appeler n'est accordée qu'aux seules personnes contre lesquelles on a prononcé l'une de ces condamnations. Elle ne l'est pas au ministère public, même du tribunal supérieur. *B. c.* 24 *juill.* 1818, 28 *août* 1823, 2 *déc.* 1825; *tit. de la proc. de police, note* 15; *J-cr.* 1834, 37.

(**11** *a*) Autre cas où les contraventions sont jugées en premier et dernier ressort... V. *tit. de la procéd. correctionnelle*, § 1, *n.* 2 *et* 4.

(**11** *b*) *Observations.* 1. Ceci n'est point en contradiction avec la règle d'après laquelle la compétence est réglée *in limine litis* (v. *p.* 68, *n.* 1 *a*, *et note* 4 *a*), parce qu'on suppose dans l'hypothèse actuelle, que la demande soumise au juge de police n'excédait pas les limites de sa jurisdiction, soit de premier, soit de second degré; de sorte qu'en réduisant la peine dans les limites du second degré, il ne s'attribue point une jurisdiction; il ne fait que se donner le droit de statuer en dernier ressort.

2. A l'égard de l'hypothèse où la peine étant mesurée sur le dommage, la demande peut en quelque sorte influer sur la compétence, *voy. ci-d., p.* 10, *note* 4, *n.* 2.

(**12**) *Observations.* 1. Comme c'est en cas de *condamnation* que la loi soumet leur jugement à l'appel, on a décidé qu'il est en dernier ressort lorsqu'il prononce une absolution. V. *arr. cass.* 17 *mars* 1811, *avoués, iij*, 259; *B. c.* 10 *avr.* 1812, 26 *mars* 1813, 19 *déc.* 1822 *et* 20 *fév.* 1823; *rép. xv*, 118 *et* 438, *sup., et mot colombier.* — Et cela quand même ils auraient qualifié ce jugement, comme rendu en premier ressort. *D. arr.* 19 *juill.* 1821.

2. Il en est de même s'ils se sont bornés à se déclarer incompétens. Dans ce cas (comme dans tous ceux de dernier ressort) il n'y a lieu qu'au recours en cassation. V. *réqu. et B. c.* 29 *janv.* 1813; *rép. xv*, 117 *et suiv., h. v.* — V. aussi *B. c.* 18 *juill.* 1817, 11 *juin* 1818 *et* 24 *juill.* 1829.

§ 2. *Des tribunaux d'arrondissement* (**12** *a*) ou *correctionnels.*

La jurisdiction des tribunaux d'arrondissement varie selon qu'il est question de crimes ou d'autres infractions aux lois pénales.

Dans le premier cas, ils agissent en chambre du conseil; dans le second, comme tribunaux correctionnels proprement dits, ou de chefs-lieux de départemens.

I. La *chambre du conseil* décide, s'il y a lieu ou non, à poursuivre ou à élargir les prévenus de crimes, ou à les renvoyer à la police simple ou à la police correctionnelle. V. *pour les détails ci-apr. tit. des procédur. de police judic.*, § 3, *n.* 3 (**13**). — Ses ordonnances, sur ces points, sont passibles d'opposition. V. *ci-après* § 3, *n.* 37, *p.* 74.

II. Les tribunaux correctionnels (**14**) proprement

dits statuent en premier ressort sur les délits et même sur certains crimes des mineurs (**14 *a***), et en dernier ressort, sur l'appel des jugemens de police simple. V. *C-cr.* 199, 172; *C-pén.* 68, *et pour les détails,* § *de l'âge, et tit. de la procéd. correctionnelle.*

III. Les Tribunaux de *chefs-lieux de départemens* statuent (**15**) sur les appels des jugemens correctionnels des Tribunaux de leurs départemens et des chefs-lieux (**15 *a***) des départemens voisins. *C-cr.* 200. (**16**)

(**12 *a***) Leur *juge d'instruction* a aussi une jurisdiction. V. *tit. des officiers de police*, *note* 9, *n.* 5 et 5 *a.*

(**13**) *A les renvoyer...* c'est lorsque le crime à eux imputé se change en quelque sorte d'après la procédure, en délit ou en contravention. V. *d.* § 3.

Cette chambre est composée de trois juges au moins, y compris le juge d'instruction. *C-cr.* 127.

(**14**) *Observations.* 1. Ils ne sont que des juges d'exception. *Ci-apr.* § 4, *n.* 4, *p.* 76.

2. Ils peuvent prononcer au nombre de trois. *C-cr.* 180.

3. Le juge instructeur peut-il y siéger pour la décision de la cause dont il a fait l'instruction? Bourguignon, *art.* 55, s'est prononcé pour la négative; mais l'affirmative, soutenue avec force par Carnot, *d. art.*, a été adoptée par un arrêt de rejet du 17 août 1811, qu'il cite, et depuis, par un arrêt de cassation du 30 octobre 1812, B. c., n. 237.—*V. aussi* rej. 1e févr. 1831, 26 janv. et 6 juill. 1832. — Cette décision paraît fondée sur une application littérale et stricte d'un article de la loi; mais celle de Bourguignon nous semble plus conforme à l'esprit du Code. V. *d. p.* 76, *note* 22.

(**14 *a***) *Idem*, sur certains délits de discipline des gardes nationales. V. *L.* 22 *mars* 1831, *art.* 91 et 92; *arr. régl.* 23 *août* 1832, *n.* 319, et d'autres aux tables du B. c., 1832 à 1834; *ci-apr. art.* 2, *p.* 79.

Idem, sur tous les délits ou contraventions en matière forestière, poursuivis par l'administration des forêts. *C-for.*, 171.

(**15**) Il faut cinq juges au moins pour un jugement. V. *ci-apr. tit. de la procéd. correctionnelle*, *note* 18.

(**15 *a***) Il n'y en a qu'un fort petit nombre dans ce cas. V. *le tableau cité*, *note* 19, *p.* 75.

(**16**) Sans qu'ils puissent être respectivement juges d'appel de leurs jugemens. *D. art.* 200. — V. au surplus, *Carnot, ib.*, n. 4 et 5.

On considère comme tribunal de chef-lieu, celui où siège habituellement la cour d'assises. *L.* 20 *avr.* 1810, *art.* 40; *Carnot, ib.; d. note* 19, *p.* 75.

§ 3. *Des Cours royales.*

Les Cours royales agissent, ou en corps, les chambres réunies, ou séparément dans des chambres particulières, nommées correctionnelles, d'accusation et civiles. (**17**)

I. Les *chambres réunies* peuvent, d'office, ordonner et même faire des poursuites d'un crime ou délit, à l'égard duquel on n'a pas prononcé de mise en accusation. V. *C-cr.* 235; *L. 20 avr.* 1810, *art.* 11 (**18**); *et*, pour les détails, *Carnot, art.* 235 *et* 228.

II. La *chambre correctionnelle* statue sur les appels des tribunaux correctionnels du département où elle siège, et des chefs-lieux *judiciaires* (**18** *a*) très voisins. *C-cr.* 201; *décr. 6 juill.* 1810, *art.* 2. (**19**)

III. La *chambre d'accusation* décide, s'il y a lieu ou non, à accuser, devant la Cour d'assises, un prévenu de crime, ou à le mettre en liberté, ou à le renvoyer à la police simple ou à la police correctionnelle (**20**). V. *pour les détails, ci-apr. ch. de l'accusation.*

Elle statue aussi sur les oppositions formées par le ministère public ou les parties civiles, aux ordonnances des chambres du conseil, indiquées § 2, n. 1, p. 72, soit qu'elles concernent des crimes, délits ou contraventions, soit qu'elles prononcent ou non la mise en liberté des prévenus. V. *réqu. et B·c.* 25 *oct.* 1811 *et* 20 *juin* 1812; *rép. xv,* 523, *mot opposition, par arg. de C-cr.* 128, 132, 135, 229 *et* 230, *conf.; tit. des procéd. de police jud.,* § 3, *n. 3 et* 4. (**21**)

Enfin elle prononce sur les appels des décisions des mêmes chambres (**21** *a*) relatives à des annulations d'actes. *B·c.* 27 *août* 1818; *d. tit., note* 15 *a.*

IV. La *chambre civile* statue sur les délits correctionnels des magistrats inférieurs. V. *au surplus ci-apr. part.* 2, *appendice au tit.* 3, § 3.

(17) Organisation de ces cours... v. *cours procéd. p.* 65, *note* 83.

(18) *Observations.* 1. Ces deux articles renferment deux dispositions distinctes, dont l'une ne déroge point à l'autre... L'art. 11 attribue aux chambres réunies un droit que l'art. 235 n'avait conféré qu'à la chambre d'accusation ; de sorte que celle-ci peut toujours (comme les chambres réunies) ordonner les poursuites précédentes. V. *Le Graverend, ij,* 371 ; *et Bourguignon, jurispr. des C-cr., art.* 235.— V. aussi *Carnot, sup.; réqu. et rej.* 21 *janv.* 1813, *rép. xj,* 151, *mot régie; B. c.* 26 *fév.* 1825, *n.* 37.

1 *a.* Mais il n'y a que la chambre d'accusation et les chambres réunies qui

aient ce droit. *B. c.* 8 *déc.* 1826 *et* 27 *nov.* 1828 , *n.* 250 *et* 312. — Et on ne peut en user après un *n'y a lieu.. B. c.* 1 octob. 1829, n. 231.

2. Les chambres réunies enregistrent aussi les lettres de grâce , de commutation et de réhabilitation (*ci-apr. § de la Grâce et tit. de la réhabilitat.*) et statuent sur l'appel des jugemens de discipline d'avocats (*B. c.* 18 *sept.* 1823).

(18 *a*) Nous appelons ainsi les villes de plusieurs départemens (Bouches-du-Rhône , Cantal, Manche, Marne, etc.), où siègent les cours d'assises , quoiqu'elles ne soient pas chefs-lieux de préfecture.

(19) *Observations.* 1. Nous entendons par chefs-lieux *très voisins* , ceux qui ne sont pas plus éloignés de la Cour royale que d'un autre tribunal de chef-lieu. *D. art.* 201.— Au surplus , le gouvernement a indiqué les autorités qui doivent statuer sur les appels des divers tribunaux correctionnels. V. *décr.* 18 *août* 1810, 2ᵉ *tableau, Bull. LL.* 1810, 2ᶜ *semest., p.* 173.

2. Les juges de la chambre doivent être au nombre de cinq (s'ils jugent au civil, sept).—V. *ordonn.* 24 *sept.* 1828 , *art.* 35 ; *Cours procéd., p.* 66, *note* 83, *n.* 2 *b.*

(20) *Observations.* 1. Elle peut être réunie pour cela à la chambre correctionnelle. V. *décr.* 6 *juill.* 1810, *art.* 3 ; *Carnot* , *art.* 218. — Mais il faut alors au moins dix juges pour statuer. *B. c.* 8 *oct.* 1819.

2. Elle peut aussi ordonner des poursuites... *Ci-d. note* 18.

(21) V. aussi B. c. 28 janv., 5 févr., 19 mars , 8 avr. et 13 mai 1813 et 5 déc. 1823 ; autres (1811 et 1812), Laporte , 270 ; Carnot , art. 135.

Observations. 1. Même règle quand ces ordonnances renvoient à la police correctionnelle. V. *réqu. et arr. cass. sect. réun.* 29 oct. 1813, *n.* 237, *et rép., sup., xv,* 525 *et suiv.* — Ou qu'elles règlent simplement un point de compétence. V. *réqu. et arr. régl.* 19 *mars* 1812, *ib.*, 536, *n.* 4.

2. La chambre d'accusation doit statuer sur ces oppositions et non pas renvoyer , *suiv. arr. cass.* 22 *août* 1812 , *à rép., ib., xv,* 541.

3. Autres questions sur cette matière... V. *rép., ib.*, 541 *et suiv.; d. tit. des proc. de pol. jud., note* 21 , où est la critique du système exposé ci-dessus au texte.

(21 *a*) Idem , de celles des juges d'instruction. *B. c. ou régl.* 24 *févr. et* 23 *déc.* 1831.

§ 4. *Des Cours d'assises.*

I. Les Cours d'assises statuent, en premier et en dernier ressort, sur les crimes. V. *C-cr.* 251 *et* 256; *décr.* 6 *juill.* 1810, *art.* 79 *et* 97 (**22**). — Et sur les délits politiques et de la presse. V. *L.* 8 *oct.* 1830 *et* 8 *avr.* 1831.—V. aussi *Charte,* 69.

II. Elles sont considérées comme étant les juges ordinaires en matière criminelle. *Arg. de C-cr.* 365 *et* 589 *combinés; arr.* 12 *févr. et* 11 *et* 12 *mars* 1813, *n.* 25, 45 *et* 46.—V. aussi *cours proc. p.* 11.

Ainsi, elles sont préférées en cas de connexité de délits, etc. V. *au surplus ci-dev., p.* 68, *n.* 4.

Ainsi elles devaient juger un délit à elles soumis

en vertu d'un arrêt de renvoi de la chambre d'accusation non attaqué dans le délai légal, quoique, pendant et même avant les débats, elles eussent reconnu qu'il était un crime de la compétence des Cours spéciales (**23**). V. *dd. arr.* 12 *févr. et* 11 *mars; iid.,* 19 *juin suiv.*, *rép. xj,* 27, *mot récidive, n.* 12 ; 26 *janv.* 1815, *id.* (*avec le réqu.*) 615.—V. aussi ***B-c.*** 19 *juill.* 1816.

Semblables règles, d'après les mêmes principes, lorsque ce délit est simplement correctionnel (**23 a**) et sauf à ne le punir que des peines qui lui sont propres (**24**). V. ***B. c.*** 28 *mars,* 13 *juin et* 19 *juill.* 1816 ; *arg. de C-cr.* 365. — V. aussi *régl.* 3 *mai* 1833.

III. D'ailleurs, dans ces cas, l'arrêt d'accusation non attaqué, a force de chose jugée sur ce point, en faveur du délinquant. V. *dd. arr.* 12 *févr. et* 11 *mars* 1813, *et* 19 *oct.* 1820, *n.* 136. (**25**)

IV. Mais malgré cette dernière considération, l'on suit des règles différentes pour les Tribunaux correctionnels. Comme ils ne sont que des juges d'exception, le renvoi que leur fait, soit la chambre d'accusation, soit la chambre du conseil de première instance, également par une ordonnance non attaquée (**26**), ne peut leur donner jurisdiction sur un fait que, d'après l'instruction, ils reconnaissent être un crime et non pas un simple délit. V. *réqu. et arr. rej. et cass.* 27 *juin et* 21 *nov.* 1811 (***B-c. n.*** 153), *rép. vj,* 612, *et xiv,* 216, *mots jugement,* § 3, *n.* 3 *ter, et tribun. de police,* § 3 ; 12 *mars,* 4 *sept. et* 15 *oct.* 1813, 30 *mars* 1816, 12 *juin* (ci-apr. ch. de l'accusat., note 5) *et* 26 *août* (*sect. réun.*) 1817, 14 *sept.* 1827, 7 *mars* 1835. (**27**)

(**22**) Le magistrat qui a connu de l'affaire comme juge (ou remplaçant, même accidentel, du juge) d'instruction ou d'accusation, ne peut siéger aux assises. V. *C-cr.* 257 ; *B. c.* 24 *juin* 1813, 29 *juin* 1815, 5 *juin et* 22 *oct.* 1818, 11 *août* 1820, 5 *janv.* 1823. 7 *et* 28 *oct.* 1824, 29 *mai et* 3 *juill.* 1834 ; *ci-dev. note* 14, *n.* 3, *p.* 75.—V. aussi *rej.* 22 *juill. et* 9 *sept.* 1819, *et* 23 *mars* 1829 ; *B. c.* 1 *août* 1829 *et* 20 *oct.* 1832.

(**23**) Elles ne doivent pas même renvoyer un militaire au conseil de guerre. *Rej.* 25 *avr.* 1816, *Julbert,* 417. — V. aussi *B. c.* 5 *avr.* 1832.

(23 *a*) Ou une simple contravention. V. *chap. des assises, note* 68.

(24) Si alors le jury a constaté le délit, ou ne l'a pas reconnu constant, la cour doit punir ou absoudre sans pouvoir examiner s'il y a ou non un délit. V. *arr. cass.* 30 *mai* 1812, *n.* 133.

(25) *V. aussi* B. c. ou régl. 20 avr., 15 juill. et 14 sept. 1827, 17 janv. et 2 oct. 1828.

C'est que la chambre d'accusation est investie du droit de saisir les cours d'assises (et jadis les cours spéciales). V. *d. arr.* 11 *mars; autre du 2 août* 1818, *n.* 98 ; *arr. rej. cr.* 2 *févr.* 1815, *Jalbert,* 175, *et,* pour les arrêts de cette chambre, *ci-apr. son chapitre.*

Aujourd'hui ce droit n'est plus exclusif; la loi du 8 avril 1831 avait d'abord accordé au procureur-général la faculté de porter directement à la cour d'assises, les délits de la presse, lorsqu'il n'y avait pas eu saisie préalable des écrits (ibid., art. 5). Les lois du 9 septembre 1835 , *sur les crimes , etc., de la presse, etc.* (art. 24) et *sur les cours d'assises* (art. 1 et 3 à 6), ont étendu cette faculté : 1° aux délits de la presse, même en cas de saisie préalable.; 2° aux crimes prévus par le Code pénal, liv. 3, tit. 1, chap. 3, sect. IV, § 1, et par la loi du 24 mai 1834. *Ch.* B. *s.*

(26) *Observations.* 1. L'exécution de cette ordonnance est consommée par l'instruction du tribunal auquel elle a renvoyé l'affaire ; mais alors , celui-ci rentre dans tous ses droits pour statuer, même sur la compétence. En conséquence, le tribunal correctionnel à qui elle a renvoyé, comme délit , un fait qui est réellement un crime, peut et doit se déclarer incompétent même lorsque le ministère public n'a pas formé opposition à l'ordonnance. V. *arr.* 4 *sept. et* 26 *août ci-dessus.*

2. D'ailleurs , ces ordonnances sont *indicatives ,* et non pas attributives de jurisdiction. *B. c.* 15 *oct.* 1813, 3 *juin* 1825, 7 *mars* 1835.—V. aussi *rej.* et *B. c.* 14 *sept.* 1827.

3. Et il en est de même des arrêts des chambres d'accusation qui renvoient à des tribunaux de police ou correctionnels (et jadis à des cours spéciales). V. *arr. cass.* 10 *déc.* 1812, 19 *juill.* 1816, *et* 26 *août* 1817. — Si , au contraire , ils lient comme on l'a dit , p. 76 , les cours d'assises, c'est parce que celles-ci ayant la jurisdiction ordinaire peuvent connaître de tous les délits. V. *arr. cass.* 13 *juin* 1816 *et d. arr.* 19 *juill.*

(27) *Observations.* 1. Si le tribunal correctionnel de 1re instance se déclare incompétent d'après ces règles , la chambre d'accusation ne peut en annuler le jugement; il ne peut être attaqué que par appel. V. *arr. cass.* 2 *sept.* 1813, *n.* 192. — Autres questions... v. *arr. rej. ou cass.* 17 *juin et* 5 *nov.* 1819, *n.* 68 *et* 116.

2. La règle du texte est applicable aux chambres correctionnelles d'appel des Cours royales. V. *B. c.* 15 *nov.* 1816, *n.* 82.

ARTICLE II.

Des tribunaux militaires.

Ces Tribunaux sont de deux sortes :

I. Les Tribunaux propres à l'armée de terre, connus sous le nom de *conseils de guerre permanens,* statuent en premier et dernier ressort, et sauf le recours à des conseils de *révision* (**27** *a*), sur les délits des militaires, employés de l'armée (28), etc. V. *LL. des* 13 *brum. an v, et* 18 *vend. an vj; et ci-dev. ch.* 4, *n.* 3, *p.* 46. (**29**)

(27 *a*) Lorsque ceux-ci cassent, ils doivent renvoyer le fond à un autre conseil de guerre permanent. V. *B. c.* 13 *août* 1835.

(28) *Observations.* 1. Les condamnés, non militaires ou non employés peuvent aussi en recourir à la cour de cassation, pour incompétence ou pour excès de pouvoir. V. *L.* 27 *vent. viij*, art. 77; *arr.* 10 *mai* 1810, *Laporte, mot cassat.*, *n.* 8; *B. c.* 18 *sept.* 1824, 4 *févr.* 1830, 7 *avr.* 1832; *Le Graverend, ij*, 618.

2. Le recours est encore admissible s'il y a dénonciation par ordre du gouvernement, ou conflit entre ces tribunaux et les autres. V. *rej.* 13 *sept.* 1832. — V. aussi (pour le délai) *B. c.* 17 *nov.* 1832 *et* 9 *mai* 1833.

(29) *Observations.* 1. Ils statuent à présent sur la désertion (jadis, c'étaient des conseils spéciaux). V. *ord.* 21 *févr.* 1816, *et* (pour le repentir des déserteurs) 22 *avr.* 1818; *arrêté* 19 *vend. xij*, art. 74.

2. Quelques délits étaient aussi jugés par des commissions militaires; mais ces commissions ont été supprimées tacitement par la Charte de 1814, *art.* 63 (et expressément par celle de 1830, *art.* 54), et par conséquent, les généraux ne peuvent point en créer, et les mêmes délits sont de la compétence des conseils permanens. *Arg. de décis. du Roi,* 3 *juill.* 1816, *bull. LL.* *p.* 38; *B. c.* 12 *oct.* 1815, 8 *août et* 6 *sept.* 1816, 16 *avr.* 1818. — Mais **v.** quant aux *transfuges* pris armés, *d. B. c.* 18 *sept.* 1824.

3. Les conseils de guerre n'ont juridiction que sur les personnes; leurs jugemens n'ont par eux-mêmes aucun effet sur les biens, de sorte qu'ils n'emportent pas la confiscation dans les cas où elle est la conséquence de ceux des tribunaux ordinaires. V. *à ce sujet, rép. ij,* 881, *mot conseil, n.* 5; *Daguesseau, ibid.*

Ils ne peuvent pas même prononcer des condamnations civiles. V. *arr. cass.* 23 *oct.* 1817, *n.* 101.

4. Les membres des conseils sont nommés par le commandant de la division où ils sont établis, et il a le droit de les changer lorsque *le bien du service* l'exige. Voyez. *d. L.* 13 *brum.*, *art.* 4 *et* 5. — Cette règle singulière et quelques autres ont fait dire à Le Graverend, *ij,* 582, que l'honneur et la vie de tous les individus attachés à une division dépendent réellement du général qui la commande; il s'appuie même, à cet égard, sur l'expérience.

II. Les Tribunaux propres à l'armée de mer, connus sous les noms de conseils de *justice,* conseils de *guerre,* Tribunaux *maritimes ordinaires* et *spéciaux,* prononcent en premier et dernier ressort, et sauf, quant à ces derniers, la révision d'un conseil *extraordinaire* (**30**), sur les délits commis dans les vaisseaux armés, par les marins et employés, sur ceux qui sont relatifs aux ports, arsenaux, etc. V. *pour les détails, décr.* 22 *juill. et* 12 *nov.* 1806. (**30** *a*). —V. aussi, pour des exemples, *B-c.* 12 *nov.* 1819, 27 *janv.* 1820, 5 *sept.* 1834. (**31**)

III. On peut, en quelque sorte, assimiler à ces tribunaux, les conseils chargés de statuer sur les délits de discipline de la *Garde nationale.* (**31** *a*)

(30) A l'égard des conseils de justice et des conseils de guerre, les capitaines de navires peuvent modérer la peine prononcée par les premiers, et les gouverneurs de colonies ou commandans d'armées navales, surseoir à l'exécution des jugemens à mort, des seconds. V. *au surplus décr.* 22 *juill.* 1806, *art.* 24 *et* 75. — V. aussi *B. c.* 28 *avr.* 1828.

(30 *a*) Ce décret est toujours en vigueur, excepté pour les dispositions inconciliables avec la charte. V. *à ce sujet, B. c. ou rej.* 12 *avr. et* 14 *nov.* 1834 *et* 23 *janv.* 1835.

(31) *Observations.* 1. Pour le délit de la désertion, les marins sont assujétis à des conseils maritimes permanens. *Ord.* 22 *mai* 1816. — V. aussi *réqu. et B. c.* 2 *déc.* 1824 *et* 14 *mai* 1825.

2. Les seuls forçats sont à présent justiciables des tribunaux *spéciaux.* — V. *ord. du* 2 *janv.* 1817. — V. aussi quant à leur *évasion* (un décret, qui nous paraît d'une rigueur excessive, la punit de trois années de chaîne), *arr.* 27 *janv.* 1820 *et* 18 *juill.* 1833, *n.* 274; *décr.* 12 *nov.* 1806.

3. A l'égard des délits commis à *terre*, tels qu'un vol dans une ferme, ils sont de la compétence des tribunaux ordinaires. V. *B. c.* 10 *sept.* 1813; *rép. xiv,* 819, *mot vol, sect.* 2, § 4, *art.* 3, *n.* 4; *rej.* 21 *juin* 1855.

(31 *a*) V. à ce sujet, *L.* 22 *mars* 1831, *art.* 92 *à* 122.—V. aussi *ci-apr.* *p.* 108, *note* 10, *n.* 6, *p.* 114, *note* 1 *b*, *et*, pour le droit antérieur, *notre* 3e *édit., p.* 55, *note* 31 *a, et p.* 185, *note* 10, *n.* 2.

ARTICLE III.

Des tribunaux criminels communs à toute la France.

Les deux autorités dont nous allons parler étendent leur juridiction sur tout le royaume, dans les hypothèses suivantes :

I. La Cour de cassation statue sur la cassation ou annulation des jugemens en dernier ressort des Tribunaux ordinaires (**32**); sur les révisions d'arrêts, les réglemens de juges, renvois de Tribunaux, etc. — V. *C-cr.* 416 *et suiv.*; 443 *et suiv.*; 525 *et suiv.*; *ci-après part.* 2, *tit. des voies de recours.*

(32) *Idem*, des jugemens militaires dans les cas indiqués note 28, p. 78; et elle peut même casser, dans *l'intérêt de la loi*, ceux qui ne sont pas sujets à révision. V. *rép. xv,* 84, *mot cassation*, § 3, *n.* 4; *surtout rej.* 13 *juill.* 1821, *B. c., n.* 143.

II. La chambre des pairs connaît des attentats à la sûreté de l'État (33), des crimes de haute trahison, des délits des pairs (34), et des crimes de trahison et concussion des ministres. V. *Charte const.*, 28, 29 *et* 47 (35). *LL.* 10 *avr.* 1834, *art.* 4 ; *et* 9 *sept.* 1835 (*n.* 356), *sur les crimes et délits de la presse, art.* 1, 2 *et* 5, —V. aussi *ci-dev. p.* 58, *note* 10, *n. xxx.*

(33) Cela n'empêche pas la cour d'assises d'en connaître lorsqu'un pouvoir supérieur et constitutionnel n'a pas attribué spécialement le délit à la chambre des pairs, *suiv. B. c.* 8 *déc.* 1820, *n.* 151.

(34) *Observations.* 1. « En matière criminelle », les pairs ne peuvent être arrêtés que de son autorité, et jugés que par elle. *Charte, art.* 29.

2. Les députés ne peuvent non plus être arrêtés ni poursuivis en semblable matière, et hors le cas de flagrant délit, pendant leur session, que de l'autorité de leur chambre. *Id., art.* 44.

3. Ces termes vagues, *en matière criminelle,* embrassent-ils toutes espèces de délits, de telle sorte que la chambre des pairs ait juridiction, non-seulement pour les crimes, mais encore pour les délits correctionnels, et les simples contraventions de ses membres ?.. Le Graverend, *ij,* 572, pense qu'ils comprennent au moins les délits correctionnels (mais *voy. ci-apr. tit. de la cassation, note* 22).

4. Quoi qu'il en soit, on a jugé que pour leurs contraventions ils sont soumis aux tribunaux de police, mais l'autorisation de leur chambre est nécessaire pour l'arrestation si ces tribunaux les condamnent à l'emprisonnement. *Rej.* 25 *mai* 1833, *n.* 201.

(35) Une haute Cour temporaire était chargée jadis de connaître des délits des grands dignitaires, des prises à partie et forfaitures des Cours et des juges de cassation, etc. V. *sénatus-cons.* 28 *flor. xij.*

SECTION DEUXIÈME.

DES PEINES.

Observations préliminaires.

Les peines dont la loi punit les délits sont de diverses natures. Elles sont susceptibles d'augmentation ou de modifications lorsqu'il y a récidive, tentative ou complicité, ou que les condamnés sont dans un âge tendre ou avancé, ou du sexe féminin, ou excusables.

Indépendamment de ce qu'elles font souffrir à la personne des condamnés, elles produisent aussi des effets par rapport à leur état civil et à leurs biens.

On peut, après les avoir subies, rentrer dans les droits d'un citoyen ordinaire, ou sans les avoir subies, en être affranchi par la prescription ou par la clémence du roi.

Telles sont les diverses matières dont nous allons traiter dans cette section. (1)

---

(1) On voit qu'il y sera question , 1. de la nature des peines; 2. des peines en cas de tentative, de récidive, ou de complicité ; 3. de leurs modifications à raison de l'âge, du sexe et des excuses ; 4. des effets civils des condamnations qui les infligent ; 5. de leur extinction (et par occasion de celle des actions publique et civile) ; 6. de la réhabilitation.

TITRE PREMIER.

Des peines considérées en général.

Nous parlerons d'abord de la nature des peines, nous exposerons ensuite quelques règles générales sur leur application, leur *aggravation*, leur cumulation, leur durée, etc. (1)

ARTICLE PREMIER.

De la nature des peines.

Il est des peines communes aux divers genres d'infractions; il en est aussi de propres à chaque genre en particulier. (2)

§ 1ᵉʳ *Des peines communes à toutes les infractions.*

On en compte deux, l'amende (3) et la confiscation spéciale. *C-pén.*, 11, 464, 470.

Les amendes pour contraventions sont d'un franc (4) à quinze francs au plus. *C-pén.* 466. — Pour les délits et crimes, elles sont beaucoup plus fortes. (4 *a*)

La confiscation spéciale se rapporte aux objets, produits, ou instrumens de l'infraction. *C-pén.* 11, 470 *et* 477. (5)

(1) A l'égard de la nature des peines, ou plutôt des *réparations* en matière civile, *ci-dev. note* 4, *n.* 1 *et* 2, *p.* 3.

(2) Bourguignon (ij, 585 à 598), notes sur le Code pénal (art, 1 à 58) indique les divers articles de ce Code, où l'on applique chacune des peines suivantes. — V. aussi *ci-dev. p.* 61, *note* 10 *a*, *n. ix*, *mot pénalité.*

(3) L'amende, on l'a dit (*même note* 4, *n.* 3), est une prestation pécuniaire au profit du trésor public; ajoutons que les amendes pour contraventions sont affectées aux communes. *C-pén.* 466. — *Voy.* pour le mode de leur emploi, *ordonn.* 30 déc. 1823, *Bull. de* 1824, *p.* 73.

(4) Elles ne peuvent être moindres. V. *B. c.* 22 *avr.* 1813, *n.* 81, et pour le *minimum* des diverses espèces, *ci-dev. p.* 11, *note* 4, *n.* 3.

(4 *a*) Les plus faibles, on le voit, sont au moins de 16 francs (sauf toutefois l'application de C-pén. 463... voy. *ci-après* § des *excuses*). Leurs *minimums* et leurs *maximums* sont, pour chaque espèce d'infraction, déterminés par la disposition qui la punit. Il en est dont le *maximum* est en quelque sorte indéfini. *Voy.* entre autres, *C-pén.* 164.

(5) Voy. des exemples à C-pén. 180, 364, 410 et 423.

Observations. 1. Elle est surtout ordonnée dans les contraventions aux lois sur les contributions. — V. entre autres, quant aux *douanes*, L. 17 déc. 1814, art. 15, et 28 avr. 1816, art. 51 ; quant aux *tabacs*, L. 24 déc. 1814, art. 44 ; quant à la *marque d'or*, etc., B. c. 2 oct. 1818 et 1 juill. 1820 ; et quant aux *droits-réunis*, B. c. 29 nov. 1834.

2. On peut aussi punir les infractions par la *clôture* des lieux de *débits*. V. d. L. 28 *avr.*, *art.* 238 ; *rej.* (pharmacie) 2 *oct.* 1834. — Et par l'*effusion* des boissons falsifiées (*B. c.* 19 *févr.* 1818), ou par la *destruction* des comestibles gâtés. V. *C-pén.* 477.

3. Quant à la confiscation *générale*, v. note 10, p. 85.

§. 2. *Des peines communes aux délits et aux crimes.*

Le renvoi sous la surveillance de la haute-police de l'État est la seule peine de ce genre. *C-pén.* 11.

Le prononcé de cette peine donne au gouvernement le droit (6) de fixer la résidence du coupable hors de certains lieux. V. *C-pén.* 44, *et,* pour la durée perpétuelle (**6 *a***) ou temporaire (**6 *b***), de la surveillance, *id.* 45 *et* 47 *à* 50.

(6) *Dr. interm.* On pouvait exiger de lui une caution de bonne conduite. V. *notre* 3e *édit.*, *p.* 59.

(6 *a*) Celle-ci s'applique de plein droit à ceux qui ont été condamnés aux travaux forcés à temps, ou à la détention, ou à la réclusion. *C-pén.* 47 ; *rej.* 31 *janv.* 1834, *n.* 39.

(6 *b*) *Observat.* 1. Le minimum est en général de cinq ans (mais V. *C-pén.* 315, 535, 416, 419, 421, 452, où il n'est que de 2 ans).

2. On doit toujours la prononcer contre les vagabonds et les mendians. V. *C-pén.* 281 *et* 282 ; *B. c.* 26 *sept.* 1834, 25 *juin* 1835.

3. On avait d'abord jugé que l'existence de circonstances atténuantes n'autorisait pas à réduire la durée ci-dessus. *B. c.* 18 *mars et* 8 *mai* 1835. Mais le système contraire vient de prévaloir. *Rej.*, *sect. réunies*, 2 *janv.* 1836 (sur le réquis. de M. Dupin), *Gaz. tribun. du* 3 ; *Sirey*, 1836, 74.

§ 3. *Des peines propres à chaque genre d'infraction.*

I. *Contraventions.* L'emprisonnement, proprement dit, depuis un jour jusqu'à cinq. *C-pén.* 465.

II. *Délits.* L'emprisonnement de correction, l'interdiction et la réparation d'honneur. Voy. *C-pén.* 9, 226, 227.

Cet emprisonnement a lieu dans une maison de correction (6 *c*) où le condamné est employé à l'un des travaux de la maison, à son choix; la durée en est de six jours à cinq années. V. *C-pén.* 4o *et* 41. (**7**)

L'interdiction est temporaire, et se rapporte à un ou plusieurs droits civiques, civils, ou de famille, tels que ceux d'élire, ou d'être élu, le témoignage en justice, la tutelle, l'expertise, etc. V. *au surplus,* *C-pén.* 9, 42 *et* 43. — V. aussi *cours procéd. p.* 331, *note* 44 *a.*

La réparation d'honneur doit être faite à l'audience, ou par écrit. Elle est relative aux outrages commis envers les fonctionnaires publics ou agens de la force publique (**8**). *C-pén.* 222-227.

(6 *c*) Il y a en France plusieurs maisons centrales de détention ou de correction où l'on renferme les condamnés à plus d'un an de prison. V. *ordonn.* 6 *juin* 183o. — Les peines d'un an et au-dessous se subissent dans les maisons d'arrêt des tribunaux qui les ont prononcées.

(7) *Observations.* 1. Le maximum peut être excédé dans le cas de récidive ou dans les autres cas indiqués spécialement par la loi. V. *C-pén.* 4o, 57 *et* 58, *et ci-apr. p.* 91, *note* 5.

2. Le produit du travail du condamné est divisé en trois parties, dont l'une est affectée à la maison, et une autre donnée au détenu ; la 3ᵉ est réservée pour lui être remise à sa sortie, ou employée à son profit avec l'autorisation du ministre de l'intérieur. V. *C-pén.* 41; *ord.* 2 *avr.* 1817, *art.* 12.

(8) Elle ne peut être ordonnée ni pour les outrages qui concernent les particuliers... v. *arr. cass.* 28 *mars* 1812 *et* 8 *juill.* 1813, *n.* 77 *et* 152, *et rép.* *xj*, 573, *h. v., n.* 1 ; — ni par les juges civils. V. *B. c. civ.* 20 *juill.* 1812; *rép.* *xj*, 574, *n.* 2.

III. *Crimes.* Les peines des crimes sont afflictives et infamantes (**8** *a*), ou seulement infamantes. *C-pén.* 6.

Les premières sont : 1° la mort, 2° les travaux forcés à perpétuité, 3° la déportation, 4° les travaux forcés à temps, 5° la détention, 6° la réclusion (**9**). V. *C-pén.* 7 *et* 12 *à* 21. (**10**)

Les peines simplement infamantes sont : 1° le bannissement et 2° la dégradation civique. V. *C-pén.* 8, 28 *et* 32 *à* 35. (**11**)

On fait ordinairement précéder les travaux forcés et la réclusion par l'*exposition,* à moins que le coupable ne soit mineur de 18 ans ou septuagénaire. V. *C-pén.* 22. (**12**)

La dégradation peut, pour un Français, et doit,
pour un étranger, et pour un Français qui a perdu la
qualité de citoyen, être accompagnée d'un emprisonnement. V. *C-pén.* 35.

(8 *a*) Il y a des peines afflictives *de fait*, qui ne sont pas infamantes, tels
sont les travaux publics prononcés pour *désertion* contre un militaire. *B. c.
ou rej.* 3o *sept.* 1825, 22 *déc.* 1826, 2 *fév.* 1828 *et* 10 *avr.* 1829. — Nous
disons *de fait* parce que la loi (v. d. *arr.* 2 *fév. et* 10 *avr.*) ne les range point
parmi les peines qu'elle nomme *afflictives.*

(9) *Observations.* 1. Les condamnés à la déportation et à la détention
devaient d'abord être enfermés dans la maison du Mont-Saint-Michel (Manche); *Ordonn.* 2 *avr.* 1817, 5 mai 1833; — puis dans la citadelle de Doulens
(Somme); *Ord.* 22 *janv.* 1835; — maintenant, aux termes de l'art. 17 du Code
pénal, modifié (L. 6 sept. 1835, art. 2, Bull. n. 358), les déportés pourront aussi
être *détenus* dans une prison située dans une colonie française. CH. B. S.

1 *a.* Les condamnations aux travaux forcés sont subies dans les bagnes, savoir
les condamnations à plus de 10 ans, dans ceux de Brest et de Rochefort, et
celles de moins de 10 ans, dans celui de Toulon. *Ordonn.* 20 *août* 1828.—Les
militaires condamnés pour insubordination, continuent à être envoyés au
bagne de Lorient. *Ibid., art.* 4.. CH. B. S. — A l'égard des femmes condam-
nées aux travaux forcés, *voy.* ci-après, tit. 3, § 2 (du sexe).

2. Les condamnés à la *réclusion* sont enfermés dans des maisons de détention, où ils sont employés à des travaux. *C-pén.* 21; *d. ord. art.* 1. —
Cette peine a été substituée à la *gêne* du Code pénal de 1791. *B. c.* 13 *févr.*
1817. — Elle est de 5 à 10 ans. *C-pén.* 21.

(10) La peine de la *confiscation générale* des biens, prononcée pour
quelques crimes, par le Code pénal de 1810, art. 7, 37 à 39, et 132 (fausse
monnaie), etc., est abolie pour toujours. *Charte de* 1814, *art.* 66; *B. c.* 15
avr. 1819; *ci-dev. p.* 59, *note* 10 *a, n.* 1; *Charte de* 1830, *art.* 57. — A l'é-
gard de la *marque* établie par le même code, art. 20, et abrogée en 1832, *voy.*
notre 3ᵉ édit., p. 60.

(11) *Observations.* 1. Jadis les condamnés au *bannissement* étaient ren-
fermés à Pierre-Châtel (Ain). Ils pouvaient de là passer à l'étranger s'ils en
obtenaient la faculté; ou bien s'ils avaient celle de s'embarquer et s'ils le de-
mandaient, ils étaient conduits au port, sur l'ordre du ministre de l'intérieur.
D. ord. 2 *avr.* 1817, *art.* 4. — Ces dispositions ont été abrogées tacitement
en 1832, par *C-pén.* 33.

2. Au grand-criminel, on peut ordonner *l'impression* et *l'affiche* du jugement, et on le doit s'il prononce une peine afflictive ou infamante. V. *ci-
apr. ch. des assises, note* 70.

Au correctionnel, cela est aussi permis, lorsque c'est par forme de réparation civile, parce qu'alors l'affiche est un complément de cette réparation et
non point une addition de peine. V. *arr. cass.* 22 *oct.* 1812, *n.* 226, *et* 25
mars 1813, *Laporte, mot affiche; surtout B. c.* 26 *mars* 1819, *n.* 58 (il
le décide aussi par la police simple).

(12) *Observations.* 1. Le juge peut dispenser les autres de l'exposition,
s'ils ne sont condamnés qu'aux travaux forcés à temps et à la réclusion, et si,
en même temps, ce n'est pas pour récidive ou pour faux, même en écrit privé.
V. d. *art.* 22; *B. c. ou rej.* 29 *nov.* 1833, 9 *et* 16 *janv. et* 11 *oct.* 1834 *et*
22 *janv.* 1835.

1 *a.* Les peines infamantes prononcées contre des membres de la légion d'honneur, doivent être précédées de leur dégradation. *Ord.* 26 *mars* 1816, *art.* 57.

ARTICLE II.

De quelques règles générales sur les peines.

1. Les peines sont *égales* pour tous (**12** *a*) et purement personnelles. *L.* 21 *janv.* 1790 (**13**); *Carnot, Code crim., art.* 365, *n.* 8.

2. On ne peut infliger que celles qui sont portées par la loi. *B. c.* 2 *prair. vij,* 6 *brum. et* 29 *therm. ix; arg. de C-cr.* 310 *et C-pén.* 4.—Et c'est un crime que d'en aggraver, en quelque manière que ce soit, la rigueur (**14**). *Constit. an iij, art.* 232, *et an viij, art.* 82. (**14***a*).

Mais aussi le juge ne peut, ni remettre la peine infligée par la loi, ni la modifier ou adoucir en deçà des limites (**14** *b*) que la loi a fixées. (**15**)

Toutefois, lorsque, dans l'intervalle du délit à son jugement, une loi a établi une peine différente de celle de la loi du temps du délit, on doit appliquer celle des deux mêmes lois, qui est la plus douce. *Arg. de décr.* 23 *juill.* 1810, *art.* 6. (**16**)

3. Celui qui est accusé de plusieurs délits est passible de la peine la plus grave que la loi y attache; mais on ne peut lui en infliger une pour chaque délit. *V. C-br.* 446; *B-c.* 14 *brum. xj; C-cr.* 365; *B-c. ou rej.* 19 *mars* 1818, 29 *juin* 1821, 6 *août* 1824, 6 *avr.* 1827, 28 *mars* 1829, 13 *juin* 1830, 8 *mars* 1833, 6 *mars* 1835, etc. (**17**)

4. La durée des peines temporaires (**17** *a*) compte du jour où la condamnation est devenue irrévocable (**18**). *V. C-pén.* 23.

(**12** *a*) Jadis la peine capitale consistait en général, pour les *nobles*, dans la décapitation, et pour les *roturiers*, dans la strangulation par la potence; celle-ci était infamante, tandis que la décapitation n'était qu'afflictive. — Autres peines anciennes.. *V. ci-dev. p.* 52, *note* 3 *a.*

(**13**) Par conséquent, l'infamie du condamné n'atteint plus ses parens, et ils continuent à être admissibles à toutes sortes d'emplois. *D. L.* 21 *janv.* — Mais ils peuvent être sujets à des responsabilités ou réparations civiles. *V. ci-apr. tit.* 4. § 3, *et tit.* 5, § 1, *p.* 101 *et* 103.

(**14**) *Observations.* 1. On ne peut, par exemple, ajouter à la peine une réparation d'honneur (*ci-dev. p.* 84) non autorisée. *B. c.* 8 *juill.* 1813, *n.* 52.

2. Aussi, le jury doit-il être consulté sur tous les faits (tels que la mendicité) qui tendent à faire aggraver la peine. *B. c.* 11 *avr.* 1817.

5. Si le condamné résiste au moment de l'exécution, est-il permis de le soumettre en quelque sorte, en lui faisant des blessures, ainsi qu'on en a eu des exemples?.. Nous pensons que non, ce serait une addition de peine. On ne manque pas d'ailleurs d'autres moyens de vaincre sa résistance. Les blessures ne doivent être permises qu'autant que les agens d'exécution sont, par rapport au condamné, dans le cas d'une légitime défense.

4. A l'égard des mesures et des difficultés relatives à l'exécution : 1º des condamnations pénales, *voy.* chap. des assises, note 70, n. 5... 2º des condamnations civiles, *voy.* § des prestations civiles, n. iv.

(14 *a*) Cette règle s'applique aux arrestations et aux détentions. *D. art.* 82.

(14 *b*) La modération n'est donc pas plus licite que l'aggravation de la peine. — *Quid*, si la loi en infligeant une amende n'en a pas fixé la quotité, comme pour l'exercice sans titre, de l'art de guérir?.. le juge devra prononcer l'amende de simple police. *B. c.* 18 *mars et* 22 *mai* 1825, 5 *nov.* 1851 *et* 28 *août* 1832 (sect. réun.); *M. Chauveau*, 1832, 246, 1834, 11.

(15) Ainsi, il ne peut : 1º la remettre en se bornant à condamner à des dommages. *B. c.* 17 *fév.* 1809, 25 *fév.* 1810 *et* 9 *sept.* 1825; *rép. ix*, 209, *mot peine, n.* 12.

2º La réduire au-dessous du minimum légal.. *B. c.* 10 *oct.* 1811, 22 *avr.* 1813 *et* 26 *sept.* 1823; *rép., i, sup., et xiv*, 668, *mot voirie, n.* 8.

3º Condamner à une peine plus douce, sous prétexte d'insuffisance de conviction, car alors il doit acquitter le prévenu. *Réqu. et B. c.* 19 *juin* 1813; *rép. xv*, 561, *mot peine, n.* 12 *bis*; *ci-apr., part. ij, obs. prél., n.* 11.

4º Omettre de prononcer l'une des peines légales lorsqu'il y en a plusieurs d'infligées pour un seul délit. V. *B. c.* 20 *mai* 1824, *p.* 212; *et ci-apr. note* 17, *n.* 2.

5º Prononcer une condamnation *collective* lorsque la loi punit chacun des délinquans. *B. c.* 16 *avr.* 1825 *et* 7 *déc.* 1826.

6º Donner au condamné *l'option* d'une peine... et le juge lui-même ne peut faire cette option que dans le cas de l'art. 463 du Code pénal... *Réqu. et B. c.* 2 *sept.* 1825.

7º Renvoyer un prévenu des poursuites à raison de circonstances locales ou particulières à cet individu, dont la loi n'autorise pas à tenir compte. *B. c.* 4 *mai* 1820, *n.* 68.

8º Autre question... V. *arr. cass.* 4 *mai* 1820, *n.* 68.

(16) Cette règle a été consacrée par une foule d'arrêts. V. *entre autres*, 19 *fév.*, 10 *juin*, 9 *et* 30 *juill.*, 3 *sept.*, 1 *et* 15 *oct.* 1813; 13 *janv.* 1814; 27 *janv.* 1815, 29 *juin* 1816, 14 *juill.* 1826, au *B. c.*; et, pour ses motifs, *MM. Blondeau et Merlin*, *rép. xvj*, 287, *mot effet rétroact., sect.* 3, § *xj*, *et Thémis*, *vij*, 523. — Elle s'applique aussi à la prescription. V. *en ci-apr.* le §, *note* 8.

(17) *Observations.* 1. D'après cette règle, le coupable d'un vol avec escalade et effraction, et d'un faux en écriture privée, étant condamné aux travaux forcés, peine de son vol (plus forte que la réclusion, peine de son second crime), ne peut l'être en même temps à l'amende, qui est une peine accessoire du faux. *Arr. cass.* 11 *déc.* 1834, *n.* 395 (*Dr. antér...* exemple analogue.. *voy.* notre 3ᵉ édit., p. 62, note 19, n. 3).

1 *a*. Par une conséquence de la même règle, l'individu qui, après avoir été condamné pour un crime à une peine afflictive ou infamante, est poursuivi pour un simple délit antérieur à cette condamnation, ne peut l'être de nouveau à une peine correctionnelle, d'autant plus qu'elle est absorbée par la première peine. V. *B. c.* 16 *janv.* 1835, *n.* 19.

2. Mais cette règle reçoit exception lorsqu'il s'agit de contraventions de

droits-réunis. *B. c.* 26 *mars* 1825.—Ou lorsque la loi elle-même (par exemple, *C-pén.* 164 *et* 245) prononce les deux peines pour un délit. *Rép. ix*,
208, *mot peine*, *n.* 11 ; *arr. cass.* 15 *et* 23 *oct.* 1807, *ib. et B. c.; d. B. c.*
20 *mai* 1824, 31 *juill.* 1834. — Ou bien, en même temps, une amende et
une peine corporelle. *Arr. rej.* 30 *oct.* 1815, *Jalbert*, 1816, 367, *et* 15 *juin*
1821, *B. c.; ci-dev. note* 15, *n.* 4.

3. Il est aussi permis, lorsqu'on n'a pas étendu jusqu'à son maximum, une
peine pour un délit, de prononcer une autre peine pour un deuxième délit,
inconnu à l'époque de la première procédure, pourvu que les deux peines
réunies n'excèdent pas le même maximum. *V. au surplus B. c.* 27 *janv. et*
8 *oct.* 1824, *et* 2 *août* 1833, *et*, pour un cas analogue, 29 *juin* 1821 *et* 17
août 1827.

4. Remarquons à ce sujet, que d'après la jurisprudence, le cumul est sans
doute défendu quant à la *nature*, mais non pas quant à la *durée* des peines.
V. B. c. ou rej. 28 *avr. et* 26 *mai* 1831 *et* 23 *juin* 1832. — V. toutefois
M. Chauveau, J-cr. 1829, 210, 1831, 221, 1833, 192, 1835, 279 (*rej.* 3
oct., *ib.*) *et Théorie*, *i*, 259 *et* 335 à 342.

Cette doctrine de la cour de cassation sur le cumul des peines de même
nature, qui, réunies, n'excèdent pas le maximum, a paru à nombre de bons
esprits, contraire à la loi ; elle nous semble, de plus, contraire à l'équité. En
effet, supposons qu'un individu, condamné déjà pour un fait punissable, soit
condamné de nouveau et séparément, plusieurs fois, pour d'autres faits antérieurs à sa première condamnation ; et que la durée de toutes ces peines, de
même nature, ne dépasse pas le maximum fixé par la loi ; on peut dire pour
justifier le cumul, qu'il est possible que le juge, s'il avait été saisi, dans le
même procès, de tous ces délits, eût appliqué au prévenu le même maximum,
à raison du nombre des délits, et cependant l'expérience démontre la possibilité du contraire, c'est-à-dire que le juge n'eût point cru devoir pousser la
sévérité jusqu'au maximum. Or, dans cette incertitude sur le résultat de la
poursuite, si elle avait été collective, pourquoi tourner contre le prévenu un
doute qui, en matière criminelle, doit toujours lui profiter ? Régulièrement,
une seule poursuite aurait dû embrasser tous les faits reprochables ; le condamné doit-il souffrir de l'insuffisance ou de la fausse marche, si l'on veut,
de l'instruction qui, en multipliant les procès et les décisions, peut ainsi aug-
menter la peine, et, en définitive, la plus longue des peines prononcées par
les divers jugemens ne devrait-elle pas, quoique de même nature, être seule
exécutée, puisqu'il était possible qu'elle seule eût été prononcée pour tous les
faits réunis ?... Сн. в. s.

(17 *a*) C'est-à-dire les travaux forcés simples (5 à 20 ans), la détention
(*idem*), la réclusion (5 à 10 ans), le bannissement (*idem*). *C-pén.* 19, 20,
21, 52.

(18) *Observations..* 1. *Dr. interm..* Même règle pour l'*emprisonnement*,
de sorte que le délinquant, en cas d'appel ou de pourvoi du ministère public,
était exposé à subir de fait, une peine bien plus forte que la peine légale. V.
notre 3e édit., p. 63, *note* 18.

Dr. actuel. Cette peine, depuis 1832, court du jour du jugement, malgré
cet appel et ce pourvoi, et même lorsqu'ils émanent du délinquant, s'il a obtenu
une réduction de peine. *C-pén.* 24 (nous demandions que ce fût du jour de
l'arrestation, distraction faite du temps nécessaire à l'instruction, temps
pour lequel la loi pourrait fixer un *maximum...* v. *d. note* 18.)

2. Le jour, en matière de *peines*, est de 24 heures, et le mois, de 30
jours. V. *C-pén.* 40 *et* 465 ; *arr. cass. civ.* 30 *juill.* 1816, *n.* 64. — V. aussi
ci-apr., lit. 5, *note* 9, *n.* 3, *p.* 107.

3. *Dr. anc.* Espèces de peines... V. *Jousse, idée de la justice criminelle,*
lit. 1, § 5 ; *ci-der. p.* 52 et 85, *notes* 3 *a et* 12 *a.*

TITRE II.

Des peines en cas de tentative, de récidive et de complicité.

§. 1er. *De la tentative.*

On nomme ainsi l'action d'essayer de commettre un délit.

Nous disons l'action, parce que la loi ne punit pas un simple projet. La tentative est répréhensible, lorsque, ayant été manifestée par un commencement d'exécution, elle n'a été suspendue, ou n'a manqué son effet, que par des circonstances indépendantes de la volonté de son auteur. V. *C-pén* 2. — V. aussi *L.* 22 *prair. an iv.* (1)

La tentative du crime est assimilée au crime; celle du délit proprement dit n'est assimilée au délit que dans les cas déterminés par la loi (2). V. *C-pén.* 2 *et* 3. —V. toutefois *id.* 317.

Mais la tentative faite en légitime défense ne peut être assimilée à un crime ou délit. V. *arr. cass.* 29 *avr.* 1819, *n.* 54.

---

(1) *Observations.* 1. Si la tentative résulte des débats, la question subsidiaire doit en être posée lors même que l'accusation porte sur un crime consommé. V. *arr. cass.* 14 *mai* 1813, *B. c. n.* 103 *et rép. (avec le réqu.)*, *xiij*, 480, *h. v.*, *n.* 8.

2. Les divers caractères ci-dessus de la tentative sont essentiels pour la constituer. *B. c.* 6 *juill.* 1811, 9 *janv.* 1812 *et* 29 *oct.* 1813. — Et ils doivent être constatés, et clairement constatés par le jury. *B. c. ou rej.*, 23 *mars* 1815, 18 *avr. et* 25 *oct.* 1816, 16 *oct.* 1817, 10 *déc.* 1818, 17 *fév.* 1820 *et* 23 *juin* 1827.

N. B. Quoique ces décisions se rapportent au Code de 1810, d'après lequel le *commencement d'exécution devait avoir été précédé d'actes extérieurs*, elles paraissent encore susceptibles d'application.

3. Par exemple, il ne suffit pas que le jury s'explique sur la volonté et la préméditation, en cas de tentative d'assassinat; il faut encore qu'il énonce les mêmes caractères. V. *B. c.* 30 *mai* 1816, *n.* 30.

4. *Commencement d'exécution...* La loi ne le définit pas. V. *à ce sujet arr. rej.* 11 *juin* 1818, *B-c. n.* 77.

(2) V. des exemples à C-pén. 179, 241, 245, 388, 401, 405, 414, 415; et trois de non tentative, à réqu. et arr. cass. 24 déc. 1812, rép., xiij, 463, et B. c. 17 *janv.* 1818 et 21 *oct.* 1824, n. 8 et 143.

Observations. 1. Le *complice* de la tentative est punissable quoiqu'il n'y ait pas eu de sa part un commencement d'exécution, *suiv. réqu. et arr cass.* 6 *fév.* 1812, *B-c. n.* 19, *et rép. xiij*, 472, *h. v.*, *n.* 6.

2. Autres questions sur la tentative. V. *rép. xiij*, 461 *et suiv.*, *h. v.*; *B. c.* 25 *juill.* et 16 *oct* 1817, *et* 14 *déc.* 1820.

§ 2. *De la récidive.*

La récidive est l'action de commettre un second délit (5). Comme elle fait supposer une plus grande perversité, elle est punie plus rigoureusement (4) que le crime, ou le délit, proprement dit, ou la contravention. V. *quant à la récidive des* crimes ou délits, *C-pén.* 56, 57, 58 *et* 200 (5); *et quant à celle des* contraventions, *C-pén.* 474, 478, 482 *et* 483.

Mais la récidive n'est censée exister que lorsqu'il y a eu jugement de condamnation pour la première infraction (6), et s'il s'agit d'une contravention, lorsque le jugement a été rendu dans l'année précédente, et l'infraction commise dans le même ressort. V. *dd. art.* 56, 57, 58 *et* 483. (7)

(5) *Observations.* 1. Il n'est pas besoin qu'il y ait un rapport d'identité entre la peine de la première et celle de la seconde infraction (v. *B. c.* 12 *fév.* 1813, 26 *avr.* et 26 *août* 1822, 13 *et* 27 *sept.* 1832); il suffit qu'elles soient de la même classe, c'est-à-dire que ce soit, ou deux crimes, ou deux délits, ou deux contraventions. V. toutefois *ci-apr. p.* 91, *note* 6, *et*, pour les crimes ou délits militaires, *ci-dev. p.* 47, *note* 8, *n.* 3.

2. Le condamné qui a obtenu grâce pour le premier délit, est puni comme un *récidivant*, pour le second. *B. c. ou rej.* 5 *déc.* 1811 (*rép. xj*, 19, *mot récidive*, *n.* 8) *et* 5 *juill.* 1821, 11 *juin* 1815, 4 *juill.* 1828.

2 a. *Idem*, le condamné dont la première peine est prescrite. V. *rej.* 10 *fév.* 1820, *n.* 36. — A moins qu'elle n'eût été prononcée pour une simple contravention. V. *id.* 4 *oct.* 1821, *n.* 158; *ci-dessus, texte.*

3. *Idem*, le condamné qui a subi sa peine pour le premier délit, et même qui a été ensuite réhabilité. V. *B. c.* 10 *oct.* 1811, 17 *janv.* et 20 *juin* 1812; *rép. xj*, 20, *mot récidive; Le Graverend*, *ij*, 453, *note* 3, *et* 558, *note* 5; surtout *réqu. et B. c.* 6 *fév.* 1823, *n.* 21.

4. *Idem*, le condamné dont le premier délit a perdu le caractère de crime d'après la loi pénale en vigueur au temps de la deuxième infraction, *suiv. arr. rej.* 18 *juin* 1812, *rép. xj*, 23, *sup.*, *n. xj.* — On pourrait objecter entre autres, qu'il est naturel d'interpréter le silence du Code pénal, sur ce point, par la décision contraire à cet arrêt, de la loi du 25 floréal an x, conformément à la maxime *posteriores leges ad priores pertinent.* — V. *L.* 28 *ff. legib.* — V. aussi *Le Graverend, ij*, 562 (il désapprouve également l'arrêt du 18 juin), et pour une question inverse (délit devenu crime), *B. c.* 28 *mars* 1822, *n.* 47.

5. En est-il de même du *mineur*, dont à raisou de son âge la peine a été modérée par le premier jugement? Non.. V. rej. 27 juin (B. c. n. 191), et 2 octobre 1828, J-cr. 1833, 320 (l'affirmative avait d'abord prévalu.. v. *arr. de* 1818 à 1828, *Chauveau, d. p.* 326, *et code progr.*, 184.

(4) *Observations.* 1. Elle l'est en général, d'une peine plus élevée d'un degré (par exemple le bannissemen† au lieu de la dégradation) que la peine ordinaire, ou bien du *maximum*, même doublé, de cette peine. *Voy.* au reste *C-pén.* 56.

2. Par une conséquence des mêmes principes, on avait décidé que lorsque le juge est autorisé à modérer la peine, il ne le peut pas pour le *récidivant*. — V. *arr. cass.* 3 *fév.* 1814, *n.* 11; surtout *L.* 25 *juin* 1824, *art.* 12.

Mais il en est autrement depuis 1832, si cette peine n'est qu'un emprisonnement ou une amende. V. *C-pén.* 463, *in f.*, *et* 483, *in f.*; *rej.* 1 *et* 2 *fév.* *et* 29 *août* 1833, *B. c., n.* 33 *et* 340 ; *J-cr.* 1833, 47 *et* 148; *M. Chauveau, ibid, et code progress.*, 361.

(5) *Observations.* 1. L'auteur d'un délit, quand il a été déjà condamné pour un crime, est passible du *maximum* (même double) de la peine du délit. V. *C-pén.* 57.

2. *Idem*, outre la surveillance, quant à l'auteur d'un second délit, condamné pour le premier, à plus d'un an de prison. V. *C-pén.* 58 ; *réqu. et B. c.* 10 *sept.* 1815; *rép. xv*, 645; *B. c.* 30 *déc.* 1813, *et* 8 *fév.* 1821 ; *rej.* 19 *avr.* 1832, *J-cr., ib.,* 127 ; *M. Chauveau, ibid.* — A moins qu'il n'y ait des circonstances atténuantes. V. *B. c.* 26 *févr.* 1835.

(6) *Observations.* 1. Quel que soit le tribunal qui l'ait rendu, même un tribunal militaire, si l'infraction est punissable d'après les lois pénales communes. V. *arr. rej.* 18 *avr. et* 18 *juin* 1812 , *rép. xj*, 21 , *mot récidive, n. xij* ; *B c.* 20 *juin* 1812; *autre*, 8 *avr.* 1813 , *Laporte*, 68, *n.* 5. — V. aussi *arr. cass. ou rej.* 10 *avr. et* 2 *oct.* 1818, 5 *janv.* 1824, 12 *nov.* 1829 , 2 *févr.* 1832, enfin, *C-pén.* de 1832, *d. art.* 56.

2. Règle contraire lorsque le premier jugement émane d'un tribunal correctionnel et que la seconde infraction est un crime, puisqu'il n'a pu statuer que sur un simple délit. V. *rej.* 2 *oct.* 1818 ; *ci-d. p.* 90, *note* 3, *n.* 1.

Quid si elle est accompagnée de circonstances atténuantes?.. V. *B. c.* 24 *juin* 1833; *rej.* 26 *juill.* 1834.

3. Il faut que le premier jugement n'ait pas été annulé. *B. c.* 8 *juin* 1833.

(7) *Observations.* 1. Si la récidive est soumise à la Cour d'assises, cette Cour peut la juger ; il n'est pas besoin d'en soumettre la question au jury, *suiv. réqu. et arr. rej.* 11 *juin* 1812, à *rép. xj*, 17, *h. v.*

2. Peine de la récidive d'une contravention à un réglement de police... V. *ci-dev. p.* 15 , *note* 8, *n.* 3.

3. Autres questions sur la récidive. V. *rép. xj*, 16, *et xv*, 616, 696, *h. v.* — V. aussi *rej. ou cass.* 25 *févr.* 1819 *et* 4 *sept.* 1823.

§ 3. *De la complicité.*

La complicité est l'action d'exciter à commettre un crime ou un délit, ou d'en favoriser l'exécution. (8)

On peut exciter à commettre un crime ou un délit par des dons, promesses, menaces, machinations ou artifices coupables, abus d'autorité ou de pouvoir. V. *C-pén.* 60. (9)

On peut en favoriser l'exécution en donnant des instructions ; en fournissant (sciemment) les moyens qui servent à l'action ; en aidant ou assistant (sciemment) dans les faits qui la préparent , ou facilitent ou consomment ; en recélant (sciemment) ses produits ou résultats ; en fournissant habituellement logement ou asile à des malfaiteurs connus. *Id.* 6o-62. **(10)**

(8) *Observations.* 1. Il suit de là que, lorsqu'il n'y a pas de corps de délit *principal*, il ne peut y avoir un délit de complicité. V. *B. c.* 6 *déc.* 1816 , 14 *janv.* 1820, 17 *août* 1827, 8 *oct.* 1829.

2. *Idem ,* que si le fait principal n'est pas un délit, la complicité, par rapport à ce fait, ne constitue pas en état de culpabilité. V. *B. c.* 17 *août* 1815, 26 *avr. et* 6 *juin* 1816, *et* 29 *sept.* 1820.

3. Mais cette dernière règle reçoit exception par rapport aux soustractions entre parens. Quoiqu'elles ne soient pas considérées comme délits (*ci-dev.*, *p.* 21 *et* 5o), les recéleurs des objets soustraits, et ceux qui en ont profité sont punis comme coupables de vol. *C-pén.* 38o. — Même règle quant au délit du mineur dont un majeur est complice. V. *ci-apr. note* 2, *p.* 95.

(9) *Observations.* 1. Il faut que le jury déclare si les artifices sont *coupables. B. c.* 27 *oct.* 1815.

2. L'*excitation* au délit non accompagnée de dons , promesses , etc. , ne constitue pas une complicité. *B. c.* 24 *nov.* 1809, *et* 3 *sept.* 1812. — V. aussi *id.*, 14 *oct.* 1825, *et* 16 *mars* 1826. — Surtout quand elle ne résulte que de simples CONSEILS. — V. *B. c.* 23 *juill.* 1818.

3. Il en est de même, à plus forte raison , du simple fait d'avoir favorisé *l'évasion* d'un délinquant. V. *arr. cass.* 24 *prair. an* 5 ; *rép. ij,* 68o, *mot complicité, n.* 7 ; *ci-dev. p.* 5 , *note* 7, *n.* 2 , *et ses renvois.* — Mais non pas l'évasion d'un détenu pour délit. V. *C-pén.* 237 *à* 247 ; *B. c.* 29 *sept.* 1831 *et* 5 *avr.* 1832.

(10) *Observations.* 1. Il est donc nécessaire que le recéleur *sût* que les effets qu'il cachait étaient le produit d'un crime ; en un mot, il faut qu'on ait été complice avec *connaissance* de cause. V. *B. c.* 12 *sept.* 1812 , 4 *février* 1814, 26 *sept.* 1817 *et* (*rej.*) 17 *mai* 1821, 16 *juin* 1827.—V. aussi *id.* 26 *et* 27 *sept.* 1822 , 22 *juill.* 1824 *et* 7 *fév.* 1834.

2. Le *recel* de la personne du coupable d'un crime (connu comme tel), n'est pas assimilé à la complicité, mais à un simple délit punissable de 3 mois à deux années d'emprisonnement ; et si le recéleur est un parent ou allié en ligne directe ou au deuxième degré de la collatérale, ou un époux, il est affranchi de toute peine. V. *C-pén.* 237 *à* 248; *ci-dev. note* 9, *n.* 3, *et p.* 5 , *note* 7, *n.* 2.

La complicité est punie comme le crime ou le délit **(11)**, à moins de disposition différente de la loi. V. *C-pén.* 59. **(12)**

Elle est même punie de la peine infligée à raison des circonstances aggravantes du crime. V. *réqu. et B-c., sect. réun.,* 12 *avr.* 1813; *rép. x,* 768; *avis cons. d'Etat* 18 *déc.* 1813, *ib.*, *xv*, 613 (**13**). — V. aussi *arr. rej.* 8 *oct.* 1818 *et* 13 *avr.* 1821.

D'où il résulte qu'il faut proposer au jury des questions sur les faits qui constituent la complicité. *B-c.* 2 *juill.* 1813, 3 *mars et* 15 *déc.* 1814, 28 *juin* 1816, 20 *nov.* 1817, *etc.* (**14**)

(**11**) Un complice n'est pas puni aussi gravement que le délinquant, lorsque celui-ci est en récidive. V. *B. c.* 3 *juill.* 1806, *n.* 107; *Le Graverend*, *i*, 121 ; *Carnot, C. crim.*, art. 365.

(**12**) V. un exemple de cette disposition à l'art. 63, et ci-après, note 13.— La peine peut même être plus forte. V. *note* 2, *p.* 95.

(**13**) *Observations.* 1. Règles contraires pour le *recéleur :* d'une part, il n'est passible (depuis 1832) que des travaux forcés perpétuels, quoique l'auteur du crime soit punissable de mort, et de l'autre, si les circonstances doivent faire infliger à celui-ci les travaux forcés perpétuels ou la déportation, il faut que le recéleur les ait connues au temps du recel, sinon, il n'est passible que des travaux forcés à temps. V. *dd. autorités et C-pén.* 63.— Mais cette exception ne s'applique ni à d'autres cas, ni à d'autres sortes de complices. V. *B. c.* 22 *août* 1817. — V. aussi *id. ou rej.*, 25 *fév.* 1819, 20 *avr.* 1820, 18 *janv.* 1828 *et* 15 *juin* 1829.

2. Il suffit, pour la punition du complice, que le fait matériel du crime principal existe et soit jugé et reconnu avec lui; il n'est pas nécessaire qu'il y ait eu poursuite et condamnation contre l'auteur. *B. c. ou rej.* 24 *avr.* 1812, 23 *avr.* 1813, 19 *août* 1819, 24 *sept.* 1834; *ci-apr. tit.* 5, *note* 1, *n.* 2, *p.* 103. —De sorte qu'il n'est affranchi de la peine, ni par la mort, ni par l'absolution du principal accusé. V. *rép. ij*, 679, *mot complice, n.* 3 *et* 4 ; *xv*. 308 *et* 534, *mot faux, sect.* 1, § 6, *n.* 3, *et* § 34 ; *arrêts divers, ib.* ; *rej.* 13 *sept.* 1827, 4 *juin et* 17 *juill.* 1835.

(**14**) *Observations.* 1. Il faut que le jury s'explique sur *les faits* qui constituent la complicité ; il ne serait pas suffisant qu'il déclarât, soit en général, que l'accusé est complice, soit qu'il est auteur *ou* complice. V. *d. arr.* 28 *juin*; *autres*, 10 *août* 1820, 4 *oct.* 1821, 15 *janv. et* 2 *juill.* 1824, *et* 27 *juin* 1835. — V. aussi *id.* 24 *janv. et* 25 *juill.* 1818, 14 *fév.* 1822, 5 *févr.* 1824, 12 *janv.* 1833, 20 *et* 27 *mars et* 26 *déc.* 1834. — V. toutefois *arr. rej.* 31 *juill.* 1818, *n.* 112.

☞ 2. Il en est de même pour tous les *faits* MORAUX, tels que la complicité, la banqueroute, le faux témoignage... Il n'a pas le droit de les déclarer d'une manière générale ; il faut qu'il spécifie les faits particuliers qui constituent ces crimes. V. *d. arr.* 28 *juin*; *autres*, 11 *juill.*, 4 *oct. et* 29 *nov.* 1816 ; *surtout d. arr.* 10 *août* 1820.

2. Autres questions sur la complicité... V. *arr. rej. ou cass.* 16 *avr.* 1818, 4 *févr. et* 10 *avr.* 1819, 19 *janv. et* 15 *mars* 1821, 24 (complicité de tapages), *et* 31 *janv.* 1835; *Carnot, examen (cité p.* 15, *note* 13), *p.* 69.

TITRE III.

Des modifications des peines à raison de l'âge, du sexe ou des excuses.

§ 1ᵉʳ. *De l'âge.*

La loi, dans les modifications qu'elle apporte aux peines, à raison de l'âge, prend en considération la jeunesse et la caducité.

I. *Jeunesse.* Lorsqu'un coupable n'a pas seize ans, on examine s'il a commis le crime ou délit avec discernement, ou sans discernement (**1**). Dans le premier cas, la peine du crime est commuée en une détention correctionnelle (**1** *a*), et celle du délit est modérée à la moitié de la peine d'un majeur (**2**). Dans le second, le mineur est acquitté; mais il peut être, ou remis à ses parens, ou détenu et élevé dans une maison de correction (**2** *a*). V. *C-pén.* 66 à 69; *B. c. 8 oct.* 1813, 17 *sept.* 1818, 19 *avr.* 1821; *rej.* 15 *janv.* 1825. (**3**)

II. *Caducité.* Si le coupable a soixante-dix ans (**3** *a*) au lieu des travaux forcés ou de la déportation, on prononce contre lui la réclusion ou la détention; et s'il atteint cet âge, après une condamnation aux **travaux** forcés, la peine est convertie également en réclusion pour le temps qui lui reste à la subir. V. *au surplus*, *C-pén.* 70 à 72. — Il n'est jamais exposé. V. *id.* 22; *ci-d.* p. 84; *rej.* 5 *sept.* 1833.

(1) *Observations.* 1. Règle contraire pour les délits des eaux et forêts, parce que les lois forestières qui sont *spéciales* sur ces matières ne disent pas que les tribunaux prendront en considération l'âge et le défaut de discernement, etc., *suiv. B. c.* 2 *juill.* 1813, *n.* 145. — On peut répondre que (v. *cours proc. p.* 146) dans le silence de la loi *spéciale*, il faut avoir recours à la *loi générale*, c'est-à-dire, dans l'hypothèse, au Code pénal, qui prescrit d'examiner si le délit du mineur a eu lieu avec ou sans discernement (v. d'ailleurs, *Carnot, Code pén.*, art. 69, *n.* 6; *Chauv., J-cr.* 1833, 327.)

2. *Délits de douanes.* Même décision que pour ceux des eaux et forêts; mais d'après d'autres motifs. Voir *B. c.* 15 *avr.* 1819, *n.* 47.

3. L'examen du *discernement*, etc., est fait aujourd'hui par les tribunaux correctionnels pour les crimes les moins graves, si le mineur de 16 ans n'a pas de complice plus âgé. V. *au reste, C-pén.* 68, reproduisant *L.* 25 *juin* 1824, *art.* 1; *B. c.* 18 *nov. id., n.* 16.

4. S'il est fait par les jurés, quelle pluralité sera nécessaire pour leur décision ?. V. *chap. des assises, note* 53 *a*.

(1 *a*) De vingt ans au plus. *Voir* pour les détails, *C-pén.* 67. — Le mineur de 18 ans n'est jamais exposé. *C-pén.* 22, *et ci-dev. p.* 84.

(2) Cette modération ne s'étend pas au majeur, complice du mineur. V. *arr. rej.* 21 *avril* 1815, *Jalbert,* 315; *Carnot, C. crim., art.* 365.

(2 *a*) Jusques à sa vingtième année au plus. V. *C-pén.* 66, *et ci-apr. note* 3, *n.* 2.

(3) *Observations.* 1. Si le jugement prononce la détention, comme quoique acquitté, le mineur subit une condamnation, il doit aussi être condamné aux frais. V. *B. c.* 6 *août* 1813, 19 *mai* 1815 *et* 27 *mars* 1823.

Le Graverend (1re *édit., i,* 610, *et* 3e, 647) observe au sujet de cette jurisprudence que les seuls condamnés étant passibles des frais des procédures (v. *ci-apr. n.* 1, *p.* 99), et le mineur de seize ans qui a agi sans discernement, devant être acquitté, il semble contradictoire de l'acquitter et de le condamner, tout à la fois aux dépens. Il ajoute néanmoins qu'elle peut paraître conforme à l'ensemble des lois et réglemens sur les frais de justice criminelle, et que les juges ne doivent pas craindre d'être blâmés en la suivant.

Mais ailleurs (*t.* 2, *p.* 225), revenant sur cette jurisprudence, il la trouve contraire à la loi, parce que le mineur *acquitté* sur une accusation, ne peut être considéré comme ayant *succombé* dans cette accusation, et qu'il faut avoir *succombé,* pour être condamné aux dépens. Cet argument lui semble équivaloir à une démonstration... M. Chauveau en a depuis (*J-cr.* 1833, 327) proposé d'autres à l'appui de ce système; néanmoins la cour de cassation a persisté dans sa jurisprudence... V. entre autres, *B. c. ou rej.* 5 *janv.,* 13 *avr. et* 20 *oct.* 1832, *et* 27 *juin* 1835, *et d. p.* 327. — V. aussi *ci-apr. p.* 100, *note* 3 *a*.

2. Quoi qu'il en soit, la détention dont on vient de parler (*note* 2 *a*) semblait devoir être au moins d'une année.. V. *B. c.* 10 *oct.* 1811, *n.* 135, *par arg. de d. art.* 66. — Mais on a reconnu depuis, qu'elle pouvait être moindre. V. *rej.* 8 *févr.* 1833, *n.* 47, et pour d'autres questions, *B. c.* 6 *déc.* 1821, 16 *août* 1822, 21 *mars* 1823, 17 *avr.* 1824.

(3 *a*) Au moment du jugement. *B. c.* 5 *sept.* 1833.

§ 2. *Du sexe.*

Si une femme est condamnée aux travaux forcés, elle n'y est employée que dans l'intérieur d'une maison de force (4); si c'est à la peine de mort, et si elle est enceinte, elle ne la subit qu'après sa délivrance. *C-pén.* 16 *et* 27. (5)

(4) V. à ce sujet, ord. 2 *avr.* 1817 (art. 1) et 6 *nov.* 1822.

(5) *Observations.* 1. *Dr. transit.* — Elle ne pouvait être mise en jugement jusques à cette époque. *L.* 23 *germ. iij.* — Mais cette exemption est abolie tacitement par l'art. 27 ci-dessus. V. *arr. rej.* 7 *nov.* 1811, *rép. xv,* 360; *Carnot, art.* 373, *n.* 8.

2. Les avis étaient partagés sur le maintien de la substitution ordonnée par la loi du 31 août 1792, d'un emprisonnement d'un mois, à la peine du carcan prononcée contre une femme enceinte (v. *notre* 3e *édit., p.* 70, *note* 5), mais le carcan ayant été abrogé, cette discussion n'a plus d'objet.

§ 3. *Des excuses.*

Aucune excuse ne peut affranchir de la peine, ni la faire mitiger que lorsque la loi le décide expressément (**5** *a*), comme en cas de meurtre provoqué par des violences graves (**5** *b*). *C-pén.* 65 *et* 321-326. (**6**)

Bien plus, quoique le consentement soit en général nécessaire à la criminalité (*ci-dev. p.* 7, *note* 13), le défaut d'intention n'excuse pas toujours. C'est ce qui a lieu lorsque le délit a été commis dans un état d'ivresse(**7**), ou lorsqu'il s'agit en général d'infractions à des lois de finances, telles que celles des contributions indirectes ou droits-réunis, et des douanes, ou aux lois sur les eaux et forêts (**8**). V. *à ce sujet, rép. vj*, 418, *mot intention.*

Enfin, il est un crime, le parricide, qui n'est jamais excusable. (**8** *a*) *C-pén.* 323.

Néanmoins, lorsqu'il y a des *circonstances atténuantes,* les Cours d'assises doivent réduire ou abaisser la peine d'un ou (**8** *b*) de deux degrés, et les tribunaux correctionnels peuvent, même en cas de récidive, ne prononcer qu'une amende ou un emprisonnement, et réduire l'amende au-dessous de seize **francs** et l'emprisonnement au-dessous de six jours, pourvu que ces peines ne soient point inférieures à celles des contraventions. V. *pour les détails, C-pén.* 463 (**9**). — Et la même règle s'applique aux Tribunaux de simple police. *C-pén.* 483. (**9** *a*)

On voit par ce qui précède, que l'excuse n'ôte pas la criminalité; qu'elle fait seulement atténuer la peine du délit. V. *B. c.* 22 *août* 1816. (**10**)

(**5** *a*) Cette règle s'applique aux contraventions comme aux crimes et aux délits. *B. c.* 5 *août et* 4 *déc.* 1824, 1 *avr. et* 23 *sept.* 1826, etc.

(**5** *b*) Ou de meurtre commis par l'époux sur son épouse et sur le complice de celle-ci, surpris en flagrant délit d'adultère dans la maison conjugale. *C-pén.* 324.

(**6**) *Observations.* 1. Il faut que les violences *graves* aient eu lieu envers les personnes. V. *d. art.*; *B. c.* 7 *fév.* 1812. — V. aussi *id.*, 30 *janv.* 1835.

2. V. d'autres exemples d'excuses aux articles 135, 163, 248, 285, 348, in f., 357.

3. Exemples contraires, ou d'excuses non recevables... V. *B. c.* 27 *févr. et* 11 *juin* 1813, 9 *fév.* 1815, 13 *mars* 1817, 1 *avr.* 1826; surtout 12 *mai* 1852, 3 *octob.* 1828, 2 *avr.* 1830 *et* 26 *déc.* 1834 (il y est question, 1° de l'ignorance de la loi; 2° et 3° d'un ancien usage contraire à la loi... il ne peut servir d'excuse, lors même qu'il serait autorisé par un fonctionnaire.).

4. Les jurés doivent s'expliquer sur l'existence du fait proposé pour excuse (ils en ont seuls le droit); mais il ne leur appartient pas de décider s'il est admissible comme excuse, ni de déclarer d'une manière générale, que le crime est excusable.. V. *rej.* 2 *févr.* 1815, *Jalbert,* 525; *B. c.* 16 *juin* 1815, 21 *févr.* 1828, 30 *avr. et* 29 *mai* 1829, 8 *juill.* 1831.

5. A quelle pluralité se décideront-ils? V. *chap. des assises, note* 53 *a.*

(7) V. arr. rej. 19 fév. et 19 nov. 1807, à rép. iv, 910, et vj, 418, et 18 mai 1815, Jalbert, 441; B. c. 23 avr. 1824, n. 57.

(8) *Observations.* 1. C'est aux administrations à apprécier les excuses et la bonne foi... Elles peuvent aussi (elles seules) remettre ou modifier les amendes, et transiger sur les infractions. V. *pour celles des droits-réunis, B. c.* 22 *mai et* 6 *août* 1813, 14 *mars* 1817, 10 *déc.* 1819 *et* 22 *janv.* 1820; *ordonn.* 4 *déc.* 1822, *art.* 6; — *pour celles des douanes et des* eaux et forêts, *B. c.* 28 *juill.* 1820 *et* 24 *mai* 1821; *ordonn.* 30 *janv.* 1822, *art.* 10; — *pour celles de la* marque d'or, *B. c.* 23 *et* 29 *avr.* 1824; — *pour* les unes et les autres, *les tables du B. c. de* 1822 *à* 1833.

2. Effet de ces droits des administrations quant à l'action publique... V. *cidev. p.* 26, *note* 8 *a.*

(8 *a*) Il en est de même du meurtre d'un époux sur son conjoint, à moins que la vie du meurtrier ne fût dans ce moment en péril. *C-pén.* 324.

(8 *b*) Cette dernière réduction n'est que facultative.

(9) Voyez, 1° pour ce système des *circonstances atténuantes,* ci-dev. p. 58, note 10, n. xxviij et 4.

2° Pour *l'avis* à donner sur ces circonstances, ci-apr. chap. des assises.

3° Pour *diverses questions* sur l'art. 463, B. c. 16 août 1832, 27 juin 1833, 11 avr. et 12 juin 1834 (*inapplicabilité* aux délits militaires et forestiers).

4° Pour le *droit intermédiaire* fondé sur l'art. 463 du Code de 1810 et sur la loi du 25 juin 1824, abrogée en 1832, notre 3e édition, p. 72; *surtout* ci-dev. p. 59, note 10 *a,* n. iv.

(9 *a*) Il en résulte que le tribunal de police peut, en cas de circonstances atténuantes, réduire la peine de toutes sortes de contraventions, à *un franc* d'amende. M. *Chauveau, Code progress.,* p. 361.

(10) *Observations.* 1. On conclut de là que c'est aux seules Cours d'assises qu'il appartient d'apprécier les excuses, et non point à la chambre d'accusation, de sorte qu'elle doit leur renvoyer l'accusé lors même qu'elle a reconnu le fait d'excuse. V. *réqu. et arr. cass.* 6 *nov.* 1812, *rép.* xv, 266, *mot excuse, n.* 6 *bis;* 25 *fév.* 1813, *B. c. n.* 35. — V. aussi *Le Graverend,* i, 412; *arr.* 9 *oct.* 1812, *cité ib.;* ci-apr. *ch. de l'accusat., note* 6; *B. c., rej. et régl.* 8 *janv.* 1819, 13 *janv.* 1820, 29 *mai* 1829.

2. On avait aussi décidé qu'il fallait que ce fait résultât des débats pour qu'il pût être l'objet d'une question, et que c'était au président ou à la cour à juger s'il en résultait. *B. c. ou rej.* 6 *mars* 1823, 20 *janv.* 1824, 1 *oct.* 1829 *et* 20 *janv.* 1832.—Mais depuis le Code de 1832 la position de cette question ne peut plus être refusée. V. *B. c.* 2 *mai et* 5 *octob.* 1833; M. *Chauveau, d. Code, p.* 9, *et J-cr.* 1833, *p.* 308 *et* 358.

TITRE IV.

Des effets civils des condamnations.

Nous entendons par effets civils des condamnations, les incapacités civiles ou civiques, et les prestations et responsabilités civiles qui y sont attachées.

§ 1er. *Des incapacités.*

I. La condamnation à la mort, aux travaux forcés perpétuels et à la déportation, emporte la mort civile. V. *C-civ.* 23 *et* 24, *et* (pour des modifications) *C-pén.* 18.

La mort civile est encourue, *à compter du jour* (1) de l'exécution, réelle ou par effigie, si la condamnation est contradictoire, et au bout de cinq ans après l'exécution par effigie, si elle est prononcée par contumace. V. *C-civ.* 27 *à* 32.

II. La condamnation aux autres peines afflictives et infamantes emportant la dégradation civique (*C-pén.* 28 *et* 34), prive du droit de cité et de port d'armes, de celui d'être juré, témoin, tuteur, curateur, membre d'un conseil de famille ou de la garde nationale, et employé dans l'instruction publique; de celui de porter une décoration ou de donner une autorisation; enfin de celui de servir dans les armées françaises (2). V. *constit. an viij. art.* 4; *C-pén.* 28 *et* 34; *C-civ.* 221 ; *cours procéd. p.* 330 *et* 93.

III. La dégradation civique emporte, en outre, la destitution et l'exclusion de tous emplois ou offices publics. V. *C pén.* 34.

IV. Le condamné aux travaux forcés à temps, à la détention, ou à la réclusion est constitué en état d'interdiction légale; on lui nomme un tuteur et un subrogé tuteur comme à un interdit civil, etc. V. *C-pén.* 29 *à* 31. (3)

Enfin, on ajoute quelquefois aux peines correctionnelles une interdiction de certains droits civiques ou civils. V. *ci-dev. tit.* 1, § 3, *n.* 11, *p.* 83 *et* 84.

(1) *Observations.* 1. Toullier (*dr. civ. n.* 221) conclut de ces termes (*id.* M. *Merlin*, *rép. xvij*, 162, *h. v*, § 1, *art.* 5, *n.* 3) que la mort civile est encourue *du premier moment* du jour de l'exécution et avant que l'exécution soit accomplie, ce qui est au moins fort douteux, et surtout en contradiction avec le principe établi par Richer (*mort civile, part.* 2, *p.* 153), d'après lequel l'exécution est nécessaire pour que le jugement produise ses effets. Aussi, quoique l'ordonnance de 1670 (*tit.* 17, *art.* 29) contienne les mêmes termes, Richer décide-t-il sans distinction, que le criminel qui meurt entre la condamnation et l'exécution, décède *integri status.* — V. d'ailleurs *avis cons. d'État*, 8 *janv.* 1823.

2. Il résulte de là que le testament, fait avant l'exécution (lorsqu'elle a eu lieu), par un condamné à mort, est inefficace, puisque le testateur n'est pas décédé *integri status* (c'est que décédant en état de mort civile, sa succession s'ouvre comme s'il décédait sans avoir fait de dispositions.. voy. *C-c.* 25, *in pr.*)

3. A l'égard des autres effets de la mort civile, v. *C-civ.* 25 *et* 32 ; et quant au contumax, *id.*, 27 à 32 ; *ci-apr. part.* 2, son §.

(2) Ces privations étant indéfinies, il faut obtenir une *réhabilitation* pour recouvrer les droits qu'elles concernent. M. *Portalis, séance des pairs, du* 16 *mars* 1832; M. *Chauveau, code progress.*, 157.

(3) Il devient donc incapable d'ester en justice. V. *cours procéd. p.* 216. — On a néanmoins décidé qu'il peut porter une plainte au criminel. *Arr. rej.* 6 *nov.* 1817, *n.* 290. — Quant au *contumax*, V. d. §, note 5.

§ 2. *Des prestations civiles.*

Nous désignons par ce terme les dépens de la procédure criminelle, et les indemnités pour les dommages causés, ainsi que la restitution des objets dont on a été privé par le délit.

I. *Règle générale ancienne.* En cas de condamnation, l'accusé doit supporter les dépens et les dommages; en cas d'acquittement ou d'absolution, c'est le plaignant (même une administration publique, telle que celle des forêts) qui s'est rendue partie civile (3 *a*). V. *C-pén.* 10 *et* 51 ; *C-cr.* 66, 162, 191, 194, 213, 358, etc., surtout 368; *décr. du* 18 *juin* 1811, *art.* 158; *B. c.* 12 *avr. et* 15 *juin* 1821, 24 *oct.* 1823, 29 *oct. et* 11 *nov.* 1824. (4)

Mais cette dernière partie de la règle a été changée

en 1832 pour la partie civile lorsqu'elle n'a passuc-
combé devant la cour d'assises. *C-cr.* 368. (**4 *a***)

Le ministère public ne peut jamais être condamné
aux dépens. *Arg. de C-cr.* 162, 194, 368; *B. c.*
27 *juin* 1812, 12 *mars* 1813, 30 *juin* 1814, 15 *juill.*
1820; *iid.* 1822 à 1835, *tables de id., mot ministère
public.* (5)

La fixation des dommages appartient au juge. V.
C-pén. 51; *B. c.* 30 *mars* 1815, 19 *mars* 1825.

II. Tous les condamnés pour un même délit sont
tenus solidairement des amendes, restitutions, dommages et frais. *C-pén.* 55; *décr.* 18 *juin* 1811, *art.* 156;
B. c. 7 *juill.* 1827. (**6**)

III. Le recouvrement de ces prestations peut être
poursuivi par la voie de la contrainte par corps. V.
C-pén. 52, 53, 467 à 469; *d. décr., art.* 174 à 176; surtout *L.* 17 *avr.* 1832, *art.* 33 à 41; *Chauveau, J-cr.*
1832, 141. — V. *aussi cours procéd., p.* 709, *note* 42.

IV. Les difficultés d'exécution des condamnations
civiles sont de la compétence des tribunaux civils.
V. *Cours procéd. p.* 56; *arrêts, ib.*

V. Les condamnations civiles portées par des
arrêts ou des jugemens irrévocables, ne se prescrivent que d'après les règles du Code civil. *C-cr.* 642;
C-civ. 2262; *ci-après tit.* 5, § 2, *p.* 104 *et suiv.*

(5 *a*) *Observations.* 1. Qui doit les dépens lorsqu'il n'y a pas de partie civile?.. C'était, selon la jurisprudence intermédiaire, l'accusé simplement absous. Mais on a ensuite décidé que cet accusé en est seulement *passible*, et
cela dans le cas où l'on reconnaît qu'il les a occasionés par son fait; où par
exemple, ce *fait*, quoique non classé parmi les délits, a occasioné un préjudice, point qu'il appartient à la cour d'assises d'apprécier. V. *à ce sujet, B.
c. ou rej.* 22 *janv. et* 9 *déc.* 1830, *n.* 24 *et* 246; 2 *juin et* 16 *et* 22 *déc.* 1831,
n. 121, 317 *et* 324 (l'arrêt du 22 décembre applique même cette règle, dans
ses motifs, à l'accusé *acquitté*). — V. toutefois *M. Chauveau, code progress.,* 56, *et J-cr.* 1833, 133. — V. aussi *ci-dev. p.* 95, *note* 3, *n.* 1.
  2. A l'égard du mineur acquitté, *voy.* d. note 3.
  (4) V. pour les applications et modifications de cette règle ancienne, notre
3ᵉ édition, p. 74 et 75, note 4.
  (4 *a*) *Observations.* 1. M. Chauveau (*d. code, p.* 54 *et suiv.*) soutient
que cette règle est aussi applicable au correctionnel et à la police.
  2. D'après le décret du 18 juin, art. 160, la partie civile, pour être admise

à plaider devant ces dernières jurisdictions, doit consigner les frais présumables; mais elle n'y est tenue que lorsqu'elle se *joint* au ministère public , et non pas , comme on l'avait d'abord jugé, lorsqu'elle cite directement elle-même, le prévenu. *Rej.*, *sect. réunies*, 4 *mai*, *et cr.* 19 *juill.* 1833; *B. c.* 23 *févr.* 1834; *M. Chauveau*, *J-cr.* 1833 , 158 *et* 312.

(5) *Observations.* 1. Ni en première instance , ni en appel... V. *B. c.* 22 *mai*, 22 *oct. et* 24 *déc.* 1813, 27 *sept.* 1816, *etc.* — Même lorsque c'est un maire ou un adjoint qui en fait les fonctions. *DD. arr.* 12 *mars et* 30 *juin ; autres* , 4 *nov.* 1813 *et* 19 *mars* 1818.

2. *Quid* s'il succombe dans un appel *a minima ?*...Voy. *ci-apr.*, *tit. de la procéd. correctionnelle*, *note* 18, *n.* 2.

3. Les frais des procédures criminelles sont avancés par la régie de l'enregistrement. *D. décr.* 18 *juin* 1811, *art.* 1 *et* 2.

(6) *Observations.* 1. Même lorsque leurs degrés de culpabilité sont différens et qu'il n'y a point eu de concert prémédité entre les délinquans , parce que la loi est générale, *suiv. B. c.* 8 *oct.* 1813.— V. toutefois *id.* 3 *nov.* 1827, *n.* 278.

Mais ils ne sont pas tenus solidairement de la totalité , lorsqu'on a joint deux actes d'accusation, et que l'un des accusés n'était pas attaqué dans l'un de ces actes. V. *B. c.* 24 *nov.* 1820. — Ou que leurs délits étaient différens. *Id.*, 30 *avr.* 1825.

2. Le trésor public a un privilège pour les frais. V. *cours procéd.* p. 622 , *note* 34, *n.* 2. — Mais en cas de concours des confiscations et amendes avec les restitutions et dommages, ces deux dernières valeurs sont préférables. *C-pén.* 54.

§ 3. *Des responsabilités civiles.*

I. On est responsable civilement, c'est-à-dire tenu des prestations précédentes (**6** *a*), lorsqu'elles sont accordées à raison des délits de ceux qu'on a sous sa puissance, ou sous sa direction, ou sous sa surveillance (**7**), à moins qu'on *ne prouve* qu'on n'a pas pu empêcher ces délits (**8**). V. *C-pén.* 73, 74; *C-civ.* 1382 *à* 1386; *rép. iij*, 435, *mot délit*, § 8.

Ainsi, 1. les pères, maîtres , instituteurs, artisans et aubergistes sont responsables des délits de leurs enfans mineurs, domestiques (**9**), élèves, ouvriers et voyageurs (non inscrits).V. *C-c.* 1384; *C-pén.* 73 (**10**). — V. d'ailleurs *C-F.* 206; *L.* 17 *avr.* 1829 , *art.* 74. (**10** *a*)

Ainsi, 2. les communes le sont des attentats envers les personnes ou les propriétés, commis à force ouverte sur leur territoire par des attroupemens, lorsqu'elles n'ont pas fait ce qu'elles pouvaient faire pour les prévenir et en indiquer les auteurs. V. *au surplus*

L. 10 *vend. iv, tit.* 4, *art.* 1 *et* 5; *rép. ij,* 591, *mot communauté d'hab., n.* 10; *réqu. et cass. civ.* 25 *avril* 1831, *B. c. et rép. xv,* 126, *add. à d. n.* 10; *id.* 1 *juill.* 1822; *rej. civ.* 17 *juin* 1817, *B. c. n.* 56; *rej. requ.* 5 *déc.* 1822, *n.* 103; *B. c.* 28 *janv.* 1826, *sect. réun.*

Ainsi, 3. les maris le sont des délits ruraux de leurs femmes. V. *C-rur., tit.* 2, *art.* 7. (**11**)

II. La responsabilité étant civile, ne s'étend point aux amendes, puisqu'en général, elles sont des peines. *B. c.* 14 *juill.* 1814; *rép. xv,* 652, *h. v.* (**12**).—Ni, à plus forte raison, à l'emprisonnement. V. *B. c. ou rej.* 4 *sept.* 1823, 18 *nov.* 1825 (*n.* 224); *C-F.* 206.

III. Elle peut être prononcée par les jugemens qui statuent sur les délits. V. *C-cr.* 194, *etc.*

(6 *a*) Ainsi, la responsabilité s'étend aux frais dans le cas même où il n'y a pas de partie civile. *B. c.* 8 *mars* 1821, 28 *fév.* 1823. — Voy. aussi *B. c.* 18 *avr.* 1828, 28 *nov.* 1829, 31 *janv.* 1833.

(7) Au Japon, la responsabilité est corporelle. V. *Thumberg, Voyage au Japon, iij,* 388.

(8) Cette exception ne s'applique pas aux maîtres. *C-c.* 1384; *B. c.* 25 *nov.* 1813, *n.* 254; *et rép. xiv,* 826, *mot vol, sect.* 3, § 3, *n.* 4.

(9) Seulement des délits commis par les domestiques et préposés dans les fonctions dont ils sont chargés par les maîtres. *D. art.* 1384.

(10) Les aubergistes le sont, en outre, des vols et dommages relatifs aux effets de leurs hôtes. V. *C-c.* 1953 *et* 1954.

(10 *a*) Ces art. 206 et 74 étendent la responsabilité aux maris et aux tuteurs, et le dernier, en outre, aux propriétaires, fermiers et porteurs de licence (en matière de pêche).

(11) *Observations.* 1. Mais ils ne sont pas responsables des injures proférées par leurs femmes. *B. c.* 9 *juill.* 1807, 5 *oct.* 1810, 6 *juin et* 16 *août* 1811, *et* 13 *mai* 1813; *rép. iij,* 435, *d.* § 8.— Ni de tous autres délits que les ruraux (*réqu. et B. c.* 18 *nov.* 1824, *n.* 166 *et* 168, *et* 20 *janv.* 1825, *n.* 9; *C-c.* 1424) et que ceux des eaux et forêts (*ci-dev. note* 10 *a*).

2. Réciproquement, la femme ne l'est pas des quasi-délits de son mari qui est prévenu de démence, lors même qu'elle n'a pas provoqué son interdiction. V. *B. c.* 26 *juin* 1806; *rép., t.* 5, *p.* 198, *mot femme.*

(12) V. aussi *B. c.* 14 *janv.* 1819, 3 *août* 1823, 3 *juill.* 1825, 21 *avr.*, 18 *oct. et* 15 *déc.* 1827, 29 *févr.* 1828, 6 *oct.* 1832, 26 *juil.* 1833.

Observation. Il en est autrement lorsque des lois spéciales, telles que celles des douanes, comprennent l'amende dans la responsabilité des délits relatifs à ces matières. V. *dd. autorités; B. c.* 6 *juin* 1811, 6 *avr. et* 21 *sept.* 1820, 30 *juin* 1827, 9 *juin* 1832.—Ce qui s'applique aussi aux droits-réunis, *suiv. B. c.* 11 *oct.* 1834.

TITRE V.

De l'extinction des peines et des actions publique et civile.

Les circonstances ou les institutions qui éteignent l'action publique et les peines, sont la mort, la prescription, la grâce et l'amnistie.

§ 1ᵉʳ. *De la mort.*

L'action publique s'éteint par la mort du prévenu. *C-cr.* 2. (**1**)

Par conséquent, si la peine était une prestation pécuniaire, telle qu'une amende, elle ne peut être poursuivie contre ses héritiers. V. *Bourguignon, art.* 2, *note* 1; *surtout rép. iij*, 437, *mot délit*, § 9, *n.* 2; *arr. cass.* 28 *mess. viij, ib.; réqu. et B. c.* 9 *déc.* 1813; *rép. xiij*, 371, *mot tabac, n.* 9.

Il en est autrement, soit quant à l'action civile (v. *d. art.* 2), soit quant à la peine qui consiste en une confiscation. V. *d.* §. 9, *n.* 3 et 4; *arr.* 9 *prair. ix, et* 11 *flor. x, ib., et B. c.* — Soit quant aux adjudications civiles, telles que des condamnations aux dépens. V. *Avis cons. d'Etat*, 26 *fruct. xiij*, *bull. p.* 608, *et rép. v*, 309, *mot frais des procès, n.* 4; *réqu. et arr. cass. cr.* 5 *déc.* 1806, *et civ.* 16 *janv.* 1811, *ibid. et B. c.; d. réqu. et arr.* 9 *déc.* (**2**)

(**1**) *Observations.* 1. L'action publique pour l'*application de la peine*, dit cet article.. Donc on ne peut faire l'exécution (ou dit que cela s'est pratiqué) sur le cadavre d'un condamné mort au pied de l'échafaud. On objecte en vain que l'exécution est fort utile pour l'exemple, et qu'elle n'est d'aucune conséquence pour un cadavre insensible : outre que la loi est claire, l'exécution aurait des effets très réels et très importans, puisqu'elle pourrait induire à penser que le condamné n'est pas mort *integri status* (v. *ci-dev. p.* 99, *note* 1, *n.* 2).

2. Mais l'action contre le complice subsiste encore, parce que ni l'existence ni la condamnation du prévenu ne sont nécessaires pour la poursuite du com-

plice. *V. arr.* 14 *août* 1807, *J-cr.* 1833, 201 ; *rej.* 21 *avr.* 1815 , *Jalbert* , 515 ; *ci-dev. note* 13, *n.* 2, *p.* 93.

3. Autrefois on pouvait faire le procès au cadavre du délinquant, ou à sa mémoire, pour les crimes de lèse-majesté divine (tels que l'hérésie) ou humaine, et pour le duel, le suicide, la rébellion violente à la justice. Si le cadavre était encore *extant*, on l'embaumait pour pouvoir l'exécuter en cas de condamnation. *V. ord. de* 1670, *tit.* 22 ; *Jousse, in id.*

(2) *Observations.* 1. La connaissance des difficultés relatives à ces adjudications appartient aux juges civils. *D. arr.* 5 *déc.; ci-d. p.* 100, *n.* 4.

2. On a néanmoins jugé que l'action en réparation pécuniaire des malversations commises par un adjudicataire de bois, peut être poursuivie devant les tribunaux correctionnels, contre sa caution qui en est solidairement responsable, parce que, dit-on, ces réparations ne peuvent être prononcées qu'au correctionnel. *V. B. c.* 5 *avr.* 1811, *n.* 48, *et rép. iij,* 465, *mot délit forestier,* § 15, *n.* 4.

§ 2. *De la prescription.*

Il faut distinguer entre les actions publique et civile, et les peines prononcées par des jugemens.

I. La prescription des actions publique et civile s'opère au bout des intervalles suivans, savoir : s'il s'agit d'un crime, dix années, à dater du crime, et en cas qu'il y ait eu des poursuites (non suivies de jugement), à dater du dernier acte (3); s'il s'agit d'un délit, trois années, à partir des mêmes époques (3 *a*) ; s'il s'agit d'une contravention, une année, à dater de l'infraction (4), lorsqu'il n'est point intervenu de jugement de première instance ; et, dans le cas contraire, même espace de temps, à dater de la notification de l'appel. *C-cr.* 637, 638, 640. (4 *a*)

(3) *Observations.* 1. Il faut vingt années s'il y a eu un jugement *même irrégulier,* de contumace, *suiv. rép. ix,* 654, *mot prescription, sect.* 3, § 7, *art.* 4, *n.* 40, *et arr. cass.* 8 *juin* 1809, *ib. et au B. c., par arg. de C-br.* 476 *et C-cr.* 476.

Cette décision nous paraît susceptible de difficulté. On la fonde sur ce que la représentation du condamné, anéantissant la procédure de contumace, la validité de cette procédure n'est plus passible d'un examen quelconque. Mais n'a-t-il pas fallu l'*examiner* au moins pour savoir si elle contenait un jugement d'après lequel la prescription fut prorogée à un temps plus considérable? Et si la loi accorde cet effet *prorogatoire* à un jugement, conçoit-on qu'elle ait entendu l'accorder à un jugement nul? — *V.* toutefois *rej.* 17 *janv.* 1829, *B. c. n.* 13, *et* 17 *janv.* 1835, *J-cr.* 69, où l'on semble adopter le système de l'arrêt de 1809.—Mais voy. aussi arrêts cités § de la contumace, note 8, où l'on paraît en adopter un différent, puisqu'on y décide que le jugement de contumace n'interrompt pas la prescription qui courait en faveur du contumax.

2. La prescription de la *bigamie* court de la célébration du second mariage. *B. c.* 5 *sept.* 1812, *n.* 204 (*rép. ix*, 655, *sup.*, *n.* 5), 4 *juill.* 1816, *n.* 39, *et* 3o *déc.* 1819, *n.* 141.

3. *Faux.* Celle du crime de faux n'empêche pas que le procès ne soit fait à la pièce fausse, par la voie du faux incident, lors même que le faussaire est connu et vivant. V. *Bourguignon*, *art.* 637, *note* 1; *Carnot*, *ib.*, *n.* 7; *et pour la proc. du faux incident, cours proc. p.* 3o6.

(3 *a*) L'accusé peut profiter de cette prescription devant la cour d'assises, lorsque le crime dont il est accusé et qui n'est pas prescrit, est converti, par la déclaration des jurés, en un simple délit qui se trouve prescrit. *B. c.* 3o *janv.* 1818, 20 *mai* 1824, 2 *sept.* 1831; *répert.*, *xvij*, 4o3, *sup.*, *sect.* 1, § 3, *n.* 4; *arr. ib.*

(4) *Observations.* 1. Il est des délits dans lesquels l'infraction continue pendant un certain intervalle; par exemple, dans la détention arbitraire, jusqu'à l'élargissement du détenu; et dans le rapt, jusqu'à la *restitution* du mineur. Pour ces délits, qu'on nomme *successifs*, la prescription ne court qu'à dater du jour où ils ont cessé. V. *Bourguignon et Carnot, art.* 637, *et Le Grave-rend, i,* 72; *rej.* 21 *avr.* 1821 (abus de blanc-seing), *n.* 70; *B. c.* 2 *sept.* 1831, *n.* 202, 6 *sept.* 1833 (infraction de ban), *n.* 36o. — V. toutefois *B. c.* 23 *mai* 1835 (construction sans permission), *n.* 2o3.

2. Lorsque le délit est *complexe*, c'est-à-dire résulte de plusieurs faits distincts, tels que *l'habitude d'usure*, la prescription ne court pas à dater de chacun des faits pris isolément; mais seulement à dater du délit même. V. *rej.* 15 *juin* 1821, *et* (autres quest.) *B. c.* 7 *et* 29 *mai* 1824.

(4 *a*) *Quid* si le jugement est par défaut?. V. *ci-apr. note* 5 *a*, *n.* 2.

II. Les peines sont éteintes par la prescription après les intervalles suivans: (5)

1° En matière criminelle, vingt années, à dater des arrêts;

2° En matière correctionnelle, cinq années, à dater du jugement, s'il est en dernier ressort (5 *a*); et dans le cas contraire, à dater du jour où l'on ne peut plus en appeler;

3° En matière de contravention, deux années, à dater des mêmes époques. *C·cr.* 635, 636, 639. (5 *b*)

(5) L'amende infligée au civil n'étant pas une peine, ne se prescrit que d'après la loi civile, et par 3o ans, si une loi spéciale ne fixe pas un moindre espace de temps. V. *réqu. et B. c.* 3o *juin* 1814, *cités ci-dev. p.* 3, *note* 4; *observat., ibid.*

(5 *a*) *Observations.* 1. Le jugement de défaut proroge la prescription de la peine à cinq ans, à moins, 1o qu'il n'ait pas été signifié et que les poursuites aient cessé pendant trois ans; 2o que la signification ne soit nulle. *Rej. cr.* 6 *mars* 1824, *avoués, xxvj,* 192; *B. c.* 31 *août* 1827; *rej.* 6 *mai* 183o, *J-cr., ib.,* 248.

2. Par conséquent le jugement de défaut non signifié n'empêche pas la prescription de courir et d'être acquise au condamné si la signification est postérieure à l'accomplissement du temps légal; et le juge devra même la pro-

noncer d'office. V. *arr. cass.* 1er *févr.* 1833, *B. c.*, *n.* 29, *et Carnot*, 2e *édit.*, *iv*, 237, *n.* 15 ; *ci-apr. le texte*, *n. iij.*

3. Si à raison d'une question préjudicielle (v. *p.* 42 *et* 45, *et notes ib.*) on a été renvoyé au juge civil, la prescription est sans doute interrompue, mais elle reprend son cours aussitôt après le jugement de cette question , lors même qu'il n'aurait pas été signifié. V. *B. c.* 10 *avr.* 1835, *n.* 136.

(5 *b*) Mais si l'exécution des condamnations précédentes a été commencée, la prescription de la peine est interrompue ; elle ne commence à courir que du jour de l'évasion. V. *rej. crim.* 5 *févr.* 1835, *B. c. cr. n.* 48. — V. aussi *rej. civ.* 17 *juin* 1835, *B. c. civ. n.* 88 ; *Carnot*, *iij*, 621 ; *arr. cass.* 27 *juill.* 1827, *ib.*

III. Ces règles peuvent être appliquées même par les chambres du conseil et d'accusation. V. *rép. ix*, 656, *h. v.*, *sect.* 3, § 8, *n.* 6 ; *arr. rej.* 18 *juin* 1812, *ib.*, 500, *sect.* 1, § 3, *n.* 10. (**6**)

Et à l'inverse du principe reçu en matière civile (*cours procéd.*, *p.* 250, *note* 21, *n.* 3), les Tribunaux doivent suppléer la prescription non proposée par les prévenus. *B. c.* 26 *fév.* 1807, 28 *janv. et* 12 *août* 1808, 11 *juill.* 1829 *et* 1 *févr.* 1833 ; *rép. ix*, 487, *et iij*, 454, *mots prescription*, *sect.* 1, § 3, *et délit forestier*, § 13 ; *réqu. à d. p.* 454. (**7**)

(6) Ainsi elles peuvent décider qu'il n'y a pas lieu à poursuite ou à accusation (*ci-apr.* § *de l'instruct.*, *p.* 133, *note* 19, *et ch. de l'accusat.*, *note* 3), en se fondant sur la prescription. V. *dd. autorités.*

(7) Les prévenus, ou accusés, ou condamnés, sont admissibles à la proposer, même en cassation. V. *dd. arr.*

IV. Elles ne concernent point les délits régis par les lois spéciales (**8**) ; on y applique les prescriptions déterminées par ces lois. V. *C-cr.* 643.

Par exemple : 1° les délits forestiers se prescrivent par trois mois et six mois. *L.* 29 *sept.* 1791, *tit.* 9, *art.* 8 ; *B. c.* 22 *fév.* 1821 ; *C-F.* 185. (**9**)

2° Les délits de pêche, par un mois et trois mois. *L.* 15 *avr.* 1829, *art.* 62.

3° Les délits ruraux et de chasse, par un mois. V. *C-rur.*, *tit.* 1, *sect.* 7, *art.* 8 ; *L.* 30 *avr.* 1790, *art.* 12 ; *B. c. ou rej.* 22 *févr.* 1821, 30 *août* 1822, 11 *avr.* 1828, 13 *mai et* 25 *nov.* 1830. (**10**)

(8) *Dr. transit.*—Mais elles sont applicables même aux délits (quelle qu'en soit la nature) antérieurs au Code actuel, lorsqu'elles sont favorables au prévenu. V. *réqu. et arr. rej. et cass.* 18 *juin* 1812, 22 *avr.*, 6 *mai*, 4 *nov. et* 16 *déc.* 1813, *rép. ix*, 500, *xv*, 585 *et suiv.*, *xvij*, 407 *à* 409, *d. § 3, n.* 10 *et* 12, *et sect.* 3, § 7, *art.* 4, *n.* 5 *bis, et B-c.* 1813; *autres*, 21 *août* 1817, 2 *fév.* 1827, *et* 25 *nov.* 1830.—V. aussi *id.*, 7 *avr.* 1820.

(9) *Observations.* 1. L'action doit être intentée dans trois mois, à dater du délit reconnu, lorsque le délinquant est désigné par le procès-verbal ; et dans six mois (jadis dans un an) lorsqu'on ne l'a pas connu. V. *dd. art.* 8 *et* 185 ; *B-c.* 31 *janv.* 1824.

2. Si elle a été intentée dans le premier cas, elle n'est pas périmée au bout de 3 mois, et on peut la renouveler. *B. c.* 5 *juill.* 1816, 19 *mars* 1818 *et* 6 *février* 1824. — En un mot, les poursuites prorogent la prescription à trois ans. *Voy. B. c. ou rej.* 6 *fév. et* 7 *mai* 1830, *n.* 38, 126 *et* 127 ; *J-cr.* 1830, 178 *et* 238.

3. Les mois se comptent de quantième à quantième. V. *cinq arr. cass.* 27 *déc.* 1811, *n.* 183 ; *et rép. viij*, 348, *mot mois; cours procéd. p.* 164. — V. aussi *ci-dev. note* 18, *n.* 2, *p.* 88.

(10) *Observations.* 1. Les délits *ruraux*, prévus et punis par le Code pénal actuel, se prescrivent d'après les règles du Code criminel actuel qui lui est corrélatif, c'est-à-dire d'après celles exposées *ci-dev. n. I et II, p.* 104 *et* 105; et par conséquent, il faut plus d'un mois. V. *B. c.* 25 *oct.* 1812, *et* 10 *sept.* 1813; *rép. ix*, 656, *xv*, 185, *d. sect.* 3, § 8, *n.* 8, *et mot délit rural*, § 1, *n.* 2. — V. aussi *B. c.* 26 *mai et* 8 *juin* 1820 *et* 24 *avr.* 1829 (infraction à des bans de vendange), 7 *nov.* 1822, 25 *juin* 1825 (passage de bestiaux), 25 *avr.* 1834 (dépôts sur la voie publique).

2. Les délits de *chasse* sont uniquement réglés par la loi du 30 avril 1790, citée au texte. V. *arr. rej.* 1 *oct.* 1813, *Jalbert*, 1814, 128, *et cass.* 22 *juin* 1815, *n.* 40; *ci-dev. p.* 24, *n.* 2.

3. Il en est autrement du délit de *port d'armes*, qui néanmoins n'est punissable qu'autant qu'il est joint au fait de chasse. V. *à ce sujet, décr.* 4 *mai* 1812; *réqu. et B. c.* 1 *août* 1811, *n.* 107 (*et rép., ix*, 402, *mot port d'armes*), 4 *déc.* 1812, 15 *oct.* 1813, 4 *et* 5 *févr.* 1820, 23 *janv. et* 7 *mars* 1823. — Et qui se prescrit par un mois, comme la chasse. *Rej.* 10 *sept.* 1831, *n.* 222; *Poitiers*, 22 *oct.* 1828, *J-cr.* 1829, 111.

3 *a.* Observez : 1o que pour n'être pas en délit il ne suffit point d'avoir réclamé ou soldé le *permis* ; il faut l'avoir obtenu. V. *B. c.* 24 *et* 31 *déc.* 1819, 11 *févr.* 1820, 7 *mars* 1823 *et* 26 *mars* 1825. — 2° que la chasse sans *permis*, dans un enclos joint immédiatement à une maison d'habitation, n'est pas un délit, parce qu'alors les armes étant nécessaires à la défense personnelle de l'habitant, le décret sur leur port reçoit forcément une exception. V. *B. c.* 29 *mars et* 20 *juin* 1823, 23 *fév.* 1827, 13 *avr.* 1833.

3 *b.* D'après la jurisprudence précédente, ou ne peut pas, sans un permis de port d'armes, chasser sur son propre terrain lorsqu'il n'est pas clos et ne tient pas à une maison d'habitation. Mais alors que devient la faculté accordée par la loi du 30 avril, in pr. et art. 13, 14 et 15, de *chasser* dans ses lacs et étangs, et dans ses possessions séparées par murs ou haies vives, des héritages d'autrui, ainsi que dans ses bois et forêts (même en temps prohibé)?.. La chasse étant l'action de chercher et d'abattre du gibier avec des armes, la faculté précédente nous semble comprendre celle du *port d'armes de chasse* sur ces terrains : comme cela paraît d'ailleurs aussi résulter évidemment des mêmes art. 13, 14 et 15 conférés.

Et quand on admettrait avec la même jurisprudence que l'empereur a pu par un simple décret établir des peines, et que ces peines ont pu encore être appliquées depuis la Charte de 1814 et surtout depuis la Charte de 1830 (mais v. *ci-apr.*, *p.* 112, *note a*), serait-il permis d'admettre également qu'il a pu par un décret *déroger* aux dispositions d'une loi?..

Cette doctrine, qui est sans doute aussi celle de MM. Toullier (*iv*, 15 *et suiv.*), Sirey (25, 1, 186) et Chauveau (J-cr. 1831, 125), puisqu'ils considèrent en général le décret sur le port d'armes comme inconstitutionnel, a été adoptée en 1830, 1831, 1832, 1833 et 1834, par les tribunaux d'Argentan, de Digne, de Langres, de Saint-Yrieix et de Strasbourg, et par les cours d'Angers, de Colmar et de Bordeaux. V. *les B. c. cités ci-apr.*, et J-cr. 1831, 169, 1832, 242, *et* 1834, 153.

Mais la cour de cassation a persisté dans sa jurisprudence. V. *B. c.* 12 *février* 1830, 8 *et* 22 *avr.* 1831, 4 *et* 16 *mai et* 15 *juin* 1834, surtout 15 *avr.* 1833, *n.* 153 (il a rapport à l'hypothèse précédente).

4 et 5. La prescription des délits de *douanes* et de *droits-réunis* (v. *ci-d.* p. 67, *note* 13) se règle aussi d'après des lois spéciales. V. pour les premiers, *L.* 22 *août* 1791, *tit.* 13, *art.* 25, *tit.* 3, *art.* 14; *L.* 4 *germ. ij*, *tit.* 7, *art.* 5; *et pour les* autres, *décr.* 1 *germ. xiij*, *art.* 50.

6. Ceux de garde nationale, dont connaissent les conseils de discipline, par une année pour l'action publique, et par deux années pour les peines, par analogie avec les contraventions de simple police. V. *B. c. ou rej.* 22 *août* 1834 *et* 14 *mai* 1835.

7. Quant aux délits commis par la voie de la presse ou tout autre moyen de publication, l'action publique se prescrit par 6 mois à compter du fait de publication, ou s'il y a eu des actes de poursuite, par un an à compter du dernier; enfin, par 3 mois, s'il s'agit d'une infraction aux art. 7, 8 et 11 de la loi du 9 *juin* 1819; mais l'action civile résultant de ces délits, ne se prescrit que par 3 ans à compter du fait de publication. V. *LL.* 26 *mai* 1819, *art.* 29 *et* 30, *et* 9 *juin* 1819, *art.* 13... CH. B. S.

8. *Délits maritimes...* voy. pour leur prescription, B. c. 27 janv. 1820.

V. Quoique légalement acquise, d'après les mêmes règles, la prescription n'anéantit pas, dans quelques circonstances, tous les effets des condamnations.

1. La prescription de la peine ne peut faire recouvrer les droits civils au condamné qui a encouru la mort civile. V. *C-civ.* 32.

2. Le condamné pour crime ne peut habiter dans le même département que celui qui a souffert du crime, ou que ses héritiers directs. *C-cr.* 635.

3. Le condamné par défaut, ou contumax, dont la peine est prescrite, n'est plus admissible à se justifier (**11**). *C-cr.* 641. (**12**)

(11 et 12) *Dr. anc...* On le jugeait de même. V. *rép. ix*, 640, *xvij*, 167 *et suiv.*, *mot prescription*, *sect.* 3, § 7, *art.* 1; *Carnot, Code crimin.*, *art.* 635, *n.* 1.

Questions diverses sur la prescription.. V. rép. ix, 652 et suiv., xv, 585 et suiv., h. v., sect. 3, § 7, et mort civile, § 1, art. 6; B. c. 28 août 1825 (pour *l'interruption*).

§ 3. *De la grâce.*

I. Le roi a droit de faire grâce aux criminels, des peines qu'ils ont encourues (**13**). Les lettres par lesquelles il accorde la grâce sont enregistrées dans les audiences solennelles des Cours royales. V. *Sénat.-cons.* 16 *therm. x, art.* 86; *décr.* 6 *juill.* 1810, *art.* 20; *Charte const., art.* 58.

II. La grâce n'est point une improbation ou une censure du jugement et des juges qui l'ont rendu, et elle ne doit produire aucun effet, ni sur la partie de la peine qui est déjà acquittée, ni sur les condamnations civiles ou autres droits acquis aux intéressés (**14**). *Avis cons. d'état,* 25 *janv.* 1807; *lett. du minist. de la just. du* 9 *mai suivant* (*Moniteur, p.* 510).

Il résulte de là que les motifs qui peuvent faire obtenir sa grâce à un coupable, ne doivent point engager le juge à fléchir dans l'application rigoureuse de la loi. V. *d. lett. du* 9 *mai.* (**14 a**)

IV. Du droit de grâce qui appartient au roi, dérive celui de *commutation de peine,* dont les lettres sont également enregistrées par les Cours royales. *Décr.* 6 *juill.* 1810, *art.* 20; *Charte, art.* 58. (**15**)

(13) *Observations.* 1. Il n'appartient qu'au pouvoir législatif et au roi, lorsqu'il veut user de son droit de grâce, d'anéantir ou de suspendre l'effet des lois pénales. *B. c.* 28 *juill.* 1814 *et* 14 *avr.* 1815 (mais v. *note* 15).

2. Donc, une circulaire ministérielle ne peut affranchir des peines qu'elles prononcent. *Dd. arr.* — Mais la citation d'une telle circulaire dans un jugement n'annulle point ce jugement si son dispositif peut d'ailleurs être justifié par une loi pénale. V. *arr. cass.* 26 *fév.* 1818, *p.* 67, *aux motifs.*

3. Le roi use surtout de sa prérogative envers les condamnés qui se conduisent bien. V. *à ce sujet, ordonn.* 6 *fév.* 1818.

(14) *Observations.* 1. Elle n'empêche pas non plus qu'on ne soit condamné pour récidive. V. *ci-dev. p.* 90, *note* 3, *n.* 2.

2. Ni qu'on se pourvoie en révision de la première condamnation. V. *arr.* 30 *nov.* 1810, *n.* 150; *ci-apr., art. de la révision.*

(14 a) C'est par ce motif qu'on avait jadis donné aux cours spéciales et prévôtales, dont les arrêts n'étaient pas passibles de recours, le droit d'en surseoir l'exécution pour recommander les condamnés à la clémence du roi. *C-cr.* 595, 598; *L.* 20 *déc.* 1815, *art.* 45; *ci-dev. p.* 69, *note* 1.

(15) *Observations.* 1. La commutation d'une peine emportant la mort civile, en une peine qui ne l'emporte pas, empêche aussi la mort civile. *B. c.*

6 *avr.* 1832; *répert. xij,* 107 *et xvij,* 169, *conférés, mots révision de procès,* § 3, *art.* 4. *n.* 2, *et mort civile,* § 1, *art.* 4, *n.* 5.

2. On peut, en quelque sorte, assimiler à la grâce, la faculté accordée, 1. aux communes de réclamer, ou aux particuliers solvables, de cautionner avec l'agrément du gouvernement, les *vagabonds* français condamnés... V. *à ce sujet,* C-*pén.* 273. — 2. Au mari de reprendre sa femme condamnée pour adultère. V. *ci-dev. p.* 26, *note* 8, *n.* 2. — 3. Aux administrations, de remettre les peines, transiger, etc.. V. *p.* 97, *note* 8.

§ 4. *De l'amnistie.*

On donne ce nom à un acte par lequel l'autorité supérieure, d'après des considérations politiques, remet les peines encourues pour certains délits. (**16**)

L'amnistie étant une mesure extraordinaire, une exception à des lois d'ordre public, elle est soumise aux règles suivantes :

1. L'amnistie ne doit être appliquée que lorsque le délinquant a satisfait à toutes les conditions prescrites par la loi qui l'accorde ;

2. Elle est restreinte aux délits indiqués par la même loi ;

3. Elle ne s'étend pas aux délits postérieurs ; (**16 a**)

4. Elle ne fait pas acquérir au délinquant les objets qu'il s'est appropriés par son délit. V. *sur ces divers points, LL.* 3 *brum. iv, art.* 3 *à* 5 ; 1 *compl. vj ;* 14 *mess. vij ; B. c.* 17 *frim.,* 7 *flor.,* 5 *fruct. vij, etc. ;* avis *et décr.* 26 *et* 30 *juin* 1810. (**17**)

(16) *Exemples d'amnisties.* 1. Pour faits et délits de conscription. *Décr·* 23 *avr.* 1814 ; *arr. cass.* 10 *août* 1815.

2. Pour délits forestiers. *Ord.* 11 *juill.* 1814, 28 *mai* 1825, 3 *nov.* 1827, 14 *mars,* 8 *nov. et* 7 *déc.* 1830.

3. *Id.* de droits-réunis. *Ord.* 13 *janv.* 1815.

4. *Id.* relatifs à ce qu'on nommait alors l'usurpation (l'invasion de Bonaparte, en 1815). *L.* 12 *janv.* 1816 ; *B. c.* 8 *fév. et* 21 *mars* 1817.

5. *Id.* relatifs aux subsistances. *Ord.* 13 *août* 1817 ; *B. c.* 27 *fév.* 1818.

6. *Id.* de désertion. *Ord.* 29 *sept. et* 6 *oct.* 1824, 29 *mai* 1825, 28 *août et* 5 *sept.* 1830.

7. *Id.* politiques et autres. V. *Ord.* 28 *mai* 1825.

8. *Id.* de la presse. *Ord.* 8 *août* 1830.

9. *Id.* contraventions de police. *Ord.* 26 *sept.* 1830.

(16 a) A sa date, quoique antérieurs à sa publication. *B. c.* 20 *avr.* 1833.

(17) *Questions div...* V. *B. c.* ou rej. 10 et 26 oct. 1822, 11 juin 1825, 25 juin 1829, 10 juin 1831, 27 juill. et 20 oct. 1832, 13 avr. et 5 juill. 1833.

TITRE VI.

De la réhabilitation.

I. Lorsqu'un condamné à une peine afflictive ou infamante l'a subie, ou a obtenu des lettres de commutation ou de grâce, il peut, au bout de cinq ans, et en présentant des attestations de bonne conduite délivrées par les municipalités des lieux qu'il a habités, demander sa réhabilitation (1). V. *au surplus, C-cr.* 619 *à* 629.

(1) *Observations.* 1. Il ne faut pas confondre cette réhabilitation avec celle des *faillis*, qui est accordée par les Cours royales (v. *en le §, cours de procéd.* p. 66, *n. ij*).

2. Suivant Le Graverend (*ij*, 701) un condamné à la dégradation ne peut demander sa réhabilitation; mais l'avis opposé, soutenu par Carnot (*Code crim.*, 1re *édit., ij,* 737) a été consacré formellement en 1832, dans l'art. 619 (v. *ci-dev. p.* 58, *note* 10, *n. xxviij*).

II. La réhabilitation est accordée par le roi sur l'avis d'une Cour royale (2)... Elle anéantit pour l'avenir, toutes les incapacités qui résultent de la condamnation. V. *C-cr.* 630 *à* 633; *réqu. et B. c.* 6 *févr.* 1823, *n.* 21 ; *ci-dev. (pour les* incapacités) *p.* 98, *n. ij.*

Mais elle ne doit point anéantir les effets des condamnations civiles. *Arg. dud. art.* 633. — V. aussi *Réal, exposé des motifs du liv.* 2, *tit.* 7, *ch.* 4 *du projet de Code criminel, corps législat., séance du* 6 *déc.* 1808; *C-pén. de* 1791, *part.* 1, *tit.* 7, *art.* 12 (2*a*).

(2) L'affaire sera rapportée à la chambre *criminelle*, dit l'art. 623... Il nous semble que cette expression ne peut désigner que la chambre d'accusation, d'autant plus que la chambre correctionnelle ne connaît pas des crimes. Selon Le Graverend (1re *édit., ij,* 702, *et* 3e, *ij,* 769) celle-ci pourrait s'occuper de la réhabilitation ; mais il avoue qu'il est plus régulier que ce soit la chambre d'accusation.

(2 *a*) *Dr. interméd..* Ce code (*d. tit.* 7, *art.* 1 *et suiv.*) établissait un mode de réhabilitation bien plus imposant que celui du Code de 1810, et dont le procureur-général de la cour suprême a regretté, en temps non suspect (v. *réquisit. à B. c.* 6 *fév.* 1823, *n.* 21, *p.* 52 *et suiv.*) l'abrogation.

III. Au reste, on n'y admet pas: 1° le condamné pour récidive (5). V. *C-cr.* 634; — 2° le contumax; 3° celui qui a prescrit sa peine. *Arg. de C-cr.* 619; *Carnot, d. art.; répert. ix,* 647, *mot prescription, sect.* 3, § 7, *art.* 1, *n.* 8 (a).

(5) Effet de la réhabilitation , quant à la récidive. V. *ci-devant page* 90 , *note* 3, *n.* 3.

(a) *Renvoi du § de la prescription, note* 10, *n.* 3 *b, p.* 107, *ligne dernière, et p.* 108, *ligne première.*
La feuille qui contient cette note était sous presse lorsque la cour de cassation (*arr. rej. du* 11 *fév.* 1836... v. *Gaz. trib. du* 12) a consacré le principe qu'une pénalité ne peut être établie par une décision du gouvernement. Il s'agissait de l'ordonnance du 24 juillet 1816 qui enjoint (*art.* 1 *et* 5) aux détenteurs des armes de guerre, de les déposer à leur mairie sous peine d'une amende de 300 francs (au plus) et d'un emprisonnement de trois mois (au plus). M. le procureur-général Dupin, dans son réquisitoire, a démontré, et la cour a reconnu que cette ordonnance ne reposait sur aucun texte de loi en vigueur à l'époque où elle fut rendue, et que par conséquent, plusieurs tribunaux ou cours qui avaient refusé d'appliquer les peines précédentes, n'avaient violé aucune loi (il en serait autrement aujourd'hui ; une loi récente, celle du 24 mai 1834, ayant établi des peines à raison du même fait).

FIN DE LA PREMIÈRE PARTIE.

COURS
DE DROIT CRIMINEL.

SECONDE PARTIE.

PROCÉDURE CRIMINELLE.

OBSERVATIONS PRÉLIMINAIRES.

Le but de la procédure criminelle, nous l'avons dit (p. 1), est la marche à suivre pour la répression des délits. Or, la répression des délits exige l'action de deux autorités distinctes, la police et la justice (v. *C-br.* 15; *ci-apr. p.* 119, *note* 1 *a*). Nous avons donc à traiter dans cette partie de notre Cours, de l'une et de l'autre de ces deux autorités. Nous proposerons auparavant quelques règles qui s'appliquent à la procédure considérée en général.

1. *Notifications.* Le ministère des huissiers n'est pas nécessaire pour plusieurs des notifications de procédure criminelle. Ainsi, pour les délits poursuivis par le ministère public, les témoins peuvent être cités par des agens de la force publique... Ainsi pour les délits forestiers, de droits-réunis et de douanes, d'autres notifications peuvent être faites par les gardes ou les préposés. V. *C-cr.* 72; *C-for.* 73; *L.* 15 *avr.* 1829, *art.* 50; *décr.* 1ᵉʳ *germ. xiij, art.* 28; *L.* 22 *août* 1791, *tit.* 13, *art.* 18. — V. aussi *rép., t.* 5, *p.* 489 *et* 752, *mots garde des bois, sect.* 1, § 3, *n. vij, et huissier,* § 1, *n.* 16; *B. c.* 27 *juill.* 1822. (1)

D'autre part, les règles du Code de procédure civile, ne leur sont pas en général, applicables (1 *a*).

V. ci-apr. tit. des proc. de police simple (note 1, n. 2) et correctionn., note 1, n. 2.

2. *Jours fériés.* L'expédition des affaires criminelles (**1** *b*), si l'on excepte les exécutions, peut avoir lieu les jours fériés. *L. 17 therm. vj, art. 2 et 7; C-pén. 25.* (**2**)

(**1**) *Observations.* 1. Mais ces gardes et préposés ne peuvent pas faire les *saisies* et exécutions pour l'exécution des jugemens. *Avis cons. d'État,* 16 *mai* 1807; *décr.* 2 *févr.* 1811; *dd. art.* 173 *et* 50.

2. *L'enregistrement* n'est pas de rigueur pour les exploits au criminel. *Arr. rej.* 23 *vent. xiij, rép. iv,* 764, *h. v.,* § 45, *et* 1er *fév.* 1816, *Jalbert,* 395; *B. c. ou rej.* (notifications de listes de jurés) 7 *janv.* 1826; 22 *févr. et* 27 *juill.* 1827, *n.* 5, 38 *et* 198; 2 *août* 1828 (procès-verbaux de gendarmes). V. surtout *id.,* 4 *janv.* 1834, *n.* 10.

On observe d'ailleurs à ce sujet, que si la loi défend de rendre un jugement sur un acte non enregistré, ce n'est que sous peine de responsabilité *des droits;* d'où il résulte que si un tel jugement a été rendu il n'est pas nul (*B. c.* 1 *mai* 1818, *n.* 57).

Cette règle reçoit exception pour les procès-verbaux des agens des forêts et de la pêche fluviale. V. *C-F.* 170; *d. L.* 15 *avr., art.* 47. — Mais il n'est pas nécessaire de mentionner l'enregistrement sur leur copie. *B. c.* 7 *mai* 1835, *n.* 168, 169.

3. D'après une décision de M. le garde-des-sceaux, prise le 14 septembre 1823, sur l'avis des comités de législation et des finances du conseil d'état, et relative aux procès-verbaux soumis à l'enregistrement et au timbre, ne sont soumis rigoureusement à cette double formalité (sauf les dispositions spéciales) que : 1° les procès-verbaux faits à la requête d'une partie civile ou d'une administration publique; 2° ceux des gardes-champêtres; 3° ceux qui constatent des contraventions de police. Ch. b. s.

(**1** *a*) Par exemple, en matière de douanes, la copie ne tient pas lieu d'original pour le défendeur. V. *B. c.* 22 *mai* 1834, *et cours procéd., p.* 88.

(**1** *b*) Cela comprend les affaires, soit correctionnelles, soit de police simple, soit de discipline de la garde nationale. *B. c. ou rej.* 8 *mars,* 12 *juill. et* 29 *déc.* 1832, *n.* 90, 252 *et* 525.

(**2**) V. aussi arr. rej. 27 août 1807 et 14 avr. 1815, J-C-pr., i, 229, avoués, xj, 286; L. 10, C. de feriis.

3. *Vacances.* Les tribunaux criminels n'en ont point. *Cours de proc. p.* 28, *note* 37.

4. *Caution du jugé.* Elle peut être exigée au criminel, *suiv. arr. cass.* 3 *fév.* 1814, *n.* 12. — V. aussi *d. cours, p.* 256.

5. *Preuves.* Les délits (et par la même raison, la *non-culpabilité*) peuvent être établis par toutes sortes de preuves (**2** *a*). V. *Barris, au rép. xv,* 190, *mot dépôt,* § 1, *n. vj,* 3°; *B. c.* 2 *oct.* 1818, *n.* 124.

Par conséquent, la preuve vocale (**2** *b*) est en général admissible au criminel, à moins que le délit ne
soit la suite d'un fait non caractérisé comme délit, et
à l'égard duquel la loi civile n'admet pas cette preuve;
comme si le délit dépend de l'existence d'une convention (**5**) qui ne puisse être établie par témoins,
qu'autant qu'il y a un commencement de preuve par
écrit (**5** *a*). V. *id.*, *d.p.* 190. — V. aussi *réqu. et arr.
cass.* 5 *sept.* 1812 *et* 17 *juin* 1813, *B. c. et rép. xij*,
502, *mot serment*, § 2, *art.* 2, *n.* 8. (4)

6. *Récusation.* Ni le Code de brumaire, ni le Code
criminel ne donnent des règles pour la récusation
des juges; mais on y supplée, en appliquant celles de
la récusation en matière civile. V. *rép. xj*, 91, *h. v.*,
§ 3, *art.* 2, *et pour ces règles, d. cours, p.* 364 (5).
— V. aussi *B. c.* 8 *oct.* 1819, 3 *mai* 1834.

7. *Débats.* Leur publicité est de l'essence des procédures. V. *Barris, rép. iij*, 433, *mot délit*, § 4;
Charte, art. 55; *B. c.* 29 *mai* 1835, *n.* 213. (6)

(2 *a*) Excepté par celles que le juge puiserait dans la notoriété publique ou
dans la connaissance *personnelle* qu'il a du fait. V. *B. c.* 24 *juill.* 1835; *ci-
apr. chap. des assises, note* 52 *a.*

(2 *b*) La loi ne fixe point le nombre des témoins dont elle se forme ; un seul
peut suffire. V. *Cours procéd.* p. 328, *note* 34, *n.* 1 ; *B. c.* 13 *nov.* 1834, *n.*
568 *et* 571, 7 *févr.* 1835, *n.* 50.

(3) *Observations.* 1. S'il s'agit, par exemple, du délit de violation de dépôt, il faut d'abord constater l'existence du dépôt, et pour cela, au défaut de
preuve littérale, il faut un commencement de preuve par écrit pour pouvoir
établir cette existence par la preuve vocale. V. *arr. rej.* 31 *juill.* 1812, *au d.
n.* VI. — V. aussi *C-pén.* 408, *conf. avec* 406; *C-civ.* 1341, *conf. avec*
1347; *B. c.* 10 *avr.* 1819 *et* 26 *sept.* 1823; surtout, *rép. iij*, 569 *et xv*,
189, *mot dépôt*, § 1, *n.* 6.

2. *Quid* s'il s'agit d'un abus de blanc-seing lorsque l'objet de l'obligation
inscrite est d'une valeur supérieure à 150 francs?.. La preuve testimoniale est
admissible, *suiv. M. Chauveau, J-cr.* 1831, 40, *et* 1833, 68.

(5 *a*) Règle contraire, s'il s'agit de la *rétention* d'un titre communiqué, ou bien
de la *suppression*, ou de la *soustraction* d'un titre. V. *B. c.* 15 *mai* 1834 *et*
2 *avr.* 1835.

(4) Dans ce cas, d'après le principe ci-devant établi (*p.* 42), que le juge
de l'action est, en général, le juge de l'exception (v. *cours procéd.*, *p.* 38,
note 64, *n.* 5), le tribunal criminel pourra apprécier le commencement de
preuve, et selon qu'il en reconnaîtra, ou non, l'existence, admettre ou rejeter
la preuve vocale. V. *au surplus, Barris, au d. n.* VI; *rej.* 1 *sept.* 1832,
n. 340; *M. Chauveau, J-cr.* 1833, 113.

(5) Ainsi, 1o le juge criminel ne peut statuer sur la récusation proposée contre lui. *Réqu. et B. c.* 15 *fév.* 1811, 19 *mess. viij*, 3o *nov.* 1809 *et* 14 *oct.* 1824; *rép., d. art.* 2; *d. cours, p.* 371, *note* 31. — 2° Le ministère public ne peut être récusé lorsqu'il est partie principale. *D. cours, p.* 26 *et note* 34, *p.* 27; *rép., d. art.* 2. — 3° Le juge de police est récusable pour les mêmes causes que le juge de paix. *D. B. c.* 14 *oct.*

Mais c'est au juge criminel et non pas au juge civil à faire l'application de ces règles. V. *rej.* 24 *oct.* 1817, *B. c. de* 1818, *n.* 2... V. toutefois *d. B. c.* 24 *oct., et d. cours*, p. 365, *note* 3 *b.*

(6) *Observations.* 1. Cette règle ne reçoit exception que lorsque la publicité est dangereuse pour l'ordre et les mœurs, et, dans ce cas, le tribunal le déclare par un jugement. *D. art.* 55; *B. c.* 7 *déc.* 1821.

2. Elle ne s'applique pas aux instructions et décisions des chambres du conseil et d'accusation (v. *p.* 132, *n. iij, et chap. de l'accusation, n. j*), parce que, de leur nature, elles sont secrètes.

3. Il faut *rétablir* la publicité ci-dessus, après les débats, c'est-à-dire après la réplique de l'accusé, parce que le résumé du président (v. *ch. des assises, n. iv*), les opérations suivantes et (à plus forte raison) le prononcé étant *extrinsèques* aux débats, doivent être publics. V. *B. c.* 22 *avr.* 1820, 5 *oct.* 1821, 3o *août et* 19 *déc.* 1822, 12 *déc.* 1823, 3o *sept.* 1824, 26 *mai* 1831.

4. Elle doit être constatée par le jugement ou (aux assises) par le procès-verbal (v. *d. chap., art. du jugement, n. ij*), sinon il y a nullité. *B. c.* 18 *sept. et* 3o *oct.* 1823, 28 *janv. et* 19 *févr.* 1825, 2o *août* 1829, 6 *mai* 1830, 22 *mars* 1832, 9 *mai* 1833, 29 *janv.* 1835 (police simple).

8. *Connexité.* Les délits connexes, fussent-ils de diverses espèces, doivent être instruits par la même procédure, et jugés par le même tribunal. V. *C-cr.* 226, 227 (6 *a*); *rép. ij*, 847, *h. v.; ci-dev. p.* 68, *n.* 4; *ci-apr. ch. de l'accusation, note* 2. — V. aussi *cours proc. p.* 253 *et* 295, *note* 10.

9. *Partage.* Le partage d'opinions est toujours vidé de plein droit *ad mitiorem*, c'est-à-dire dans le sens de l'avis le plus favorable au prévenu ou accusé. V. *réqu. et arr. rej.* 27 *juin* 1811 *et* 5 *mars* 1813, *rép. ix*, 67, *et xv*, 290, *mots partage d'opin.*, § 2, *n.* 3, *et faillite*, § 2, *art.* 5; *id., B. c.* 5 *juill.* 1821. — V. aussi *d. cours proc. p.* 279, *note* 17. (6 *b*)

10. *Motifs.* Les jugemens définitifs doivent être motivés. *C-cr.* 163; *ci-apr. tit. des procéd. de police simple et correctionnelle; M. Laporte, mots jugement et motifs; plus. arr. ib.* — V. aussi *d. cours, p.* 283, *note* 35; *arr. ib.; B. c. ou rej.* 10 *mai* 1822, 12 *févr.*, 25 *sept. et* 2 *déc.* 1824, 15 *janv.* 1829, 27 *mai* 1830, 12 *août* 1831, 9 *mars* 1832, 8 *août* 1833, etc.

(6 *a*) Le jugement qui ordonne la jonction de deux causes est préparatoire, et par là même l'appel n'en peut être fait avant le jugement définitif, ni séparément de l'appel de celui-ci. V. *B. c. 22 janv.* 1815, *n.* 15. — V. aussi *ci-apr. art. de la cassation , n. j et note* 21 *a, et cours procéd., p.* 459 *à* 461, *et notes ibid.*

(6 *b*) La disposition (*C-cr.* 347, ✝. 2) d'où est tirée la 9ᵉ règle, a été abrogée en 1832 (*L.* 28 *avr., art.* 7), pour les cours d'assises ; mais comme elle ne l'a été que pour lui en substituer une plus favorable à l'accusé (*ci-apr. chap. des assises, art.* 2, *n. vij*), elle doit subsister pour les tribunaux correctionnels et les chambres d'accusation et du conseil. V. *à ce sujet, B. c.* 24 *août* 1832. — V. aussi *B.* 25 *juill.* 1833.

⁋

11. *Jugemens.* Ils doivent aussi être fondés sur la conviction et une conviction naissant d'un examen, et non pas sur le doute; car, s'il y a du doute, il faut acquitter le prévenu (**7**). V. *réqu. et arr.* 25 *fruct. et* 19 *juin, ci-dev. p.* 7, *n.* 3, *et p.* 87, *note* 15, *n.* 3; *autres, à cours proc., p.* 22, *note* 19; *B. c.* 3 *déc.* 1813, 4 *août* 1820, *et* 1 *avril* 1824.

12. *Nullités.* Une nullité *légale*, telle que celle qui résulte d'un défaut de nombre suffisant de jurés sur une liste, ne peut être couverte par un consentement plus ou moins formel de l'accusé. V. *à ce sujet, arr. cass.* 10 *avr.*, 22 *mai et* 24 *juin* 1819, 11 *juillet* 1822, 12 *mars et* 10 *déc.* 1824; *ci-apr. chap. des assises, art.* 2, *n.* 1, *observ.* 1ʳᵉ *et note* 23 *a.* (**8**)

(7) Par la même raison on ne peut les fonder sur une alternative; déclarer par exemple, que N. est auteur ou complice d'un tel délit. V. *à ce sujet , B. c.* 10 *août* 1820; *ci-dev. p.* 93 , *note* 14, *n.* 1.

(8) C'est qu'au criminel les nullités sont d'ordre public , de sorte qu'elles peuvent être, soit proposées pour la première fois en appel et même en cassation (si cela n'est pas spécialement prohibé), *Voir B. c.* 25 *oct.* 1824; — soit suppléées d'office par le premier juge quand le défendeur ne les a pas fait valoir. V. *B. c.* 5 *mars* 1835, *n.* 78 , *et*, sur le système des nullités légales , *M. Chauveau, J-cr.* 1832 , 163.

13. *Défense.* Ce qui tient au droit de défense est substantiel, et par là même, tout fait qui y porte atteinte, opère une nullité quoique la loi ne l'ait pas prononcée. V. *B. c.* 16 *janv.* 1823; *ci-apr. d. chap.*, *note* 44 *b.* — V. aussi *p.* 133 , *note* 17, *n.* 2; *d. chap.*, *note* 17 (*n.* 4) *et* 34, *n.* 4.

14. *Défaut*. Comme au civil, le défendeur ne peut être condamné par défaut sans preuves. *D. cours, p.* 287; *réqu. et B. c.* 18 *nov.* 1824. — Et quoiqu'il ait comparu, il peut former opposition s'il n'a ni conclu ni défendu. *B. c.* 7 *déc.* 1822 *et* 13 *mars* 1824; *rej.* 26 *mars* 1824, *avoués, xxxviij,* 270. (**9**)

15. *Conclusions.* Il faut statuer sur toutes celles des parties. V. *B. c. ou rej.* 11 *juill.* 1823, *n.* 95; 24 *déc.* 1825, *n.* 242; 5 *et* 26 *nov. et* 11 *déc.* 1829, *n.* 250, 264 *et* 274; 12 *oct.* 1833, *n.* 431; 1834, *n.* 369; 1835, *n.* 322, *etc.; ci-apr. art. des nullités, note* 13.

(9) Cette règle est-elle tellement générale que le prévenu correctionnel en état d'arrestation, amené par la force publique à l'audience, puisse néanmoins faire défaut? l'affirmative a été décidée par un arr. de cassation du 12 décembre 1834 (B. c., n. 598, J. cr. 1834, p. 326). Cette doctrine a été combattue avec force par M. Chauveau (*d. p.* 326... v. aussi *arr. de Paris, des* 15 *juin* 1827 *et* 1er *août* 1833, *ibid.* 1833, p. 255, le premier contre, et le second, pour l'avis de M. Chauveau). — Quelque solides que soient les raisons alléguées par les partisans de ce dernier système, celui de la cour de cassation qui consacre la faculté de faire défaut même en état d'arrestation, nous semblait préférable. En effet, deux différences bien tranchées se font remarquer entre la procédure correctionnelle et celle du grand criminel que l'on citait pour prouver qu'un détenu ne peut jamais faire défaut. Dans celle-ci, point de citation pour avertir l'accusé du jour où il doit paraître en justice, point de juges supérieurs pouvant connaître une seconde fois du fond de l'affaire. Au contraire, l'irrévocabilité des décisions au grand criminel, fait supposer que l'accusé est censé suffisamment averti, s'il est présent de fait, qu'il consente ou non à paraître, puisque l'on ne doit pas le citer; tandis que la nécessité de la citation au correctionnel dans de certains délais, fait supposer que le prévenu pourra se dispenser de paraître, surtout d'après les expressions générales de l'art. 186 : *lorsque le prévenu ne comparaît pas.* D'autre part, l'arrestation préventive n'étant au correctionnel que l'exception, tandis que au grand criminel elle est la règle générale, ne peut, ce nous semble, annihiler cette faculté absolue de non-comparution, qui résulte de l'art. 186.

La loi du 9 septembre 1835 (*Bull. lois, n.* 357), sur *les cours d'assises,* art. 8 à 12, a depuis tranché la difficulté, contrairement au système de la cour de cassation, en réputant contradictoires, au moins pour le plus grand nombre des cas, les décisions rendues après le refus des prévenus arrêtés, de comparaître ou de se défendre. CH. B. S.

SECTION PREMIERE.

DE LA POLICE.

———

Observations préliminaires.

La police est instituée pour maintenir l'ordre public. On la divise en police administrative et en police
judiciaire. La première, qui est confiée aux autorités
administratives, a pour but de prévenir les délits (1) :
la deuxième de les rechercher, d'en rassembler les
preuves et d'en livrer les auteurs aux tribunaux (1 *a* *).
V. *C-br.* 16 à 20. — V. aussi *C-cr.* 8. — C'est de la
police judiciaire que nous allons nous occuper, et
nous traiterons des officiers qui en sont chargés,
ainsi que des règles à suivre dans leurs procédures.

(1) *Observations.* 1. Pour atteindre ce but, la police administrative peut
prendre diverses mesures, entre autres, faire des règlemens sur les objets
indiqués, *ci-devant p.* 11 , *note* 5.

2. Au nombre de ces objets, on peut également ranger les mesures prescrites, soit pour la formation des établissemens insalubres et incommodes.
Décr. 15 *oct.* 1810 ; 14 *janv.* 1815. — Soit pour prévenir la contagion des
maladies épizootiques. *Ord.* 27 *janv.* 1815.

3. A l'égard des autorités administratives chargées de cette police, de leur
hiérarchie, etc., v. *cours proc. p.* 102.

(1 *a**) On verra plus loin (§ 1 *et* 3, *p.* 126 *et* 130), qu'en cas de flagrant délit, le procureur du Roi, doit, sur le premier avis, constater le corps du délit
et l'état des lieux; entendre ceux qui peuvent donner des renseignemens sur
le délit ; faire des perquisitions à domicile, d'effets, de papiers, etc.; ordonner
l'arrestation des prévenus, etc.; en un mot, recueillir toutes les traces du délit, et aussitôt après, transmettre les procès-verbaux et les pièces, avec son
réquisitoire, etc., au juge instructeur, qui procède, comme on l'explique au
§ 5, p. 131 et 132.

Le procureur du roi change alors de rôle; d'officier de police judiciaire, il
devient partie poursuivante, et c'est alors aussi, que, selon la remarque de
Barris (*rép.,* 3e édit., *t.* 7, *p.* 532, *mot magistrat de sûreté, n.* 8.— v. *aussi
Bourguignon, art.* 45, *n.* 1), c'est alors que *l'action de la justice commence, et que les fonctions de la police judiciaire cessent.* — V. *ci-dev.*
p. 113, *observ. prélim.*

TITRE PREMIER.

*

Des officiers de police judiciaire.

I. Le procureur du roi est chargé de la police judiciaire, relativement aux délits (1) et aux crimes dont il a connaissance. V. *C-cr.* 22. — V. aussi *C-cr.* 63; *L. 7 pluv. ix, art.* 1; *L. 20 avr.* 1810, *art.* 42 et 43. (2)

Nous disons : dont il a connaissance, parce que les procureurs du roi, soit du lieu du délit, soit de la résidence du prévenu, soit du lieu où il peut être trouvé (2 *a*), sont également compétens pour la recherche et la poursuite du délit. V. *C-cr.* 23. (3)

Les mêmes règles de compétence s'appliquent au juge d'instruction dont on parlera plus loin (*p.* 123). *Arg. de C-cr.* 69. (4)

(1) Aux délits correctionnels et non pas aux simples contraventions. Voy. *C-cr.* 22.

(2) En cas d'empêchement du procureur du roi et de son substitut, il est remplacé par un juge, ou un suppléant nommé par le tribunal. V. *au surplus, C-cr., art.* 26; *décr.* 18 *août* 1810, *art.* 20 *et* 21; *Carnot, art.* 210, *n.* 12.

(2 *a*) *Observations.* 1. Un condamné à la surveillance qui rompt son ban peut être poursuivi, pour ce délit, devant le juge du territoire où il est arrêté, à moins qu'il ne nie son identité, car alors, il doit être renvoyé à celui qui l'avait condamné. V. *à ce sujet, régl.* 23 *juill.* 1835, *B. c., n.* 302.— V. aussi *B. c.* 17 *sept.* 1834, *n.* 308.

2. Un tribunal peut, en matière de presse, et sans que cela puisse donner ouverture à cassation, considérer comme lieu de résidence d'un prévenu, la *prison* où il est détenu. V. *rej.* 7 *nov.* 1834, *n.* 363.

(3) *Observations.* 1. Cet article ne détermine point auquel de ces magistrats, en cas de concurrence, l'instruction doit rester. D'après les principes exposés au cours de procédure (*p.* 35, *n. iv*), il est naturel que ce soit au premier qui l'a commencée. Tel est aussi l'avis de Carnot, *d. art.* 23, *n.* 4 *et* 5, 1re *édit., par arg. de C-br.* 77; et c'est ce qui a été ensuite décidé. V. *réqu. et arr. régl.* 13 *mars* 1812, *rép. xiv,* 821, *mot vol, sect.* 2, § 3, *art.* 4, *n.* 6. — V. aussi *Carnot,* 2e *édit., i,* 205, *n.* 2.

2. Quel est le *premier saisi* (soit d'un procureur du roi, soit d'un juge d'instruction)?.. C'est celui qui a le premier décerné un mandat de dépôt, ou d'amener, etc. V. *arr.* 25 *oct. et* 7 *nov.* 1811 *et* 9 *janv.* 1812, *Laporte,* 40; *régl.* 17 *janv.* 1828; *Bourguignon, art.* 23, *par arg. d. art.* 77; *ci-apr. p.* 127, *note* 8.

3. Au reste, celui qui n'est dans aucun des trois cas précédens (comme si l'on n'a pas fait dans son ressort, un usage criminel d'une pièce prétendue fausse), doit se déclarer incompétent. V. *réqu. et arr. rej.* 26 *nov.* 1812, *rép.* *xv*, 342, *mot faux*, *sect.* 2, § 2, *n.* 3.

(4) *Observations.* 1. Il doit, par conséquent, se déclarer incompétent dans le cas de la note 3, ci-dessus. V. *d. réqu. et arr.* 26 *nov.*

2. Et il le peut, même sans réquisition du procureur du roi ; et la même faculté appartient à la chambre d'accusation, *suiv. d. réqu.*

3. Les règles ci-dessus s'appliquent aussi au maire, lorsqu'il exerce le ministère public ; mais, s'il a poursuivi une contravention, quoique commise dans une commune autre que la sienne, et si le maire compétent a pris ensuite les conclusions sans réclamation de la partie, l'irrégularité primitive est couverte, *suiv. M. Merlin, répert., iv,* 207, *mot tribun. de police, sect.* 1, § 2, *n.* 8.

4. D'après les mêmes règles, on peut renvoyer une plainte en faux témoignage, au juge d'instruction d'un tribunal dans le ressort duquel les témoins ont déposé. V. *arr. rej.* 6 *nov.* 1817, *n.* 108.

5. *Délits de la presse.* Le juge compétent pour *l'action publique* est celui du lieu où l'on a fait le dépôt de l'ouvrage, avec déclaration qu'on entend le publier... Quant à *l'action civile*, c'est celui du lieu quelconque où la publication a été faite. Voy. *au surplus*, *L.* 26 *mai* 1819, *art.* 29 ; *Carnot, d. art., p.* 186 *et suiv. de l'examen cité ci-dev. p.* 15, *note* 13.

II. Le procureur du roi exerce la police sous les ordres du procureur-général et sous l'autorité des Cours royales. V. *C-cr.* 27, 9 *et* 274. — Il est aidé, dans cette fonction, par d'autres officiers de police judiciaire, qui sont placés en général sous sa surveillance. V. *C-cr.* 48 *et suiv.*; *L.* 20 *avr.* 1810, *art.* 45.

III. Les officiers de police auxiliaires sont les juges de paix, les officiers de gendarmerie (5), les commissaires généraux et particuliers de police, les maires et les adjoints. V. *C-cr.* 48, 50.

Ils reçoivent et rédigent concurremment avec le procureur du roi, mais à la charge de les lui envoyer, les dénonciations des crimes et des délits, les déclarations de témoins, les procès-verbaux et autres actes préliminaires.... Ils peuvent continuer l'instruction, s'il les y autorise. V. *au surplus C-cr.* 48 *à* 54 (5 *a*).

(5) Et non pas les simples gendarmes. V. (*id.* pour d'autres questions) *B-c·* 5, 10 *et* 24 *fév.* 1820, 7 *nov.* 1823, *n.* 21, 23, 32 *et* 151.

D'où il résulte : 1° que leurs procès-verbaux ne font foi, ni jusqu'à inscription, ni jusqu'à preuve contraire ; 2° qu'on peut, quoique rédacteurs de procès-verbaux, les entendre comme témoins (sauf à avoir tel égard que de raison à leur témoignage), d'autant plus qu'aucune loi ne défend les dépositions des rédacteurs de procès-verbaux. V. *dd. arr.* — Remarquons toutefois que les lois des 23 février 1834 et 1 juin 1835, ont conféré jusqu'en 1837, aux maréchaux-des-logis et aux brigadiers de gendarmerie, dans dix départemens de l'Ouest, les pouvoirs d'officier de police auxiliaire.

Observations. 1. *Gendarmerie.* Fonctions, surtout pour la recherche des délits, v. *L. 28 germ. vj, art.* 125 ; *ordonn.* 29 *oct.* 1826 ; *B. c.* 14 *août* 1829. V. aussi *p.* 129 *et* 130, *notes* 12 *et* 13 ; *et p.* 47, *note* 7, *n.* 3.

2. Elle doit obtempérer aux réquisitions d'un commissaire de police, exerçant momentanément hors du lieu de sa résidence habituelle, lorsqu'elles sont visées par le sous-préfet, ou à son défaut, par le maire. V. *décision du minist. de la guerre, du* 10 *mai* 1808, *dans la législ. militaire de* **M. H.** *Berriat, ij,* 285.

(3 *a*) Ils peuvent aussi décerner des mandats. V. à ce sujet, *p.* 127, *note* 8.

Les commissaires de police, et, s'ils sont empêchés, les maires, et si ces derniers le sont, les adjoints (6), font tous les actes de police judiciaire pour les contraventions ; et il en est de même (7) des gardes champêtres et forestiers, quant aux contraventions et délits ruraux, et aux délits forestiers (8). Les premiers les transmettent au ministère public du tribunal de police ; les autres, ou à ce ministère, ou, s'il s'agit de délits, au procureur du roi. V. *C-cr.* 11 *à* 21.

(6) L'empêchement, soit du commissaire, soit du maire, est toujours présumé lorsqu'il n'est pas survenu et qu'il n'a pas réclamé. *Carnot, art.* 11, *n.* 6 *et* 7 ; *arr. cass.* 1 *sept.* 1809, *ib. et B. c.*

(7) *Idem,* des adjoints et gardes du génie, quant aux dégradations des fortifications, bâtimens militaires, etc. *L.* 29 *mars* 1806, *art.* 1 *et* 2 ; *ord.* 10 *nov.* 1815. — Et quant aux constructions et usurpations voisines, faites par des particuliers. *Ord.* 1 *août* 1821, *art.* 31, 49, etc.

(8) *Observations.* 1. C'est un nouveau motif en faveur de la division que nous avons faite des contraventions, en plusieurs classes (v. *ci-dev. p.* 13 *et* 14, *texte, n. ij*).

2. Les commissaires, maires et adjoints ont, quant aux infractions indiquées dans le texte, concurrence avec les gardes, et même prévention sur eux. V. *C-cr.* 11 ; *Carnot, ib., n.* 4.

3. Les *gardes champêtres* des particuliers sont agens de la force publique. — V. à *ce sujet,* et pour d'autres questions, *arr. rej. ou cass.* 19 *juin* 1818, 17 *et* 24 *sept.* 1819 *et* 16 *fév.* 1821. — Ils doivent être agréés par le sous-préfet (jadis par le maire). V. *id.* 21 *août* 1823 ; 8 *avr.* 1826 ; *C-f.* 117.

4. Les *gardes forestiers* sont officiers de police judiciaire, et par là même leur homicide est punissable de mort. V. *arr. rej. ou régl.* 9 *sept.* 1819, *n.* 106, 5 *août* 1833, *n.* 301.

5. Un garde champêtre ou forestier ne peut, pour la recherche des délits, s'introduire dans les maisons, enclos, etc. sans l'assistance du juge de paix, ou maire, etc. V. *C-cr.* 16 ; *C-f.* 161. — Mais le défaut d'assistance n'opère pas une nullité si l'entrée n'a pas été refusée, *suiv. B. c.* 1 *févr.* 1822.

IV. Les juges d'instruction, ou juges instructeurs (9) sont encore regardés comme officiers de police judiciaire; et les préfets, sans en avoir le titre (**10**), peuvent en faire tous les actes préliminaires, et livrer les prévenus d'infraction aux tribunaux compétens. V. *C-cr.* 9 *et* 10; *Bourguignon, art.* 10 *et* 279; *Carnot, d. art.* 10.

V. Tous les officiers de police judiciaire sont sous la surveillance du procureur-général. V. *C-cr.* 279 *à* 282.

(9) *Observations.* 1. Le juge instructeur est choisi parmi les membres du tribunal civil. Voy. *C-cr.* 55 *à* 58 ; *Carnot, i,* 157 , 1re *édit., et i,* 277 , 2e *édition.*

2. Ses fonctions sont relatives à la recherche des délits et des preuves qui les indiquent ou les constatent, et à l'arrestation des prévenus. V. *rép. vj,* 579; *h. v., n.* 1 ; *et pour les détails, Bourguignon, art.* 55.

3. Dans quelques cas elles sont remplies par le premier président ou par un membre de la cour royale... V. *ib., n.* 2; *ci-apr.* § *de la procéd. des délits des juges.*

4. Le juge d'instruction ne peut pas siéger aux cours d'assises. V. *p.* 76, *note* 22. — Le peut-il aux tribunaux correctionnels?... V. *p.* 73, *note* 14, *n.* 3.

5. Ses ordonnances sont , en règle générale , susceptibles d'appel. V. à ce sujet, *arr. rej.* 4 *août* 1820, *par arg. de C-cr.* 34 *et* 80.

5 *a.* Il a une jurisdiction particulière dans plusieurs cas. V. *entre autres C-cr.* 34, 80, 86, 122, 123. — V. aussi *B. c.* 14 *sept.* 1832.

6. Comme il est membre de la chambre du conseil, elle ne peut connaître de cet appel qui, par conséquent, doit être porté à la chambre d'accusation. V. *d. arr.* 4 *août.*

7. Un juge *commissaire* d'une faillite (v. *C-com.* 454 *et suiv.*) quoique membre d'un tribunal civil faisant fonctions de tribunal de commerce , ne peut ni faire la recherche des objets cachés par le failli , ni ordonner son arrestation, parce qu'il n'est ni officier de police judiciaire, ni juge instructeur. *Arr. cass.* 13 *nov.* 1823 , *n.* 153.

(**10**) Un arrêt de cassation du 31 août 1815, n. 48, les nomme officiers de police administrative.

TITRE II.

Des procédures de police judiciaire.

Nous allons jeter un coup-d'œil sur les actes ou les circonstances qui déterminent les procédures de police judiciaire, c'est-à-dire la recherche des délits et de leurs auteurs; sur la traduction et l'arrestation des prévenus ou des inculpés, et sur l'instruction dont se composent ces procédures.

§ 1ᵉʳ *Des actes ou des circonstances qui donnent lieu aux procédures de police judiciaire.*

Ces procédures se font d'après les actes ou dans les cas suivans, savoir : 1. d'office; 2. d'après un avis officiel; 3. d'après une dénonciation particulière; 4. d'après une plainte; 5. en cas de flagrant délit.

1. *D'office*, c'est-à-dire immédiatement par les officiers de police, ou même par la Cour royale, ou d'après ses ordres. V. *C-cr.* 22, 47, 59, 235, *etc.* — V. aussi *C-br.* 100 *et* 101; *ci-dev.*, *p.* 74, *n.* 1, *et surtout note* 18, *ib.*

2. D'après un *avis officiel,* c'est-à-dire sur l'indication que tous les fonctionnaires ou officiers publics sont tenus de donner des crimes ou délits dont ils sont informés pendant l'exercice de leurs fonctions. *C-cr.* 29. **(1)**

3. D'après une *dénonciation particulière*... Et il faut observer que cette dénonciation est d'obligation lorsqu'il s'agit d'un attentat contre la sûreté publique, ou contre la vie ou la propriété d'un individu. *C-cr.* 3o. — V. *pour ses formes,* *C-cr.* 31. **(2)**

---

(1) *Observations.* 1. Cet avis ne peut être donné par une disposition qui fait partie d'un jugement, surtout lorsqu'on en ordonne l'affiche, puisque c'est alors une véritable peine qui, dans ce cas, est illégalement prononcée. V. *B. c.* 3o *frim. xij*; *Carnot,* *art.* 29, *n.* 12.

2. Comme ce n'est qu'un *avis*, le fonctionnaire est libre de le transmettre par une simple lettre ; il n'est pas tenu d'y observer les formes prescrites pour une dénonciation. Cela avait d'ailleurs été jugé sous le Code de brumaire, quoiqu'il donnât (*art.* 8) le titre de dénonciation à cet avis. V. *B. c.* 8 *mess. xiij*; *rép. iij*, 543 , *h. v., n.* 12.

(2) Elle doit par exemple, être signée par le dénonciateur (s'il ne sait pas ou ne veut pas signer, on en fait mention). V. *d. art.* 31. — Sinon il ne peut être condamné à des dommages , etc., comme ayant fait, *par écrit*, une fausse dénonciation. V. *B. c.* 3 *déc.* 1819.

A l'égard de ces *dommages*, des cas où le dénonciateur en est passible, etc., v. *ci-apr. ch. des cours d'assises , note* 64.

4. D'après une *plainte* que fait le particulier, lésé par le crime ou le délit. V. *C-cr.* 63. (3)

Le plaignant se constitue *partie civile* , soit par une déclaration expresse, faite dans la plainte ou dans un acte *subséquent,* pourvu que ce soit avant la clôture des débats (4), soit par des conclusions en dommages, prises dans la plainte ou l'acte (4 *a*). V. *C-cr.* 66, 67.

Il peut se départir dans les 24 heures. Il est alors affranchi des dépens, mais il *peut* encore être condamné à des dommages. V. *dd. art.; Bourguignon et Carnot, ib.*

La plainte se porte au juge d'instruction compétent (v. *ci-dev. p.* 120), soit directement, soit par l'entremise du procureur du roi et des officiers de police auxiliaires. V. *au reste C-cr.* 63, 64, *et* 69. (5)

Elle est rédigée par le plaignant ou le procureur du roi, et signée par l'un et l'autre à chaque feuillet. Elle contient une élection de domicile au greffe, si le plaignant ne demeure pas dans l'arrondissement où se fait l'instruction. V. *au surplus C-cr.* 65, 31 *et* 68.

(3) Il résulte de là que , pour porter une plainte, il faut avoir un intérêt direct et un droit *formé,* de constater et de poursuivre le délit. V. *à ce sujet et pour une exception, ci-dev. p.* 34, *notes* 28 *et* 29, *ib.*

(4) *Observations. — Intervention.* 1. Il peut donc intervenir jusqu'alors, quand même il a déclaré primitivement ne vouloir être ni plaignant, ni partie civile. V. *rej. ou cass.* 27 *déc.* 1811 *et* 16 *oct.* 1812 (*B. c. n.* 222), *rép. vj*, 504, *h. v.,* § 2.

2. Il le peut même en cassation, lorsque, dans le principe, il s'est rendu partie civile. V. *réqu. et arr. cass., rép., sup.*, 506, 5°.

3. Celui qui n'est ni plaignant, ni accusé, peut-il intervenir lorsqu'il a un

iutérêt indirect à la décision future ?... La négative de cette question délicate a été soutenue par Lally-Tolendal contre Desprémévil, et consacrée, en 1780, dans un arrêt par lequel le conseil d'état en a cassé un où le parlement de Rouen adoptait l'affirmative (v. *rép. sup., 509 et suiv.*). Cette dernière doctrine semble aussi être celle d'un arrêt rendu par la Cour de cassation en 1832 (*rej.* 19 *juill.*, *J-cr.* 166). Mais, selon M. Chauveau (ib.), cet arrêt se rapporte plutôt à la régularité de la procédure qu'à la question même, qui par conséquent, reste encore entière.

(4 *a*) Il peut les prendre après la déclaration du jury lorsqu'il s'est constitué partie civile à l'ouverture des débats. *Rej.* 2 *mars* 1833.

(5) *Observations.* 1. La plainte, refusée par un officier auxiliaire, peut être successivement présentée au procureur du roi, au juge d'instruction et au procureur général... Si c'est par la chambre du conseil, elle peut l'être à la chambre d'accusation, par la voie de l'opposition. V. *rép. ix*, 304, 305, *mot plainte*, *n.* 4 ; *ci-apr.* § 3, *n.* 4, *p.* 134.

2. La procédure n'est pas nulle, quoique la plainte ait été adressée à un fonctionnaire sans qualité pour la recevoir. V. *arr. cass.* 8 *prair. xj, n.* 147, et *rép. ix*, 303, *sup., n.* 2.

3. Au reste, on a vu que le plaignant ne peut varier dans le choix qu'il a fait d'une voie pour agir. *Ci-dev. p.* 35 *et* 36, *n.* 2 *et* 3.

5. Enfin les procédures ont lieu en cas de *flagrant délit*.

On nomme flagrant délit, le délit qui se commet ou qui vient de se commettre; et l'on répute aussi comme tel, le cas où l'inculpé est poursuivi par la clameur publique, ou bien est trouvé saisi d'effets qui donnent lieu de croire qu'il est auteur ou complice d'un délit récent. V. *C-cr.* 41.

Dans le cas de flagrant délit, et même sur la simple demande du chef d'une maison où l'on a commis un autre délit, le procureur du roi doit, pour faire les premiers actes (*ci-après* § 3, *p.* 130), se transporter sur les lieux (5 *a*); il en avertit le juge instructeur (6), mais il peut agir sans l'attendre. V. *C-cr.* 32 *et* 46.

Dans les autres cas, le procureur du roi requiert seulement le juge instructeur d'ordonner une information, ou de se transporter s'il en est besoin sur les lieux pour faire les mêmes actes. *C-cr.* 47. (7)

(5 *a*) Ce n'est que dans cette hypothèse. *B. c.* 30 *sept.* 1826, *n.* 194.

(6) Ce juge a les mêmes droits dans les mêmes cas. V. *C-cr.* 59.

(7) Ainsi, hors le cas de flagrant délit, le procureur du roi doit requérir et non pas faire les actes d'instruction. V. *Bourguignon, art.* 32, *note* 1 ; *Carnot, art.* 47, *n.* 1.

§ 2. *De la comparution et de l'arrestation des prévenus.*

Les modes de comparution et d'arrestation ou traduction, varient suivant que la procédure a été commencée par le procureur du roi (*ci-dev. p.* 126, *n.* 5),
ou par le juge instructeur.

I. Dans le 1ᵉʳ cas, s'il s'agit d'un crime, et si l'individu à l'égard duquel il y a des indices graves, n'est pas
présent, le procureur du roi le fait comparaître par
un *mandat d'amener* (8), ou ordre, en vertu duquel
on est contraint par corps de paraître. V. *C-cr.*
40, ₰. 1.

Si l'inculpé est amené, ou est présent, ou a été
arrêté en flagrant délit (9) le procureur du roi l'interroge...; il fait aussi les actes préliminaires d'instruction, et les envoie au juge instructeur....; alors l'inculpé reste en état de mandat d'amener. V. *C-cr.* 40,
in pr., et 45.

(8) *Observations.* 1. Ce n'est que dans le seul cas de *flagrant délit*, que
le procureur du roi peut décerner un mandat *d'amener;* et, quant au mandat
de *dépôt*, dans les deux cas indiqués aux articles 54 et 100... Hors ces cas,
le seul juge d'instruction décerne les mandats, de quelque espèce qu'ils soient.
V. *arr. rej.* 18 *avr.* 1816, *Jalbert*, 451 ; *Carnot, art.* 40, *n.* 15 ; *Le Graverend, i*, 290. — V. aussi *B. c.* 18 *avr.* 1851.

1 *a.* Les officiers de police auxiliaire (*ci-d. p.* 121, *n.* 5) ont dans les mêmes
cas, le même droit que le procureur du roi. V. *C-cr.* 49 ; *Carnot, ib.*, 1ʳᵉ *et*
2ᵉ *édit.*

2. Le juge civil décerne quelquefois des mandats d'amener, par exemple,
contre les témoins défaillans à la suite d'une réassignation. V. *Cours proc. p.*
528, *note* 35.

3. Le procureur du roi ou son substitut, ou le président, même du tribunal
civil, peuvent également décerner un semblable mandat si, dans la visite d'un
procès quelconque, on trouve des indices sur un faux et sur l'auteur de ce
faux. V. *C-cr.* 462.

(9) *Observations.* 1. Toute personne est tenue de saisir un prévenu surpris
en flagrant délit, ou après un délit considéré comme tel (*ci-dev. p.* 126), et
de le conduire au procureur du roi, si le délit est un crime. V. *C-cr.* 106.—
V. aussi *rej.* 30 *mai* 1825, *n.* 73.

2. On nomme *inculpé* celui qui est appelé par un mandat de comparution,
ou qui se justifie, ou qui n'est accusé que d'une contravention. On appelle
prévenu celui qui est sous les liens des autres mandats, ou auquel on impute
un crime ou un délit. V. *Bourguignon, art.* 91.

II. Dans le second cas, s'il s'agit d'un simple délit commis par un individu domicilié, le juge instructeur peut ne décerner qu'un mandat de *comparution,* c'est-à-dire un ordre de paraître, sans contrainte par corps. V. *C-cr.* 91 ; *Bourguignon, ibid.*

Si l'inculpé fait défaut, ou s'il s'agit d'un crime, ce juge décerne un mandat d'amener. V. *d. art.* 91.

S'il se présente ou s'il est amené, le juge l'interroge, et, examen fait des réponses et de la procédure, prend l'un des partis suivans :

1. Si l'inculpé paraît innocent, il le met en liberté provisoirement et jusqu'à la décision de la chambre du conseil (v. *ci-apr.* § 3, *n.* 3, *p.* 132).

2. Si l'inculpé ne s'est pas justifié, et si les charges sont insuffisantes, ou la procédure incomplète, le juge décerne contre lui un mandat de *dépôt*, ou ordre de le retenir (**10**) provisoirement dans une maison d'arrêt.

3. Si les charges paraissent fondées sur des preuves, il décerne, mais après avoir entendu le procureur du roi, un mandat *d'arrêt,* ou ordre qui constitue l'inculpé en état d'arrestation dans une semblable maison (il y est écroué). V. *sur tous ces points, C-cr.* 91, 93, 94, 603, 608. (**11**)

(**10**) *Observations.* 1. Il pourra convertir ce mandat en mandat d'arrêt, si les charges deviennent suffisantes. *Bourguignon,* d. art. 91.

2. Le mandat de dépôt peut être considéré comme un commencement *de poursuites*, et ainsi faire exclure un coupable, du bénéfice d'une amnistie accordée pour le cas où il n'y aurait pas eu de poursuites. V. *arr. rej.* 14 *juin* 1816, *avoués, xiv,* 265.

3. Il tient le milieu entre le mandat d'amener et le mandat d'arrêt. Il ne fait constituer le prévenu qu'en arrestation provisoire. Il n'est assujéti qu'aux formes des mandats d'amener et de comparution, tandis qu'il faut, en outre, dans le mandat d'arrêt, l'énonciation du fait imputé et de l'article de la loi qui le caractérise comme délit. V. *C-cr.* 95 *et* 96, *et Carnot, art.* 91, *n.* 15 *à* 18, 1re *et* 2º *édit.*

4. Il faut aussi observer que le mandat *d'arrêt* ne peut être délivré par le juge d'instruction qu'après communication au procureur du roi, tandis que cette communication n'est pas nécessaire pour les deux autres mandats, sauf toutefois au procureur du roi à se pourvoir (par appel à la chambre d'accusation) contre l'ordonnance du juge qui les concerne. V. *C-cr.* 61 *et* 94 ; *B. c.* 23 *déc.* 1831, *n.* 328; *ci-apr. note* 15 *b.*

(11) V. aussi Bourguignon, *sup.*, et surtout Carnot, *d. art.* 91 ; et quant
à la mise en liberté provisoire, *id.*, *art.* 61, *n.* 5 *et suiv.*; et pour les autres
cas de communication au procureur du roi, *ci-apr.p.* 131, *n.* 2, *et note* 15 *b*,
p. 132.

Observations. 1. Le juge d'instruction peut décerner le mandat d'arrêt
sans entendre le prévenu, lorsque celui-ci s'est soustrait à un mandat d'amener. *Arr. rej.* 4 *août* 1820, *n.* 110.

2. S'il refuse de le décerner, ou le décerne mal-à-propos, il est soumis aux
règles de discipline du Code, art. 279 et suiv. *D. arr.*

3. Mais son refus ne peut opérer une nullité, parce que le Code, à l'égard
du mandat d'arrêt, ne s'exprime qu'en termes facultatifs. *D. arr.*

4. On y suppléera par l'ordonnance de prise de corps que pourra rendre la
chambre quand le juge instructeur (ci-apr. p. 132) lui rendra compte de l'affaire. *D. arr.*

III. Les mandats précédens sont exécutoires dans toute la France. V. *C-cr.* 98. (12)

Ils ne peuvent être exécutés pendant la nuit dans une maison, à moins de réclamation faite de l'intérieur de cette maison. V. *const. an viij, art.* 74; *L.* 28 *germ. vj, art.* 131. (13)

(12) *Observations.* 1. Sauf le *visa* du juge de paix, ou maire, ou adjoint,
ou commissaire de police du lieu où sont exécutés les mandats de dépôt ou
d'arrêt, quand ce lieu n'est pas dans le ressort du juge qui les a décernés... A
cet effet, on conduit l'individu arrêté devant l'un de ces fonctionnaires. V. *au
surplus, d. art.* 98.

1 *a.* Si le prévenu est trouvé à plus de 5 myriamètres du lieu où réside
l'officier, qui a décerné le mandat, et hors de son arrondissement, il peut
n'être pas contraint d'obéir au mandat (si toutefois il n'est pas trouvé porteur
d'effets, papiers ou instrumens qui font présumer qu'il est auteur du délit).
Alors il est conduit devant le procureur du roi, qui décerne un mandat de dépôt pour le retenir dans la maison d'arrêt de l'arrondissement, en attendant
que l'on ait instruit rogatoirement pour vérifier son identité ou les charges
qui pèsent contre lui. *C-cr.* 100 *à* 103. Ch. b. s.

2. Quant à la forme, à la notification et l'exécution des mandats, *voyez C-
cr.* 95 *à* 112.

3. On a le droit de requérir la force publique, telle que la *gendarmerie*,
ou de s'en faire assister, pour cette exécution. V. *C-cr.* 97, 99, 108.

4. Mais, pour l'exercice de ses fonctions ordinaires, par exemple, pour l'arrestation des déserteurs et la recherche des malfaiteurs, la gendarmerie n'a pas
besoin de la réquisition des autorités civiles. V. *L.* 28 *germ. vj. art.* 125; *réqu. et B. c. sect. réun.*, 16 *avr.* 1812, *rép. x*, 745, *mot rébellion*, § 2, *n.* 6;
B. c. 20 *janv.* 1825.

5. Les mandats peuvent, en cas de flagrant délit, être décernés sans autorisation contre un agent du gouvernement, et tout autre fonctionnaire. *Arg.
de C-pén.* 121 *et de Charte const.* 44; *Carnot, art.* 91, *n.* 26 *et suiv.*; *Le
Graverend, i,* 159.

6. Si les prévenus sont dans une maison royale, ou ses dépendances, le juge
instructeur, le procureur du roi, ou le juge de paix s'y présentent, et s'adres-
sent au gouverneur, pour l'exécution. V. *au surplus, ord.* 20 *août* 1817.

(15) *Observations.* 1. Pendant la *nuit*, c'est-à-dire, du 1 octobre au 31 mars, depuis 6 heures du soir jusqu'à 6 heures du matin, et dans les autres mois, depuis 9 heures du soir jusqu'à 4 heures du matin. *Décr.* 4 *août* 1806; *cours procéd.* p. 157, *note* 2, *et p.* 698, *note* 5.

2. Si les agens d'exécution, tels que les gendarmes, veulent alors s'introduire dans une maison, malgré le maître, sa résistance, même avec armes, est légitime. Ils peuvent seulement demander l'entrée de la maison, et en cas de refus, l'observer et l'entourer à quelque distance. Leur *tirer dessus*, dans cet état, est une rébellion. V. *réqu. et arr.* 16 *avr.* 1812, *et rép.*, *cités p.* 129, *note* 12, *n.* 4.

Le Graverend, *ij,* 456, n'approuve pas cette décision. Il observe que des agens de la force publique ne peuvent être reconnus pour tels dans cette position, puisque des brigands pourraient abuser de ce moyen, pour menacer la vie et la propriété des citoyens paisibles, en violant leur domicile sous l'autorité de la loi... La réponse à ces objections se trouve dans un arrêt du 3 brumaire an 14 (*B. c. n.* 224, *et rép.*, *sup.*, *x,* 750, *n.* 7), qui décide qu'il n'y a pas rébellion si les gendarmes sont déguisés; d'où il résulte que la cour suprême n'entend considérer la résistance comme une rébellion, que dans le cas où les hommes placés en observation ont dû être reconnus comme agens de la force publique.

3. Le même auteur insiste sur ce qu'on ne saurait voir dans une famille, même nombreuse, rassemblée dans son domicile, la *réunion armée* qui, d'après la loi, est nécessaire pour constituer le crime de *rébellion*, à main *armée*... Cette observation nous paraît très juste.

4. M. de Molènes (*de la police judiciaire*, 1834, *p.* 102) pense que pendant la nuit on peut, sans illégalité, s'introduire dans le domicile d'un homme poursuivi par la clameur publique, comme l'auteur d'un crime. Cн. в. s.

5. A l'égard des arrestations et détentions arbitraires, *v. ci-apr. note* 20, *p.* 133; *cours de proc., p.* 704, *note* 23.

§ 3. *De l'instruction.*

I. On a vu, § 1ᵉʳ, page 126, que, quand il y a flagrant délit, le procureur du roi doit et le juge-instructeur peut se transporter sur les lieux et décerner les mandats indiqués, § 2, p. 127.

Dans ce cas, la première précaution à prendre est celle de constater le délit par un *procès-verbal* (14). On y décrit le corps du délit avec toutes ses circonstances, et dans cet objet on appelle les personnes (des médecins ou chirurgiens, par exemple), qui, par leur profession sont en état d'apprécier les mêmes circonstances (14 *a*). On entend celles qui peuvent donner des renseignemens; on examine le lieu du délit, les demeure, papiers (14 *b*), effets, etc. des inculpés; en un mot, on fait toutes les recherches propres à éclairer sur le délit ou sur son auteur. V. *C-cr.* 32 à 44. **(15)**

Lorsque ce n'est pas le juge-instructeur qui a fait ces actes préliminaires, il doit les examiner et les refaire (**15a**), s'ils lui paraissent, soit incomplets (v. *C-cr.* 60), soit irréguliers. V. *Carnot, ibid.*

(14) L'omission de rédiger ce procès-verbal, n'est pas une nullité, *suiv. rej.* 19 *juin* 1817 *et cass.* 30 *janv.* 1818, *n.* 47 *et* 15. — Il n'a pas besoin d'affirmation. V. *réqu. et B. c.* 12 *juill.* 1822.

(14 *a*) Ces personnes (médecins, experts, etc.) doivent prêter serment « de donner leur avis en leur honneur et conscience ». *C-cr.* 44.—Même devant la cour d'assises et sous peine de nullité. V. *B. c.* 13 *juin* 1835, *n.* 238. — Et si elles sont appelées comme experts et comme témoins, elles doivent prêter et ce serment et celui des témoins. V. *rej.* 13 *août, id., n.* 318. — V. aussi, pour une exception, *rej.* 27 *juin id., n.* 261.

(14*b*) Les articles 37 et 269, qui autorisent la saisie et la lecture (même aux assises) des papiers, n'exceptent point les lettres missives, quel qu'en soit l'auteur, *suiv. B. c. ou rej.* 13 *octob.* 1832, 28 *mars*, 6 *avr. et* 29 *juin* 1833. — V. aussi *J-cr.* 1833, 195.

(15) On a vu, p. 121, n. 3, que les officiers de police auxiliaires ont les mêmes droits et sont tenus des mêmes obligations.

(15 *a*) *Observations.* 1. Il doit les refaire, mais non pas les *annuler.* — V. *arr. cass.* 27 *août* 1818, *n.* 108.

2. C'est que l'annulation d'un acte, étant l'exercice du droit de rendre des jugemens, ne doit (hors les cas spécialement déterminés par la loi) appartenir qu'aux tribunaux. *D. arr.*

3. S'il y a lieu à l'annulation d'un acte d'instruction, elle ne peut être prononcée que par la chambre du conseil en premier ressort, et par la chambre d'accusation, soit sur un appel, soit sur des renvois qui lui ont été faits, soit même directement lorsqu'elle peut être immédiatement saisie des procédures... Ce droit de la chambre d'accusation résulte de l'article 415. V. *d. arr.* — V. aussi *arr.* 6 *mars* 1818 *et* 1 *août* 1822, *n.* 38 *et* 104; *rép. xvj,* 537, *mot juge d'instruction, n. iv; ci-dev.* p. 74.

II. Dans les autres cas, l'instruction est faite directement par ce juge, et toujours après communication au procureur du roi. V. *C-cr.* 61; *Carnot, d. art.* **(15 b)**

L'instruction consiste dans l'action de recueillir tous les genres de preuves possibles, tels que des dépositions de témoins (**16**), des examens d'effets, papiers (v. *note* 14 *b*) et domiciles; des interrogatoires des inculpés ou prévenus; des expertises (ou vérifications) d'instrumens ou de résultats du délit, par des gens de l'art (**16a**); des commissions à d'autres magistrats pour ces opérations, etc. V. *C-cr.* 32 *à* 44, 71 *à* 90.

(15 *b*) Ainsi, en cas de flagrant délit, il n'est pas besoin de communication au procureur du roi pour les procédures préliminaires, et en aucun cas, pour décerner les mandats de dépôt et d'amener. V. *Carnot, ib., n.* 2, 10 *et* 11; *ci-dev. p.* 128, *note* 10, *n.* 4.

(16) Ils prêtent serment de «dire toute la vérité, rien que la vérité.» V. *C-cr.* 75.

Observations. 1. Le mineur de quinze ans est entendu par forme de déclaration et *sans prestation de serment*, dit l'art. 79.

2. Cette dispense du serment s'applique-t-elle aux mineurs de 15 ans, entendus aux débats (v. *ci-apr. art. de l'examen, n. iij*), où l'art. 317 exige en général le serment des témoins?.. La négative avait d'abord été adoptée (*B. c.* 7 *et* 20 *févr. et* 19 *mars* 1812); on a ensuite reconnu que la dispense est générale. *Rej., sect. réun.,* 3 *déc.* 1812, *rép. xiij, 438, mot témoin, §* 3; *rej.* 16 *juill.* 1835, *n.* 292. — Mais leur prestation de serment n'opère pas une nullité. *D. rej.* 16 *juill.; id.,* 2 *janv.* 1813 *et* 27 *avr.* 1827.

3. Les individus qui font défaut, ou refusent de déposer, sont condamnés à une amende et peuvent même être contraints par corps à venir donner leur témoignage. V. *C-cr.* 80. — V. aussi *p.* 158, *note* 4 *a.*

(16 *a*) Ils prêtent (*C-cr.* 43, 44) le serment indiqué plus haut (*note* 14 *a*).

III. Lorsque la procédure est terminée, le juge instructeur la communique au procureur du roi qui fait les réquisitions qu'il estime convenables. Le même juge rend ensuite compte de l'affaire à la chambre du conseil (**17**), qui, selon la nature des charges et des inculpations, prend l'une des décisions suivantes. V. *C-cr.* 61, 127 *à* 136. (**18**)

1. Déclaration qu'il n'y a lieu à aucune poursuite. *C-cr.* 128. (**19**).

2. Renvoi du prévenu à la police simple; et dans ces deux cas, il est mis en liberté (sauf opposition). V. *C-cr.* 128, 129; *ci-après, n. iv, p.* 134.

3. Renvoi du même à la police correctionnelle, et *retention* ou bien élargissement, avec ou sans caution, selon que le délit est punissable d'emprisonnement, ou que la caution est admissible, et sauf l'opposition du procureur du roi (**19** *a*) ou de la partie civile. V. *C-cr.* 130 *à* 132, 135, 136, 113 *à* 126; *ci-après note* 20 *a, p.* 134.

4. Renvoi de l'affaire au procureur-général (**19** *b*) et ordonnance de prise de corps, ou ordre de conduire et de retenir le prévenu dans une maison de justice. V. *C-cr.* 133, 134, 603. (**20**)

(17) *Observations.* 1. Telle est la marche ordinaire. Mais le juge-instructeur n'est pas tenu d'instruire à fond une affaire avant d'en rendre compte ; il peut même en rendre compte aussitôt après qu'elle lui a été déférée, parce qu'il y a des affaires tellement simples que, sur l'inspection de la plainte ou de la dénonciation, on est en état de reconnaître qu'elles sont du ressort des tribunaux de police simple ou correctionnelle. Il convient alors de les renvoyer sur-le-champ à ces autorités au lieu de se livrer préalablement à une instruction souvent longue, toujours coûteuse, et qui serait inutile, puisque la véritable instruction de ces délits se fait à l'audience. V. *réqu. et arr. rej.* 1 *avr.* 1813, *rép. xv,* 541, *mot opposit. à ordonn., n.* 7, *par arg. de C-cr.* 127, 130 *et* 182 *conf. ; lett. du minist. de la just.,* 23 *sept.* 1812, *ib.* — V. aussi *B. c.* 8 *déc.* 1826 *et réqu. et B. c.* 24 *avr.* 1828.

2. Le prévenu a le droit de produire un mémoire devant le juge-instructeur (ce mémoire doit rester joint aux pièces) ; cela tient au droit de ·défense. V. *rej.* 29 *déc.* 1832, *J-cr.* 1833, 12. — V. aussi *ci-d. p.* 90, *n.* 13.

(18) Carnot pense que, lorsqu'un mandat a été décerné, le juge-instructeur ne peut prendre sur *lui seul,* et même de concert avec le procureur du roi, de déclarer qu'il n'y a lieu à suivre. V. *id., art.* 61 , *n.* 5 *et suiv.; et Le Graverend, i,* 353 (il propose diverses mesures). — Mais la chambre peut statuer quoique le procureur du roi demande de continuer l'instruction. V. *rej.* 25 *sept.* 1824, *n.* 126.

(19) C'est ce que dans l'usage, on nomme, assez peu correctement, une ordonnance de *non-lieu.*

Observations. 1. Elle peut être motivée (sauf l'opposition... *ci-apr. p.* 134) sur ce qu'il y a prescription. V. *ci-d. p.* 106, *n.* 3.

2. Elle doit être rendue lorsqu'il n'y a *aucune charge* contre le prévenu. V. *C-cr.* 128. — Ou que les charges sont très légères, et détruites, en quelque sorte, par sa bonne réputation. V. *Carnot, ib., n.* 5. — Elle n'a chose jugée que relativement aux faits indiqués dans l'instruction, et sur lesquels elle a statué. V. *réqu. et B. c.* 10 *avr.* 1823 *et* 4 *juin* 1830.

3. Si la prévention porte sur un crime, il faut l'unanimité des suffrages pour cette décision. *Arg. de C-cr.* 133, 134 ; *Carnot, sup., n.* 9.

(19 *a*) De lui seul et non pas 1° d'un co-inculpé. *Rej.* 3 *sept.* 1824, *n.* 109. — 2° du procureur-général. *B. c.* 6 *mars* 1818, *n.* 38.

Il suit de là que le procureur-général ne peut en recourir ; d'autant plus que le recours ne concerne que les jugemens en dernier ressort, et que ces ordonnances sont passibles d'opposition. V. *d. arr.* 6 *mars.*

(19 *b*) Afin que celui-ci la soumette à la chambre d'accusation. V. *C-cr.* 133 *et* 217 *et suiv., et ci-apr. chap. de l'accusation.*

(20) *Observations.* 1. Cette ordonnance est un acte provisoire, qui ne devient définitif et ne reçoit sa forme d'exécution que par l'arrêt d'accusation. V. *arr. régl.* 19 *fév.* 1819, *n.* 27.

2. Quant à la police des maisons d'arrêts et aux moyens d'assurer la liberté individuelle contre les détentions arbitraires, v. *C-cr.* 603 *à* 618. — V. aussi *C-pén.* 341 ; *rej.* 25 *mai* 1832, *J-cr., id.,* 135; *et* 12 *sept.* 1833, *B. c., n.* 375.

3. Lorsque de plusieurs délinquans, les uns ont été renvoyés au procureur-général et successivement mis en accusation par un arrêt (*ci-apr. p.* 156, *n. iij*), et les autres renvoyés des poursuites par un *n'y a lieu à suivre,* s'il survient de nouvelles charges contre ces derniers, l'instruction devra en être faite d'après les règles du présent titre, c'est-à-dire par le juge d'instruction, la chambre du conseil, etc., et non point par la chambre d'accusation. Celle-ci n'est chargée de l'instruction sur les *nouvelles charges,* que dans le cas où elle a prononcé un *n'y a lieu à accusation* d'après l'examen des anciennes. *B. c.* 31 *août et* 22 *nov.* 1821. — V. aussi *id.* 14 *mai* 1829 ; *d. n. iij.*

IV. L'opposition dont on vient de parler, peut être formée dans les trois premiers cas (**20** *a*) et dans le délai de vingt-quatre heures. V. *C-cr.* 135 (**21**). — Elle se porte à la chambre d'accusation. V. *ci-d. p.* 74.

(**20** *a*) Dans le troisième cas, ce n'est que lorsque, en renvoyant au correctionnel, la chambre a ordonné l'élargissement, comme elle le doit si elle pense que le délit est simplement passible d'amende, car s'il est passible d'emprisonnement, le prévenu arrêté doit être provisoirement retenu. *C-cr.* 130, 131.

(**21**) *Observations.* 1. Ce délai court de la date de l'ordonnance pour le ministère public, et de sa signification au domicile élu, pour la partie civile. V. *C-cr.* 135. — V. aussi *B. c.* 6 *juin* 1833.

2. Passé ce délai, ils sont non recevables à s'opposer. *Réqu. et arr. rej.* 27 *jév.* 1812, *à rép. xv,* 532, *mot opposit. à ordonn.; autres arr., ib.; B. c.* 18 *sept.* 1834.

Il résulte de là que, passé ce délai, le prévenu ne peut plus être poursuivi (mais v. *ci-après*), de sorte qu'une erreur de la chambre et une négligence du procureur du roi à s'opposer, peuvent procurer une espèce d'absolution à un vrai coupable.

Frappé de ces graves inconvéniens, Le Graverend, dans une dissertation très développée (*i,* 364 à 379), attaque avec force la décision précédente, quoique consacrée par une jurisprudence constante. Il soutient que le délai de 24 heures n'est fatal que quant à la mise en liberté du prévenu ; mais que, tant qu'il n'y a pas accusation, la cour, et par là même le procureur-général, peut, d'après l'art. 235, ordonner de nouvelles poursuites contre le prévenu à l'égard duquel la chambre du conseil a déclaré n'y avoir lieu à suivre. L'auteur du réquisitoire du 27 février soutient de son côté (*rép. xv,* 533) que les inconvéniens de la même décision ne sont pas aussi graves qu'ils le paraissent d'abord, parce que le prévenu, quoique mis en liberté, pourra être poursuivi s'il survient de nouvelles charges (*id., arr.* 4 *mars et* 5 *août* 1813, *Laporte, p.* 32).

3. D'ailleurs, si le prévenu n'a pas proposé la fin de non-recevoir fondée sur le défaut ou le retard de l'opposition, et a été mis en accusation et condamné, il ne peut s'en faire un moyen de cassation contre l'arrêt de condamnation, *suiv. arr. rej.* 17 *et* 23 *juill.* 1812, *à rép. xv,* 540, *d. mot opposition, n.* 5, *et* **M. Merlin**, *ib.*

4. Il résulte, soit des remarques précédentes, soit du texte, que l'opposition dont on vient de parler, n'est point une opposition proprement dite (v. *cours procéd. p.* 289 *et* 443), puisqu'on admet les parties présentes, c'est-à-dire le procureur du roi, et le plaignant, à la former, et qu'elle se porte à un tribunal supérieur. Elle n'est pas non plus un *appel,* puisque, si elle a été formée par le plaignant, elle sert, on en convient (v. *rej.* 26 *juill.* 1828, *n.* 222 ; *J-cr.* 1833, 165, 196), au procureur du roi, et réciproquement, tandis que l'appel, excepté pour les matières indivisibles, ne profite qu'à la partie appelante (*d. Cours, p.* 464, *et ci-apr. tit.* 2, *note* 8, *n.* 3). Cette opposition est donc un acte d'une espèce particulière, auquel on ne peut appliquer les règles de l'appel ni de l'opposition ordinaires. V. *réqu. et arr.* 17 *oct.* 1811, *rép. xv,* 87, *mot cassation,* § 4, *n.* 4. — Ni du recours. *D. rej.* 26 *juill.*

5. Elle doit se former par déclaration au greffe. Voy. *à ce sujet, rej.* 18 *juill.* 1833, *n.* 275.

V. A l'égard de la *caution*, le prévenu d'un simple délit correctionnel, lorsqu'il en fournit une qui est solvable, et qui se soumet à payer une certaine somme dans le cas où il ne se représentera pas pendant la procédure, peut obtenir provisoirement sa liberté. V. *au surplus C-cr.* 113 *à* 126. (**22**)

(22) *Observations.* 1. La demande de mise en liberté sous caution peut être formée en tout état de cause, et même en appel. V. *C-cr.* 114; *réqu. et B. c.* 24 *août* 1811, *n.* 121, *et rép. xv,* 222, *mot élargissement, n.* 1 (*Dr. int... v. id., iv,* 510, *d. n.* 1).

1 *a.* Ces mots, *en tout état de cause,* doivent être entendus en ce sens que tout tribunal saisi de la cause, et pendant qu'il en est saisi, peut statuer sur la demande de mise en liberté sous caution. Ainsi, lorsque la chambre d'accusation a renvoyé un prévenu au tribunal correctionnel, c'est à ce tribunal et non point à la chambre, puisqu'elle s'est *dessaisie,* à statuer sur cette demande. V. *B. c.* 27 *mars* 1825 *et* 6 *sept.* 1833. — *Voy. toutefois* pour la demande formée après une condamnation, *ci-apr. art. de la cassation, note* 23 *a,* et pour le sens des mots *en tout état de cause,* au civil, *cours procéd. p.* 199, *note* 44 *a, n.* 2.

2. Celui qui est arrêté pour des contraventions aux lois sur les tabacs, a la même faculté. V. *L.* 24 *déc.* 1814, *art.* 49, *et* 28 *avr.* 1816, *art.* 224.

3. Mais non par le vagabond ou l'individu déjà repris de justice (v. *C-cr.* 115) c'est-à-dire condamné à une peine afflictive ou infamante. V. *Carnot, art.* 115, *n.* 6 *et suiv.*

4. Le prévenu est admissible à être sa propre caution. *C-cr.* 118.

5. *Quid,* s'il ne se représente qu'après avoir *fait défaut* ?... La somme du cautionnement n'est pas pour cela acquise à l'état. *Arr. cass.* 19 *oct.* 1821 (*affaire Cauchois-Lemaire*), *n.* 165.

6. La soumission de la caution emporte la contrainte par corps. V. *C-cr.* 120; *cours procéd.,* p. 551, *note* 12, *n.* 2.

7. Le recouvrement du cautionnement est fait par les préposés de la caisse des dépôts; s'il éprouve des difficultés, ceux de l'enregistrement font les poursuites, sauf à verser dans la même caisse, les sommes qu'ils auront obtenues. *Décis. du minist. des finances,* 31 *mai* 1826, *avoués, xxxj,* 313.

SECTION SECONDE.

DE LA JUSTICE.

Observations préliminaires.

La justice pour la répression des délits, est administrée par des Tribunaux de police, des Tribunaux correctionnels, des Cours royales et des Cours d'assises. Nous avons déjà indiqué la compétence de ces Tribunaux (*part.* 1, *sect.* 1, *p.* 68 *et suiv.*); nous allons parler de leur procédure, ainsi que de celle qui est relative aux voies de recours contre l'instruction et les jugemens.

TITRE PREMIER.

De la procédure de simple police.

Nous avons à exposer, quant à cette procédure, les règles qui concernent la comparution, le défaut, l'instruction, le jugement et l'appel.

§ 1er. *De la comparution et du défaut.*

I. *Comparution.* Les parties paraissent en personne, ou par procureur spécial, devant le Tribunal, ou volontairement, sur un simple avertissement, ou en vertu d'une citation. V. *C-cr.* 147, 152, 169. (**1**)

La citation est donnée à la requête du ministère public ou du plaignant, au prévenu ou au civilement responsable. Le délai est au moins de vingt-quatre heures (**1** *a*) (en cas d'urgence, le juge peut l'abréger).V.*C-cr.* 145, 146; *Carnot, dd. art.* (**1** *b*)

II. *Défaut.* Le défendeur qui ne comparaît pas, est jugé par défaut (2), sauf l'opposition dans les trois jours de la signification; opposition qui est portée à

la première audience après les délais, et qui est réputée non avenue, si l'opposant ne s'y présente pas. V.
C-cr. 149 à 151; *B. c.* 31 *déc.* 1830. (3)

(1) *Observations.* 1. Les huissiers de la justice de paix étant chargés du
service pour les affaires de police (*C-cr.* 141) devraient aussi l'être exclusivement des citations; mais, comme l'art. 145 ne parle que d'*un huissier*, la
citation donnée par un huissier du tribunal civil, dont le ressort embrasse
celui du tribunal de police, n'est pas nulle; seulement, il peut être condamné
à une amende. V. *Carnot, d. art. n.* 3; *B. c.* 23 *mai* 1817, 5 *déc.* 1822 *et* 8
août 1834; *rép. xvj,* 388, *cité cours proc.,* p. 82, *note* 36, *n.* 2.

2. Les règles du Code de procédure ne sont pas applicables à ces matières
(v. *d. arr.* 23 *mai et ci-dev.* p. 113, *n.* 1); en conséquence, le tribunal de police ne peut comme celui de paix, juger sur le local contentieux. V. *d. cours,*
p. 29, *note* 41; *B. c.* 1 *pr. vij*, 9 *therm. ix*, etc. — Et le visa d'un maire
cité n'est pas nécessaire. V. *B. c.* 14 *janv.* 1830.

3. A l'égard de la *jurisdiction* du tribunal de police et des membres dont
il est composé, de *son ministère public,* etc., v. p. 28 et note 12, ibid.; p. 70,
§ 1, et note 9, ib.; ci-apr. note 14, n. 2, p. 142.

(1 *a*) Sous peine de nullité des citation et jugement. *B. c.* 25 *janv.* 1819.

(1 *b*) Si le lésé ou le ministère public le requièrent, le juge peut, avant le
jour de l'audience, faire estimer les dommages. *C-cr.* 148.

(2) Il s'agit ici du défendeur appelé par une citation; s'il l'avait été par un
simple *avertissement,* il pourrait être jugé par défaut au tribunal de police,
tenu par le maire, où l'avertissement équivaut à une citation (*C-cr.* 170),
mais non pas à celui qui est tenu par le juge de paix. V. *Carnot, art.* 145 *et*
147, *par arg. de C-cr.* 149 *et* 169; *réqu. et B. c.* 4 *mars* 1826.

(3) *Observations.* 1. L'opposition emporte de plein droit citation à cette
audience. *D. art.* 151.

2. On conclut de là et de ce que le délai peut n'être que de 24 heures, que
l'opposant est tenu de se présenter à l'audience ordinaire qui écheoit le lendemain même de l'opposition, faute de quoi son adversaire peut demander et
obtenir la déchéance de l'opposition. *B. c.* 31 *août* 1820 *et* 16 *fév.* 1833 (cette
décision nous paraît beaucoup trop rigoureuse).

2 *a.* Tant qu'on est dans le délai de l'opposition, l'on n'a pas la voie de la
cassation. V. *B. c.* 5 *déc.* 1834, *n.* 391.

3. Après avoir soutenu avec force (1re *édit., art.* 151, *n.* 12 *et* 13, *et* 2e,
1829, *d. art., n.* 11, *et observat. addit., n.* 6) que les tiers peuvent user de la
tierce-opposition, Carnot semble avoir abandonné cette doctrine. En effet,
dans le supplément de cette seconde édition (1835, *iv*, 50), il observe que
trois arrêts de 1808 cités et critiqués précédemment par lui, sont encore applicables après la révision du Code faite en 1832... Quoi qu'il en soit, son système primitif a été depuis, formellement proscrit. V. *B. c.* 19 *févr.* 1835.

4. Défaut de défendre et preuves pour le jugement. V. *p.* 118, *n.* 14.

§ 2. *De l'instruction.*

I. L'instruction se fait publiquement, sous peine
de nullité, et dans l'ordre suivant. *C-cr.* 153, 171. (4)
1. On lit les procès-verbaux. *D. art.* 153.

2. On entend les témoins du ministère public et du plaignant, & celui-ci prend ses conclusions. *D. art.* 153.

3. Le défendeur fait entendre les siens (*4 a*) et propose sa défense. V. *id.* (5)

4. Le ministère public résume l'affaire, et donne ses conclusions. V. *id. et B. c.* 11 *mai* 1832.

5. Le défendeur peut proposer des observations. V. *id.*

II. Les preuves admissibles sont les procès-verbaux et les témoins à leur appui ou à leur défaut (5 *a*); car la preuve vocale n'est pas recevable contre et outre les procès-verbaux ou rapports d'officiers de police, tels que les gardes-forestiers (6), autorisés à constater les délits ou les contraventions *jusques à inscription de faux* (6 *a*). V. *C-cr.* 154; *Carnot, ibid.; répert. x,* 62 *et* 102 *et suiv., mot procès-verbal,* § 2, *n.* 4, *et* § 6, *n.* 10 *et suiv.; plus. arrêts aux dd. n.; autres,* 23 *févr.* 1815, 26 *janv.* 1816, 3 *déc.* 1819, 22 *août* 1835, *B. c.* (7)

A l'égard des procès-verbaux des autres officiers de police, tels que les commissaires de police et les gardes-champêtres, il font seulement foi jusques à la preuve contraire, preuve que néanmoins le tribunal est libre de ne pas admettre. V. *C-cr.* 154; *Carnot, ib.; ci-dev. p.* 121, *note* 5; *rép. x,* 112, *h. v.,* § 10; *B. c.* 11 *mai* 1810, 9 *févr. et* 10 *mars* 1815, 31 *juill.* 1818, 24 *mai* 1821, 4 *févr.* 1825; *iid., tabl. du B. c.,* 1826-1833, *mots procès-verb. et trib. de police.* (8)

(4) *Observations.* 1. Il ne suffit donc pas que le prononcé, il faut encore que tous les débats aient lieu en public. V. *B. c.* 17 *mai et* 24 *mai* 1811, *rép. x,* 314, *mot publicité,* § 2, *n.* 4; *ci-apr. note* 5. — Le défendeur peut s'y faire assister d'un conseil. V. *B. c.* 20 *nov.* 1825, *n.* 154; *répert. xvij,* 820, *mot trib. de police, sect.* 1, § 3.

2. On ne doit pas y procéder avant l'époque indiquée pour l'audience. *Arr. cass.* 7 *mars* 1817, *n.* 19.

(4 *a*) Les témoins défaillans sont condamnés à une amende, et, en cas de récidive, à la contrainte par corps (v. *pour les détails, C-cr.* 157, 158, *et* p. 132, *note* 16, *n.* 3), sauf au tribunal à voir si, d'après les motifs qui les ont fait citer par les parties, ils ont pu se dispenser de paraître. *Rej.* 11 *août* 1827, *avoués, xxxiv,* 78.

(3) Ainsi, les témoins sont nécessairement entendus à l'audience : on ne peut se contenter de leurs déclarations écrites qui auront été reçues, par exemple, par le procureur du roi ou le juge-instructeur, et renvoyées, avec l'affaire, à la police simple. *B. c.* 24 *mai* 1811 *et* 29 *déc.* 1815.

(3 a) *Observations.* 1. D'où il résulte que si le procès-verbal est nul, on ne peut pas refuser au ministère public de prouver la contravention par témoins. V. *B. c.* 22 *avr.* 1820 *et* 6 *juill.* 1821, 17 *avr.*, 1 *mai et* 21 *nov.* 1825, 11 *déc.* 1829, 14 *mars* 1834.

2. Par la même raison, on peut, en appel, suppléer par la preuve vocale, à un procès-verbal insuffisant. *B. c.* 21 *juill.* 1820, 9 *févr. et* 21 *juin* 1821, 27 *déc.* 1823, 14 *mars* 1834.

3. Bien plus, les rédacteurs de ces procès-verbaux peuvent eux-mêmes être témoins, sauf à avoir tel égard que de raison à leurs dépositions, *suiv. d. arr.* 6 *et* 21 *juill.*; *autres*, 8 *mars* 1821, 1 *mars* 1822.

4, 5, etc. Autres questions et *règles générales* sur les procès-verbaux. V. *notes* 6 a *et* 7, *et les tables du B. c.*, 1818 à 1834.

(6) Tels sont aussi 1° les préposés des octrois. V. *ord.* 9 *déc.* 1814, *art.* 75. — 2° Ceux des droits-réunis. V. *décr.* 1 *germ. xiij, art.* 26; *beaucoup d'arrêts à rép., sup.,* § 4, *mot* inscription, *et au B. c.*, *surtout de* 1813 (v. *ses tables*), *et B. c.* 2 *oct.* 1834.—3° Ceux des douanes. V. *L.* 9 *flor. vij, tit.* 4, *art.* 11; *rép.*, *x*, 67, *ib.*, § 3.

Observations. 1. Les procès-verbaux ne font foi que des faits *matériels* aperçus par leur auteur. V. à ce sujet, *cours procéd.*, p. 183, *note* 14; *rej. cr.* 1er *mars* 1822; *C-F.* 176.

2. Ils peuvent être écrits soit par leur auteur, soit par le fonctionnaire chargé d'en recevoir l'affirmation. V. *B. c.* 11 *oct.* 1822; 29 *mai et* 25 *oct.* 1824.—V. aussi *id.* 27 *déc.* 1830.—Mais ceux des gardes forestiers peuvent à présent l'être par qui que ce soit. *B. c.* 12 *fév. et* 18 *juin* 1829, *par arg. de C-F.* 165.

3° On peut les dresser contre un parent. *B. c.* 18 *oct. et* 26 *déc.* 1822.

4° *Quid* s'ils se contredisent?. V. *d. cours*, p. 503, *note* 9, *n.* 2.

(6 a) *Observations.* 1. Cette expression de l'art. 154 signifie qu'ils font foi, tant *qu'ils n'ont pas été jugés faux*, et que cette foi ne peut être détruite par aucune sorte de preuves qu'on produirait hors d'une procédure de faux (v. *B. c.* 19 *avr.* 1833 *et* 2 *et* 6 *août* 1834).

2. Ceci semble au premier aperçu, n'être d'aucune application pour la procédure de police, parce que les contraventions forestières poursuivies par l'administration sont toutes de la compétence des tribunaux correctionnels (C. F. 171); mais il faut observer qu'il en est autrement des contraventions commises dans les bois des particuliers (*id.*, 290) : or, il peut arriver qu'une contravention de ce genre soit constatée par un garde de l'administration, dont alors le procès-verbal fera foi jusques à inscription, au tribunal de police.. *Arg. de C. F.* 175, 176 *et* 189, *conf.*

(7) *Observations.* 1. Mais ils ne font pas foi des injures proférées et des voies de fait commises contre les gardes et préposés, à moins que la mention qui en est faite dans le procès-verbal, n'ait eu pour objet que de constater les obstacles apportés à l'exercice de leurs fonctions. V. *rép. x*, 75, 89, 91 *et* 108, *sup.*, § 3, *n.* 13, § 4, *n.* 8 *et* 10, § 7, *n.* 16; *arrêts*, *ib.*— V. aussi *B. c.* 6 *nov.* 1823 *et* 31 *déc.* 1824.

2. Lorsqu'un délit forestier est passible de plus de cent francs d'indemnité et amende, il faut que le procès-verbal émane de deux agens ou gardes. Voy. C. F. 177, et pour le droit antérieur; *L.* 29 *sept.* 1791, *tit.* 9, *art.* 13 *et* 14; *rép. v*, 499, § 5, *n.* 14, *et x*, 96 *et* 109, *n.* 4 *et* 18, *mots garde-bois et proces-verb.*; *B. c.* 17 *juin*, 28 *août*, 15 *et* 29 *oct.*, *et* 25 (*rej.*) *nov.* 1824.

Mais, dans ce cas, il faut que celui qui contredit le procès-verbal fasse l'offre de la preuve contraire, offre que, comme on le voit au texte, le tribunal est libre d'admettre ou de rejeter. V. *rej.* 2 *févr.* 1816, *Jalbert*, 393; *B. c.* 10 *juin et* 28 *oct.* 1824, *n.* 77 *et* 148; *arg. de C. F.* 178.

3. Ce procès-verbal doit, sous peine de nullité, être enregistré dans les quatre jours de son affirmation, ou de sa clôture, s'il n'est pas sujet à affirmation. V. C. F. 170. — V. aussi *rép. d.* § 3, *n.* 9 *et ci-apr. note* 8, *n.* 3.

4. Il faut que cette *affirmation*, exigée pour les procès-verbaux des simples gardes, soit faite le lendemain de leur clôture, devant le juge de paix, ou son suppléant, ou le maire, ou son adjoint. Voy. C-F. 165, 166; *rej.* 1 *avr.* 1830, *n.* 85, *et* 2 *août* 1832, *J-cr.* 1833, 19. — V. aussi *B. c.* 29 *mai* 1818 *et* 7 *mars* 1823.

5. Remarquons à ce sujet, que l'affirmation d'un procès-verbal quelconque n'est nécessaire que quand la loi l'exige, comme pour ceux des gardes-forestiers (v. *n.* 4), des gardes-champêtres et des préposés des droits-réunis. V. *réqu. à B. c.* 26 *juill.* 1821; *arr.* 14 *déc.* 1821, *B. c.* 1822, *n.* 3, *surtout B. c.* 20 *août* 1825, *n.* 160.

6. Quand elle est exigée, elle est une forme *substantielle* du procès-verbal. Voy. *rej.* 10 *déc.* 1824. — V. aussi C. F. 165.

⤷ (8) *Observations.* 1. Une simple dénégation, sans offre ou sans production de la preuve contraire, ne suffit pas pour en détruire la foi. V. *d. arr.* 11 *mai* 1810 *et* 2 *févr.* 1816, *B. c.* 5 *mars* 1818, 15 *juill.* 1820, 9 *oct.* 1824, 27 *mai* 1830, 22 *janv.* 1831, 18 *févr.* 1832, 21 *mars* 1833.—V. aussi C.F. 178.

En un mot, la foi n'en peut être détruite ou débattue que par une preuve légale, c'est-à-dire résultant soit d'écrits soit de dépositions ou expertises assermentées. *B. c.* 21 *févr.* 1822, 20 *oct.* 1826, 12 *nov.* 1829, 14 *déc.* 1832, 25 *sept. et* 9 *oct.* 1834, 30 *mai et* 13 *juin* 1835, *etc.*— Preuve qui doit être mise à la charge du défendeur. *D. B. c.* 30 *mai* 1835.

2. Il n'est pas nécessaire que le commissaire de police soit en costume lorsqu'il fait son procès-verbal. *B. c.* 10 *mars* 1835; *ci-d. p.* 17, *note* 18, *n.* 5.

3. Les procès-verbaux ci-dessus ne sont pas, comme ceux des gardes-forestiers, nuls pour défaut d'enregistrement. V. *rép., ib., x,* 65, *n.* 7; *arr., ib.; B. c.* 5 *mars* 1819, 18 *févr.* 1820, 16 *janv.* 1824.

4. Au surplus, on peut poursuivre un délit prévu par les *lois générales*, quoiqu'on n'en ait pas dressé procès-verbal. V. *rép., x,* 62, *n.* 3; *arr. rej.* 28 *nov.* 1806, *ib.*—Et à plus forte raison, quoiqu'on n'en ait pas dressé aussitôt après qu'il a été commis. V. *rej.* 30 *janv.* 1807, *ib.*

Mais peut-on, sans *procès-verbal*, poursuivre un délit *réglé* par des *lois spéciales*, tel qu'un délit forestier, de douanes, ou de droits-réunis? Carnot, 1ʳᵉ *et* 2ᵉ *édit., art.* 154, *n.* 1 *et* 2, soutient que *non*, attendu que le mode de constater ces délits est assujéti à des formes particulières qui *le sortent* du droit commun. Le Graverend, 1ʳᵉ *édit., ij,* 280, *et* 3ᵉ, *ij,* 123, combat cette opinion, parce que l'art. 154 du Code criminel ne fait aucune distinction, et il assure que telle est la jurisprudence de la cour suprême... Elle a en effet déclaré tout récemment d'une manière générale qu'au défaut de procès-verbaux les juges peuvent puiser les élémens de leur conviction dans les dépositions des témoins ou les aveux des prévenus... et elle l'a décidé spécialement pour les matières d'octroi et de vente de tabacs. V. *B. c. ou rej.* 6 *et* 25 *juin* 1835, *n.* 230 *et* 252.

III. On ne peut appeler ni entendre comme témoins les ascendans ou descendans, frères et sœurs, beaux-frères ou belles-sœurs, ou conjoints du prévenu. *C-cr.* 156. (9)

Avant de déposer, ils prêtent, sous peine de nullité, serment « de dire toute la vérité, rien que la vérité ». *C-cr.* 155. (**10**)

(9) Mais leur audition est valable si les parties ne s'y sont pas opposées. *D. art.* 156. — Et elles ne peuvent pas s'opposer à celle d'autres individus , par exemple d'hommes ivres au moment de l'infraction, d'agens de police, etc., sauf au juge à avoir tel égard que de raison à leur témoignage. Voy. *B. c.* 25 *avr. et* 13 *juin* 1834.

(10) *Observations.* 1. Cette règle s'applique aux témoignages correctionnels. *C-cr.* 189; *B. c.* 19 *mai* 1832.—Même en appel, quoique la seule partie civile ait appelé. *B. c.* 23 *juill.* 1813 (*rép. xij*, 513; *mot serment*, § 3, *n.* 4), 15 *mars* 1816 *et* 27 *août* 1818. — Néanmoins, le serment ne doit pas y être répété, lorsque le témoin est requis d'expliquer sa déposition. Voy. *arr. rej.* 15 *avr.* 1816, *Jalbert*, 416.

2. La loi n'exigeant pas comme aux assises (v. *ci-apr. leur chap., art.* 2, *n.* 3), le serment de *parler sans haine et sans crainte*, la formule ci-dessus est suffisante au petit-criminel. *B. c.* 23 *nov.* 1815. — Mais elle est toute de rigueur. *Id.* 26 *oct.* 1821, 7 *nov.* 1822, 23 *avr.* 1835.

3. Le défaut de prestation de serment d'un témoin, par quelque partie qu'il ait été produit, entraîne la nullité du jugement. V. *B. c.* 8 *août* 1817, 23 *mars* 1832. — Lors même que les parties ont consenti à ce qu'ils en fussent dispensés. V. *B. c.* 27 *nov. et* 27 *déc.* 1828. — D'où il suit que le juge n'a pas un pouvoir discrétionnaire pour les entendre sans serment. V. aussi sur ce point, *p.* 146, *note* 4, *n.* 2 *a.*

4. La prestation doit, sous la même peine, être constatée par le greffier (*C-cr.* 155), sinon par le jugement. *B. c.* 5 *mai et* 10 *nov.* 1820, 4 *fév.* 1826, 30 *mai* 1834, *etc.*

§ 3. *Du jugement et de l'appel.*

I. Le jugement (**10** *a*) est motivé et fondé sur le texte de la loi; texte qu'on doit y insérer. V. *C-cr.* 163 *à* 165. — V. aussi *B. c.* 14 *janv. et* 25 *fév.* 1819, 19 *déc.* 1822, 6 *mai* 1823, 25 *mars et* 27 *août* 1825, 21 *août* 1835, *etc.* (**11**)

S'il y a contravention, il prononce la peine; s'il n'y en a point, il annulle la citation; dans les deux cas, il statue sur les dommages et les dépens. V. *C-cr.* 161, 159, 162. — V. aussi *C-cr.* 191, 212, 194. (**12**)

Si le fait est un délit ou un crime, il renvoie les parties au procureur du roi. *C-cr.* 160. — V. aussi *arr. cass.* 30 *oct.* 1813, *n.* 239. (**13**)

Dans tous les cas, le jugement est rendu en la présence ou avec le concours du ministère public. (**14**)

11. L'appel doit être interjeté (**14** *a*) dans les dix jours de la signification (**15**). On observe dans la procédure et le jugement, les formes propres aux appels des justices de paix, ainsi que les règles du § 2, p. 137, 138, et du n° précédent, p. 141. V. ***C-cr.*** 173 à 176; ***cours procéd.***, *p.* 419 *et* 475 *inf.* (**15** *a*)

A l'égard : 1° des questions sur lesquelles peut statuer le juge d'appel, surtout en cas qu'il n'y ait pas appel de la part de toutes les parties, v. *ci-dev. p.* 29 *et* 30, ***n. iij, et notes ibid.;*** 2° des jugemens dont on peut et des personnes qui peuvent appeler, v. ***p.*** 70 *et* 71, *texte*, *et note* 11, *ib.* (**16**)

(10 *a*) *Observations.* 1. Il doit être rendu à l'audience où l'instruction est terminée, ou à la suivante. V. *C-cr.* 153.—V. aussi *B. c.* 14 *déc.* 1833.—Et en public (v. *p.* 116, *note* 6, *n.* 3 *et* 4).

2. Le juge (il en est de même au correctionnel) y agit comme un JURÉ. V. à ce sujet, ainsi que pour les élémens où il doit puiser sa conviction, *p.* 140, *note* 8, *n.* 4, *in f.*; *p.* 115, *notes* 2 *et* 2 *b*; *ci-apr. chap. des assises*, *note* 52 *a*; *cours procéd. p.* 328, *note* 34; *B. c.* 13 *nov.* 1834, *n.* 368 *et* 371, *et* 23 *janv.* 1835, *n.* 31.

(11) *Observations.* 1. L'insertion d'un texte inapplicable n'annulle pas si un autre texte justifie la condamnation. V. *C-cr.* 411 *et* 414; *rej.* 25 *janv.* 1821, 4 *fév.* 1825, 10 *mars* 1827 *et* 6 *sept.* 1828.

2. Il n'est pas nécessaire d'insérer le texte qui concerne les réparations civiles, parce qu'elles ne sont pas proprement des peines. V. *arr. rej.* 25 *avr.* 1815, *Jalbert*, 1816, 450.

(12) *Observations.* 1. Si le fait imputé n'est pas une contravention, le tribunal ne peut condamner le défendeur à réparer les dommages que ce fait a causés au plaignant ; il doit renvoyer celui-ci à se pourvoir par la voie civile. V. *rép. xiv*, 204, *n.* 7, *mot trib. de police, sect.* 1, *§* 2; *plus. arréts cités ib.*; surtout *ci-dev. p.* 37 *et* 38, *et note* 42 *ib.*

2. Il peut au contraire en accorder alors au défendeur. V. *d. note* 42.

3. *Quid*, si le seul plaignant a appelé? V. *p.* 29, *et note* 20, *p.* 31.

4. La partie qui succombe est toujours condamnée aux dépens, même envers le ministère public. V. *dd. art.* 162 *et* 194; *ci-dev. p.* 99, *n.* 1, *et p.* 95, *note* 3; *B. c.* 31 *juill.* 1830 *et* 30 *mai* 1833.

(13) Si le tribunal a commencé, comme juge civil, l'instruction d'une affaire où il s'agit d'un dommage causé par un délit, il ne peut la continuer comme juge de police. V. *rép. xiv*, 204, *sup., d. §* 2; *arr. cass.* 1 *avr.* 1815; *cours procéd., p.* 39, *note* 1 ; *ci-dev. p.* 69, *note* 4.

(14) *Observations.* 1. Cette règle est la conséquence des principes relatifs à l'exercice de l'action publique. V. *en le §, n.* 1 *et* 4, *p.* 28 *et* 32, *note* 22; *arrêts, ib.*; autres aux tables du *B. c.*—Et ce concours doit être constaté. *B. c.* 11 *août* 1826 *et* 15 *oct.* 1829.—Ce qui n'empêche pas que le juge ne doive statuer dans le cas où le ministère public s'est désisté. V. *d. p.* 32, *et note* 22 *a*, *ib.*

2. A l'égard : 1° des fonctionnaires qui exercent ce ministère auprès du tribunal de police tenu, soit par le juge de paix, soit par le maire, et de ceux qui

doivent les remplacer et du mode de remplacement , en cas d'empêchement , v. *C-cr.* 144 , 145, 167 ; *Carnot , art.* 144 ; *Laporte,* 257, *n.* 10 *et* 11 ; *Le Graverend, ij* , 305 ; surtout *ci-dev. p.* 28 , *note* 12. — 2° De la manière de vérifier la tenue des registres du tribunal de police, v. *ord.* 5 *nov.* 1823, *et* 10 *mars* 1825.

3. Le ministère public et la partie civile poursuivent l'exécution du jugement, chacun en ce qui le concerne. *C-cr.* 165. — La signification du jugement, même contradictoire , indispensable pour faire courir le délai de l'appel, étant souvent onéreuse aux condamnés qui ne voulaient pas se pourvoir, M. le garde-des-sceaux a décidé (circul. des 15 décembre 1833 , 20 septembre 1834), que les jugemens de simple police seraient signifiés seulement aux condamnés qui n'exécuteraient pas leur décision , sur un simple avertissement sans frais. Cн.в. s.

(14 *a*) On n'y suit point les formes de l'appel civil (v. *ci-dev. p.* 137, *note* 1, *n.* 2; *C-pr.* 61, 68 *et* 72; *cours procéd. p.* 473 *à* 475); il peut se faire soit par signification au ministère public (même au procureur du roi), soit par citation, soit par déclaration au greffe (*ci-apr. p.* 148), et se signifier au domicile élu. *B. c.* 27 *août* 1825, 23 *déc.* 1826, 3 *août et* 17 *déc.* 1833 , *et* 19 *sept.* 1834 ; *rej.* 1 *juill.* 1826 *et* 6 *août* 1829, *avoués, xxxj,* 344 *et xxxviij,* 36, *et J-cr.* 1829, 532. — Et il n'est pas besoin d'y constituer un avoué. V. *B. c.* 11 *oct.* 1834, *n.* 351.

(15) *Observations.* 1. Ce délai concerne l'appel des jugemens par défaut , comme celui des jugemens contradictoires, l'article 174 du Code étant général. V. *arr.* 19 *fév.* 1813, *Laporte, mot appel, n.* 29; M. *Chauveau, J-cr.* 1834, 97.

2. Mais ni le procureur du roi, ni le procureur-général n'ont le droit d'appeler, comme (v. *ci-apr. p.* 148, § 2) lorsqu'il s'agit d'un jugement correctionnel. *Le Graverend, ij,* 309 ; *arr.* 7 *nov.* 1812, *ib.*; *autres, ci-dev. p.* 72, *note* 11, *n.* 2.

(15 *a*) *Observations.* 1. Lorsqu'une des parties le requiert, les témoins peuvent y être entendus de nouveau; on peut même en entendre d'autres. V. *C-crim.* 175 ; *rej.* 11 *juin* 1831. — Mais on peut aussi refuser d'y entendre des témoins lorsqu'il y en a eu d'entendus en première instance. V. *B. c.* 3, 10 *et* 24 *fév.* 1820.

2. Si le tribunal d'appel annulle le jugement, il doit en même temps statuer sur le fond, d'après C-proc. 473. — V. *arr. cass.* 22 *mars* 1821, *n.* 39; *et d. cours de proc., p.* 487.

3. Questions diverses sur l'appel d'un jugement mal qualifié, et sur l'appel incident (il est recevable s'il est interjeté dans le délai de *C-cr.* 203) de la partie civile... V. *B. c.* 6 *mars et* 24 *juill.* 1818, *et* 2 *déc.* 1825 ; *ci-apr. notes* 8 (*n.* 3) *et* 13, *n.* 3, *p.* 149 *et* 150.

4. On peut y statuer sur le moyen tiré de l'incompétence du tribunal de police , comme sur tout autre. V. *rej.* 24 *déc.* 1824, *n.* 197.

(16) *Observations.* 1. L'amende du fol appel (v. *cours proc., p.* 492, 493) n'est exigée ni en matière de police , ni en matière correctionnelle. *B. c.* 19 *juin* 1817 *et* 12 *juin* 1823, *n.* 46 *et* 63.

2 Quant au recours en cassation , v. *C-cr.* 177, *et ci-apr. tit.* 4, *surtout art.* 3 (*des nullités*), *n. ij, et ci-dev. p.* 137, *note* 5, *n.* 2 *a.*

TITRE II.

De la procédure correctionnelle.

L'instruction des délits correctionnels étant assujétie à l'épreuve des deux degrés, nous traiterons séparément des procédures de première instance et d'appel.

Nous observerons auparavant, qu'en général, le Code de procédure n'est pas applicable à ces matières. V. *quatre arr. cass. du 5 mai* 1809, *n.* 85 (*et rép. viij*, 663, *mot nullité*, § 3, *n.* 3); *autre*, 2 *avril* 1819, *n.* 40. (**1**)

(**1**) *Observations.* 1. Ainsi, d'une part, il n'est pas besoin dans la citation, de prendre des conclusions ou d'énoncer la loi pénale (v. *B. c.* 13 *déc.* 1834, *n.* 407; — et de l'autre, l'omission, soit du jour, soit du *parlant à*, dans sa copie ne l'annulle pas. V. *B. c.* 18 *nov.* 1813, *n.* 249; 25 *janv.* 1828, *n.* 25; *d. arr.* 2 *avr.* 1819. — Il faut néanmoins être assuré, d'après les faits, que le défendeur a eu, en temps utile, une connaissance suffisante de la citation. *Voyez* au surplus, *B. c. ou rej.* 30 *déc.* 1825 (*n.* 244), 15 *janv.* 1830 (*avoués, xxxviij,* 284), 20 *sept.* 1831 (*n.* 222), 21 *sept.* 1833 (*n.* 396), *conférés.*

2. Mais l'omission du *parlant à* serait une irrégularité s'il s'agissait d'une notification de liste de jurés pour un procès de diffamation. V. *B. c.* 10 *nov.* 1820. — V. aussi *ci-apr. art. de l'examen*, *n.* 1, *observat.* 2.

§ 1ᵉʳ. *De la procédure de première instance.*

I. *Demande.* Le tribunal est saisi, ou par le renvoi, soit de la chambre du conseil, soit du tribunal de police (*ci-dev. p.* 132 *et* 141), soit de la chambre d'accusation (**2**); ou par la citation, soit d'un agent-forestier, soit du procureur du roi, soit de la partie civile (**3**). — V. *C-cr.* 182, 230; *C-F.* 171, 172; *L.* 15 *avr.* 1829, *art.* 49 et 50.

La citation tient lieu de plainte. Le réclamant y énonce les faits, et élit domicile dans la ville où siège le tribunal. Elle est donnée à trois jours au moins. V. *C-cr.* 183, 184. (**3** *a*)

(2) Dans ce cas, si le tribunal décide qu'il n'est pas compétent (il le peut..
v. *p.* 52, *n.* 4), son jugement ne peut être annulé par la chambre 'd'accusation ; il ne peut être attaqué que par appel.. V. *B. c.* 2 *sept.* 1815.

(3) *Observations.* 1. Ils ne peuvent varier dans la voie qu'ils ont choisie. V.
p. 55 , *n. ij.* — On y a vu que , lorsque la partie civile a d'abord pris celle de la
plainte et a échoué , elle n'a plus le droit d'agir au correctionnel.

2. Le tribunal peut encore être saisi par une comparution volontaire,
B. c. 18 *avr.* 1822 *et* 25 *janv.* 1828. — Autres questions... V. *B. c.* 18 *juin* ,
et rej. 29 *oct.* (agent forestier) 1824, *n.* 18 *et* 156.

(5 *a*) *Observations.* 1. L'énonciation des faits est une forme *substantielle.*
V. *B. c.* 7 *déc.* 1822 , *n.* 174. — On peut toutefois se dispenser de les dé-
tailler s'ils le sont dans un acte dont on donne copie, tel qu'un procès-verbal
ou un jugement antérieur ; ou bien si , d'après leur ensemble ou les circonstances de la cause, le prévenu n'a pu les ignorer. V. *rej. ou B- c.* 20 *janv.*
1826, *n.* 16, 3 *juin* 1830, *n.* 152, 25 *nov.* 1831, *n.* 303 *et* 305, 13 *déc.* 1834,
n. 407 (v. toutefois *iid.* (outrages) 12 *févr.* 1819, 21 *févr.* 1830 *et* (diffamation) 21 *aout* 1835). — Et il est inutile de les qualifier comme étant des délits. V. *B. c.* 3 *mai* 1834 , *n.* 132.

2. *Délai.* Son inobservation n'annulle pas la citation : on ne doit annuller
que la condamnation par défaut qui serait prononcée avant l'expiration des
trois jours. *B. c.* 25 *janv.* 1819, 15 *févr.* 1821 , 14 *avr.* 1832.

II. *Instruction et jugement.* Les règles en sont à-
peu-près les mêmes que pour la procédure de police. (4)

Voici les différences les plus remarquables :

1. L'affaire est exposée par le procureur du roi,
par la partie civile *ou* par son défenseur (5) ; et elle
peut l'être, pour les délits des forêts, par un préposé.
V. *C-cr.* 190 ; *C-for.* 174.

2. Si le délit n'est pas puni d'un emprisonnement,
le défendeur peut se faire représenter par un avoué,
sauf au tribunal à le faire comparaître en personne.
C-cr. 185.

3. Le défaillant peut former son opposition dans le
délai de cinq jours (outre l'augmentation), à dater de
la signification (5 *a*) ; et le Tribunal accorder une
provision. V. *C-cr.* 187, 188.

4. Si le fait n'est qu'une contravention, et si l'on
n'a pas demandé le renvoi à la simple police (5 *b*), le
Tribunal y statue, et en dernier ressort. V. *C-cr.* 192.
—V. *aussi id.* 213 ; *B. c.* 2 *oct.* 1813, 8 *nov.* 1821 (6) ;
ci-dev. p. 72, *note* 11 *a.*

S'il s'agit d'un crime, il décerne sur-le-champ le

mandat de dépôt ou d'arrêt, et renvoie le prévenu au juge instructeur. V. *C-cr.* 193. — V. *aussi C-cr.* 214; *B. c.* 11 *juin* 1819, *et* 16 *janv.* 1830.

6. Les faits imputés sont énoncés dans le jugement et la loi appliquée est lue à l'audience. *C-cr.* 195. **(7)**

7. Quant aux autres règles, v. *C-cr.* 179-198. **(7 a)**

(4) Ainsi, 1, l'instruction est publique, les dépositions sont reçues, les pièces (tels que procès-verbaux) lues, les plaidoiries faites, etc., en général, dans le même ordre. V. *pour les détails, C-cr.* 190, *et ci-dev. p.* 137, § 2. — V. aussi *la note suivante*.

2. Les procès-verbaux y font foi, et les témoins y déposent, dans les cas, et avec le serment, les modifications et formes indiqués ci-devant, p. 137 et 138. — V. *C-cr.* 189. — Et le ministère public peut leur adresser des questions, *suiv. B. c.* 19 *sept.* 1834, *n.* 511.

2 *a.* Mais le président (même celui du tribunal d'appel) n'a pas un pouvoir discrétionnaire (**v.** *ci-apr. chap. des assises, art. de l'examen, n. ix*) pour les appeler et pour les entendre sans serment et par forme de renseignemens. V. *B. c. ou rej.* 24 *mai, et* 16 *août* 1833 *et* 23 *janv.* 1835.—C'est que ce pouvoir (**v.** *dd. art.*) est tout-à-fait *exceptionnel;* d'où l'on peut conclure que le juge de police ne l'a pas non plus. —Autre question.. V. *d. chap., note* 37, *n.* 2.

2 *b.* La communication des pièces nécessaires à la défense étant de droit naturel, si le prévenu a besoin d'en examiner de ce genre, qui soient au parquet, le tribunal peut en ordonner le dépôt au greffe. V. *rej.* 14 *mai* 1835, *n.* 180.

3. Lorsque le fait imputé n'est ni contravention, ni délit, le tribunal annulle l'instruction et statue sur les demandes en dommages (du prévenu seulement). V. *C-cr.* 191; *Carnot, ib., n.* 6; *et surtout ci-dev. p.* 142, *note* 12, *et p.* 38, *et note* 42, *ib.*

4. Le condamné supporte les dépens. V. *C-cr.* 194, *et p.* 99, *n.* 1.

5. Le concours du ministère public y est nécessaire. V. *C-cr.* 190.— S'il est absent, on continue la cause à une autre audience, ou bien si elle est pressante, on le remplace d'après le mode indiqué ci-dev. p. 120, note 2. — V. *Carnot, art.* 210, *n.* 12.

(5) On a conclu de cette disposition alternative, que l'audition du plaignant *en personne*, n'est point une forme *substantielle* du jugement; que le tribunal correctionnel a essentiellement et par une sorte de pouvoir discrétionnaire, le droit d'examiner si la présence du plaignant est ou non nécessaire à l'instruction, qu'en conséquence, lorsqu'il juge cette présence non nécessaire, il peut refuser d'autoriser l'extraction d'un plaignant détenu, qui demande à paraître pour soutenir lui-même sa plainte. V. *arr. cass.* 11 *juill.* 1817, *n.* 61.

Ce système, dont les conséquences peuvent être si graves, est susceptible d'une foule d'objections sérieuses, et entre autres des suivantes.

Le droit de défense étant fondé sur la loi naturelle, on ne doit y admettre de restriction que lorsque cela résulte d'une disposition claire et formelle de la loi positive, d'autant plus qu'en général celle-ci ne peut (**arg.** *de l'inst., legit. agn. tut.,* § 3, *et déclarat. des droits de* 1791, *in pr.*) déroger à celle-là. Nos lois positives ont reconnu ce principe, puisque, loin de chercher à restreindre le droit de défense, elles lui donnent la plus grande latitude, et que,

loisqu'elles y apportent quelque modification, c'est ordinairement pour l'a-
vantage du plaideur, comme lorsqu'elles permettent aux juges civils de lui interdire la défense orale s'il n'est pas en état de les éclairer sur sa cause (v. *C-pr.*
85 *et* 86 ; *cours de proc. p.* 265, *note* 5.)

Cela posé, comment trouver dans l'alternative de l'art. 190, l'autorisation
au juge, d'anéantir en quelque sorte le droit de défense en forçant le plaignant
à ne se servir que de son conseil ? *La partie civile ou son défenseur exposera l'affaire,* signifie bien que la partie civile a la faculté de se faire remplacer par un défenseur, mais rien de plus. On ne saurait en induire qu'elle
n'ait pas le droit de plaider elle-même si bon lui semble, ou d'assister à la
plaidoirie de son défenseur pour lui fournir, ce qui est surtout nécessaire dans
les causes, purement de fait, soumises aux juges correctionnels, des documens qu'elle aura oublié de lui transmettre, ou dont il ne se sera pas souvenu...
Comment le tribunal serait-il en état de juger de l'utilité ou inutilité de la
présence de la partie à une discussion qui n'a pas encore eu lieu, à une cause
qu'il ne connaît point encore ?... La partie elle-même est exposée à se trom-
per sur ce point, puisque les débats font souvent apercevoir des circonstances
qui nécessitent de nouvelles explications.

Pourquoi d'ailleurs, l'art. 190 a-t-il mis l'alternative précédente ?.. C'est
parce que l'art. 153, sur lequel il est modelé, n'ayant point parlé de l'assistance d'un défenseur pour les causes de police simple, on aura cru devoir l'indiquer expressément pour les causes, plus importantes, de police correctionnelle. L'intention du législateur, d'accorder en ceci un avantage aux parties
pour leur défense, et non de restreindre cette défense, paraît évidente, surtout si l'on compare ces articles avec ceux du Code de brumaire d'où ils ont
été tirés, mode d'interprétation employé souvent et avec raison par la Cour
suprême.

Or ce Code, après avoir défendu (*art.* 191) au prévenu de se faire représenter à la police simple par un défenseur officieux ou conseil, ce qui s'appliquait sans doute au plaignant, toujours moins favorisé, déclarait (*art.* 187)
que chacune des parties avait, au correctionnel, LE DROIT *d'employer le
ministère d'un défenseur officieux.*

C'est ce même droit, assurément non exclusif de celui de se défendre soi-
même ou d'assister à la plaidoirie du défenseur, que le Code criminel a maintenu, par les termes déjà cités de l'art. 190, *la partie civile ou son défenseur
exposera l'affaire.* Si l'on eût voulu en priver le plaignant, dès qu'il lui était
acquis et par la loi naturelle et par la loi positive ancienne que le Code criminel remplace, on eût ajouté, comme le fait à-peu-près le Code de procédure, lorsqu'il y aura un défenseur, le tribunal aura la faculté « d'interdire la
plaidoirie à la partie ».

Il semble, d'après ces observations, qu'on pourrait considérer l'assistance
et la défense du plaignant, lorsqu'il veut ou assister ou se défendre en personne, comme une forme *substantielle* du jugement correctionnel.

(5 *a*) *Observations.* 1. Ce délai court quoique la signification n'ait été faite
que par l'une des deux autres parties. V. *rej.* 21 *sept.* 1820, *n.* 151.

2. Les frais de l'opposition et de l'expédition et signification du jugement
de défaut (il est regardé dans ce cas, comme non avenu) sont à la charge de
l'opposant. V. *C-cr.* 187, 211 ; *B. c.* 30 *août* 1821 *et* 4 *juin* 1830; *cours
procéd., p.* 451, *note* 28, *n.* 1.

3. L'appel interjeté par la partie civile (v. *ci-apr.* § 2, *p.* 148), d'un jugement rendu contradictoirement avec elle, et par défaut contre l'inculpé,
n'ôte point à celui-ci le droit de former opposition s'il est dans son délai.
L'efficacité ou la *non-efficacité* de l'appel dépend dans ce cas de l'existence
ou de la *non-existence* de l'opposition. V. *B. c.* 30 *août* 1821, *n.* 137, et
pour une question analogue, *B. c.* 10 *oct.* 1831, *n.* 545.

4. De même qu'en simple police (*ci-dev. p.* 136, *n. ij*), l'opposition est non avenue si l'opposant ne se présente pas à la première audience. *C-cr.* 188. —Mais elle subsiste si son adversaire ne s'y présente pas non plus, *suiv. rej.* 4 *juin* 1829, *n.* 115.

5. Jugemens auxquels on peut s'opposer.. V. *p.* 118, *n.* 14.

(5 *b*) Il ne peut être demandé que par le ministère public et par la partie civile. V. *C-cr.* 192; *B. c.* 24 *avr.* 1829, 13 *juill.* 1833.

(6) *Observations.* 1. La retenue du fond est donc alors autorisée quoiqu'il y ait incompétence. V. *cours proc.*, *p.* 488, *note* 113.

2. L'appel de ce jugement n'est pas recevable. V. *B. c.* 22 *juin* 1821, *n.* 102, *et* 4 *août* 1832, *n.* 294.

3. Mais il l'est si l'appelant soutient et a raison de soutenir que le fait imputé est un *délit* et non pas une simple contravention. *B. c. ou rej.* 1 *fév.* 1821, 4 *août* 1826, 6 *mai et* 24 *avr.* 1829.

(7) *Observations.* 1. Si le texte de la loi n'y est pas inséré, il n'y a pas nullité (mais amende contre le greffier), et cette règle s'applique aux matières de grand-criminel. V: *rép. vj*, 609 *et ix*, 206, *mots jugement*, § 2, *et peine*, *n.* 8; *arr. rej.* 12 *sept.* 1812 *à d. p.* 609; *autres*, 21 *sept.* 1820 *et* 12 *fév.* 1819, *B. c.* — D'ailleurs l'insertion n'est prescrite que quand on condamne en appliquant une loi pénale. *D. arr.* 21 *sept.* — Et il suffit que sa lecture en soit mentionnée dans le jugement de première instance si on le confirme. V. *rej.* 7 *nov.* 1834.

2. Règle contraire (c'est-à-dire, nullité), s'il n'y a pas de motifs. V. *Carnot, art.* 195, *n.* 3; *rép., d. p.* 609, *et deux arrêts, ibid., et t.* 15, *p.* 368; *ci-dev. p.* 116, *n.* 10.—Mais il suffit qu'on y ait *adopté* les motifs du premier jugement, lorsque dans celui-ci l'on a énoncé la loi. Voy. *arr. rej.* 14 *août* 1818, *n.* 116.

(7*a*) *Observations.* 1. Les juges y agissent comme des *jurés* (v. *p.* 142, *note* 10 *a*, *arr., cours et notes, cités, ib.*) et ils doivent statuer lors même que le ministère public s'est désisté. V. *p.* 32, *et note* 22 *a*, *ib.*

2. *L'exécution* du jugement est poursuivie comme à la police (*p.* 143, *note* 14, *n.* 3) par le ministère public et par la partie civile, chacun en ce qui le concerne, excepté que le recouvrement des amendes et confiscations l'est par le directeur des domaines au nom du procureur du roi. *C-cr.* 197.

§ 2. *De la procédure d'appel.*

I. *Appel.* Indépendamment des parties (8) et du procureur du roi (8 *a*), le droit d'appeler appartient au ministère public du tribunal d'appel (9). *C-cr.* 202. — Et même au procureur-général. V. *arr. cass.* 1 *juill.* 1813 *et* 14 *mars* 1817, *n.* 140 *et* 21.

L'appel doit être fait au greffe, dix jours au plus tard (10) après le prononcé (faute d'appel dans les trois jours, le prévenu acquitté est élargi). Si le jugement est par défaut, c'est dix jours, aussi au plus tard, après la signification. V. *C-cr.* 203, 206 (11). — V. aussi *ci-dev. p.* 57, *note* 10, *n. xxviij.*

(3) *Observations*. 1. Il peut aussi être interjeté par un procureur, pourvu qu'il ait un mandat spécial , au moins pour toutes sortes d'appels. V. *réqu. et arr. rej.* 28 *janv.* 1813, *à rép. x* , 118, *mot procuration*, § 2. — V. aussi *J-cr*. 1834, 65 ; *arr.* 1812 , *ib.* — Et l'on regarde à cet égard le père comme étant de droit en vertu de sa puissance paternelle , le procureur spécial de ses enfans mineurs délinquans. V. *rej.* 2 *juin* 1821.

2. *Id.*, par un avoué au tribunal correctionnel. V. *arr.* 23 *janv.* 1813, *Laporte, mot appel*, *n.* 26 ; 18 *mai et* 17 *août* 1821, *B. c.*

3. Mais l'appel d'un consort ne profite pas à son co-condamné ; et l'appel incident émis par celui-ci, après le délai légal et à l'audience, est non recevable. V. *B. c.* 16 *mars* 1815. — V. aussi *p.* 143, *note* 15 *a*, *n.* 3, *et p.* 134, *note* 21 , *n.* 4.

4. *Matière forestière...* Un agent de l'administration peut appeler (et même recourir) en son nom ; mais il ne peut sans son autorisation, se désister de son appel ; et son désistement tout comme son acquiescement ne nuit point au droit du ministère public. *C-for.* 183, 184.

(8 *a*) A son défaut, de son substitut. V. *B. c.* 29 *mars* 1822, 14 *mai* 1825, 19 *fév. et* 3 *sept.* 1829.

(9) *Observations*. 1. Il peut appeler dans le délai ci-après indiqué , même lorsque le jugement a été acquiescé par le ministère public de première instance et exécuté par le condamné. V. *réqu. et B. c.* 15 *déc.* 1814 , *n.* 44 *et rép. x* , 24 ; *arr. rej.* 2 *août* 1815, *Jalbert*, 529, *par arg. de C-cr.* 202 ; *B. c.* 17 *juin* 1819, 2 *fév.* 1827, 7 *fév.* 1835.

1 *a*. Un substitut au tribunal de première instance peut même (toujours dans ce délai) appeler pour le procureur-général , *suiv. B. c.* 7 *déc.* 1833, *n.* 498.

2. L'appel du ministère public rétablit le prévenu dans le droit de faire valoir les moyens même omis en première instance. V. *arr.* 22 *janv.* 1813, *Laporte, mot appel*, *n.* 19.

3. Mais il faut qu'il y fasse valoir les *nullités* de première instance. V. *rej.* 12 *avr.* 1834, *n.* 111 ; *ci-apr. p.* 151 , *note* 15, *n.* 5 , *et l'art. des nullités*, *note* 17, *n.* 2.

4. *Quid* si le seul lésé a appelé? V. *texte*, *p.* 30 , *et note* 20, *p.* 31.

(10) *Observations*. 1. Il n'est pas besoin de le notifier. Cela est exigé pour le ministère public d'appel, mais non pas pour le prévenu, pour le ministère public de première instance, ou l'administration forestière. V, *B. c.* 21 *janv.* 1814, 29 *juin* 1815, 11 *nov.* 1824.

2. Il n'est pas non plus nécessaire de donner en appel un extrait de la déclaration faite au greffe (elle est indispensable), qui le contient. V. *B. c.* 11 *janv.* 1817, 22 *mai* 1835.

3. *Délai.* Le onzième jour en est exclu. *B. c.* 18 *juin* 1817, 27 *sept.* 1828, 20 *oct.* 1833: *autres, ci-apr. note* 14, *n.* 6.

4. *Id... Droits-réunis.* Il court de la notification. V. *B. c.* 15 *avr.* 1819, 27 *avr. et* 7 *juin* 1821 , 8 *août* 1822.

(11) Le défaillant peut s'opposer. V. *ci-apr. note* 15, *n.* 4, *p.* 151 , *et* pour le délai de l'appel, en cas d'opposition, *note* 19, *n.* 2, *p.* 153.

Les moyens en sont donnés dans une requête signée de la partie, ou d'un avoué, ou d'un procureur spécial, et remise au greffe de première instance ou à celui d'appel. *C-cr.* 204. (**12**)

Quant au ministère public du Tribunal d'appel (**12 a**),

il doit notifier son recours à la partie, dans le mois
de la signification, ou dans les deux mois de la prononciation. *C-cr.* 205. (15)

Les délais ci-dessus de dix jours, un mois et deux
mois, sont de rigueur, et emportent la déchéance. *B. c.*
20 *mars* 1812, 12 *avr. et* 27 *juin* 1817. (14)

(12) La production de cette requête est purement facultative. Voy. *d. arr.*
29 *juin* 1815.

(12 *a*) Ce qui doit s'étendre au procureur-général, puisque d'après la jurisprudence (ci-dev. p. 148, texte) il a le droit d'appeler.

(13) *Observations.* 1. La notification ci-dessus suffit ; il n'a pas besoin de
faire l'appel au greffe. V. *arr. cass.* 13 *août* 1813 , *n.* 180 (il en est autrement
pour les autres parties. v. *B. c.* 27 *sept.* 1828).

2. Elle ne peut être faite par un huissier de Cour d'assises , étranger au
ressort du tribunal correctionnel. V. *réqu. et arr. cass.* 20 *fév.* 1812, *n.* 33,
et rép. xv , 30, *mot appel, sect.* 2, § 11, *n.* 7 ; *cours procédure, p.* 81, *texte,
et p.* 82, *note* 36. — Mais dans ce cas, elle peut être suppléée par une notification régulière donnée dans le délai. V. *d. arr.* 20 *fév.* — V. d'ailleurs, *décr.*
14 *juin* 1813, *art.* 24, 31 *et* 33, *conför.*

3. Le ministère public peut aussi appeler verbalement , et même incidemment , à l'audience , s'il est dans le délai, *suiv. d. réqu. et arr.* 20 *fév.* ; autres, 14 *juill.* 1815, *Jalbert,* 526 ; *B-c.* 11 *juin* 1815, 21 *avr.* 1820 , 2 *août*
1821, 6 *juin* 1822, *et* 2 *févr.* 1827. — V. aussi *J-cr.* 1833, 217, *et ci-dev.,
p.* 149 , *note* 8, *n.* 3.

On fonde cette décision sur ce que l'art. 205 ne donnant point de formes
pour la notification de l'appel , peu importe qu'elle soit verbale , pourvu
qu'elle soit certaine comme l'est celle qu'on fait à l'audience, au prévenu.
Mais outre qu'une notification verbale n'offre pas de la certitude, puisque
le prévenu peut ne l'avoir pas entendue ou comprise , par cela seul que l'art.
205 emploie le mot *notifier,* il veut, ce nous semble, qu'on *donne une copie* de
l'appel, puisque ce mot a toujours été entendu dans ce sens (v. *cours proc.,
p.* 181 *et* 198). D'ailleurs, il indique qu'il le prend dans ce sens, en parlant, à
la fin, de la *notification légale* du jugement, parce que , comme on ne notifie point de *vive voix* un jugement, il ne peut entendre par là qu'une notification faite à l'aide d'une *dation de copie ;* et l'on ne peut induire d'aucune
de ses expressions, qu'il emploie, au commencement , le mot *notifier* dans
une autre acception.

(14) *Observations.* 1. Un premier jugement qui statue sur des reproches
de témoins , étant définitif, à cet égard, il faut en appeler dans les délais
ci-dessus. V. *arr. rej.* 20 *mars* 1817, *Jalbert,* 237.

2. La déchéance a lieu lors même que l'intimé ne l'a pas demandée en
appel, *suiv. Carnot, art.* 203 , *et plus. arr. ib.* — V. aussi *arr.* 20 *mars*
1812, *n.* 67. — V. toutefois *cours proc. p.* 249, *note* 21.

3. Ces délais courent des époques ci-dessus indiquées , et non pas de l'ordonnance de la chambre du conseil qui a renvoyé la cause au correctionnel.
B. c. 4 *sept.* 1813 , *n.* 200.

4. Le délai de l'appel incident court des mêmes époques. Voy. *arr. cités* ,
note 8, *n.* 3, *p.* 149; *note* 13 , *n.* 5, *ci-dessus; note* 15 *a, p.* 143.

5. Mais l'appel du ministère public de première instance, suffit pour *saisir,*
lorsque celui du ministère public d'appel est trop tardif. Voy. *arr. cass.* 10
mai 1816, *n.* 28.

6. Si le dernier jour est *férié*, l'appel ne peut pas être fait le lendemain. V. *arr.* 28 août 1812, *Laporte, mot appel, n.* 15, *et B. c.* 20 oct. 1832 (c'est que la loi dit 10 jours, *au plus tard*). — Voy. aussi *cours proc.*, *p.* 151 (*note 8 a*) *et* 164.

7. Il faut absolument un appel. V. *ci-apr.*, *p.* 153, *note* 19, *n.* 1.

II. *Jugement.* Les règles en sont les mêmes que pour le jugement de première instance (15), sauf les modifications ci-après :

1. Il doit être rendu dans le délai d'un mois. La discussion des parties est précédée d'un rapport fait par un juge. *C-cr.* 209. (**16**)

2. Si le jugement est annulé pour violation ou omission (non réparée) de formes prescrites par la loi, sous peine de nullité, comme dans le cas où l'un des trois juges qui l'ont rendu, n'a pas assisté à toutes les audiences (**16** *a*), on statue sur le fond. V. *C-cr.* 215.—V. *aussi L.* 20 *avr.* 1810, *art.* 7. (**17**)

(**15**) Ainsi, 1. l'on doit également y statuer sur le fait qui n'est qu'une contravention. *Arr.* 2 oct., *ci-dev. n.* 4, *p.* 145.

2. Lorsque le jugement est annulé parce que le fait imputé est un crime, on décerne un mandat contre le prévenu, et on le renvoie au fonctionnaire compétent. V. *C-cr.* 214, *et pour les exceptions, ci-dev. p.* 29, *et notes* 18 *et* 19, *p.* 30. — V. aussi *B. c.* 4 *févr.* 1832.

3. Lorsqu'il l'est parce que ce fait n'est ni délit, ni contravention, on renvoie le prévenu, et on peut lui accorder des dommages, mais non pas au plaignant. *Arg. de C-cr.* 212.—V. *B. c.* 30 *avr.* 1813, *rép. xiv*, 229; *autres*, *ci-dev. p.* 38, *n. ij, et p.* 140, *note* 4, *n.* 3, *et ses renvois.*—V. aussi *ci-apr.* *note* 17, *n.* 3, *p.* 152.

4. Le défaillant a le droit de former opposition. *C-cr.* 208. — Et ce droit est commun à l'appelant et à l'intimé, de sorte que l'appelant n'en est pas exclu pour avoir remis au greffe une requête contenant ses moyens d'appel. V. *réqu. et arr. cass.* 22 *août* 1811, *n.* 119, *et rép. xiv*, 227, *mot trib. de police, sect.* 2, § 3, *art.* 208.—V. aussi *ci-dev. note* 5 *a*, *p.* 147, *et J-crim.* 1834, *p.* 56.

5. Le délai d'opposition est de cinq jours, etc. (*p.* 145, *n.* 3); mais on ne peut pas en opposer l'inobservation pour la première fois devant la cour suprême. V. *arr.* 5 *mars* 1819, *n.* 32. — V. aussi *p.* 149, *note* 9, *n.* 3.

(**16**) *Observations.* 1. Après le rapport, on entend les dépositions, car on a la faculté de produire, soit les témoins de première instance, soit de nouveaux témoins. V. *Carnot, art.* 210, *n.* 2, 5 *et* 6, *par arg. de C-cr.* 211; *Bourguignon, d. art.; Le Graverend, iij*, 357; *arr.* 26 *juin* 1812, *Laporte, mot appel, n.* 13.

2. Mais pour exercer cette faculté, il faut en avoir obtenu la permission du tribunal, ou seulement du président, *suiv. Carnot, ib., n.* 6. — Toutefois le ministère public n'a pas besoin de cette permission, sauf au tribunal à refuser d'entendre les témoins produits, s'il juge leur audition inutile. *B. c.*

25 *nov.* 1824, *n.* 171, 31 *janv.* 1835, *n.* 46. — Car il n'est pas forcé d'entendre, soit tous ces témoins, soit même une partie d'entre eux, *suiv. rej. ou B. c.* 2 août 1821, 24 *sept.* 1831, 31 *janv.* 1835.

2 *a.* Observez d'ailleurs : 1° qu'il peut d'*office*, les entendre. V. *rej.* 3o *nov.* 1832, *n.* 471 ; *arr. à J-cr.* 1832, 207.... 2° que le président n'a pas un pouvoir discrétionnaire pour les appeler. V. *ci-dev.* note 4, *n.* 2 *a*, *p.* 146.

3. Il faut que tous les juges aient assisté à l'audience où l'on a fait le rapport, ou même interrogé les inculpés et les témoins. *B. c.* 29 *sept.* 1820, 3o août 1821 *et* 22 *févr.* 1828.

4. Le délai ci-dessus d'un mois pour le jugement, n'est que comminatoire. V. *rej.* 12 *févr.* 1819, *n.* 20, *et cours proc.* p. 153, *note* 7.

(16 *a*) *Observations.* 1. Dans ce cas le tribunal d'appel ne doit pas renvoyer sous prétexte qu'il n'existe pas de jugement, parce que, ayant été rendu par trois juges, il est par là même revêtu de la forme extérieure. V. *B. c.* 24 *oct.* 1817. — V. aussi *cours proc.* p. 281 (*note* 29) *et* 457 (*note* 11).

2. Autre question d'annulation et de retenue du fond... v. *rép. xiij*, 450, mot *témoin judiciaire*, § 3, *in f.*

(17) *Observations.* 1. Il en est de même lorsqu'il est annulé par le motif que le premier juge s'est mal-à-propos déclaré incompétent (il y a encore ici retenue du fond... v. p. 148, *note* 6). — V. *B. c.* 14 *mai et* 27 *août* 1813, *et* 5 *avr.* 1816. — V. aussi p. 145, *note* 2.

2. *Idem*, lorsque c'est pour avoir admis une inscription de faux inutile. V. *d. arr.* 27 *août*, *et rép. xiv*, 231, mot *trib. de police*, *in f.*

3. L'annulation des jugemens correctionnels de première instance ne doit donner lieu à un renvoi devant une autre autorité que dans le cas où l'on aurait déclaré l'incompétence à raison du lieu du délit ou de la résidence du prévenu (v. *ci-dev.* p. 120); ou bien dans celui où le fait imputé serait un crime ou une contravention... Dans les autres cas, le tribunal d'appel doit retenir et juger le fond. V. *à ce sujet B. c.* 21 *sept.* 1821, *n.* 152; *autorités ibid.*; *B. c.* 4 *juill.* 1822, 23 *juill.* 1825, 17 *févr.* 1826, 31 *août* 1827; *surtout*, 24 *mai* 1832 *et* 20 *mars* 1834.

3, etc. A l'égard, 1° des autres règles, v. *C-cr.* 199 à 216; *ci-dev. note* 10, *p.* 141, *etc.* (18)

2° Des questions sur lesquelles le tribunal peut statuer lorsqu'il n'y a pas appel de toutes les parties, v. *ci-dev. p.* 29 *et* 3o, *n. iij et notes ib.; ci-apr., note* 18, *n.* 3, *p.* 153. (19)

3° Des cas où l'on peut recourir des jugemens qu'il a rendus en dernier ressort.... *Voyez ci-après, tit. de la cassation, art.* 3 (*des nullités*), *n. ij.*

(18) *Observations.* 1. Les juges doivent être au nombre de cinq (*L.* 20 *avr.* 1810, *art.* 4o; *décr.* 6 *juill. suiv., art.* 2), non parens au degré prohibé. *B. c.* 11 *oct.* 1822, *n.* 145. — Mais le jugement est valable quoiqu'il y en ait davantage, pourvu que tous appartiennent à la chambre chargée des appels correctionnels. V. *arr.* 20 *mars à note* 14, *n.* 1, *p.* 150, *et* 3o *août* 1821, *B. c. n.* 132. — *Quid* si alors il y a partage ?... V. *ci-dev.* p. 116, *n.* 9.

2. Si sur un appel *a minima*, le ministère public succombe, le condamné en première instance qui obtient gain de cause en appel, quant à l'augmentation de la peine, doit néanmoins être condamné aux dépens de l'instance d'appel, *suiv. arr. cass.* 31 *déc.* 1813, *n.* 266. — On fonde cette décision sur l'article 156 du décret du 18 juin 1811 (v. *ci-dev. p.* 100, *n. ij et note* 5, *p.* 101) où on lit que « la condamnation aux frais sera prononcée contre tous les auteurs et complices du même fait... » Une disposition aussi vague, une disposition qui, par la généralité des termes qu'elle emploie, est censée s'en référer aux règles communes pour les exceptions dont elle est susceptible, ne saurait justifier une décision, telle que la précédente, qui nous paraît contraire, et aux principes en matière de dépens (*cours de proc. p.* 170), et à ceux de l'équité.

Voilà ce que nous observions en 1817 et en 1821 (1re *édit. p.* 106, *et* 2e, *p.* 121), et ce que nous avons répété en 1825 (3e *édit., p.* 122), quoique dans l'intervalle, la doctrine de l'arrêt de 1813 eût été maintenue (B. c. 26 août et 4 et 24 sept. 1824, cités d. 3e édit., p. 75, note 5). On a décidé depuis, que le prévenu, surtout lorsqu'il n'a pas appelé, est affranchi des dépens de l'appel. *B. c. ou rej.* 22 *nov.* 1828, *sect. réunies, et* 19 *févr.* 1829.

3. Du reste, le tribunal peut sur ce même appel *a minima*, modérer et même supprimer la peine, quoique le condamné n'ait pas appelé. V. *B. c.* 4 *mars* 1825, *n.* 42. — V. aussi *ci-dev. p.* 30, *note* 17, *n.* 1.

4. *Preuves.* Il résulte de l'article 211 du Code criminel, que les preuves dont il est question dans les articles précédens, sont *suppléables* en tout état de cause... Donc on ne peut se dispenser de statuer sur des conclusions tendant à en faire à l'appui de la demande principale... et il n'est pas besoin de remettre par écrit ces conclusions sur le bureau. V. *B. c.* 14 *août* 1823. — V. aussi *B. c.* 1 *déc.* 1826, *n.* 239.

(19) *Observations.* 1. Il faut nécessairement un appel (et un appel dont on justifie) pour que le tribunal puisse réformer le jugement définitif de défaut de première instance; sinon il y a incompétence. V. *arr. cass.* 29 *mai* 1824, *n.* 73.

2. Le délai d'appel des jugemens de défaut court de l'époque indiquée, § 2, *n.* j, *p.* 148, et non pas de l'expiration du délai d'opposition, l'article 203 ayant dérogé tacitement sur ce point à l'avis du conseil d'état du 18 février 1806. *B. c. ou rej.* 22 *janv.* 1825, 6 *mai* 1826, 19 *avr. et* 31 *mai* 1833. — D'où il résulte qu'à l'inverse de ce qui se fait au civil (*cours procéd., p.* 462), on peut appeler pendant le délai de l'opposition. *D. arr.* 31 *mai.*

TITRE III.

De la procédure criminelle, proprement dite.

On a vu que, lorsqu'il s'agit de statuer sur une contravention ou sur un délit, les inculpés sont toujours traduits immédiatement devant les tribunaux de police, ou peuvent l'être de même devant les tribunaux correctionnels. Il n'en est pas ainsi lorsqu'il s'agit d'un crime. L'importance de la matière, soit relativement au prévenu, soit relativement à la société, a fait exiger deux épreuves préliminaires, savoir : la décision de la chambre du conseil qui suit l'instruction par écrit, et la mise en accusation qui est confiée aux Cours royales, avant de parvenir au jugement de l'accusé dont sont chargées les Cours d'assises.... Nous avons déjà parlé (*p.* 132) des décisions de la chambre du conseil; nous traiterons sommairement de la mise en accusation et du jugement, dans deux chapitres.

CHAPITRE PREMIER.

De l'accusation.

I. L'accusation est prononcée, s'il y a lieu, par la chambre d'accusation de la Cour royale (elle est composée de cinq juges au moins), sur le rapport du procureur-général, sans entendre les parties ni les témoins. V. *C-cr.* 218, 223; *décr.* 6 *juill.* 1810, *art.* 2, *et ci-dev. p.* 74, *n. iij, et p.* 75, *note* 20. — V. aussi pour le partage d'opinions, *ci-dev. p.* 116, *n.* 9.

Les parties ont seulement la faculté de fournir des mémoires avant la présentation du rapport, qui est faite par un substitut, sous la direction du procureur-général, dans les dix jours, au plus tard, après la réception des pièces. *C-cr.* 217; *d. décr., art.* 45. (**1**)

La chambre prononce (**1** *a*) sur la lecture de toutes les pièces et des mémoires (**1** *b*), dans les trois jours, sans désemparer, ni communiquer avec personne. V. *C-cr.* 219, 222, 224, 225. (**2**)

(1) *Observations*. 1. Le reste de l'instruction est abandonné à la conscience de la chambre. V. *rej.* 13 *janv.* 1818, *n.* 21, *p.* 60.

2. Les pièces ci-dessus ont dû être envoyées sans délai, par le procureur du roi. *C-cr.* 217, 133 *et* 135 ; *B. c.* 8 *avr.* 1813, *p.* 171.

(1 *a*) Elle ne peut refuser de statuer lorsqu'elle a été saisie par une ordonnance régulière de la chambre du conseil. V. *B. c.* 13 *juin* 1834, *et ci-dev.* p. 133, *n.* 4, *et notes* 19 *b et* 20, *ibid.* — Lors même que le fait y aurait été mal qualifié (elle doit alors en *régulariser* la qualification). V. *B. c.* 7 *fév.* 1835. — V. aussi *id. rej.* 21 *mai* 1835, *n.* 197.

(1 *b*) Même produits par un prévenu défaillant. V. *rej.* 3 *fév.* 1826, *avoués, xxxj*, 52.

(2) *Observations*. 1. Le procureur-général et le greffier ne peuvent pas même être présens à la délibération. V. *C-cr.* 224 ; *B. c.* 22 *août* 1817.

2. *Connexité*. La chambre statue par un seul arrêt (cela n'est pas prescrit à peine de nullité... v. *arr. rej.* 28 *déc.* 1816, *Jalbert*, 1817, 340) sur les délits *connexes* qui lui sont soumis. V. *C-cr.* 226, 227 ; *réqu. et arr. rej.* 18 *nov.* 1815, *rép. xv*, 287, *mot faillite*, § 2, *n.* 2.

Dans ce cas, le prévenu d'un simple délit est renvoyé à la Cour d'assises avec le prévenu du crime auquel le délit est connexe. Cette Cour, statuant alors sur son délit, la procédure d'assises doit lui être commune ; par exemple, il faut lui notifier, comme au prévenu de crime, la liste des jurés. V. *arr. cass.* 4 *nov.* 1813, *n.* 241 ; *ci-apr. ch.* 2, *art.* 2, *n.* 1, *observat.* 2, *p.* 166 ; *ci-dev. part.* 1, *p.* 68, *n.* 4, *et p.* 76, *note* 24.

II. Si elle n'aperçoit aucune trace d'un délit, ou si elle ne trouve pas des indices suffisans de culpabilité, elle ordonne la mise en liberté du prévenu. V. *C-cr.* 229. (**3**)

Si les indices suffisent, mais si le fait n'est qu'un délit, proprement dit, ou une contravention, elle renvoie le prévenu aux tribunaux correctionnels ou de police, avec mise en liberté dans ce dernier cas, ainsi que dans celui où le délit correctionnel n'entraîne qu'une amende. V. *id.* 131 *et* 230 ; *B. c.* 10 *avr.* 1823 ; *ci-d. p.* 135, *note* 22, *n.* 1 *a.* (**4**)

Dans toutes ces hypothèses, le prévenu ne peut plus être traduit aux Cours d'assises à raison du même fait, à moins qu'il ne survienne de nouvelles charges. *C-cr.* 246 ; *Bourguignon et Carnot, ibid.* — V. aussi *arr. rej.* 15 *juin* 1820, *n.* 91. (**5**)

On considère comme telles, les dépositions et les pièces non présentées à la Cour, et propres à forti-lier les preuves qui ont paru trop faibles, ou à donner aux faits de nouveaux développemens utiles à la manifestation de la vérité. *C-cr.* 247, 248. — **V.** aussi *L. 6 vent. an ij , et pour l'instruction sur les* nouvelles charges, *C-cr.* 248 *et p.* 133, *note* 20, *n.* 3.

(3) Sa décision est ce qu'on nomme un arrêt de *non-lieu* ou de *n'y a lieu à accusation.* — V. ci-dev. p. 133, notes 19 et 20, n. 3.

Observations. 1. Cet arrêt est-il passible de recours ? Voy. *ci-apr. n. iv , texte, p.* 158, *et notes, p.* 159.

2. Il peut être fondé sur la prescription. V. *ci-dev. p.* 106, *n.* 3.

3. *Idem*, sur l'amnistie, *suiv. Carnot, art.* 246, *n.* 13.

4. Il peut aussi et doit même l'être sur la légitime défense. V. *arr. cass.* 27 *mars* 1818 *et* 8 *janv.* 1819, *n.* 36 *et* 3.

5. Mais il ne peut pas l'être sur la possibilité de la bonne foi d'un bigame , ni sur une excuse, ou sur des circonstances atténuantes. V. *p.* 18, *note* 19 , *n.* 2 ; *ci-apr. note* 6 , *p.* 157 ; *B. c.* 25 *avr.* 1833.

6. Il doit être motivé. V. *B. c.* 17 *juill.* 1834 , *n.* 227.

(4) Ces tribunaux peuvent décider qu'ils ne sont pas compétens. V. *ci-dev.* p. 145, *note* 2, *surtout p.* 76, *et la note* 5 *ci-après.*

(5) L'application de l'art. 246 a donné lieu à des difficultés, dans l'hypo-thèse suivante. Une chambre d'accusation renvoie un individu au tribunal correctionnel comme prévenu d'un délit. Le tribunal , pensant que le fait imputé est un crime, se déclare incompétent. Sur l'appel , la chambre correctionnelle réforme. Elle se fonde sur ce que le prévenu n'ayant pas été renvoyé à la Cour d'assises, par la chambre d'accusation, il ne pouvait plus y être traduit, d'après l'art. 246, qu'autant qu'il y aurait de *nouvelles charges*; et dans la cause il n'y en avait pas. La Cour de cassation , au contraire, expli-quant l'art. 246, d'après C-brum., 255, 241 et 237 combinés , où il a été puisé, a décidé qu'il ne se rapporte qu'au seul cas où les charges ont été *re-connues insuffisantes.* En conséquence , et en considérant aussi que le tribu-nal correctionnel ne peut retenir le jugement d'un fait qu'il reconnaît être un crime, elle a cassé l'arrêt de la chambre correctionnelle. V. *arr.* 12 *juin* 1817, *n.* 45. — V. aussi *arr.* 26 *août suiv.*, *sect. réun.*, *n.* 80. — Au reste , ceci est une confirmation des principes exposés, *ci-dev. p.* 76 *et* 77, *n. iv , et notes ib.*

III. Si le fait est un crime (5 *a*) et si la Cour trouve les charges suffisantes pour motiver la mise en accusation, elle renvoie le prévenu (5 *b*) devant une Cour d'assises. *C-cr.* 231. (6)

Le substitut rédige alors un acte d'accusation, où il expose : 1° la nature du délit (7) qui en forme la base; 2° le fait et toutes les circonstances qui peuvent aggraver ou diminuer la peine. Il y nomme et désigne clairement le prévenu; et il le termine par un résumé, où il déclare que « N. est accusé de tel crime, etc. » V. *C-cr.* 241 ; *décr.* 6 *juill.* 1810, *art.* 45. (**7 a**)

L'acte et l'arrêt de renvoi sont ensuite signifiés à l'accusé, et, dans les vingt-quatre heures on le transfère dans la maison de justice (8), et l'on envoie les pièces au greffe de la Cour où il doit être jugé. V. *C-cr.* 242, 243, 291, 292.

(5 *a*) *Observations.* 1. Ou bien un délit politique, ou un délit de presse. V. *ci-dev. p.* 75, § 4 ; *rej.* 13 *et* 21 *juill.* 1832.

2. Les délits de la presse peuvent sans doute aussi se porter à la Cour d'assises par une simple citation (du procureur-général.. Loi 8 avr. 1831 , art. 1 et suiv.), mais il est possible qu'ils aient d'abord été soumis à la chambre d'accusation , à cause des crimes dont ils paraissaient accompagnés. — Quant au droit du procureur-général de saisir directement la Cour d'assises, même de certains crimes, *voy. ci-dev. p.* 77 , *note* 25.

(5 *b*) A moins qu'aucun mandat n'ait été décerné contre lui , puisque alors il n'a pas été mis en cause. V. à ce sujet *B. c.* 12 *févr.* 1835.

(6) *Observations.* 1. Elle ne juge que sur des présomptions et des indices , de sorte que son appréciation des faits ne lie point la Cour d'assises. V. *réqu. et arr. cass.* 25 *févr.* 1813, *n.* 35, *et rép. xv,* 264, *mot excuse, n.* 6 *bis* ; *arr. rej.* 2 *déc.* 1814 , *ib., xv,* 600, *mot provocation.*

C'est un des motifs pour lesquels elle doit, comme on l'a vu (*p.* 97, *note* 10), renvoyer, à la Cour d'assises , l'appréciation de l'excuse proposée par un prévenu.

2. Mais des indices *graves* suffisent ; il n'est pas besoin de preuves... Enfin elle est obligée d'examiner ces indices relativement à tous les chefs d'imputation contenus dans le réquisitoire du procureur-général. V. *arr. cass.* 2 *août* 1821 *et* 30 *mai* 1833. — Et d'énoncer qu'il y en a de suffisans. V. *B. c.* 11 *juill.* 1834.

3. Pour l'effet de l'arrêt d'accusation , quant à la compétence de la Cour d'assises, v. *ci-dev. p.* 76, *n. ij et iij.*

4. L'accusation suspend l'exercice du droit de cité (*constit. an viij, art.* 5) et l'exécution de l'acte public argué de faux, et elle rend reprochable un témoin. V. *cours proc. p.* 97 *et* 330.

(7) Il faut que le fait imputé soit un crime , puisqu'il n'est permis d'accuser que pour un crime (mais v. *ci-dev. note* 5 *a*) ; sinon , l'arrêt d'accusation est susceptible d'annulation comme dans le cas de la note 10, *n.* 1, *p.* 92, où l'on avait imputé un *recel,* sans ajouter qu'il avait eu lieu *sciemment.*

(7 *a*) On a décidé qu'en matière de simples délits portés devant la Cour d'assises, l'acte d'accusation n'était point nécessaire. *Arr. rej.* 7 *mars* 1831 , *J-cr.* 1831, 53 ; *M. Chauveau, ib. et* 1833, 37. — Pour les crimes portés directement devant la Cour d'assises , d'après l'art. 5 de la loi du 9 septembre 1835, *sur les Cours d'assises,* le procureur-général doit signifier aux prévenus un réquisitoire rédigé dans la forme établie pour les actes d'accusation... CH. B. S.

(8) *Observations.* 1. Il n'est pas permis de l'autoriser à en sortir momentanément, sous la garde de la gendarmerie et à ses frais, pour aller faire des

recherches de papiers relatifs à son délit : telle est la décision d'un arrêt de cassation *du 21 mai* 1813, *n.* 108.

Ou la fonde sur ce qu'il résulte de l'art. 243, que l'accusé doit demeurer dans la maison de justice jusqu'à ce qu'il en soit extrait pour les débats. Mais l'art. 243 se borne à dire qu'il sera *transféré* dans cette maison ; aucune de ses expressions n'est exclusive d'une tolérance réclamée par l'humanité, et qui ne fait pas courir de risques pour l'évasion de l'accusé, en prenant les précautions convenables.

Ou observe aussi que la clôture non interrompue de l'accusé est une conséquence de l'ordonnance de prise de corps décernée contre lui... Mais l'article (134) relatif à cette ordonnance ne prête à aucune induction de ce genre.

D'après l'art. 603, il est vrai, la maison de justice est destinée à *retenir* l'accusé pris au corps ; mais cette expression y étant aussi employée à l'égard des *prévenus*, il nous paraît clair que la loi n'y a point attaché un sens absolu. Au reste, répétons-le, en cas de doute, il faut interpréter la loi (v. *L.* 18, *ff. de legib.*) dans le sens le plus favorable a l'humanité.

2. Quoi qu'il en soit, le détenu peut être transféré dans un hospice, lorsqu'il tombe malade. V. *cours proc. p.* 708, *note* 38.

IV. Les arrêts des chambres d'accusation sont passibles du recours en cassation, dans deux hypothèses. (8 *a*)

Première Hypothèse. Lorsqu'il y a une des nullités qui seront exposées, *p.* 162, *chap.* 2, *art.* 1, *n. ij.*

Seconde Hypothèse. Lorsqu'il y a incompétence, ce qui comprend deux cas.

Premier cas. Lorsque les juges d'accusation ont mal à propos ordonné un renvoi aux tribunaux criminels. (9)

Deuxième cas. Lorsque sans apprécier les indices ou preuves à la charge du prévenu (10), et en se fondant uniquement sur ce que, suivant eux, le fait imputé n'est pas un crime, ou bien sur ce que le crime imputé est couvert par la prescription ou par la chose jugée, ils déclarent qu'il n'y a pas lieu à l'accuser (11)... Mais dans ce dernier cas, leurs arrêts ne peuvent pas être attaqués par la partie civile. V. *pour ce dernier point, réqu. et arr. rej.* 17 *oct.* 1811, *rép. ix,* 305, *mot plainte, n.* 4, *et xv,* 85, *mot cassation,* § 4, *n.* 4 ; *arr.* 2 *nov.* 1811, *Laporte,* 278 ; *B. c. ou rej.* 20 *janv.* 1820, 28 *juin* 1822, 26 *juill.* 1828 *et* 22 *juill.* 1831 ; *surtout Carnot, art.* 246, *n.* 9 *et suiv.* (12)

V. La chambre d'accusation statue aussi sur les *oppositions* aux ordonnances de celle du conseil. V. *à ce sujet, ci-dev. p.* 74 *et* 134.

(8 *a*) Il y en a une troisième : c'est lorsqu'ils contiennent des dispositions étrangères au renvoi et violant une loi. *B. c.* 7 *sept.* 1832 (affaire du *Carlo-Alberto*).

(9) Dans l'hypothèse où le fait n'est pas de la compétence de ces tribunaux.

Observations. 1. A l'égard des cas, délais, formes, etc., de ces recours lorsqu'il s'agit d'un renvoi à une *Cour d'assises*, voyez *d. p.* 162, *n.* 2, *surtout note* 20, *n.* 2, *p.* 163.

2. Si le renvoi est fait à un *tribunal correctionnel*, l'accusé peut recourir dans le délai de trois jours francs, à dater du jour où on lui a notifié (par un huissier) l'arrêt de la chambre d'accusation. V. *rép. xv*, 97, *mot cassation*, § 5, *n.* 10 *bis*; *réqu. et arr. rej.* 18 *mars* 1813, *rép. xiv*, 711, *mot vol, sect.* 1 , *n.* 5.

Mais dans ce cas, le ministère public n'a pas le droit de recourir, sauf à lui à provoquer auprès du tribunal correctionnel une déclaration d'incompétence pour l hypothèse où le délit serait un crime, *suiv. Le Graverend,* i, 422 (3e *édit.,* i , 445), *qui cite un arr. rej.* 30 *juill.* 1812.

(10) Si au contraire, c'est d'après l'appréciation des charges qu'ils ont dé-cidé la mise en accusation, ou le renvoi d'accusation, ils ne sont pas dans le deuxième cas de recours exposé au texte. V. *réqu. et arr.* 7 *juin* 1811 , *rép. xv*, 94 *et suiv., d. n.* 10 *bis.* — V. aussi *id., p.* 85, *n.* 10 ; *arr.* 5 *mars* 1813 *et* 12 *oct.* 1811, *ib., xv*, 295 *et* 480 ; *rej.* 31 *janv.* 1822 *et* 30 *mai* 1823, *B. c. n.* 31 *et* 73.

(11) *A fortiori* lorsqu'ils le déclarent sans énoncer qu'il n'y a ni charges , ni indices suffisans du crime imputé. *B. c.* 18 *janv.* 1834.

Observations. 1. Le ministère public a le droit de recourir d'un arrêt de l'espèce indiquée au même deuxième cas, parce que l'arrêt qui, en négligeant l'appréciation des charges (v. *la note* 10), et en se bornant à celle du fait im-puté, a décidé que ce fait n'était ni crime ni délit, etc., a statué sur une question de compétence, et que d'après l'art. 416, tous les jugemens quelcon-ques relatifs à la compétence, sont passibles de recours. V. *à ce sujet, d. p.* 85, *n.* 10; *dd. réqu.* 7 *juin et* 12 *oct., rép. xv*, 95, 96 *et* 478, *mot cassation*, § 5 , *n.* 10 *bis, et non bis, n.* 12 ; *autres,* 17 *oct.* 1811 , *p.* 87; *dd. arr.* 5 *mars et* 12 *octobre.* — V. aussi *ci-apr. note* 21, *n.* 1 , *p.* 132.

2. Le ministère public peut user de ce droit dans les trois jours francs, à dater de celui de l'arrêt. *Rej.* 10 *juin* 1826 , 30 *juin* 1827 , 13 *janv.* 1832, *B. c.* (jadis c'était à dater du jour où il avait connu l'arrêt.. v. *notre* 3e *édit., p.* 127, *note* 11, *n.* 2 *et* 3).

(12) Il ne déclare la partie civile non recevable, que dans le cas où la plainte a porté sur un *crime*.

Observations. 1. Le plaignant ne souffre pas de ce système, parce que, suivant le même réquisitoire (*xv*, 88), il résulte tacitement de l'arrêt de *n'y a lieu à accusation,* qu'il pourra agir devant un tribunal civil.

2. Au reste, le plaignant peut aussi recourir d'un arrêt où la chambre d'accusation, en laissant subsister l'action publique, s'est bornée à se déclarer incompétente, *suiv. rép. xv*, 90 , *d.* § 4, *n.* 4, *et réqu.* 26 *nov.* 1812 , *ib.*, 341 , *mot faux, sect.* 2 , § 2, *n.* 3.

CHAPITRE II.

De la procédure des Cours d'assises.

Observations préliminaires.

I. Les assises se tiennent tous les trois mois, au chef-lieu de chaque département (**13**), et ne se terminent que lorsque toutes les affaires en état, au moment de leur ouverture, y ont été portées. Néanmoins , l'accusé peut (ainsi que le procureur-général) demander, et le président ordonner un ajournement de sa cause particulière. V. *C-cr.* 258, 260 *et* 306. — V. aussi *arr. rej.* 16 *avr.* 1818, *n.* 52.

II. La Cour d'assises est composée d'un président et de deux juges, nommés par le premier président de la Cour royale (**14**), du procureur-général ou d'un avocat-général, ou d'un substitut (ou juge suppléant) et d'un greffier. V. *pour les détails, C-cr.* 252, 253, 265, 271 *et* 284; *L.* 25 *déc.* 1815, *et* 10 *déc.* 1830, *art.* 3, *et* (jurisdiction et juges exclus) *ci-d. p.* 75. (**15**)

(**13**) Elles peuvent se tenir plus souvent si le besoin l'exige (*C-cr.* 259) , et elles peuvent aussi être alors convoquées par une simple ordonnance du premier président de la Cour royale. V. *Carnot , d. art.; arr. rej.* 18 *janv.* 1816, *Jalbert ,* 399.

(**14**) *Observations.* 1. Il les nomme (quand ils ne l'ont pas été par le ministre) dans une ordonnance qui est publiée. V. *décr.* 6 *juill.* 1810, *art.* 79, 80, 82, 88 *et* 89. — Mais il n'est pas nécessaire de publier celle par laquelle il remplace, en cas d'empêchement, un des premiers juges nommés. V. *arr. rej.* 13 *août* 1816, *Jalbert,* 511.

2. Dans les départemens où ne siège pas la Cour, les deux juges sont pris, soit parmi ses membres, soit parmi ceux du tribunal civil du lieu des assises. V. *C-cr.* 253 ; *rej.* 29 *juin* 1833. — Ces derniers peuvent (non ceux de la Cour royale) être remplacés par des avocats. V. *Carnot, art.* 299, *n.* 12 ; *arr. rej.* 26 *déc.* 1811, *ib.* — Le procureur-général l'est par le procureur du roi, ou par son substitut, ou par un juge suppléant. V. *au surplus d. art.* 253.

3. On peut appeler un troisième juge pour suppléer au besoin celui des deux premiers qui tomberait malade , etc. V. *d. arr.* 16 *avr.* 1818; *autres ,* 27 *juill.* 1820 , 18 *avr.* 1833 , 21 *août* 1835, *n.* 325.

4, 5, etc. Autres questions... V. *arr. rej. ou cass.* 16 *juill.* 1821, 31 *mai* 1827 *et* 25 *avr.* 1833 (président empêché) ; 24 *sept.* 1819, *B. c.* 1820, *n.* 60 (juges empêchés).

(**15**) *Observations.* 1. Si le nombre de juges est moindre que celui ci-dessus, il y a nullité. V. *arr. cass.* 15 *déc.* 1815.

2. Les juges et jurés peuvent être proches parens dans la même session. *Arr. rej.* 14 *mars et* 29 *mai* 1817 *et* 16 *janv.* 1818.

3. Le greffier doit avoir 27 ans. *L.* 20 *avr.* 1810, *art.* 65. — Mais v. aussi *arr. rej.* 8 *mars* 1816, *Jalbert*, 431.

ARTICLE PREMIER.

Des actes antérieurs à l'examen.

I. Vingt-quatre heures après la remise des pièces au greffe, et l'arrivée de l'accusé dans la maison de justice, il est interrogé par le président ou par un juge (16). Il indique alors son conseil, sinon le juge (sous peine de nullité de tout ce qui suivra) lui en désigne un (17), qui peut dès-lors communiquer avec lui et prendre connaissance et copie des pièces. V. *C-cr.* 293 à 295, 302, 305; *d. décr.* 6 *juill.*, *art.* 91. — V. aussi *rej.* 4 *juin* 1818 *et* 25 *juin* 1819, *et cass.* 15 *avr.* 1824, *n.* 72, 74 *et* 50. (18)

(16) Ce juge est délégué par le président. *C-cr.* 293. — Mais la mention de l'ordonnance de délégation n'est pas nécessaire. V. *arr. rej.* 26 *juin* 1817 *et* 13 *sept.* 1827. — Et il n'est pas défendu de déléguer le juge d'instruction qui a fait la procédure, quoiqu'il ne puisse pas (v *ci-dev. p.* 76, *note* 22) siéger comme juge aux assises. — Autre question... V. *id.* 5 *févr.* 1819.

(17) *Observations.* 1. Il lui faut un conseil lors même qu'il n'a à plaider que sur la peine, comme dans le cas où l'arrêt d'assises n'ayant été cassé que pour fausse application de la peine, la Cour à laquelle on renvoie, n'a plus à juger que ce point. *B. c.* 22 *avr.* 1813. — Autres questions. V. *B. c. ou rej.* 28 *mai* 1818 *et* 4 *janv.* 1821.

2. Son interprète ne peut lui en tenir lieu. V. *d. arr.*

2 *a.* Ce conseil doit être choisi parmi les avocats ou avoués de la Cour royale, ou de son ressort, ou bien avec la permission du président, parmi les parens ou amis de l'accusé... et ce choix doit être constaté par un procès-verbal signé. V. *C-cr.* 295, 296.

3. Mais le défaut de présence du conseil aux débats, ne les annulle pas. V. *arr. rej.* 9 *févr.* 1816, *Jalbert*, 391; — à moins qu'elle ait été causée par le fait du ministère public ou de la Cour. V. *id.* 18 *juin* 1830, *n.* 177.

On conçoit que, dans un système différent, il serait facile à l'accusé de se procurer un moyen de cassation. Néanmoins, nous desirerions qu'à l'exemple de ce qui se pratiquait jadis en matière civile (v. *cours proc. p.* 446, *note* 9), on fît, en cas d'absence, avertir le conseil au moment de l'ouverture des débats. On assure qu'un accusé fut condamné à mort sans défense, parce qu'on négligea de prendre ce soin envers un conseil nommé d'office, qui s'était trompé d'heure.

4. Suivant un arrêt du 12 juillet 1810 (*Laporte*, 52, *n.* 1), l'ordre de ne

laisser communiquer l'accusé avec son conseil, qu'en la présence du geôlier, ne fournit pas un moyen de nullité, parce que la loi n'a pas déterminé le mode de la communication.

Ce motif ne nous semble point concluant. La loi, en autorisant la communication, a voulu sans doute qu'elle fût utile à la défense. Or, la présence d'un homme tel que le geôlier, qui est dans la dépendance du ministère public, c'est-à-dire de l'adversaire de l'accusé, peut, presque toujours, rendre inutile la communication. L'accusé osera-t-il, par exemple, devant un tel témoin informer son conseil de circonstances qui tendent à atténuer ou éluder l'accusation principale, mais qui, en elles-mêmes sont répréhensibles?... Enfin, puisqu'un tel ordre tend à gêner la défense de l'accusé, il nous paraît violer une forme substantielle et être contraire à l'esprit général du Code. V. *ci-apr. note* 34, *n.* 4, *p.* 173. — V. aussi *ci-dev. p.* 117, *n.* 15.

5. *Dr. ancien...* L'accusé n'avait point de conseil. V. *ci-dev. p.* 52, *note* 4, *n.* 3.

(18) *Observations.* 1. Un procès-verbal constatant, non le délit, mais la culpabilité, peut être produit pour la première fois aux débats; d'autant plus que l'accusé a la faculté de proposer alors des moyens contre les inductions que le ministère public tire de cette pièce, *suiv. d. arr.* 25 *juin.*

Cette décision nous paraît susceptible de difficulté. 1° Elle porte atteinte au droit qu'a l'accusé (*d. art.* 305) de prendre copie de telles pièces du procès qu'il juge utiles à sa défense, car ce procès-verbal est sans contredit une des pièces du procès. 2° A-t-il aux débats le temps d'examiner ce procès-verbal avec assez de soin pour discuter des inductions que le ministère public a pu méditer à loisir?... Son droit de défense légitime est donc restreint, et tout au moins, la condition des parties n'est plus égale comme elle doit l'être (voy. *cours procéd. p.* 184).

2. *Interprète.* On en nomme un (sauf récusation) pour l'accusé et le témoin qui ne sait pas la langue française; il doit sous peine de nullité, prêter serment. — V. *C-cr.* 532; *arr. cass.* 21 *oct.* 1815, *n.* 227.

Autres questions sur l'interprète... V. *id.* 21 *fév. et* 4 *juin* 1812, *n.* 30 *et* 136; *rép. vj,* 479, *h. v.; arr.* 3 *et* 16 *avr.* 1818, 4 *fév.* 1819, 27 *avr.* 1820, 19 *janv.* 1821, 15 *avr.* 1824, *n.* 49, 52, 14, 64, 15, 50.

3. On nomme également un *interprète* pour le sourd-muet, soit accusé, soit témoin, qui ne sait pas écrire, et cet interprète doit aussi prêter serment. V. *C-cr.* 533; *rej. cr.* 15 *déc.* 1824, *n.* 196, *et* 27 *mars* 1834, *n.* 102.

4. Il faut, sous peine de nullité, suivre une semblable méthode lorsqu'on lit la déposition d'un témoin absent, si elle est dans une langue inconnue à l'accusé. *Cass.* 3 *mars* 1836, *Gaz. trib. du* 4.

II. Pendant l'interrogatoire, on doit l'avertir qu'il peut former une demande en nullité, dans les cinq jours suivans (**19**), délai fatal, qui est commun au ministère public. V. *C-cr.* 296 *à* 298. — V. aussi *arr. rej.* 20 *avr. et* 13 *juill.* 1820, *n.* 63 *et* 99.

Cette demande, qui est faite au greffe, ne peut être formée que contre l'arrêt de renvoi à la Cour d'assises, et dans l'un des trois cas suivans, savoir: 1° lorsque le fait imputé n'est pas un crime; 2° lorsque le ministère public n'a pas été entendu; 3° lorsqu'il

n'y a pas eu le nombre légal de juges. *C-cr.* 299 ;
B. c. 26 *avr.* 1816 *et* 5 *mars* 1818, *n.* 24 *et* 27. (**20**)

D'où il résulte qu'on ne peut attaquer, par voie de
nullité, la procédure antérieure à cet arrêt. V. *Bour-*
guignon, art. 299, 408 *et* 415 ; *Carnot, art.* 408, *n.*
13 ; *Le Graverend, ij,* 375 ; *arr. rej. ou cass.* 11 *avr.*
1817, *B-c. de* 1818, *n.* 1 ; 30 *janv.* 1818, *n.* 15 ; 22
avr. 1830, *J-cr., p.* 285 ; 19 *janv.* 1833, *B. c. n.* 17 ;
autres, ci-après, tit. des voies de recours, note 14.

La demande en nullité est soumise aussitôt à la
Cour de cassation (**21**) ; mais l'instruction sur le fond
est continuée à la Cour d'assises, jusques aux débats
exclusivement. V. *C-cr.* 300, 301 (**22**). — V. aussi
ci-apr. l'art. des nullités.

(19) Tandis que, pour la cassation, on n'a que trois jours. V. *ci-apr. sou*
art. (*tit.* 4, *art.* 4). Au reste, on peut anticiper ce délai, et se pourvoir,
même avant d'être traduit à la Cour d'assises. V. *réqu.* 9 *sept.* 1813,
rép. xv, 297, *mot faillite,* § 2 ; *arr.* 7 *nov.* 1812, *Laporte,* 266, *n.* 14. —
Mais il ne peut être réduit sans le consentement formel de l'accusé. V. *B. c.*
15 *mars* 1828, *n.* 77, *et rej.* 8 *juill.* 1830, *J-cr.* 1831, *p.* 32. — Autres questions... v. *id.,* 10 *sept.* 1830, *ib., p.* 32, *et* 19 *janv.* 1833 (nullité de l'arrêt
d'accusation), *B. c. n.* 17.

(20) Ces règles sont aussi communes au ministère public. V. *dd. arr.*

Observations. 1. L'accusé peut proposer la nullité, après les cinq jours
et en attaquant l'arrêt définitif, lorsqu'il n'a pas été averti comme on vient de
le dire. V. *C-cr.* 297 ; *Bourguignon, art.* 299, *note* 1 ; *Carnot, art.* 408,
n. 7 *et* 8 ; *M. Chauveau, J-cr.* 1833, 52.

2. Lors même qu'il a été averti, il a le droit (ainsi que le procureur-général) d'attaquer l'arrêt d'accusation lors de son recours contre l'arrêt définitif,
pour les cas d'incompétence développés ci-devant ch. 1, n. iv, p. 158 et 159.
— V. *Carnot, sup., n.* 9 *à* 11. — V. aussi *id., art.* 217, *n.* 13 (il se fonde
notamment sur ce que la faculté d'attaquer le premier arrêt, accordée par
l'art. 408, *ci-apr. tit.* 4, *art. des nullités, n.* 1, serait sans cela illusoire). —
Mais l'accusé n'a pas le droit d'attaquer cet arrêt à raison des irrégularités de
la procédure antérieure. V. *rej.* 18 *févr.* 1830, *n.* 48, *et les autorités citées*
au texte, ci-dessus, *lign.* 4 *à* 9.

(21) *Observations.* 1. La Cour de cassation a *exclusivement* le droit de
statuer sur les demandes en nullité des arrêts d'accusation, surtout dans le
cas d'incompétence. V. *arr. cass.* 28 *mars et* 13 *juin* 1816, *n.* 15 *et* 33. —
V. aussi *ci-dev. note* 11, *p.* 159.

2. L'exercice de ce droit n'offre pas d'inconvéniens, parce que, en cas que
la Cour, induite en erreur sur les faits, maintienne mal-à-propos l'arrêt d'accusation, elle peut ensuite rétablir les règles de la jurisdiction en suivant la
marche indiquée par C-cr. 441. V. *B. c.* 19 *juill.* 1816, *n.* 43. — V. à ce
sujet, *ci-ap. tit. des recours, note* 29.

3. Au reste, l'exercice du même droit est subordonné au pourvoi toujours
facultatif du ministère public et de l'accusé. V. *dd. arr.* 13 *juin et* 19 *juill.*

(22) On ne doit pas même surseoir aux débats si le pourvoi n'énonce pas un des trois moyens de nullité précédens, *suiv. arr.* 24 *déc.* 1812, *Laporte*, 326, *et Le Graverend*, *ij*, 128. — Autres questions... V. *arr. rej.* 5 *févr.* 1819, *n.* 17, 13 *sept.* 1827, *n.* 238, 20 *mars* 1833, *n.* 103, 9 *mai* 1834 *et* 10 *févr.* 1835, *J-cr.* 1834, 316, 1835, 48.

III. Après l'interrogatoire, le président (**22 a**) peut au besoin, entendre ou faire entendre de nouveaux témoins. Il statue aussi sur les demandes du procureur-général en jonction de plusieurs actes d'accusation relatifs au même délit (**22 b**), ou en disjonction de plusieurs délits non connexes, contenus dans le même acte. V. *C-cr.* 303, 304, 307, 308; *ci-dev. p.* 155, *note* 2, *n.* 2. (**22 c**)

(22 *a*) Et en son absence, le président du tribunal civil du lieu des assises, *suiv. B. c.* 29 *nov.* 1834, *n.* 384.

(22 *b*) Ou même à différens délits connexes. V. à ce sujet, *B. c.* 30 *mars* 1828 *et* 6 *févr.* 1829, *n.* 84 *et* 31; *d. B. c.* 29 *nov.* 1834.

(22 *c*) V. aussi *d. arr.* 11 avr. 1817; autres, 30 mai 1818, n. 68; 24 sept. et 1 oct. 1825, n. 192 et 195; 22 sept. 1826, u. 189; 4 oct. 1827, n. 252; 24 janv. 1828, n. 20; 28 avr. 1831, n. 96 (on y trouve des exemples de diverses hypothèses où il y a soit connexité, soit *non-connexité.*)

ARTICLE II.

De l'examen.

L'examen est fait par la Cour d'assises et par un jury. V. *C-cr.* 309; *Chart. const.* 56 *et* 69, *ÿ.* 1.

I. Le jury se forme avant l'audience (**22 d**), en présence des jurés, de l'accusé et du ministère public. V. *C-cr.* 399 (**23**). — V. aussi *B. c. ou rej.* 4 *sept.* 1829, *n.* 211, *et* 12 *sept.* 1833, *n.* 375.

(22 *d*) Il peut aussi se former en audience publique. *Rej.* 8 *oct.* 1834, *n.* 337.

(23) *Observations.* 1. On avait d'abord décidé que la présence du conseil au tirage n'était point nécessaire... *Arr.* de 1812, 1815 *et* 1817 *cités dans notre* 3e *édition, p.* 132 *et* 133, *note* 23.

2. On alla ensuite plus loin, et cette présence fut considérée comme une irrégularité. *Arr. de* 1820, *ibid.*

3. Ces deux systèmes contre lesquels nous avions vivement réclamé (*ibid.*) ont été abandonnés en 1832, lors de la réformation du Code, et le conseil a aujourd'hui le droit et d'assister au tirage et de récuser les jurés. **V.** *C-cr.*

— 165 —

399. — Mais ce n'est là qu'une pure faculté, *suiv. rej.* 21 *fév.* 1833 *et* 10 *fév.* 1835, *J.-cr.* 1833, 298, *et* 1835, 48. — V. toutefois *M. Chauveau, ibid.* (selon lui, d'après les discussions de la chambre des députés, l'assistance du couseil est indispensable).

4. On a également décidé que la présence du président et du procureur-général était seule exigée au tirage, et non pas celle des autres juges des assises. V. *rej.* 10 *oct.* 1817 *et* 27 *avr.* 1820, *n.* 94 *et* 64. — La Cour d'assises, a-t-on ensuite observé à l'appui de cette jurisprudence, et en y persistant (*rej.* 6 *mars* 1828, *n.* 74, *par arg. de C-cr.* 399, 266, 309 *et* 405 *combinés*) ne doit se réunir eu séance qu'immédiatement après la formation du jury, et elle y est par conséquent étrangère. Selon Carnot (1re *et* 2e *édit.*, *art.* 399, *n.* 1) et Le Graverend (1re *édit.*, ij, 141 *et* 142, *et* 3e, ij, 168, 169), la Cour doit au contraire être réunie au moment du tirage parce qu'elle peut avoir à statuer sur des récusations motivées de jurés. Mais c'est là décider une question par une autre question (v. *ci-apr. note* 26 *a*), et ces deux jurisconsultes eux-mêmes sans s'apercevoir de la contradiction, admettent ailleurs (*Carnot*, 2e *édit.*, ij, 65, *art.* 397, *observ. addit.*, *n.* 1; *Le Graverend*, *p.* 172, *in f.*) le motif de l'arrêt de 1828... Nous adopterions toutefois la doctrine de Le Graverend et de Carnot, pour la première cause de la session. Avant cette cause, en effet, la Cour étant réunie pour statuer sur la non-comparution des jurés défaillans et sur leurs excuses (v. *C-cr.* 396, 397, 398), nous n'apercevons point dans la loi qu'elle doive se séparer aussitôt pour laisser le président procéder tout seul au tirage, et ensuite se réunir lorsque cette courte opération est terminée.

A l'égard des peines contre les jurés absens, de leurs excuses, etc., *voy.* dd. art. 396 à 398; rej. ou B. c. 25 oct. et 7 déc. 1821, 7 janv. 1825, 26 août 1830, 25 fév. 1831, 17 oct. 1833.

Dans cet objet, on tire d'une urne les noms de trente-six jurés et de quatre jurés supplémentaires, qu'on a notifiés la veille à l'accusé, et qui ont été tirés précédemment au sort, en audience publique, par le premier président de la Cour royale, sur une liste nombreuse de citoyens notables, envoyée par le préfet. V. *au surplus, C-cr.* 387, 394, 395, 399.

Ici se présentent plusieurs observations fort importantes.

Première. Il faut que les jurés soumis au tirage, soient au moins au nombre de trente : on regarde ce nombre comme tellement substantiel, que le consentement même de l'accusé, à ce que le tirage se fasse sur 29 jurés, n'empêcherait pas l'annulation de la procédure, parce qu'il s'agit alors d'une des nullités légales dont on a parlé p. 117, n. 12. — V. *B.c.* 5 *et* 19 *avr.* 1821, 3 *et* 16 *janv.* 1823, *et C-cr.* 393. (**25** *a*)

(23 *a*) *Observations*. 1. Il en serait de même si dans une liste de 30 jurés il s'en trouvait un qui fût incapable de remplir ces fonctions , tels qu'un témoin, un officier de police, un expert (v. *p*. 169, *texte*, *obs*. 5°), parce qu'alors elle serait de fait réduite à vingt-neuf. *B. c*. 25 *janv*., 19 *juill*. *et* 2 *nov*. 1821, 15 *et* 22 *mai et* 5 *juin* 1823, 25 *août* 1826 , 18 *janv*. *et* 11 *oct*. 1827 , 14 *janv*. 1828, 15 *mai* 1830 , 26 *avr*. 1832.

Deuxième. La notification de la liste de ces jurés doit être, d'une part, complète (**23** *b*) et régulière (**23** *c*).... et de l'autre, avoir lieu la veille, ni plus tôt ni plus tard, sous peine de nullité. V. *d*. *art*. 394 ; *arr*. 14 *août* 1818, 16 *juill*. 1819, 23 *mai* 1820, 5 *avril* 1821 , 2 *août* 1822 , 31 *juillet* 1823, 10 *déc*. 1824, 18 *déc*. 1826, 16 *juill*. 1835 (**23** *d*). — Enfin elle doit aussi être faite à chacun des accusés, parlant à sa personne. (**23** *e*) V. *arr*. 12 *mars et* 13 *nov*. 1818, *et* 16 *mars* 1820, *n*. 31, 137 *et* 42. (**24**) — V. aussi *ci-dev*. *p*. 144, *note* 1, *n*. 2.

(23 *b*) *Observations*. 1. L'omission d'un seul nom la vicierait. *B. c*. 10 *avr*. 1819, 6 *juill*. 1821, 3 *et* 16 *janv*. 1823, 18 *juin* 1824, 16 *févr*. *et* 16 *août* 1832 *et* 24 *sept*. 1834.

2. Et il faudrait également le décider, lors même que ce juré aurait été récusé par l'accusé, *suiv*. *B. c*. 12 *avr*. 1822.

2 *a*. Ou bien qu'il y aurait seulement de l'incertitude sur l'identité d'un des jurés définitifs avec le juré indiqué dans la notification. V. *B. c*. 27 *déc*. 1821 , 7 *fév*. 1823 , 19 *mai* 1826 (nom porté par erreur), 15 *oct*. 1829 (noms mal écrits , ou rayés , ou surchargés sans approbation), 31 *janv*. 1835 (deux noms confondus).

2 *b*. Et à plus forte raison si les désignations étaient inexactes. V. *ci-apr*. *note* 24, *n*. 1.

3. Il en est autrement si malgré les erreurs, les omissions, etc., il n'y a point d'incertitude. V. *B. c*. 6 *nov*. 1828, *et d*. *n*. 1.

4. Enfin, c'est à l'accusé à prouver par sa copie l'inexactitude de la notification. *Rej*. 28 *juin* 1832, *n*. 235.

(23 *c*) *Observations*. 1. Elle doit être régulière, même sur la copie , où par exemple l'omission ou bien la surcharge de la date opère une nullité ; et comme c'est le résultat d'une faute grave de l'huissier, la Cour de cassation a mis à sa charge les frais de la procédure à recommencer par suite de la cassation. V. *B. c*. 24 *oct*. 1822, *n*. 153, 28 *janv*. 1832, *n*. 30. — V. aussi *id*. 21 *sept*. 1827 ; *rej*. 10 *janv*. 1834, *J-cr*. 331 (omission de l'huissier d'énoncer sa patente, n'annule pas).

2. Son impression n'annulle pas si elle est signée de l'huissier , *suiv*. *rej*. 24 *sept*. 1834, *n*. 314 (v. *ci-apr*. *note* 69).

(23 *d*) *Observations*. 1. Si elle est faite à une autre époque il y a une nullité absolue qui ne peut être couverte même par un acquiescement. Voy. *B. c*. 11 *juillet* 1822, 12 *mars et* 10 *déc*. 1824 ; *ci-dev*. *p*. 117, *n*. 12.

2. L'accusé ne peut néanmoins se plaindre d'une notification à lui faite l'avant-veille, parce que cette espèce d'anticipation est dans son intérêt, *suiv*.

rej. 16 *janv.* 1818, 7 *janv.* 1826, 11 *juin* 1830, 12 *janv.* 1833. — V. Cours procéd., p. 213, art. 1.

(23 *e*) S'il est détenu... Mais s'il est en liberté, on peut notifier à son domicile dans le délai ci-dessus, avec augmentation. V. *B. c.* 19 *mai*, 20 *juill.* et 11 *oct.* 1832, *et cours proc. p.* 165, § 2.

(24) *Observations.* 1. Les erreurs de qualités des jurés portés sur la liste notifiée à l'accusé, n'annullent pas, *suiv. arr. rej.* 9 *fév.* 1816, *Jalbert,* 391; 24 *sept.* 1819, *B. c.* 1820, *n.* 60; 17 *mai et* 5 *oct.* 1821, *n.* 84 *et* 172; parce que, dit-on, l'accusé étant libre de récuser ces jurés, son défaut de récusation annonce qu'il a reconnu tacitement leur *identité.*

Ce motif, disions-nous dans nos premières éditions (1817, *p.* 118, *et* 1821, *p.* 134), ne nous semble rien moins que concluant, parce que l'accusé, trompé par la fausse qualification de certains jurés, a pu être détourné de les récuser, et entraîné à faire porter ses récusations sur d'autres qui lui étaient moins suspects et dont les noms sont sortis les premiers de l'urne. Lorsque la loi (*art.* 394) a prescrit, sous peine de nullité, la notification de la liste, c'est évidemment pour mettre l'accusé en état d'exercer ses récusations. Son désir serait éludé si l'on notifiait une liste qui ne les fît pas exactement connaître à l'avance, et sur laquelle l'accusé ne pût pas consulter avec fruit son défenseur (il n'assistait pas alors au tirage.. v. *p.* 164, *note* 23).

1 *a.* Ces principes ont été adoptés depuis, et l'on a annulé les notifications contenant soit des erreurs, soit des inexactitudes dans les désignations des noms, domiciles, etc. des jurés. *B. c.* 26 *déc.* 1823, 25 *fevr. et* 10 *et* 11 *juin* 1825, 21 *juin* 1833.

1 *b.* Ces sortes de notifications ont néanmoins été validées, lorsque les erreurs, omissions, etc. n'empêchaient pas de reconnaître les jurés, et par là de les récuser. V. *B. c. ou rej.* 18 *mars* 1826, 10 *mars* 1827, 22 *déc.* 1831, 19 *juill.* 1832, 28 *mars,* 29 *juin et* 11 *et* 12 *juillet* 1833, 12 *déc.* 1834, 30 *avr. et* 9 *juillet* 1835.

2. Si au jour indiqué pour l'affaire, il se présente moins de 30 jurés, ce nombre est complété par les jurés supplémentaires, et en cas d'insuffisance, par des citoyens de la ville où siège la cour, inscrits sur la liste des jurés, et dont les noms sont tirés publiquement au sort. V. *au surplus, C-cr.* 395; *rej.* 7 *mars* 1833, *n.* 86; *et,* pour le droit antérieur *ci-apr., n.* 4.

3. On n'est point tenu de notifier la liste de ces jurés remplaçans. V. *rej.* 28 *janv.* 1814 *et* 21 *sept.* 1815, *Jalbert,* 502 *et* 548; *et* 20 *juin* 1817, *B. c. n.* 48; *autres, de* 1818 *et* 1819, *n.* 20, 49 *et* 132, 14, 55 *et* 64; 24 *juill.* 1828, 13 *janv.* 1831, 5 *avr. et* 10 *nov.* 1832, 29 *juin* 1835.

3 *a.* Ce système (du n. 3) est fortement critiqué (v. *M. Chauveau, J-cr.,* 1830, 556; 1831, 176; 1815, 11). On le justifie sur la nécessité de pourvoir aux retards et aux embarras que de nouvelles notifications apporteraient dans la procédure, parce qu'il faudrait de nouveaux délais pour le tirage des jurés, pour l'audition des témoins, etc. V. *rej.* 16 *janv.* 1832, *n.* 21.

Ajoutons, d'une part, qu'on suit une règle différente pour les affaires qui suivent celles où l'on a tiré les remplaçans; il faut alors notifier la liste des 30, complétés comme on l'a dit. V. *Laporte, mot juré, n.* 1 *et* 12; *arr. de* 1811 *et* 1812, *ib.; B. c.* 24 *oct.* 1822, *n.* 152; — et de l'autre, qu'une semblable notification dans la première cause, n'opérerait point une irrégularité. *Rej.* 26 *déc.* 1833.

3 *b.* On ne peut appeler des remplaçans que lorsqu'il y a moins de 30 jurés titulaires présens. *Arg. de L.* 2 *mai* 1827, *art.* 10; *B. c.* 7 *juin* 1832, *n.* 201; *rej.* 26 *janv.* 1833, *J-cr.* 60. — Et on ne peut les appeler en nombre plus grand que celui des jurés manquans. *B. c.* 29 *et* 30 *avr. et* 31 *déc.* 1819, 13 *janv.* 1820, 27 *mars* 1823, 9 *janv.* 1824. — Il y aurait dans ces deux cas une nullité absolue. V. *dd. arr.*

3 c. Même nullité si un juré définitif, dont à cause de son absence primitive, le nom n'a pas été notifié, vient ensuite prendre la place de son remplaçant ; et cela quand l'accusé y aurait consenti, car il n'est pas en son pouvoir
de renoncer à des formes, telles que la notification des jurés, prescrites d'une
manière absolue, dans l'intérêt de sa défense. V. *id.* 19 *et* 20 *juin et* 10 *juill.*
1823, *n.* 67, 68 *et* 94. — V. aussi *ci-dev. p.* 117, *n.* 12 *et* 13.

4. Le tirage de ces jurés remplaçans doit se faire en public ; c'est encore là
une forme substantielle.. V. *B. c.* 24 *juill.* 1828, *rej.* 13 *janv.* 1831 *et* 7
mars 1833. — V. aussi *B. c.* 2 *août* 1832, *n.* 292 ; *ci-dev. n.* 2, *p.* 167, *et,*
pour le droit antérieur, *notre* 3ᵉ *édit., p.* 134, *note* 24, *n.* 3.

5. La liste des jurés se notifie aussi au simple délinquant. Voy. *ci-dev. p.*
155, *note* 2, *n.* 2.

Troisième. L'accusé et le procureur-général peuvent, mais sans exprimer de motifs, récuser les jurés,
à mesure que leurs noms sortent (**25**). V. *d. art.* 399.

(25) Leur tirage simultané ne vicie pas néanmoins la procédure, parce que
le tirage *successif* n'est pas prescrit sous peine de nullité, et que l'autre espèce de tirage ne porte point atteinte au caractère des jurés, etc., *suiv. rej.*
20 *juin* 1817, *n.* 46 (cette décision nous paraît susceptible d'objections sérieuses).

Quatrième. Le tableau est formé aussitôt qu'il en
est sorti douze sans récusation. V. *d. art.* 399 (**26**).
— Et l'on cesse d'avoir le droit de les récuser lorsqu'il ne reste que douze noms dans l'urne. *C-cr.*
400 (**26 a**).

(26) *Observations.* 1. Le ministère public et l'accusé ont un droit égal à
ces récusations (en cas de nombre impair, l'accusé peut en faire une de plus),
de sorte que si l'un d'eux ne fait qu'une partie de ses récusations, 3, par
exemple, au lieu de 11, l'autre ne pourra les faire pour lui, par exemple 18
au lieu de 10. — V. *au surplus arr. cass.* 24 *déc.* 1813, *n.* 261, *et rej.* 27
déc. 1811 *et* 22 *oct.* 1812, *rép. xj,* 89 *et* 91, *mot récusation,* § 3, *art.* 1.
— V. aussi *rej.* 22 *janv.* 1830 *et* 26 *avr.* 1832.

1 a. A l'égard du mode d'exercice des récusations lorsqu'il y a plusieurs accusés, *voy.* C-cr. 402, 403, 404 ; B. c. ou rej. 7 oct. 1832, 2 févr. 1833, 7
févr. 1834.

2. Si, au lieu de 12 jurés, la liste définitive en contient 13, c'est une nullité, lorsque rien ne constate lequel des 13 a été ensuite retranché de la liste.
V. *B. c.* 27 *avr.* 1815. — V. aussi 14 *sept.* 1821, 17 *juill.* 1828.

3. Dans les affaires qui exigent de longs débats, on fait tirer au sort deux
jurés suppléans ou adjoints qui y assisteront, et par lesquels seront remplacés
les jurés titulaires que quelque évènement, tel qu'une maladie, empêcherait
d'y assister eux-mêmes jusques à la clôture. V. au surplus, *C-cr.* 395, *et,*
pour le droit antérieur, *notre* 3ᵉ *édit., p.* 135, *note* 26, *n.* 3.

3 a. Le président ne peut appeler ces jurés adjoints ; la cour seule en a le
droit. *B. c.* 30 *oct.* 1828, 28 *juin,* 13 *juill. et* 20 *sept.* 1832, 25 *juill.* 1833,
18 *sept.* 1834.

4. Autres questions... *voy*. rej. 10 juin 1830 , n. 164 , 28 juin 1832 , n. 235, 3 janv. 1833 , J-cr. 307.

(26 *a*) Selon le Graverend et Carnot (**v.** *note* 23, *n.* 4. *p.* 165) la prohibition de l'art. 400 se rapporte seulement à la récusation péremptoire, et par conséquent on peut encore faire des récusations *motivées*, telles que les récusations admises à l'égard des juges (v. *cours procéd., p.* 365 *et suiv*). Cette doctrine, très susceptible de critique, a été approuvée, mais uniquement par rapport à un juré frappé d'incapacité par la loi. V. *arr. rej.* 30 *mars* 1832 , *J-crim., id.,* 69.

Cinquième. A l'égard des fonctions et qualités incompatibles avec les fonctions de jurés, telles que celles de juge, de procureur du roi, officier de police, interprète, témoin , expert, partie; (**27**)....

Des qualités qu'ils doivent avoir, telles que les droits civils et politiques, et la majorité de trente ans; (**28**)...

Des qualités des notables qui peuvent être portés sur la liste du préfet, telles que celles d'électeurs, fonctionnaires sans traitement, officiers en retraite, docteurs, licenciés, membres de sociétés savantes, notaires, etc. (**29**); des règles relatives à la formation et à la révision de cette liste, etc., V. *C-cr.* 381 *et suiv. ; C-pén.* 28 *et* 42 ; surtout *ci-d. p.* 56, *note* 10, *n. xviij, et* , pour le droit antérieur, *rép. vj,* 670 *et suiv. , mot juré, et dd. note* 10 *et n. xviij.* (**50**)

(**27**) *Observations.* 1. Un juge suppléant peut être juré. *Lett. du minist. de la just.,* 25 sept. 1811 , *et arr. rej.* 10 *mars* 1815 , *avoués, xij,* 71 ; 6 *arr. de* 1811 *et* 1812, *Laporte, mot juré, n.* 2 ; *B. c.* 18 *juin* 1821 ; *rej.* 5 *déc.* 1829, 22 *janv.* 1830 , 23 *août* 1833.

2. *Idem* , un commissaire de police. *Rej.* 2 *mai* 1816 , *Jalbert,* 512.

3. *Idem ,* un juge de commerce, un parent de l'accusé. V. *arr.* 15 *juin et* 15 *juill.* 1820 , *n.* 91 *et* 100.

4. *Idem,* un pair de France.. *Rej.* 16 *juin* 1831 , *B. c., et* 17 *mai* 1832 , *J-cr.* 263.

5, 6 , 7. A l'égard, en premier lieu, des témoins et experts, v. *C-cr.* 383 ; *arr. cass.* 22 *mai* 1819 *et* 25 *févr.* 1821 , *n.* 62 *et* 47 ; 18 *juill.* 1822, *n.* 100. — En deuxième lieu, des électeurs rayés depuis l'envoi de la liste , *voy. rej. ou B. c.* 4 *nov.* 1830 , *n.* 242 , 13 *janv.* 1831 , *n.* 4 , *et M. Chauveau , J-cr.* 1855 , 11.

(**28**) *Observ.* 1. La présence d'un seul juré mineur de 30 ans (au moment où il remplit ses fonctions) suffit pour annuler la déclaration du jury et tout ce qui a suivi. *Arg. de C-cr.* 581 ; *B. c.* 3 *et* 23 *mars* 1815 , 27 *juin* 1816, 5 *févr.* 1818, 26 *avr. et* 12 *juill.* 1822 ; *rép. xvj,* 552, *mot juré,* § 1, *n.* 3 ; *arr. ibid.; B. c.* 19 *et* 20 *juin* 1832 *et* 27 *juin* 1833.

2. Il ne suffirait pas qu'il eût accompli ses trente ans au moment où les jurés entrent dans leur chambre pour leur délibération. V. *arr. cass.* 19 *prair.* *xij, B. c. et répert., sup., d. p.* 552.

3. Mais il n'y aurait pas nullité si le juré mineur de trente ans, dont le nom se trouvait compris dans la liste notifiée, a été éliminé par ce motif, avant le tirage, et si ce tirage s'est fait sur un nombre suffisant de jurés. V. *B. c.* 13 *sept.* 1834, *n.* 305.

(29) *Observations.* 1. Si des notables de la liste n'ont aucune de ces qualités, comme c'est un acte administratif à l'abri de la censure des tribunaux, la procédure d'assises n'en est pas viciée pour cela. V. *plus. arr. rej. à rép.* *vj,* 673, *h. v.,* § 1 ; *surtout dans Laporte,* 239, *h. v., n.* 5 *à* 11 ; *autres,* 9 *avr.* 1818 *et* 2 *août* 1833, *B. c. n.* 50 *et* 297.

2. Le Graverend, *ij,* 60, approuve cette décision, quant aux jurés étrangers à la cause, et la blâme, quant aux 12 qui en ont fait partie. Il ne paraît, en effet, d'abord, ni juste, ni conforme aux règles de la jurisdiction, de donner à un accusé, pour juges de son délit, des hommes dépourvus des qualités auxquelles la loi attache l'aptitude à la jurisdiction, et en fait même une condition si rigoureuse, qu'on déclare (*art.* 382 *in f.*) que les jurés *ne pourront* être pris parmi d'autres personnes, expressions qui renferment tacitement une *clause irritante* (v. *rec. alph., i,* 119 *et* 375, *mots appel,* § 9, *et chose jugée,* § 2 ; *rép., i,* 838, *mot bordereau, etc.*) et qui ont peut-être conduit à établir la règle (v. *arr.* 31 *déc.* 1819 *et* 13 *janv.* 1820, *n.* 142 *et* 5)« qu'un jury « formé sur un nombre de citoyens parmi lesquels il s'en trouve un ou plusieurs « auxquels la loi n'en a pas donné le caractère, est *illégal...* »

Mais on peut répondre, disions-nous dans nos premières éditions (1817, *p.* 119, *et* 1821, *p.* 136) que la jurisprudence de cassation est conforme aux règles du droit administratif (v. *cours procéd. p.* 104), et que, d'ailleurs, elle ne prive point l'accusé de ses moyens contre la liste du préfet. Il est libre d'en demander la réformation par voie de recours au conseil d'état (v. *d. p.* 104) : s'il l'obtient, la conséquence de la décision devra être, vu la clause irritante, l'anéantissement de toute la procédure à laquelle auront participé les 12 jurés définitifs, et même, à notre avis, les 24 autres du tirage (rien ne doit mettre obstacle au droit de récusation de l'accusé), si le défaut de qualité de quelqu'un d'entre eux a motivé la décision du conseil.

2 *a.* Depuis cette époque, la Cour de cassation (v. *notre édit. de* 1825, *p.* 183, *n.* 8 *e*) semble être revenue, au moins en partie, sur la jurisprudence exposée au n. 1 de la note 29. Elle a en effet décidé que la présomption de capacité d'un juré, naissant de son inscription sur la liste, cesse devant le fait de son incapacité absolue; par exemple de celle qui résulte de sa qualité d'étranger (v. *p.* 169) que les tribunaux peuvent apprécier, et qui opère une nullité non susceptible d'être couverte par la possession d'état de cet individu. V. *B. c.* 28 *oct.* 1824, 29 *janv. et* 11 *fév.* 1825, *n.* 146, 14 *et* 23. — Et elle a ensuite persisté dans ce nouveau système, mais en restreignant son application aux cas où il s'agit de l'âge et de la qualité de Français du juré (v. *rej.* 10 *juin* 1830, *J-cr.* 293). Pour les autres cas, elle *tient* en général, que l'inscription sur la liste fait présumer la capacité. V. *rej. ou B. c.* 2 *août, et* 26 *déc.* 1833, *n.* 297 *et* 520, *et* 24 *avr.* 1835, *n.* 117 ; — et qu'une radiation non notifiée ne l'enlève pas. *D. rej.* 26 *déc.*

(30) *Observations.* 1. Les jurés peuvent être parens et alliés entre eux; et la voix de chacun de ces parens compte. V. *arr. cass.* 10 *fév.* 1809, *n.* 28, *et rej.* 19 *déc.* 1811, *Laporte,* 276, *et* 9 *mars* 1816, *Julbert,* 305; *autre* 19 *avr.* 1821, *B. c. n.* 64.

2. *Idem,* les juges et jurés. V. *ci-dev. p.* 161, *note* 15, *n.* 2.

3 et 4. *Idem,* les jurés avec les témoins. V. *d. arr.* 19 *avr.;* — et même avec les accusés. V. *arr. rej.* 10 *oct.* 1817, *n.* 93.

II. Aussitôt après la formation du tableau (**30** *a*), on procède de la manière suivante à l'examen. — V. *C-cr.* 405. (**31**)

1º La Cour prend séance, et les jurés se placent sur des sièges séparés du public, des parties et des témoins, en face de l'accusé. *C-cr.* 309.

L'accusé est ensuite introduit dans l'intérieur de l'auditoire avec son conseil, les témoins (v. *ci-apr. note* 39 *b, p.* 176), et les plaignans; on lui ôte ses fers (**31** *a*); on lui demande ses noms, son âge, sa profession, sa demeure, le lieu de sa naissance; les jurés prêtent serment. V. *C-cr.* 310 *à* 312. (**32**)

(**30** *a*) *Observations.* 1. Cette formation est constatée par un procès-verbal qui doit, sous peine de nullité, être signé par le président et le greffier. V. *à ce sujet*, *B. c.* 11 *juin* 1835, *n.* 231. — Mais il n'est pas nécessaire qu'il soit distinct de celui des débats. V. *rej.* 13 *août* 1835, *n.* 318.

2. Il faut former un nouveau tableau lorsque la Cour, au lieu de renvoyer les jurés dans leur chambre pour donner une nouvelle déclaration (v. *ci-apr. p.* 189) annulle les débats et ordonne qu'ils seront rouverts dans une autre séance de la même session d'assises. V. *B. c.* 6 *août* 1835.

(**31**) Néanmoins, il n'y a pas nullité si l'on s'est interrompu quelques heures pour une autre affaire, *suiv. réqu. et arr. cass.* 3 *sept.* 1812, *rép. xv,* 336 *à* 340, *mot faux, sect.* 1, § 34.

(**31** *a*) V. à ce sujet, *rej.* 7 oct. 1830, *n.* 231. — V. aussi instruct. du 21 oct. 1791, édit. in-8, de 1807, t. 5, p. 151.

(**32**) *Observations.* 1. C'est de cette formalité (prescrite sous peine de nullité... v. *C-cr.* 512) que date l'ouverture des débats, et, en conséquence, on fait aussitôt évacuer l'auditoire lorsque, dans le cas indiqué à *note* 6, *p.* 116, on a ordonné qu'ils auraient lieu à huis-clos. V. *B. c.* 1821, *ib.,* et *rej.* 17 *avr.* 1835, *n.* 12. — Quant à leur clôture, v. *d. note* 6, *n.* 3.

2. Le serment non mentionné au procès-verbal (v. *ci-apr., texte, p.* 195, *et note* 69, *n.* 3 *ib.*) est présumé n'avoir pas été prêté, ce qui opère une nullité. *B. c.* 15 *juin* et 14 *sept.* 1820, 8 *nov.* 1832, 1 *mai* 1833. — Et une nullité qui ne peut être couverte par le consentement de l'accusé, *suiv. B. c.* 10 *déc.* 1831, *p.* 316.

3. D'après ce serment, un juré ne doit communiquer avec personne jusques à la déclaration (*p.* 186, *n. vij*), d'où il résulte que si un témoin a parlé à l'un d'entre eux à voix basse, fût-ce de choses étrangères au procès, il y a nullité. *B. c.* 20 *juin* 1833. — V. toutefois *rej.* 12 *sept.* 1833.

4. Autres obligations naissant du serment... V. *ci-apr. note* 52 *a.*

2º L'acte d'accusation est lu par le greffier et résumé par le président (**32** *a*). *C-cr.* 313, 314. (**33**)

3º Le procureur-général en expose le sujet (**33** *a*) et présente la liste des témoins, liste qu'on a dû notifier (**55** *b*), depuis vingt-quatre heures au moins, à l'accusé ou au ministère public (**54**), faute de quoi l'on peut s'opposer à leur audition. V. *C-cr.* 315. V. aussi *id.*, 321 (**54** *a*); *B. c.* 7 *oct.* 1825, *n.* 200. — D'où il résulte qu'il n'y a pas irrégularité si l'on n'a point réclamé contre cette audition. V. *arr. cass. ou rej.*, 29 *avr.* 1819, 22 *juin et* 13 *juill.* 1820, 22 *mars* 1821, 2 *avr.* 1831, 14 *mars* 1833 (**54** *b*). — V. toutefois *rej.* 21 *août* 1835, *n.* 325.

(**52** *a*) « Le président, dit l'art. 314, rappellera à l'accusé ce qui est con-
« tenu en l'acte d'accusation et lui dira : voilà de quoi vous êtes accusé; vous
« allez entendre les charges qui seront produites contre vous. »... Ces mots
rappellera à l'accusé, interprétés surtout par ce qui se pratiquait dans l'ancienne procédure, auront probablement donné l'idée de procéder alors à un
interrogatoire de l'accusé. Cependant, ni le Code de 1810, ni la loi du 29 septembre 1791 (*tit.* 7, *art.* 1 *et suiv.*), ni l'instruction du 21 octobre de la
même année (*lois et actes, édit. offic. de* 1807, *t.* 5, *p.* 151), ni le Code de
brumaire (*art.* 344 *et suiv.*) où l'on trouve la même disposition que dans
l'art. 314 ci-dessus, ne disent un mot de cet interrogatoire préliminaire, et il
paraît aussi qu'il est inconnu dans le pays à qui nous avons emprunté le système de notre procédure criminelle, et que même dans la suite des débats, on
y fait très rarement des questions à l'accusé (*Cottu, de l'administrat. de
la just. crimin. en Angleterre,* 1820, *p.* 38)... Mais il est consacré en France
par un usage constant dans lequel les avantages qu'il offre auront sans doute
engagé à persister. Il a d'ailleurs peu d'inconvéniens lorsqu'il est confié à un
président qui ne perd jamais de vue ses fonctions sacrées de magistrat pour
prendre le rôle d'un accusateur.

(**55**) *Observations.* 1. On doit aussi donner lecture de l'arrêt d'accusation. V. *C-cr.* 313. — Mais l'omission de cette lecture n'est pas une nullité.
V. *Carnot,* d. art.; *arr.* 5 *nov.* 1811, *ib.*

2. On peut aussi lire l'interrogatoire, *suiv. rej.* 22 *juin* 1820, *n.* 22.

5. Les débats ne pouvant, sous peine de nullité, porter que sur une accusation légalement admise (*C-cr.* 271), on doit les annuler, même pour le chef
où elle l'était, parce qu'ils sont indivisibles. V. *B. c.* 29 *nov.* 1834, *n.* 584.—
V. aussi *le texte, p.* 182, *note* 50, *n.* 2, *p.* 183, *et* 60, *n.* 4 *a, p.* 190.

(**55** *a*) Dans l'usage, la lecture de l'acte d'accusation tient ordinairement
lieu de cet exposé.

(**55** *b*) Il suffit, pour qu'on doive les entendre, que leurs noms soient sur
cette liste quand même ils n'auraient point reçu de citation, ou n'auraient
pas déposé dans l'instruction écrite. V. *C-cr.* 324.

(**34**) *Observations.* 1. C'est 24 heures avant l'ouverture de la séance destinée aux débats. V. *réqu. et arr. rej.* 5 *nov.* 1812, *rép. xiij,* 445, *mot témoin judic.,* § 3, *n.* 7, *par arg. de C-cr.* 315. — Carnot, d. art. *n.* 11 *et* 12,
paraît d'un avis contraire. Mais l'exactitude et la sagesse de l'interprétation
de la Cour suprême sont, à notre avis, démontrées dans le réquisitoire du
5 novembre que nous venons de citer.

2. Selon Carnot, *n.* 13, et Le Graverend, *ij,* 166, on pourrait ensuite
notifier des listes supplétives de témoins, comme cela se pratiquait sous le
Code de brumaire (v. *arrêts, ib.*). Il nous semble, observions-nous dans nos

éditions précédentes (1817, *p.* 121, 1821, *p.* 137, *etc.*), que cette mesure ne devrait être permise que du consentement de toutes les parties, autrement on serait exposé aux graves inconvéniens développés dans le même réquisitoire. Et l'on a en effet décidé depuis, qu'on peut s'opposer à l'audition de témoins dont les noms sont compris dans des listes supplétives notifiées seulement le jour de l'ouverture des débats. V. *B. c.* 12 *avr.* 1827, *n.* 80. — V. aussi *rej.* 10 *janv.* 1833, *J-cr.* 16.

3. Le délai de vingt-quatre heures s'applique aussi à la notification des témoins à *décharge*, que l'accusé doit faire au ministère public. V. *dd. réqu. et arr.* 5 *nov.* 1812.

4. La production des témoins à décharge est une pure faculté que la loi (*C-cr.* 321) accorde à l'accusé : il suffit donc, d'après **C-cr.** 408 (v. *ci-apr. art. des nullités*), que la Cour statue d'une manière quelconque sur la demande qu'il fait d'en user, et, en conséquence, le refus qu'elle fait d'entendre ces témoins ne peut former un moyen de nullité, *suiv. arr. rej.* 5 *nov.* 1812 *et* 3 *nov.* 1814, *rép. xiij*, 447 *et* 453, *sup.*, *n.* 7, *et* § 4 ; *et* 18 *juin* 1813, *Laporte*, 260, *n.* 1. — V. aussi *rej.* 19 *avr.* 1821, *n.* 64.

En admettant que les circonstances particulières des causes, sur lesquelles ont statué ces arrêts, justifient leur décision, la règle générale qui en est le motif principal, et dont les conséquences peuvent être si graves pour l'accusé, est susceptible des objections les plus sérieuses : nous en indiquerons quelques-unes.

Il est vrai, sans doute, que la loi ne prononce point de nullité pour le refus d'entendre les témoins à décharge ; et cela est naturel, puisque s'énonçant quant à leur audition en termes impératifs (*l'accusé* FERA *entendre...* voyez C-cr. 321), elle ne suppose pas la possibilité d'un refus ; mais le refus n'en doit pas moins opérer la nullité de la procédure, s'il est une violation d'une forme SUBSTANTIELLE (v. *cours proc.* p. 152, 153 *et note* 6, *ib.*). Or, que l'audition des témoins à décharge soit une forme substantielle, c'est ce qui ne paraît pas avoir besoin de démonstration détaillée ; il suffit d'observer que la défense de l'accusé peut reposer uniquement sur leur déposition, de sorte que dans cette hypothèse, refuser de les entendre, c'est par là même interdire la défense à l'accusé.

Où voit-on, d'ailleurs, que la production des témoins à décharge ne soit qu'une faculté accordée à l'accusé ? Aucune des expressions de la loi ne le donne à penser, et loin de là, puisque, comme on l'a vu, elle est conçue en termes impératifs. Et quand elle le serait en termes *permissifs*, on ne saurait rien en induire, parce que les termes *permissifs*, selon la nature du droit auquel ils se rapportent, ou selon la tournure de la phrase dont ils dépendent, équivalent souvent à des termes impératifs. Par exemple, le droit de proposer la défense n'est établi qu'en termes *permissifs* (« La partie civile « et le procureur-général entendus..., *l'accusé ou son conseil* POURRONT « *leur répondre.* » — C-cr. 335) ; et cependant oserait-on dire que la défense n'est qu'une simple faculté accordée par la loi positive ?.. Mais il résulterait de là que le refus d'entendre la défense ne formerait point un moyen de nullité, et quelque étrange que paraisse cette conséquence, elle découlerait *a fortiori* de la doctrine que nous discutons, puisque si l'on s'en tient à la lettre de la loi, la défense est simplement permise, tandis que l'audition des témoins à décharge est ordonnée.

Terminons en observant que, dans notre opinion, toutes les formes qui tendent à assurer ou faciliter la défense d'un accusé, doivent, d'après l'esprit général de la loi, être considérées comme substantielles.

(54 *a*) *Observations.* 1. On peut aussi s'opposer à leur audition lorsque leur désignation (dans la liste) n'est pas claire. Voy. *rej.* 5 *oct.* 1821, *n.* 172, *et* 21 *avr.* 1832 (nom écrit incorrectement), *J-crim.*, 92. — A moins que cette

désignation n'ait suffi pour que l'accusé pût les reconnaître. *Rej.* 13 *janv.* 1827, *B. c. n.* 4.

2. Mais les témoins *non notifiés* ou irrégulièrement *notifiés* peuvent être entendus en vertu du pouvoir discrétionnaire du président (*ci-apr. n. ix, p.* 190) et sans serment, *suiv. rej.* 26 *sept.* 1824, *n.* 127. — À moins qu'on ne se soit opposé à leur audition, car alors c'est à la Cour à statuer sur cette difficulté. V. *B. c.* 9 *déc.* 1830, *n.* 246.

(54 *b*) Bien plus si le témoin est dans la classe des personnes prohibées *n. iij, p.* 175), on pourra s'opposer à son audition même après qu'il aura prêté serment. *B. c.* 15 *sept.* 1831. —V. aussi *rej.* 1 *sept.* 1832.

4° L'examen, une fois entamé, ne peut être interrompu, ni suspendu, hors le temps nécessaire au repos (55), jusques à la déclaration du jury, inclusivement, excepté dans les deux circonstances qu'on va indiquer.

Première. Lorsque avant la première déposition l'on s'aperçoit de l'absence d'un témoin (56). — V. *C-cr.* 353 *à* 356.

Deuxième. Lorsque d'après les débats il paraît que la déposition d'un témoin est fausse, et qu'on le met en arrestation. V. *C-cr.* 330, 331; *réqu. et arr. cass.* 20 *mai* 1813, *n.* 107, *et rép. xij,* 781, *mot subornation, n.* 5 *bis* (57). — V. aussi *B-c. ou rej.* 5 *mai* 1826, 28 *mars* 1829, 12 *mars* 1831.

Dans l'une et l'autre circonstance, on renvoie l'affaire à la session suivante. V. *C-cr.* 331 *et* 354. (58)

(55) Il n'y a pas nullité si, avant la clôture des débats, les jurés ont communiqué au dehors pour leurs repas ou autres motifs. V. *réqu. et arr. rej.* 6 *fév.* 1812, *rép. xij,* 468, *mot tentative, n.* 6; *Carnot, art.* 353, *n.* 4 ; *arr. rej.* 9 *et* 29 *août* 1811, *ib.*; *autre,* 17 *août* 1815, *avoués, xij,* 307 ; *plus. autres de* 1811 *et* 1812, *Laporte,* 76 ; *autres au B. c.* 1817, 1818, 1819 *et* 1821, *n.* 107, 1, 106 *et* 15 ; *id.,* 1826, *n.* 1, *et* 1827, *n.* 63.—Le président peut même suspendre pendant plus d'un jour, renvoyer, par exemple, du samedi soir au lundi matin, *suiv. rej.* 10 *avr.* 1830, *et* 22 *juin* 1831, *J-cr.* 1830, 136, *et* 1831, 367.

(56) *Observations.* 1. Le renvoi de l'affaire peut être refusé s'il ne s'agit que de l'absence d'un témoin à décharge. V. *rej.* 13 *oct.* 1815, *Jalbert,* 1816, 546; *B. c. ou rej.* 22 *sept.* 1826 *et* 7 *févr.* 1833.—Ou d'un témoin dont la déposition n'est pas jugée nécessaire. V. *rej.* 20 *oct.* 1820, *B. c.* 1821, *n.* 11. — Surtout lorsque l'accusé consent à la continuation des débats dans le cas d'absence d'un témoin à décharge. *Rej.* 16 *sept.* 1831, *n.* 228.

2. La Cour seule a le droit d'ordonner ce renvoi, même d'office; et elle n'y est pas forcée. *B. c. ou rej.* 11 *oct.* 1821, 10 *janv. et* 25 *sept.* 1824, 25 *août* 1826, 23 *juin* 1832.

3. Le ministère public a seul le droit de le demander, *suiv. rej.* 25 *juin* 1851, *J-cr.* 1852, *p.* 31.

4. Mais le président peut également l'ordonner (sur la demande de l'accusé ou du ministère public) lorsque l'affaire n'a pas encore été portée à l'audience de la Cour. V. *rej.* 4 *fév.* 1825, *n.* 17.

(57) *Observations.* 1. A moins que les autres dépositions ne soient suffisantes. V. *rej.* 21 *janv.* 1814, *rép. xij,* 786, *sup., n.* 5 *ter.*

2. La règle du texte a lieu, même au correctionnel. *D. arr.* 21 *janv.*

(58) On peut encore ordonner le renvoi, si quelque évènement imprévu, par exemple, une maladie d'un témoin essentiel, survenue avant sa déposition, met obstacle à la découverte de la vérité. *Arg. de C-cr.* 406; *Carnot, ib., n.* 6 *et suiv.* — V. aussi *rej.* 1 *oct.* 1813, *Nevers,* 555; 6 *juill.* 1815, *Jalbert,* 544; — en un mot, les art. 331 et 554 ne sont pas restrictifs. V. *rej. ou B. c.* 12 *fév.* 1818, 22 *mars* 1821, 11 *nov.* 1830, 28 *avr.* 1831, 12 *janv.* 1832. — V. aussi *rej.* 26 *nov.* 1829, *J-cr.* 1830, 60.

III. On ne peut, du moins lorsqu'une des parties s'y oppose, entendre comme témoins, les ascendans et descendans, frères et sœurs, alliés aux mêmes degrés (*C-brum.* 358) et conjoints des accusés; non plus que les dénonciateurs, lorsque la loi récompense leur dénonciation. V. *C-cr.* 322, 323. (39)

Et les accusés peuvent d'ailleurs, après une déposition, dire contre le témoin et son témoignage, tout ce qu'ils croient utile à leur défense. V. *C-cr.* 319; *rej.* 31 *oct.* 1817 *et* 11 *août* 1820, *n.* 107 *et* 113. (39 *a*)

(39) *Observations.* 1. Il en est de même des condamnés à peine afflictive, et autres indiqués aux articles 28, 34, 42, 374, 401, 405, 406 et 410 du Code pénal (v. *aussi p.* 84, *n. ij*), si ce n'est par forme de déclaration et pour fournir de simples renseignemens. V. *Carnot, art.* 322, *n.* 31, *et* 156, *n.* 6; *B. c.* 31 *mai* 1827, *n.* 130. — Ils peuvent néanmoins être entendus si l'on ne s'y oppose pas. V. *rej. et cass.* 21 *avr. et* 13 *oct.* 1832, *J-cr.* 92 *et* 287, *et B. c. n.* 414.

2. Le jury doit être averti de la qualité de dénonciateur. *C-cr.* 323. — Mais cela n'est pas prescrit à peine de nullité. V. *rej. ou cass.* 18 *mai* 1815, *et* 9 *février* 1816, *avoués, xiij,* 96 *et* 154; 10 *oct.* 1817, 16 *et* 23 *juill.* 1818, 12 *janv.* 1828, 18 *sept.* 1829, 30 *avr.* 1835, au *B. c.* — V. aussi *id.,* 11 *nov.* 1830, *n.* 247.

3. Les proches parens des co-accusés acquittés précédemment, peuvent déposer. V. *rej.* 10 *janv.* 1817, *B. c. n.* 2.

3 *a. Idem,* les co-prévenus renvoyés d'accusation, *suiv. rej.* 6 *mai* 1815, *avoués, xij,* 137, *et* 29 *mars* 1832, *B. c. n.* 113.

4. Lors même qu'une partie ne s'oppose pas à l'audition des personnes prohibées (v. *ci-dev., note* 34 *b, p.* 174) indiquées au texte, la Cour n'est pas forcée de les entendre, *suiv. réqu. et arr. rej.* 3 *sept.* 1812, *rép. xv,* 336, *mot faux, sect.* 1, § 34.

5. Mais le président peut les faire entendre par forme de déclaration et sans serment, en vertu de son pouvoir discrétionnaire (v. *ci-apr. n° ix, p.*

190); et cela quand même la Cour, sur l'opposition d'une partie, a refusé
leur audition. V. *à ce sujet*, *rej.* 18 déc. 1817, 30 *mai et* 29 *oct.* 1818, 18
nov. 1819, 16 *mars et* 13 *avr.* 1821.

Carnot n'approuve point cette jurisprudence (v. *ses motifs*, *t.* 2, *p.* 158,
n. 10, *et t.* 3, *p.* 174). Nous sommes de son avis. Il nous paraît impossible,
observions-nous dans nos éditions précédentes (1821 *et* 1825, *p.* 140), que la
loi ait voulu autoriser à entendre, sous quelque forme que ce soit, un fils
contre son père, un père contre son fils... C'est néanmoins où peut conduire
la doctrine précédente; et déjà, l'on a toléré, (*dd. arr.* 16 *mars et* 13 *avr.*)
l'audition des beau-frère et belle-sœur. — Ajoutons que depuis, on a encore
toléré, non-seulement l'audition des mêmes beau-frère et belle-sœur (*rej.*
29 *mars et* 30 *août* 1832, *B. c. n.* 114 *et J-cr.* 229), mais autorisé la lecture
des interrogatoires de divers coaccusés acquittés dont l'un était le fils, un autre, le père, et un troisième, la femme de l'accusé. Voy. *B. c.* 10 *avr.* 1828, *n.*
101; *rej.* 26 *mai* 1831 *et* 30 *avr. et* 23 *juin* 1832, *J-cr.* 1831, 351, *et* 1833,
244; *B. c.* 23 *juin* 1832, *n.* 227.

6. Au reste, il n'y a de *prohibées* que les personnes indiquées au texte;
ainsi il est permis d'entendre un officier de police qui a concouru à l'instruction, un rédacteur de procès-verbal, un oncle, un neveu, etc. — V. *arr.* 31
oct. et 7 *nov.* 1817, 13 *janv.* 1820, 16 *mars* 1821, 23 *janv.* 1835.—Et même
le plaignant lorsqu'il n'est pas partie civile, et à plus forte raison ses parens.
Rej. ou B. c. 1 *sept.* 1832, *n.* 340; 5 *oct.* 1833, *J-cr.* 358; 15 *nov.* 1833 *et*
6 *nov.* 1834, *B. c. n.* 454 *et* 438, 10 *fév. et* 30 *nov.* 1835, *J-cr.* 1835, 48 *et*
B. c. n. 161. — Voy. aussi quant aux avocats, aux avoués, et aux confesseurs,
cours procéd., *p.* 329, *note* 58, *et* (pour les avoués en particulier), *rej.* 18
juin 1835, *n.* 241.

(39 *a*) *Observations.* 1. C'est à la Cour à décider si l'interpellation que
veut leur faire l'accusé est utile ou non à sa défense. V. *B. c. ou rej.* 18 *sept.*
1824, 22 *sept.* 1827, *n.* 116 *et* 244. — V. aussi *rej.* 1 *oct.* 1829, *n.* 246, *et*
J-crim. 1830, 30.

2. Mais elle ne peut, sans violer le droit sacré de la défense, lui refuser d'a-
dresser aux témoins à décharge, des questions, même nuisibles aux témoins
à charge, pourvu qu'elles se rapportent à l'accusation et tendent à le justifier.
D. B-c. 18 *sept.*

Les témoins, après s'être retirés (**39** *b*), rentrent et
déposent successivement, dans l'ordre établi par le
procureur-général. V. *C-cr.* 316, 317.—V. aussi *rej.* 22
juin 1820, *n.* 92 (**39** *c*).—Mais après leur déposition,
l'on peut demander qu'ils soient entendus de nouveau en présence les uns des autres, ou même séparément. V. *C-cr.* 326, 327.

(39 *b*) *Observations.* 1. La loi (*C-cr.* 316) suppose donc (elle ne le dit pas
expressément) qu'ils ont été d'abord tous réunis à l'audience pour entendre
la lecture de l'accusation. Cela résulte encore plus clairement du code de brumaire, où, après avoir parlé : 1o de la lecture de l'acte; 2o de la présentation
de la liste des témoins; 3o de la lecture de cette liste (*art.* 344 *à* 347), on
ajoute aussitôt (*art.* 348) : « Le président ordonne *ensuite* aux témoins de se
retirer dans une chambre dont ils ne peuvent sortir que pour déposer », disposition reproduite, à l'exception du mot *ensuite*, dans le Code criminel,

art. 316 , où l'on ajoute que le président prend au besoin des mesures pour empêcher les témoins de conférer entre eux sur le délit et l'accusé.

2. Mais l'omission de cette réunion préliminaire n'opérerait pas une nullité , *suiv. rej.* 23 *févr.* 1832, *J-cr.* 218.

(39 *c*) *Observations.* 1. Après sa déposition , chaque témoin reste dans l'auditoire jusques à la déclaration du jury, si le président n'en ordonne autrement. *C-cr.* 320.

2. On pressent que par cette mesure et la précédente on a voulu empêcher les dépositions d'être calquées les unes sur les autres... Si un témoin a entendu des dépositions, le président pourra-t-il recevoir sa déclaration sans serment , en vertu du pouvoir discrétionnaire (*p.* 190 , *n. ix*)?.. *Oui,* suiv. rej. 18 févr. 1830, n. 48... *Non,* c'est à la Cour à décider ce point , suiv. B. c. 22 mai 1835 , n. 198.

3. Au reste, on peut, surtout si l'accusé y consent, permettre à un témoin de se retirer tout-à-fait après sa déposition orale. V. *rej.* 20 *mars et* 13 *avr.* 1821 *et* 7 *avr.* 1827 , *par arg. de C-cr.* 320.

4. Voyez encore pour diverses questions sur cette matière, *arr.* 3 *et* 16 *avr.* 1818, *et* 19 *août* 1819, *n.* 49, 52, 71 *et* 97.

Ils prêtent avant cette déposition, et sous peine de nullité, serment (**40**) « de parler sans haine et sans « crainte, de dire toute la vérité, et rien que la vé- « rité ».—V. *C-cr.* 317. (**41**)

On leur demande aussi leurs noms, prénoms, âges professions et domiciles ou résidences ; s'ils sont parens, alliés, ou attachés au service des parties (**41** *a*); s'ils connaissaient l'accusé avant le fait mentionné dans l'accusation (**42**). — V. *d. art.* 317.

(40) Une simple *promesse* ne suffit pas. V. *arr. cass.* 16 *janv. et* 9 *avril* 1812, *n.* 10 *et* 87 *; Carnot, art.* 317, *n.* 2 *; autres arr., ib.* — A l'égard des médecins, experts, etc., et des *mineurs* de 15 ans , *v. ci-dev. p.* 131 *et* 132, *notes* 14 *a et* 16.

(41) *Observations.* 1. Cette formule est de rigueur : on ne peut en omettre aucune partie; par exemple, faire jurer de dire *la vérité* , au lieu de *toute la vérité* , de parler *sans crainte,* au lieu de *sans haine et sans crainte,* etc.— V. *rép. xij,* 506 *et* 512, *mot serment; arrêts, ibid.; autres,* 29 *mai,* 1 *et* 2 *juill.* 1813, 3 *fév.,* 16 *juin,* 1 *et* 6 *oct.* 1814, 5 *janv.* 1815, 6 *fév.,* 29 *juin,* 6 *et* 12 *sept.* 1816, 9 *oct.* 1817, 19 *et* 26 *avr.,* 18 *mai et* 15 *juin et* 13 *sept.* 1821, 8 *avr.* 1824 , 26 *janv. et* 15 *juin* 1827, *etc., au B. c.*

1 *a.* Aucun témoin n'est dispensé de prêter le serment selon cette formule, fût-ce un religieux , un juif, etc. V. *B. c. ou rej.* 30 *déc.* 1824, 19 *mai* 1826, *n.* 200 *et* 202.

2. La prestation du serment ne se présume pas; il faut qu'elle soit constatée, et pour tous les témoins , par le procès-verbal. V. *rép. xiij,* 447, *mot témoin, n.* 9 *; arrêts , ibid.; autres ,* 16 *mars* 1815, 25 *et* 26 *juill. et* 1 *août* 1816, 14 *févr.,* 26 *sept. et* 9 *oct.* 1817, 9 *janv.* 1818, 13 *oct.* 1826, 19 *sept.* 1833, *B. c.* — De telle sorte qu'elle est réputée non faite si les mots précédens ou autres de la formule , y sont surchargés ou interlignés sans approbation. V. *arr. cass.* 4 *janv.* 1821.

2 *a*. Il résulte également de cette règle que la prestation n'est pas suffisamment établie si le procès-verbal qui constate le serment des témoins de la première séance ne s'étend pas à celui des témoins de la seconde, dont le procès-verbal ne dit rien non plus. V. *B. c.* 15 *mars* 1822, 30 *déc.* 1824 *et* 31 *mai* 1827. — Ou bien s'il est antérieur à des séances où les témoins ont dû prêter serment. V. *id.* 11 *déc.* 1824.

3. Mais l'énonciation que le serment *exigé par l'art.* 317 a été prêté (par tous les témoins) suffit. V. *rej.* 2 *juill.* 1812 (*rép. xij*, 507, *mot serment*) *et* 20 *oct.* 1820, *B. c.* 1821, *n.* 11; *B. c.* 15 *avr.* 1824; *rej.* 17 *oct.* 1832.

4. Les règles ci-dessus s'appliquent aux témoins à décharge. V. *rép. xiij*, 447, *mot témoin*, *n.* 8; *arrêts, ibid.; autres,* 27 *janv.* 1815, 26 *sept.* 1816, 9 *oct.* 1817, 13 *janv.* 1820, 20 *sept.* 1821, 16 *sept.* 1830, *B. c.* — A moins qu'ils ne soient entendus que par forme de déclaration, en vertu du pouvoir discrétionnaire du président. V. *rép., ib.; ci-apr. n. ix, p.* 190.

5. Au reste l'annulation de la procédure dans les cas précédens, ne préjudicie point à l'accusé acquitté. V. *note* 60, *n.* 5, *p.* 190.

(41 *a*) Il ne suit pas de là que les parens, alliés, etc. de la partie civile soient au nombre des personnes prohibées (*ci-d. n. iij, p.* 175); ils pourront au contraire être entendus, sauf à avoir tel égard que de raison à leur témoignage, *suiv. rej.* 18 *oct.* 1833, *n.* 427.

(42) Ces demandes ne sont pas prescrites sous peine de nullité. V. *rej.* 19 *oct.* 1815, *Jalbert,* 1816, 373; 13 *avr.* 1821 *et* 29 *août* 1833, *B. c.* — V. aussi *id.* 16 *juill.* 1818. — Elles sont faites avant le serment. V. *d. art.* 317.

Ils déposent de vive voix et on ne lit même pas les déclarations écrites des absens (43). —V. *d. art.* 317, *et art.* 341.

A la suite de chaque déposition, le président demande au témoin s'il a entendu parler de l'accusé, et à celui-ci, *s'il veut* (45 *a*) répondre. *C-cr.* 319. (45 *b*)

(43) *Observations.* 1. Cette règle reçoit exception à l'égard des princes et de plusieurs grands fonctionnaires. V. *C-cr.* 510 à 517. — V. aussi *décr.* 4 *mai* 1812, *et*, pour la procéd. de contumace, *ci-apr. p.* 198.

2. Elle en reçoit également à l'égard des militaires en activité de service, d'après la loi du 18 prairial an ij. On a, il est vrai, été partagé sur le point de savoir si cette loi est en vigueur. V. *Carnot, art.* 317, *n.* 12. — Mais il paraît que l'affirmative a prévalu. V. *rép. xiij*, 427, *mot témoin jud.,* § 1, *art.* 5; *arr. rej.* 14 *avr.* 1815, *Jalbert,* 293; *Le Graverend, i,* 246; *arr.* 17 *déc.* 1812, *Laporte,* 333.

3. La lecture des déclarations écrites d'autres témoins absens n'est pas défendue sous peine de nullité, *suiv. arr. rej.* 22 *mars* 1821, *n.* 52. — Non sans doute, mais elle nous paraît absolument contraire au système oral de nos débats (v. *d'ailleurs, C-cr.* 510 à 517, *conférés*). — Au reste, le président seul peut l'ordonner et à titre de simples renseignemens. V. *arr. cass.* ou *rej.* 22 *sept.* 1831, 29 *mars et* 19 *avr.* 1832, *B. c., surtout rej.* 3 *juill.* 1834, *J-cr.* 222.

(45 *a*) *Id. C-br.* 352. — Et non pas *ce qu'il a à répondre*, comme nous l'avons entendu par fois demander.

(45 *b*) Il n'y a pas nullité si l'on a omis cette demande, *suiv. arr.* 11 *mai* 1817, *n.* 112, 20 *juin* 1829, *n.* 140, *B. c.*; 10 *janv.* 1833, *J-cr.* 16.

On ne peut interrompre les témoins (43 *c*); mais après chaque déposition, le procureur-général, des juges et jurés, en demandant la parole au président, et l'accusé, ses conseils et la partie civile, par l'organe de ce magistrat, peuvent leur faire des questions (43 *d*), tandis que les témoins, entre eux, n'ont pas la même faculté. V. *C-cr.* 319 *et* 325. (44)

A l'égard de leurs propres déclarations écrites, on tient note des points où elles diffèrent de leur déposition orale. V. *au surplus*, *C-cr.* 318. — V. aussi *rej. ou B. c.* 28 *mai* 1818, *n.* 71, 7 *oct.* 1825, *n.* 200, 27 *mars* 1834, *n.* 102, surtout *ci-apr. note* 69, *n.* 3 *a*.

L'accusé peut même en demander la lecture pour faire remarquer les discordances; mais ce n'est qu'après la déposition orale, autrement il y aurait violation d'une règle substantielle, parce que la déclaration pourrait avoir de l'influence sur la déposition des témoins, ou sur l'esprit des jurés. V. *B. c.* 19 *août* 1819 *et* 26 *oct.* 1820, *n.* 90 *et* 137.

Dans le cours ou à la suite des dépositions, 1° on représente à l'accusé, et, s'il y a lieu, aux témoins, les pièces qui peuvent servir à la conviction, et on lui demande s'il les reconnaît. V. *C-cr.* 329. (44 *a*) — V. aussi *rej.* 29 *mars et* 12 *juill.* 1832.

2° Le président peut examiner séparément les accusés, et en conséquence faire retirer momentanément, un ou plusieurs d'entre eux; mais à leur retour il doit les informer de ce qui s'est passé en leur absence. V. *C-cr.* 327. — V. aussi *arr. rej.* 3 *avr.* 1818; 10 *avr. et* 19 *août* 1819. (44 *b*)

(43*c*) Le président peut toutefois les inviter à se renfermer dans l'objet de l'accusation. *Rej.* 18 *sept.* 1829.

(43 *d*) Voy. pour l'*utilité* etc. de ces *questions*, p. 176, note 39 *a*.

(44) *Observations.* 1. A plus forte raison, le président peut leur demander, ainsi qu'à l'accusé, des éclaircissemens. V. *d. art.* 319.

2. Les jurés, le procureur-général et les juges peuvent, pendant l'examen, prendre des notes sur les débats, mais sans interrompre la discussion. — V. *C-cr.* 328.

3. Autre question.: V. *arr. rej.* 11 *avr.* 1817 à *B. c.* 1818, *n.* 1.

(44 *a*) Même règle qu'à note 43 *b*, pour l'omission , soit d'avoir fait cette représentation, *suiv. arr.* 23 *et* 31 *oct.* 1817, 10 *avr.* 1819 *et* 19 *avr.* 1821, 1ᵉʳ *oct.* 1829 , *B. c.*, et 10 *févr.* 1835, *J-cr.* 48 ; — soit d'avoir demandé à l'accusé s'il reconnaît ces pièces , *suiv. d. arr.* 10 *févr.*

(44 *b*) Encore même règle pour l'omission de cette *information* , *suiv. arr.* 10 *avr.* 1819, *n.* 44. — « Cependant , fîmes-nous observer à ce sujet, dans nos 2ᵉ et 3ᵉ éditions (*p.* 142 *et* 184) , ne nuit-elle pas à la défense de l'accusé ? Comment pourrait-il éclaircir ou discuter ce dont il n'a pas connaissance ? » et les principes sur lesquels sont fondées ces remarques , ont ensuite été consacrés (*v. B. c.* 16 *janv.* 1823, 15 *juill. et* 12 *août* 1825, 17 *sept.* 1829, 10 *mars* 1831, 2 *juill.* 1835) ; de sorte qu'à présent l'information dont il s'agit est mise au nombre des formes *substantielles.* — Pour d'autres questions sur ce point, *voy.* B. c. ou rej. 10 oct. 1832, 12 janv. et 18 avr. 1833.

IV. Les dépositions terminées , le plaignant et le ministère public exposent les moyens de l'accusation ; l'accusé et son conseil répondent (44 *c*) ; la réplique est permise aux autres, mais l'accusé a la parole le dernier. V. *C-cr.* 335. (45)

(44 *c*) L'accusé a le droit de dire et de lire tout ce qui n'est pas étranger au procès : c'est l'esprit du Code. *B. c.* 20 *juill.* 1826, *n.* 141.

(45) *Observations.* 1. Comme cet article ne prononce point de nullité , on ne doit point casser la condamnation si l'on n'a pas permis à l'accusé cette dernière et précieuse réplique , quoiqu'il en ait fait la demande, *suiv. arr. rej.* 8 *avr.* 1813, *Laporte, mot condamné.*

Le Graverend , *ij,* 186 , s'élève fortement et avec raison, contre cette jurisprudence. Il observe, notamment, qu'en partant du même motif on ne pourrait non plus casser un arrêt où l'on aurait refusé d'entendre la *défense* des parties , puisque l'art. (335) qui la règle , n'a point prononcé de nullité. V. aussi *ci-dev. note* 34, *n.* 4, *p.* 175 ; *et Carnot, t.* 3, *p.* 182 (il est du même avis).

2. La doctrine de l'arrêt de 1813 paraît d'ailleurs avoir été abandonnée. On a en effet décidé , d'une part, que l'accusé a la parole le dernier, même sur les incidens (*B. c.* 5 *mai* 1826, *n.* 89), et de l'autre , que si après les plaidoiries un témoin est entendu en vertu du pouvoir discrétionnaire du président , il faut que l'accusé ou son conseil soit *mis en demeure* de s'expliquer sur sa déclaration. *B. c.* 9 *avr.* 1835, *n.* 134.

V. Aussitôt après , le président ferme les débats, présente un résumé de l'affaire où il indique notamment les principales preuves pour ou contre l'accusé (45 *a*), pose les questions qui doivent être décidées par les jurés, et leur rappelle les fonctions qu'il ont à remplir. V. *C-cr.* 335, 336. (45 *b*)

Les parties peuvent réclamer contre la position des questions ; dans ce cas, la Cour d'assises la règle

définitivement. V. *arr. cass.* 28 *mai* 1812, 1er *oct.*
1813, 30 *mars et* 16 *juin* 1815. — V. surtout *id.,* 30
août 1817, *n.* 81, *et dans Jalbert,* 447 *et suiv., et*
B. c. ou rej. 28 *avr.* 1820, 16 *mars* 1826, 27 *sept.*
1827, 5 *nov.* 1834. (46)

(45 *a*) *Observations.* 1. Personne n'a le droit d'interrompre ce résumé.
V. *B. c.* 28 *avr.* 1820 , *n.* 59.

2. Quand il est terminé on ne peut prendre la parole excepté pour la position des questions (voy. *le texte,* p. 180 *, n. v*) , et pour le cas où le président y aurait présenté des faits nouveaux ou pièces nouvelles ; et alors on
conclura à ce que la clôture des débats soit annulée par la Cour, et à ce qu'ils
soient repris sur ces faits et pièces. V. *d. arr.* 28 *avr., et,* pour un autre
exemple, *rej.* 27 *mars* 1834, *n.* 102.

3. Le procès-verbal (*ci-apr. n. ix, p.* 190) doit constater que ce résumé
a été fait, sinon il y a nullité. V. *B. c.* 18 *déc.* 1824. — Mais cela suffit. V.
à ce sujet, rej. ou B. c. 10 *juin et* 14 *oct.* 1831.

4. Il est *extrinsèque* aux débats. V. *p.* 116, *note* 6, *n.* 3.

(45 *b*) V. aussi pour l'avis qu'il doit leur donner relativement aux circonstances atténuantes, *ci-apr. texte, p.* 184, *et note* 51 *a, ib.*

(46) *Observations.* 1. Cette règle reçoit exception lorsqu'un changement
dans la position faite par le président ne pourrait conduire à absoudre l'accusé
ou à modifier la peine. V. *réqu. et arr. rej.* 5 *nov.* 1812, *rép. x,* 526, *mot*
question; autres, 27 *août* 1812, 28 *janv. et* 1 *juill.* 1813, *Laporte ,* 310,
n. 14.

2. Si l'on ne réclame point, l'ordonnance du président sur la position est
inattaquable. V. *arr. cass.* 12 *mars* 1813 , *n.* 50.

3. Il n'y a pas nullité si la Cour refuse d'entendre la réclamation de l'accusé
à ce sujet, *suiv. arr. rej.* 13 *juin* 1816, *Jalbert,* 455. — Mais un tel système
rendrait sans effet la faculté qui résulte des arrêts cités au texte. « Néanmoins,
disions-nous dans nos éditions précédentes (1817, *p.* 125, 1821, *p.* 144, *etc.*),
l'exercice de cette faculté est bien important pour l'accusé, puisque, dans
beaucoup de causes, la manière de poser les questions peut avoir de l'influence
sur la déclaration d'un jury peu expérimenté. D'autre part, quel préjudice la
réclamation de l'accusé cause-t-elle, puisque la Cour, en y statuant, est libre
de maintenir la position des questions qu'elle concerne ? »... Depuis cette
époque, on est revenu sur la décision de 1816, et l'on a reconnu qu'il y a
nullité si la Cour omet de statuer sur les conclusions relatives à la position.
V. *B. c. ou rej.* 16 *mars* 1826, 27 *sept.* 1827, 6 *nov.* 1834.

La première question tend à savoir si l'accusé a
commis tel délit avec les circonstances indiquées
dans l'acte d'accusation (**46 *a***).. Par les autres, qui
ne sont qu'occasionnelles (**46 *b***), on demande s'il l'a
commis avec telle circonstance résultant des débats,
si le fait qu'il propose pour excuse est constant (**47**),
si l'accusé mineur de 16 ans, a agi avec discernement. (**47 *a***)

Voilà les objets des questions tels qu'ils sont indiqués par la loi (*C-cr.* 337 *à* 340); mais ils n'y sont indiqués que comme des exemples et par forme démonstrative, et non pas d'une manière exclusive (**48**); de sorte qu'on peut poser des questions moins générales, en les subdivisant pour plus de clarté (**49**); qu'en général on doit aussi en poser (et l'on y est même tenu, sous peine de nullité, lorsque cela est requis), sur les faits accessoires résultant des débats, qui se rattachent au fait principal de l'accusation et qui en sont proprement des circonstances, soit aggravantes, soit atténuantes (*C-cr.* 339), et par là tendent à en modifier le caractère, tout comme la décision de la Cour. V. *à ce sujet, arr. cass.* 10 *déc.* 1812 *et* 14 *mai* 1813; *autres,* 3 *et* 10 *oct.* 1817, 4 *avr.* 1822, 16 *juill.* 1835, *n.* 288; *autre, ci-dev. p.* 87, *note* 14, *n.* 2. (**50**)

Mais 1° on ne peut en poser que sur les faits légalement imputés, c'est-à-dire retracés dans le dispositif de l'arrêt d'accusation. V. *à ce sujet arr. rej. et cass.* 16 *oct.* 1817, *n.* 96, 8 *avr.* 1826, *n.* 67, 26 *janv.* 1827, *n.* 18, 14 *janv.* 1832, *J-cr.* 256, 9 *juill.* 1835, *J-cr.* 313 *et B.c* ; *et,* pour des exemples de questions, *répert. x,* 524 *et suiv., h. v., et B. c.* 2 *juin et* 14 *sept.* 1832, *et* 20 *et* 27 *mars* 1834.

2° S'il est permis, comme on l'a dit, d'en poser sur des faits qui se rattachent à ceux-là (**50** *a*), cela est absolument défendu à l'égard des faits non connexes, lors même que l'accusé y consentirait. V. *arr. cass.* 24 *juin et* 16 *sept.* 1819, *n.* 72 *et* 102. — V. aussi *arr.* 16 *janv. et* 13 *août* 1818, *et* 19 *avr.* 1821, *n.* 7, 114 *et* 64; surtout *les règles énoncées, note* 50, *p.* 183.

(46 *a*) Il faut en poser sur les faits résultant de l'arrêt de renvoi, sinon l'accusation n'est pas purgée, et, dans ce cas, on annulle la position des questions, les réponses et l'arrêt. V. *B. c.* 22 *août* 1828, *n.* 245. — V. aussi pour des exemples, *B. c. ou rej.* 20 *sept.* 1828, 20 *août* 1829, 28 *oct.* 1830, 2 *juin* 1832, 26 *déc.* 1834, *etc.*

(46 *b*) *Observations.* 1. Ainsi la position d'une question spéciale n'est pas

indispensable; on peut la comprendre dans la question générale. V. *réqu. et B. c.* 3 *févr.* 1826, *n.* 24.

2. Il faut toutefois une question spéciale pour la circonstance aggravante résultant uniquement des débats. *B. c.* 12 *juill.* 1832, *n.* 252.

(47) V. à ce sujet, ci-dev. p. 97, note 6, n. 4.

Il n'est pas nécessaire que la première question soit conçue précisément dans les mêmes termes que l'acte. V. *arr.* 5 *fév.* 1818, *n.* 20.

(47 *a*) Ces deux dernières questions doivent, sous peine de nullité, être posées. V. *C-cr.* 339, *et*, pour des exemples, *B. c. ou rej.* 5 oct. 1833 *et* 15 *mai* 1835. — La première toutefois ne doit pas l'être si une excuse légale ne résulte point du fait. *Rej.* 19 *mars* 1835.

(48) V. à ce sujet, arr. rej. 31 janv. 1817, B. c. n. 21. — V. aussi id. 17 nov. 1812 et 28 mai 1815, Jalbert, 1815, 441 ; 4 juin 1818, 3 fév. et 19 avr. 1821, B. c. n. 72, 26 et 64.

(49) V. rej. 27 déc. 1811, rép. x, 524, h. v., n. 1 ; rej. ou B. c. 14 août et 26 sept. 1817, n. 73 et 85, surtout 10 avr. 1819, n. 44.

Observations. 1. Mais on n'est pas forcé de les diviser. V. *réqu. et arr. rej.* 26 *mars* 1812, *rép. ib.*, 525. — V. aussi *rej.* 12 *juill.* 1832, *n.* 253. — Il suffit que le fait y soit exposé de manière à soumettre au jury, celui de l'accusation avec toutes ses circonstances. V. *rej.* 14 *fév.* 1817, *n.* 11. — V. aussi *Le Graverend, ij,* 193, *note* 3 ; *arrêts, ibid.*

2. D'ailleurs, la position des questions est régulière et légale, soit qu'elle présente le fait tel qu'il résulte de l'acte d'accusation, soit qu'elle présente celui de l'acte, tel qu'il a été modifié par les débats. V. *arr. rej.* 10 *juill.* 1817, *B. c. n.* 69.

Il n'est pas non plus nécessaire de préciser le jour où a été commis le crime, si les autres indications ont mis l'accusé en état de se défendre, *suiv. rej.* 30 *déc.* 1830, *n.* 258.

(50) *Observations.* 1. On en voit des exemples aux arrêts suivans : 17 *août* 1820 (révélation de faux monnayage), 3 *févr.* 1821, *n.* 18 *et* 26 (tentative de violence et légitime défense), 11 *mai* 1827 (état de vagabondage), 23 *sept.* 1830 (tentative dans une accusation de vol), 29 *déc.* 1832 (recélé dans une tentative de pillage), *au B. c.* ; 10 *janv.* 1834 (contrainte par force irrésistible), *J-cr.* 281.

2. Quant au délit découvert pendant les débats : 1° s'il se rattache au délit indiqué dans l'accusation, et n'est pas, à raison de cette connexité, susceptible de donner lieu à une procédure particulière, il faut le considérer comme une circonstance aggravante et, par conséquent poser à cet égard une question. — 2° Dans le cas contraire, c'est-à-dire, s'il est un délit distinct, non connexe, et par là passible d'être poursuivi séparément, on ne devra point poser de question. — Ces règles proposées par Le Graverend (*ij,* 192) avaient déjà été énoncées en substance dans un arrêt du 12 févr. 1813 (*Laporte,* 150, *n.* 2) ; et elles sont appliquées dans les arrêts cités soit ci-dessus, n. 1, soit dans le texte, alin. 1° et 2°, ainsi que dans les suivans : 16 *janv. et* 13 *août* 1818 (*n.* 7 *et* 114), 24 *juin et* 16 *sept.* 1819 (*n.* 72 *et* 102), 19 *avr.* 1821 (*n.* 64), 4 *avr.* 1822 (*n.* 51), 20 *août et* 9 *déc.* 1825 (*n.* 159 *et* 234).

2 *a.* Un délit, observe-t-on aussi dans un arrêt du 14 novembre 1822 (*B-c. n.* 165), un délit quoique connexe à celui qu'on poursuit devant la Cour d'assises, doit, lorsqu'il n'a pas été compris dans la poursuite, être renvoyé au juge d'instruction du lieu où siège la Cour ; mais il en est autrement quand c'est un délit qui, par sa réunion avec le délit poursuivi, tend à aggraver la peine (tel que le crime qui a été précédé, accompagné ou suivi de meurtre. v. *ci-dev. note* 21 *a, p.* 19); alors il devient la circonstance aggravante sur laquelle *C-cr.* 338 veut qu'on pose une question.

(50*a*) *Observations.* 1. Par exemple, la complicité, lorsque l'individu accusé comme *auteur* d'un délit, est déclaré non coupable. V. *arr. rej.* 16 *avr.* 1818, *n.* 53.

2. Mais il faut que ces faits étrangers à l'accusation résultent des débats. V. *note* 50 ; *arr. ibid.;* — ou soient au moins présumés en résulter, *suiv. B. c.* 13 *oct.* 1832.

Les questions sont remises aux jurés avec toutes les pièces (**51**), sauf les déclarations écrites des témoins. *C-cr.* 341. — V. aussi *rej.* 31 *oct.* 1817, *n.* 107.

Le président les avertit en même temps, 1° sous peine de nullité, que s'ils pensent qu'il y a des circonstances atténuantes, ils doivent le déclarer. *D. art.* 341 (**51** *a*). V. aussi *ci-dev. p.* 58, *note* 10, *n. xxviij.*

2° Que si l'accusé est déclaré coupable du fait principal à la majorité simple, il faut qu'ils en fassent mention. *D. art.* 341, *rectifié par L.* 9 *sept.* 1835, *art.* 1.

3° Qu'ils doivent voter au scrutin secret. *D. art. rectifié par D. L.* 9 *sept.*, *etc.* (**51** *b*)

(51) Tels que les procès-verbaux. V. *C-cr.* 341 ; *Le Graverend, ij,* 199; *arrêt ibid.* — Mais il n'est pas besoin de les leur lire. Voy. *arr. rej.* 29 *mai* 1817, *B. c. n.* 42.

Observations. 1. Il faut comprendre, dans cette remise, les procès-verbaux dressés par les gens de l'art. (v. *ci-dev. p.* 130), lors même qu'ils auraient été appelés aux débats comme témoins. V. *Carnot, art.* 341, *n.* 8 ; *arr. cass.* 14 *nov.* 1811, *ib.* — Toutefois leur remise n'est pas prescrite sous peine de nullité ; d'ailleurs c'est des débats que doit résulter la conviction des jurés. Voy. *rej.* 26 *août* 1830, *n.* 209.

2. On peut y comprendre (même en vertu du pouvoir discrétionnaire) les interrogatoires d'un coaccusé décédé ou renvoyé d'accusation. V. *rej. ou B. c.* 14 *août* 1817, 30 *mai* 1818, 27 *juin* 1813, 15 *avr.* 1824. — V. aussi *ci-dev. p.* 175 *et* 176, *note* 39, *n.* 5.

2 *a.* On peut même leur lire ces interrogatoires, ainsi que les déclarations d'un témoin mort ou non cité. V. pour le premier point, *B. c.* 14 *août* 1817, 28 *mars et* 30 *juillet* 1819, *et*, pour le second, *B. c.* 16 *juin* 1831 *et* 10 *janv.* 1833 (cette jurisprudence est critiquée, et avec raison, à notre avis, par M. Chauveau, *J-cr.* 1831, 270, 1832, 249).

3. On peut encore remettre aux jurés des lettres missives et même anonymes, *suiv. B. c. ou rej.* 13 *oct.* 1832, 28 *mars et* 28 *juin* 1833. — Voy. aussi *ci-dev. p.* 131, *note* 14 *b.*

4. Mais il faut toujours que l'accusé ait été mis à portée (ce que sa signature ou son paraphe peuvent constater) de discuter ces pièces. *B. c.* 30 *déc.* 1830, 27 *avr.* 1832.

(51 *a*) *Observations.* 1. C'est un simple avis et il ne doit pas poser de questions sur les circonstances considérées en général... *Rej. ou B. c.* 6 *juill.* et 9 *et* 17 *août* 1832.

2. Cet avis ne doit être donné qu'en matière de grand criminel.. V. *rej.* 11 *août* 1832, *J-cr.* 227.—V. aussi *rej.* 22 *sept.* 1832, *n.* 370.

3. Il y a nullité s'il n'a pas été donné. *B. c.* 20 *et* 21 *sept.* 1832, 14 *et* 24

janv. 1833, 3 *juill.* 1834. — Et si cela n'est pas clairement constaté. **V.** *B. c.* 22 *janv.* 1835.

4. Si à raison de ce qu'il a été dégagé des circonstances aggravantes, le fait imputé n'est plus qu'un simple délit, ce sera à la Cour à apprécier les circonstances atténuantes. **V.** *Rej.* 19 *janv. et* 8 *mars* 1833. — V. aussi *B. c.* 15 *fév.* 1834.

(51 *b*) *Dr. antérieur.* Les jurés délibéraient d'abord et ensuite votaient à haute voix ; seulement jusques au Code de 1808, qui ne prescrivit aucun mode spécial pour constater leur déclaration orale, elle l'était par des boules blanches ou noires déposées dans des boîtes de semblables couleurs. *L.* 29 *sept.* 1791, *tit.* 7, *art.* 23 *et suiv.* ; *C-brum.* 385 *et suiv.* ; *C-cr.* de 1808, 344 *et suiv.*

Dr. actuel. Le vote a lieu maintenant, on l'a dit (*texte, p.* 184), au scrutin secret. Ajoutons que le mode vient d'en être fixé provisoirement (*ordonn.* 9 *sept.* 1835) et que la délibération préliminaire des jurés est tacitement maintenue; outre que l'art. 344, où l'on énonce cette délibération, n'a subi aucun changement, on l'a rappelée, soit dans l'exposé des motifs, soit dans le rapport, soit dans la discussion de la loi du 9 septembre 1835. **V.** *J-cr.* 1835, *p.* 261, 262 *et* 263.

☞ On vient (mars 1836) de soumettre à la chambre des députés, un projet qui fixe définitivement ce mode; s'il est bientôt converti en loi, nous l'extrairons dans nos additions finales.

VI. Les jurés se retirent à l'instant dans leur chambre pour délibérer, et ils ne peuvent en sortir qu'après avoir formé leur déclaration. **V.** *pour les détails, C-cr.* 343. — V. aussi *rej. ou B. c.* 31 *oct.* 1817, 13 *août* 1818, 3 *mars* 1826, 14 *sept.* 1827.

Leur séance commence par la lecture d'une instruction sur leurs fonctions (**52**); instruction qui est affichée en gros caractères dans leur chambre, et dont il résulte qu'ils ne doivent s'attacher qu'à examiner si l'accusé est coupable, et cela uniquement d'après la conviction intime qu'ils ont pu acquérir pendant les débats (**52** *a*). **V.** *C-cr.* 342. (**53**)

En un mot, hors les cas où des lois spéciales donnent à des procès-verbaux, foi jusqu'à inscription (*ci-dev. p.* 138), la loi ne soumet la conviction des jurés à aucun genre particulier de preuves. **V.** *arr. cass.* 4 *sept.* 1813, *n.* 199.

(52) Cette lecture n'est pas prescrite sous peine de nullité. **V.** *rej.* 26 *juin* 1817, *n.* 53.

(52 *a*) Si l'on combine cette instruction avec les termes du serment (*C-cr.* 312) prêté par les jurés, on voit qu'ils ne peuvent chercher à s'éclairer d'après d'autres documens, s'agit-il même de faits dont ils auraient individuellement

24

une connaissance positive ; qu'en un mot, suivant l'expression de la Cour de cassation « ils ne doivent former leur conviction que sur ce qu'ils ont vu et entendu pendant les débats, et qu'il ne leur est pas permis de puiser ailleurs les élémens de leur déclaration. » *Rej.* 11 *août* 1820, *n.* 113, *p.* 322. — V. aussi *B. c.* 13 *nov.* 1834, *n.* 368 *et* 371 (ces arrêts le décident pour les juges de police simple et de police correctionnelle qu'ils assimilent sous ce rapport aux jurés); *id.*, 24 *juill.* 1835, *ci-dev.* p. 115, *note 2 a* ; *autorités citées, p.* 142, *note* 10 *a, n.* 2.

(53) *Observations.* 1. Si les jurés pensent que l'accusé est *coupable avec toutes les circonstances* indiquées dans l'acte d'accusation, il faut qu'ils le déclarent, ou que cela résulte de leur réponse. S'ils ne le pensent qu'à l'égard de plusieurs circonstances, ils doivent le déclarer *coupable avec telle circonstance*, et ajouter *qu'il n'est pas constant qu'il ait commis le crime avec telle autre.* Enfin, s'ils pensent qu'aucune circonstance n'est prouvée, ils doivent le déclarer coupable, *mais sans aucune des circonstances.* — V. *B. c.* 8 *mars* 1816, *n.* 12.

2. Il résulte de là qu'ils peuvent mettre des restrictions à leur réponse, et lors même que la restriction change le caractère du délit indiqué dans l'arrêt d'accusation, la Cour d'assises est obligée d'y conformer le sien. Voy. *B. c.* 15 *oct.* 1813, *n.* 221.

3. Il en résulte encore qu'ils peuvent diviser leur déclaration en autant de réponses qu'il y a de circonstances caractéristiques et aggravantes. V. *Le Graverend*, *ij,* 204. — V. aussi *Carnot*, *art.* 345, *n.* 9; *arr.* 26 *déc.* 1811, *ib.*; *autres de* 1812, *id.*, 2ᵉ *édit., ij,* 643.

Mais il faut que les circonstances sur lesquelles ils s'expliquent se lient aux questions proposées, car ils ne peuvent étendre leur déclaration à une question qui ne leur a point été soumise. Par exemple, en répondant négativement à la question unique de savoir si l'accusé est coupable de *faux*, ajouter qu'il l'est d'avoir tenté une escroquerie ou un vol. V. *B. c.* 14 *mai* 1825, *et*, pour d'autres exemples, *arr.* 22 *janv. et* 29 *avr.* 1819, *n.* 5 *et* 54, 11 *août et* 8 *déc.* 1826, *n.* 156, 252 *et* 253, 10 *nov.* 1829, *n.* 77, et (exemple inverse) 20 *janv.* 1832, *n.* 24.

A l'égard des *faits moraux*, v. ci-dev. p. 93, note 14, n. 2.

4. Au reste, ils ne sont pas astreints à suivre telle ou telle formule; une réponse générale et claire ne consistât-elle qu'en une simple affirmation, s'applique à toutes les parties de la question proposée. V. *rej.* 26 *juin,* 10 *juill. et* 27 *déc.* 1817, 18 *nov.* 1819, 29 *mars et* 17 *oct.* 1832.

VII. Les jurés forment leur déclaration à la majorité des voix, tant contre l'accusé (53 *a*) que sur les circonstances atténuantes, sous peine de nullité. *C·cr.* 347, *modifié par L.* 9 *sept.* 1835 (*n.* 358), *art.* 1. (54)

Cette majorité doit, sous la même peine, être constatée, mais sans exprimer le nombre des voix (55), excepté dans la circonstance suivante. *D. art.*

S'il n'y a qu'une majorité simple, c'est-à-dire la moitié des voix plus une, ou bien sept jurés (contre cinq) pour la culpabilité, quant au fait principal, la Cour délibère, et il suffit aussi de la simple majorité des juges (deux contre un) pour faire surseoir au jugement et renvoyer l'affaire à la session suivante. *C-cr.* 352, *alin.* 2, *modifié* (**53**) *par d. art.* 1.

Le même sursis et le même renvoi sont également ordonnés lorsque les juges sont unanimement convaincus que les jurés, tout en observant les formes, se sont trompés au fond. *D. art.* 352. (**57**)

(53 *a*) *Contre l'accusé...* Il est maintenant reconnu que les questions relatives au *discernement* de l'accusé, et aux faits d'excuse légale, étant en sa faveur, *cinq* voix suffisent pour les résoudre affirmativement, et qu'il en faut au contraire *sept* pour la négative. C'est ce qui a été décidé notamment par deux arrêts de cassation des 13 et 28 juin 1833 (B. c. n. 230 et 247) : le dernier rendu sur le rapport de M. Dehaussy. V. ce rapport dans Grattier, *Code d'inst. crimin.*, p. 219 et suiv. Ch. b. s.

(54) *Observations.* 1. La législation a singulièrement varié sur cette majorité. D'après les deux premières lois sur le jury (29 *sept.* 1791 , *tit.* 7, *art.* 28 ; *Code brum.*, ou 25 *oct.* 1795, *art.* 403), il fallait pour la culpabilité, dix voix ; la 3e (19 *fruct. v,* ou 5 *sept.* 1797, *art.* 33), comme cela se pratique encore dans le pays (l'Angleterre) auquel nous avons emprunté cette institution, exigea l'unanimité, mais seulement pour les premières vingt-quatre heures (en Angleterre, il la faut toujours), passé quoi la majorité simple (sept voix) suffisait..

Le Code criminel de 1808 abandonna ce système, et fixa la majorité à huit voix. Il se contenta néanmoins de sept pour le fait principal, si deux des juges (il y en avait alors cinq) adoptaient l'avis des sept jurés ; de sorte que la culpabilité résultait dans ce cas d'une pluralité de 9 sur 17 (*v.* les observations critiques de ce système dans notre édition de 1817, p. 128, et rappelées dans celle de 1825, p. 148). Mais la loi du 24 mai 1821, exigea ensuite pour cette dernière hypothèse, la réunion des voix de quatre des juges à celle des sept jurés, de sorte que la majorité pour la culpabilité fut portée, dans cette même hypothèse à 11 sur 17 (*voy.* pour les détails, *d. édit. de* 1825, *p.* 147 *et* 148, *note* 55, *et surtout note* 56 *ibid.*; *ci-dev. p.* 56 *à* 59, *note* 10, *n. xvj, xxiv et xxxiv*).

Enfin, la loi du 4 mars 1831, art. 3, écarta l'intervention des juges, et fixa la majorité des jurés (pour la culpabilité) à huit, ce qui fut maintenu par celle du 28 avril 1832, dans laquelle le Code criminel et le Code pénal furent révisés (v. *d. édit. de* 1825, *add. de* 1832, *p.* 213, *n.* 35 *n*), mais ensuite changé en 1835 (v. *ci-dev. le texte, p.* 186).

2. Dans toutes ces espèces de phases de la législation, le partage, (ou 6 voix contre 6), des jurés a toujours emporté la non-culpabilité. V. *L.* 8 *frim. vj*; *B. c.* 23 *juin* 1814 *et* 25 *juill.* 1833; *ci-dev. p.* 116, *n. ix, et p.* 117, *note* 6 *b*; *arr. ibid.*

(55) *Observations.* 1. *Doit être constatée...* sinon nullité. *B. c. ou rej.* 10 *mars*, 10 *et* 16 *juin*, 14 *juill. et* 19 *août* 1831, 19 *juill.* 1832, 28 *juin et* 16 *août* 1833.

2... *Sans exprimer* etc., fût-ce même l'unanimité. V. *entre autres, arr.*, *B. c.* 7 *oct.* 1831, 12, 13 *et* 20 *janv. et* 3 *mai* 1832.

2 *a.* Mais l'expression du nombre de voix ne peut entraîner la nullité d'une déclaration favorable à l'accusé. V. *B. c.* 18 *avr.* 1834, *n.* 115.

(56) Cette décision importante est plutôt une addition qu'une modification.

(37) *Observations*. 1. Cette mesure ne peut être ordonnée que d'office ; nul n'a le droit de la provoquer. Les jurés anciens ne peuvent faire partie du nouveau jury, et la déclaration de ce jury servira définitivement de base à la décision de la Cour. V. *d. art.* 352.

2. Le renvoi d'ailleurs n'a pas lieu lorsque la déclaration du jury est en faveur de l'accusé, mais seulement lorsqu'elle est contre lui. Voy. *d. art.* 352 ; *arr. cass.* 13 *mars* 1812, *et* 23 *juin* 1814, *n.* 57 *et* 26.—V. aussi *id.* 22 *janvier* 1813, *n.* 5 ; *Le Graverend, ij*, 217 ; *arrêts, ibid.*

VIII. Hors ces deux cas (ceux des deux alinéas précédens du texte), la déclaration du jury, lue à l'audience et signée (58), est irrévocable et n'est sujette à aucun recours. V. *C-cr.* 350 ; *B. c.* 22 *janv. et* 12 *mars* 1813, *et* 23 *juin* 1814, *n.* 5, 50 *et* 27.

(58) *Observations*. 1. La lecture et la signature forment le complément de la déclaration. V. *arr.* 2 *nov.* 1811, *rép. vj*, 693, *mot juré*, § 4, *n.* 23 ; *B. c.* 15 *juill.* 1825. — Voy. également, ainsi que pour les signatures du président et du greffier, *ci-apr. note* 61, *p.* 191.

2. Ce n'est point une irrégularité que de faire la lecture avant d'apposer la signature. V. *arr. cass.* 2 *oct.* 1812, *n.* 217.

3. Questions sur les ratures de la déclaration. V. *arr.* 27 *août* 1819 *et* 22 *juin* 1820, *n.* 98 *et* 92.

4. Une surcharge non approuvée par le chef, l'annulle, à moins que malgré la surcharge, le sens n'en soit évident. V. *B. c. ou rej.* 15 *mars* 1834, 16 *janv. et* 16 *juill.* 1835.

Elle seule peut servir de base à une condamnation, car les juges ne peuvent statuer que sur la qualification des faits qu'elle présente comme constans, et sur l'application de la loi à ces faits (v. *arr. cass.* 18 *avr. et* 30 *mai* 1812, 17 *août* 1820, 30 *sept.* 1825, 1 *oct.* 1834) ; et il ne leur appartient pas de l'expliquer. V. *arr. cass.* 2 *mai*, 13 *juin et* 11 *oct.* 1816, 15 *juin* 1820, 6 *avr.* 1827, 31 *janv.* 1828. (59)

(59) *Observations*. 1. De même, une comparution faite au greffe par le président et plusieurs jurés, pour l'expliquer, est sans effet. Voy. *d. arr.* 13 *juin.* — V. aussi *id.* 28 *janv.* 1830 *et* 2 *janv.* 1834 (assertion des jurés d'avoir fait une omission). — Il en est autrement s'ils ont été renvoyés dans leur chambre pour cet objet. *B. c.* 8 *avr.* 1830.

2. La déclaration du jury ne peut servir de base à une condamnation, qu'autant qu'elle contient l'affirmation claire et précise d'un fait punissable d'après les lois pénales. V. *arr. cass.* 27 *avr.* 1815, *n.* 28.

3. On ne peut non plus après sa lecture, poser de nouvelles questions. — V. *au surplus, arr. cass.* 16 *juin* 1820, *n.* 84.

Néanmoins, si elle est irrégulière, incomplète, obscure ou contradictoire, la Cour (59 *a*) peut et doit renvoyer les jurés dans leur chambre (et non pas les questionner à l'audience), pour en rédiger une nouvelle. V. *rép. vj*, 691 *à* 696, *mot juré*, § 4, *n*. 21 *à* 24; *réqu. et arr. rej.* 9 *mai* 1811, *ib.; autres ib.; autres* 15 *juin et* 14 *sept.* 1820, *n.* 83 *et* 120, *etc.* (**60**).—Et il faut dans ce cas, constater la première déclaration, pour s'assurer si en effet elle a quelqu'un de ces vices. V. *arr. cass.* 18 *nov.* 1819, *n.* 119.

(59 *a*) *Observations.* 1. C'est la Cour, et non pas le président, qui peut ordonner ce renvoi. V. *B. c.* 16 *janv.* 1823, 17 *avr.* 1824, 14 *sept.* 1826, 28 *janv. et* 11 *mars* 1830.

2. Elle le peut même après que la déclaration du jury a été signée et lue à l'accusé, *suiv. B. c.* 5 *mars* 1835. —V. toutefois *B. c. ou rej.* 14 *oct.* 1825, *n.* 205, *et* 23 *juin* 1832, *n.* 227 (ces arrêts paraissent contraires).

(60) *Observations.* 1. V. aussi, pour ces divers cas, d. arr. 13 juin 1816; autres, 6 mai 1813, 27 avr. et 18 août 1815, 2 mai et 10 oct. 1816, n. 93, 28, 46, 27 et 72 ; Bourguignon et Carnot, art. 350.

2. *Voir* en particulier, pour un exemple de déclaration *incomplète* (omission d'avoir expliqué si la *complicité* qu'on déclarait, avait eu lieu *avec connaissance de cause*, ce qui en est un caractère essentiel), B. c. 27 sept. 1822, 2 juin et 14 sept. 1832, 12 janv. 1833, 20 mars 1834... et, *pour d'autres exemples*, B. c. 6 mai 1813, 10 avr. et 13 août 1818, 4 juin 1819, 25 mai et 15 juin 1820, 4 avr. et 9 mai 1822, 1 et 9 avr. 1824, 13 nov. 1832 ; et rej. 18 juin 1830 (n. 177).

2 *a.* Pour des exemples de déclarations *contradictoires* ou non , B. c. 20 mars et 4 juin 1812 , 25 juill. 1817, 29 avr. et 2 oct. 1819, 7 juin 1821 , 20 juin 1823, 31 juill. et 20 sept. 1828, 28 janv., 18 juin et 11 nov. 1830, 3 et 24 mars et 27 août 1831 , 15 nov. 1832, 14 sept. et 19 déc. 1833, 26 déc. 1834 , 12 mars 1835.

2 *b.* Pour des exemples de déclarations *irrégulières*, rép., sup., p. 693 ; arr. 2 nov. 1811, ib.; B. c. 21 mai et 23 juill. 1812, 9 fév. 1832, 11 et 12 juill. 1833, 8 et 15 janv. 1835.

2 *c.* Pour des exemples de déclarations *obscures*, B. c. 9 sept. 1819, 20 janv. 1820, 21 juin 1821, 1 avr. 1824, 24 mai 1832.

3. Une déclaration *incomplète*, c'est-à-dire qui ne s'explique pas sur tous les faits imputés dans l'arrêt de renvoi, ou dans le résumé de l'acte d'accusation, ou dans les questions, ne *purge* pas l'accusation... Dans ce cas, en annulant les débats et l'arrêt d'absolution , ou bien l'ordonnance d'acquittement (*ci-apr. note* 62 , *n.* 3), la Cour suprême renvoie l'accusé en état de prise de corps, devant une autre Cour d'assises. V. *B. c.* 19 *juin et* 7 *août* 1823. — V. aussi *id.* 24 *mai*, 14 *sept. et* 13 *nov.* 1832 , *et* 12 *janv.* 1833; *ci-apr. note* 62, *n.* 3, *p.* 192.

4. Au contraire une déclaration *complète* sur une ou plusieurs questions est irrévocablement acquise à l'accusé, de sorte que la Cour d'assises ne peut renvoyer le jury dans sa chambre pour s'expliquer sur les autres , lorsque celles-ci concernent des circonstances aggravantes, exclues par la déclaration complète ; elle ne le peut que pour des questions différentes et irrégulière-

ment ou incomplètement résolues. — V. *id.* 18 *avr.* 1822 ; 15, 17 *et* 29 *avr.* 1824. — V. aussi *id.* 2 *juin* 1832, *n.* 200.

4 *a.* La règle du n. 4 reçoit toutefois exception lorsqu'il y a indivisibilité dans les faits par rapport à plusieurs desquels l'accusé a été acquitté, tandis qu'il a été condamné pour d'autres ; l'arrêt doit alors être cassé pour le tout. V. *B. c.* 14 *fév.* 1835, *n.* 39, *et J-cr.* 1835, *p.* 52 *et suiv.*—V. aussi *ci-dev. note* 33, *n.* 3, *p.* 172.

5. Mais la déclaration complète et favorable est également acquise à l'accusé quoique l'arrêt par lequel il est condamné sur d'autres points soit cassé pour un vice de forme (par exemple, une omission de serment, ou une irrégularité dans le serment des témoins , *ci-dev. note* 41, *p.* 178), qui devraient embrasser toute la procédure. V. *B. c.* 31 *mai* 1827 , *n.* 130.— V. aussi *B. c.* 26 *déc.* 1834 , *id.* 14 *fév.* 1835 , *et J-cr.* 1835 , *cités n.* 4 *a.* — C'est que l'accusé ne peut être victime d'une négligence des magistrats, ou du greffier, qui président à la procédure, ou en constatent les diverses formes dans le procès-verbal.

6. *Quid* si la Cour *annulle* les débats?...V. *ci-dev. note* 30 *a, n.* 2, *p.* 171.

IX. Le président est chargé personnellement de diriger les jurés dans l'exercice de leurs fonctions, et de présider à toute l'instruction. Il a la police de l'audience.... Il est investi d'un pouvoir *discrétionnaire,* en vertu duquel il *peut prendre sur lui* tout ce qu'il croit utile à la découverte de la vérité ; appeler, par exemple, de nouvelles personnes, se faire apporter de nouvelles pièces, empêcher que les débats ne se prolongent inutilement. V. *C-cr.* 267 *à* 270. (**60** *a*)

(**60** *a*) *Observations.* 1. Nous avons déjà cité des exemples de cas où la jurisprudence a consacré l'application de ce pouvoir , mais quelquefois en lui donnant, suivant nous, trop de latitude. V. *arr. ci-dev. p.* 175, *note* 39, *n.* 5; *p.* 142, *note* 44 *b.* — V. aussi *arr.* 14 *août et* 23 *oct.* 1817, 16 *mai* 1819, 27 *juill.* 1820, 17 *août* 1821 , *n.* 72, 106, 58, 106 *et* 155.

2. Carnot (*p.* 265 *de l'examen cité ci-dev. p.* 15, *note* 13) en rapporte avec détails un autre (l'arrêt qui y statue n'a pas été inséré au bulletin), au sujet duquel il observe judicieusement que le pouvoir *discrétionnaire* n'est pas le pouvoir *arbitraire.*

3. Quelle que soit d'ailleurs l'étendue de ce pouvoir, il ne comprend pas le droit de prononcer sur des points contentieux et par conséquent sur les incidens élevés entre le ministère public et l'accusé. V. *B. c.* 28 *mai* 1812 , *n.* 128, 1 *oct.* 1813, *n.* 208, surtout 17 *avr.* 1824, *n.* 51, *et* 27 *avr.* 1832, *n.* 147, *et,* pour des exemples , *ci-d. p.* 168, *note* 26 ; *p.* 174, *note* 34 *a, n.* 2, *et note* 36, *n.* 2; *p.* 176 *et* 177, *notes* 39 *a et* 39 *c* ; *p.* 181 , *texte, n.* 5.

4. Au reste, il ne peut être exercé qu'après l'ouverture des débats. *B. c.* 27 *févr.* 1834.

ARTICLE III.

Du jugement.

I. On fait comparaître l'accusé, et le greffier lit (**60** *b*) la déclaration du jury (**61**). V. *C-cr.* 357.

S'il est déclaré *non coupable,* leprésident prononce qu'il est acquitté de l'accusation (**62**), et ordonne qu'il soit mis en liberté. Dès-lors il ne peut plus être repris ni accusé à raison du même fait. V. *C-cr.* 358, *in pr.,* 36o. — Ce qui est une conséquence de la maxime *non bis in idem ,* précédemment rapportée. — V. *p.* 3o *et notes ib.* (**63**)

La Cour statue ensuite sur les dommages respectivement réclamés (**63** *a*), ou bien elle renvoie cette question à une autre audience, où elle prononce sur le rapport d'un juge. V. *p.* 38, *n.* 2; *C-cr.* 358; *ci-apr. note* 64, *n.* 6, *p.* 193.

(60 *b*) Sous peine de nullité, avant les conclusions du ministère public, et il faut en faire mention. V. *B. c.* 4 *avr.* 1829 *et* 29 *avr.* 1834.

(61) *Observations.* 1. Elle a été lue auparavant par le chef des jurés, et signée et remise en leur présence. V. *C-cr.* 348; *ci-d. p.* 188. — V. aussi *rej. ou B. c.* 6 *mars* 1828 *et* 28 *janv.* 183o, *n.* 65 *et* 25, *et* 9 *oct.* 1834, *J-cr.* 1835, 122.

2. La présence de l'accusé à cette première lecture n'est pas prescrite. V. *rej.* 11 *avr.* 1817, à *B. c.* 1818, *n.* 1. — Mais elle n'opère pas une nullité. *Rej.* 24 *mars* 1831.

3. Après cette même première lecture, la déclaration a dû (sous peine de nullité) être signée par le président et le greffier. V. *C-cr.* 349; *B. c.* 10 *août* 1826, 29 *juin* 1827, 17 *janv. et* 10 *avr.* 1828, 23 *avr.* 1835.

(62) *Observations.* 1. Il le prononce seul et sans consulter les juges. V. *Carnot, art.* 358, *n.* 1 *et* 2.

2. Ce n'est que dans ce cas seulement. Si l'accusé doit être absous parce que le fait dont il est déclaré coupable n'est pas prévu par une loi pénale (*ci-apr. p.* 194), il ne peut l'être que par la Cour elle-même, et par un arrêt délibéré V. *Carnot, sup. et art.* 364; *rép. viij,* 829,*mot ordonn.; arr. cass.*14 *nov.* 1811, *ib. et B. c. n.* 140; *autres,* 21 *janv. et* 2 *juill.* 1813, 25 *févr.* 183o. — Il en est de même lorsqu'il est déclaré coupable du fait *sans les circonstances ,* puisqu'il faut que la Cour examine si le fait ainsi *dégagé* est un délit. *Arr.* 24 *mai* 1821, *n.* 8o. — Ou bien lorsque le ministère public a posé une question de peine. V. *B. c.* 26 *mai* 1826, *et J-cr.* 1833, 13o.

L'ordonnance d'acquittement et l'arrêt d'absolution ont, à la vérité, le même effet, quant à la chose jugée en faveur de l'accusé (v. *d. p.* 194); mais ils diffèrent : 1° en ce que le délai pour attaquer l'arrêt, est plus long que le délai pour attaquer l'ordonnance. V. *p.* 210, *art. de la cassat.*, *n.* 1 , *et p.* 211, *note* 20); 2° en ce que l'accusé absous n'est pas élargi aussitôt après l'arrêt , et que son élargissement est suspendu par le pourvoi du ministère public. V. *C-cr.* 373; *B. c.* 20 *juill.* 1827, *n.* 189; *Carnot, d. art.* 373, *n.* 12 *et* 13; *M. Chauveau, J-cr.* 1833, *p.* 132 ; — 3° en ce que l'arrêt est susceptible d'annulation par rapport à l'accusé absous , ce qui peut conduire celui-ci à une nouvelle condamnation pénale , tandis que l'ordonnance n'est passible de cassation que dans *l'intérêt de la loi* (v. *ci-apr. tit.* 4, *art.* 3 *et* 4).

3. Cette dernière règle reçoit exception quand l'ordonnance a été rendue sur une déclaration contradictoire (par exemple , d'où résultent à-la-fois la culpabilité et la non-culpabilité), incomplète ou étrangère au crime. V. *B. c.* 2 *juill.* 1813 , 1 *juill.* 1820, 20 *sept.* 1822; *p.* 189, *note* 60 , *n.* 3.

(63) *Observations.* 1. Ajoutons qu'elle n'est applicable que relativement au fait sur lequel a porté l'accusation, et non pas relativement à un autre fait , ou à des caractères de criminalité sur lesquels il n'y a eu ni accusation ni déclaration du jury. V. *à ce sujet rej.* 29 *oct.* 1812, *rép. xv,* 470 , *mot non bis, n.* 5 *bis* ; *B. c.* 26 *mars* 1819, 15 *juill.* 1823, *n.* 101; *id. civ.* (exemple inverse) 24 *juill.* 1822. — V. aussi *d. note* 60 , *n.* 3.

2. D'où il résulte que l'acquitté peut être remis en jugement pour des délits connexes sur lesquels il n'a pas été posé de question. V. *rej.* 28 *déc.* 1816, *Jalbert*, 1817, 340; *ci-dev. p.* 155 , *note* 2, *n.* 2.

(63 *a*) La partie civile peut en réclamer même après l'acquittement. V. *p.* 38, *n.* 2, *et ses notes ; rej.* 2 *mars* 1833, 27 *févr.* 1835, *n.* 68, *et* 21 *oct.* *id., J-cr.* 1833, 134, *et* 1835, 95 *et* 318; *M. Chauveau, ib.*

L'accusé acquitté ou absous peut aussi poursuivre en dommages, ses dénonciateurs (**63** *b*). Il les poursuit devant la Cour, s'il parvient à les connaître avant la fin de la session (**64**), sinon il les actionne au tribunal civil, et cette dernière règle s'applique également aux tiers lésés qui n'ont pas été parties civiles avant une condamnation. V. *C-cr.* 350; *ci-dev. p.* 38 *à* 40; *arr. cass.* 16 *oct.* 1812 , *n.* 222.

(63 *b*) Mais non pas ceux qui ont dénoncé en qualité de fonctionnaires. V. *C-cr.* 358; *B. c.* 17 *sept.* 1825; *ci-dev. p.* 124, *n.* 2.

(64) *Observations.* 1. Le jugement de la question des dommages est réservé à la Cour, de sorte qu'elle peut en refuser à l'accusé acquitté, et même en adjuger contre lui. V. *ci-dev. p.* 40.

2. Si l'accusé a connu son dénonciateur, il forme sa demande en dommages avant le jugement. V. *C-cr.* 359. — Ainsi il peut la former même après la déclaration du jury, pourvu que ce soit avant l'ordonnance d'acquittement. V. *rej.* 31 *mai* 1816, *Jalbert*, 513.

3. Une simple réquisition à l'audience suffit. V. *d. arr.* 31 *mai.*

4. On peut même demander des dommages et en obtenir : 1° contre un témoin dénonciateur présent à l'audience, quoiqu'il n'y ait pas eu de citation , s'il s'est défendu sur ce point, *suiv. arr. rej.* 23 *juill.* 1813, *rép. xj,* 572, *mot réparat. civile,* § 7; —2° contre l'individu dont la dénonciation n'est pas revêtue des formes indiquées (v. *p.* 124, *n.* 3) par le Code , *suiv. rej.* 8 *août* 1835, *B. c.*

5. La condamnation par défaut du dénonciateur à des dommages, peut être attaquée et rétractée par la voie de l'opposition. V. *arr. rej.* 29 *avr.* 1817, *n.* 34; *cass.* 20 *fév. et* 6 *mars* 1823, *n.* 25 *et* 32; *ci-dev. p.* 118, *n.* 14 ; surtout *ci-apr., p.* 199, *note* 4; *avis ib.*

6. On peut porter à la session suivante de la Cour d'assises, soit cette opposition (v. *d. arr.* 29 *avr.*), soit l'examen contradictoire (v. *à p.* 191, *le texte, lig.* 12 *à* 15) de la question des dommages. V. *B. c.* 24 *juin* 1825, *n.* 120; *rej.* 16 *janv.* 1834, *J-cr.* 337.

7. Si, dans le premier cas, l'arrêt est rétracté, l'accusé peut être condamné aux dépens sur ce chef. V. *d. arr.* 29 *avr.*

8. Le dénonciateur non calomniateur, c'est-à-dire, qui avait de justes motifs de croire coupable l'accusé qu'on a ensuite acquitté, est-il passible de dommages ?... Non. V. *à ce sujet*, *rép. xj*, 542 *et suiv., d. mot réparat.*, § 2; *et réqu. et arr. rej.* 30 *nov.* 1813, *ibid.; arr. cass.* 28 *janv.* 1819, *n.* 9, surtout 23 *mars* 1821, *n.* 42; 25 *févr.* 1826, *n.* 34; 3 *juill.* 1829, *n.* 146; *M. Chauveau, J-cr.* 1833, *p.* 135.

9. Mais le calomniateur en est passible, même lorsqu'il est *plaignant* et non pas simplement dénonciateur. V. *réqu. et arr. rej.* 12 *nov.* 1813, *rép. xv*, 70 *à* 80, *mot calomniateur, n.* 7.

10. Celui qui a porté, contre un particulier, une accusation *capitale* jugée *calomnieuse*, est *indigne* de lui succéder. *C-civ.* 727.

Si l'on a imputé à l'accusé un autre délit, et si la partie publique a fait des réserves à cet égard, avant la clôture des débats, le président le renvoie en état de mandat de comparution ou d'amener (**65**), devant le juge instructeur du lieu où siège la Cour (**65** *a*). V. *C-cr.* 361.

(65) *Observations.* 1. Ainsi, au défaut de *réserves*, l'accusé ne peut être retenu pour ce délit ; mais rien n'empêche qu'il ne soit poursuivi au moyen d'une nouvelle procédure et même sur la dénonciation de la Cour au magistrat compétent. V. *Carnot, art.* 361, *n.* 7; *B. c.* 30 *mai* 1812, 30 *juin* 1826 *et* 11 *janv.* 1834.

2. On ne peut poser de question sur ce délit lorsqu'il n'est pas connexe. V. *à ce sujet et pour la marche à suivre en semblable cas, ci-dev. p.* 182, surtout *note* 50, *p.* 183.

(65 *a*) A moins qu'un autre juge n'ait commencé des poursuites pour ce délit. V. *B. c.* 19 *févr.* 1829.

II. S'il est déclaré *coupable,* le ministère public requiert l'application de la peine, et le plaignant, ses dommages (**66**). L'accusé peut encore se défendre, mais seulement par rapport à la peine et aux dommages. V. *C-cr.* 362, 363. (**66** *a*)

Les juges délibèrent ensuite. Ils peuvent pour cet objet, se rendre à la chambre du conseil (**67**), mais il faut que le jugement soit prononcé, et le texte de la loi qu'on y applique, lu à l'audience. (67 *a*) *C-cr.* 369.

Si le fait dont l'accusé est convaincu n'est pas défendu par une loi pénale, la Cour prononce son absolution. V. *C-cr.* 364; *ci-dev. p.* 191, *note* 62, *n.* 2 *à* 4; *arr. ibid.*—V. aussi *rej. ou B. c.* 10 *mai* 1827, 2 *juin* 1831.— Et alors, comme l'accusé acquitté, il ne peut plus être remis en jugement pour le même fait. V. *Carnot, d. art., n.* 6; *et d. n.* 2.

Si le fait est défendu, elle applique la peine, même lorsqu'il n'est pas de sa compétence (**68**)... Dans ce cas et le précédent, elle statue sur les dommages réclamés et sur les restitutions d'effets dérobés (**68 a**), et condamne aux dépens la partie qui succombe. V. *C-cr.* 365, 366, 368; *et pour les détails (*sur les dépens), *ci-dev. p.* 99 *et* 100, *et notes* 3 *a et* 4 *a, ib.*

(66) Le plaignant qui est partie civile. V. *ci-dev. p.* 34 (*n.* 1), 38 (*n. ij*) et 192, *note* 64, *n.* 6.

(66 *a*) *Observations.* 1. Il peut, à plus forte raison, soutenir qu'il n'est passible d'aucune peine, parce que le fait dont il est déclaré l'auteur n'est pas un délit. V. *C-cr.* 363.

2. Le président doit, sous peine de nullité, lui demander s'il n'a rien à dire pour sa défense. V. *C-cr.* 563; *B. c.* 19 *et* 20 *sept.* 1828, 9 *mai* 1829, 17 *mai et* 16 *août* 1832.

3. Toutefois, il n'y aura pas nullité si, malgré l'omission de cette demande, il n'a été condamné qu'au minimum de la peine, *suiv. rej.* 17 *juin* 1830, *J-cr.* 506.

(67) Les juges doivent être continuellement présens pendant l'instruction, tandis que le procureur du roi peut, dans la même cause (même au civil), se faire remplacer par un autre membre du parquet, parce que la loi du 20 avril 1810, art. 7, ne concerne que les juges, *suiv. arr. rej.* 15 *avr.* 1815, *Jalbert*, 1816, 568.

(67 *a*) Cela n'est pas prescrit sous peine de nullité. *Rej.* 22 *déc.* 1831.

(68) *Observations.* 1. Par cette expression le Code (art. 565) veut parler de la compétence *commune* de la Cour, c'est-à-dire qui concerne les crimes proprement dits, car on l'a dit (p. 75), elle a la jurisdiction ordinaire en matière pénale.

2. Au reste, pour qu'il y ait lieu à appliquer la règle du texte, il suffit que les débats n'aient eu pour objet que les faits indiqués par l'acte d'accusation, faits qui, pendant la discussion, ont pu être reconnus comme de simples délits ou contraventions, tandis qu'ils étaient présentés comme des crimes par cet acte. V. *arr. rej.* 19 *juin* 1817, *B. c. n.* 47; *ci-dev. d. p.* 75, *n. ij*, *et p.* 172, *note* 33, *n.* 3.

(68 *a*) Donc lorsque ces effets ont été déposés au greffe, le président ne peut seul en ordonner la restitution. V. *B. c.* 1 *juill.* 1820, *n.* 96.

Après avoir prononcé l'arrêt, le président avertit le condamné qu'il peut recourir en cassation, et pendant quel temps il le peut. V. *C-cr.* 371; *ci-apr. art. de la cassation, n.* 1, *p.* 210.

Enfin, pour constater l'observation des formes prescrites, le greffier dresse un procès-verbal de la séance, qu'il signe avec le président. Voy. *au surplus,* **C-cr.** 372. (**69**)

(69) *Observations.* 1. Le défaut de signature de l'un ou de l'autre, est une nullité. *C-pr.* 372 (cette peine, introduite dans cet article en 1832, avait déjà été appliquée par la jurisprudence. V. *notre* 3e *édition, p.* 153, *note* 69, *n.* 1). — Indépendamment d'une amende contre le greffier. V. *au reste, d. art. et d. note* 69.

2. Le procès-verbal ne peut plus être imprimé comme autrefois. V. *d. art.* 372, et *d. note* 69, *n.* 2. — V. aussi *rej.* 19 *oct.* 1832, *n.* 421. — Ce qui ne s'applique pas à celui du tirage des jurés, *suiv. rej.* 6 *juill. et* 10 *oct.* 1832 (v. *ci-dev. p.* 171, *note* 30 *a.*)

3. Les formalités de l'examen et des débats non constatées dans cet acte sont réputées omises. V. *arr. cass.* 6 *et* 12 *sept.* 1816, 26 *sept. et* 9 *oct.* 1817, 17 *sept.* 1818, 7 *janv.* 1819, *surtout* 4 *janv.* 1821, *et* 6 *janv.* 1826. — V. aussi *id.* 20 *sept.* 1821, 1 *juill.* 1824, 12 *févr.* 1825, 3 *avr.* 1828, 7 *oct.* 1831; *ci-dev. p.* 116, *note* 6, *n.* 4, *et p.* 177, *note* 41, *n.* 2 *et* 2 *a*; *et,* pour sa date, *rej.* 7 *juill.* 1832.

3 *a.* Toutefois on n'est pas tenu d'y énoncer de quelle partie des débats résultent les circonstances aggravantes sur lesquelles on a posé des questions, *suiv. rej.* 15 *janv.* 1825, *n.* 5. — Et l'on ne peut, sous peine de nullité, y insérer des dépositions autres que celles dans lesquelles on a remarqué (*ci-dev. p.* 179, *texte, ligne* 9) des variations, des discordances, etc. V. *B. c.* 10 *avr.* 1835, *n.* 135.

3 *b.* Enfin, si le président et le greffier sont en désaccord sur les faits qui se sont passés et qu'on doit y insérer, le témoignage du premier prévaut. V. *B. c.* 30 *sept.* 1824, *n.* 122.

4. A l'égard de *la minute du jugement,* elle doit être signée par tous les juges, sous peine de prise à partie contre eux et d'amende contre le greffier. V. *C-cr.* 370; *B. c. ou rej.* 30 *sept.* 1824, 19 *janv.* 1827, 29 *mars* 1832; *répert. xvij,* 554, *mot signature,* § 2, *n.* 5; *cours procéd., p.* 524, *n.* 2, *et p.* 525, *note* 7.

D'ailleurs, cela n'est prescrit que pour les jugemens définitifs, et les signatures du président et du greffier suffisent pour ceux d'instruction. V. *rej. ou B. c.* 29 *mai* 1817, 20 *janv.* 1824, 19 *janv.* 1827, 29 *mars* 1832; *répert., sup., n.* 3, *p.* 551.

III. Dans les vingt-quatre heures après le délai du pourvoi, ou après la réception de l'arrêt qui le rejette (69 *a*), le jugement est exécuté. L'exécution (**70**) est sursise, lorsque, pendant les débats, on a imputé au condamné, des délits qui méritent une peine plus grave (**71**) que ceux dont il était accusé. V. *C-cr.* 375 *à* 379.

(**69** *a*) Il n'est pas besoin pour faire l'exécution , de le signifier, l'effet suspensif du pourvoi (*ci-apr. art. de la cassation*, *n. ij*) cessant par le fait de son rejet. V. *rej.* 31 *mai* 1834, *n.* 169.

(**70**) *Observations.* 1. Le greffier doit y assister, en dresser procès-verbal , et envoyer à l'officier de l'état civil, la liste des noms, profession, domicile, etc., de l'individu exécuté à mort, afin qu'il rédige son acte de décès. *C-cr.* 378 ; *décr.* 18 *juin* 1811, *art.* 52 ; *C-civ.* 83 *et* 79. — On ne fait point mention , dans cet acte, de son genre de mort, et son corps est rendu à sa famille, si elle le réclame. V. *L. janv.* (*décr. du* 21) 1790 ; *C-civ.* 85 ; *C-pén.* 14. — Mais à la charge de le faire inhumer sans appareil. *D. art.* 14.

2. Le condamné , membre de la légion d'honneur, doit préalablement être dégradé. En lui prononçant son arrêt , le président lui déclare qu'il a cessé d'en faire partie , etc. — V. *décr.* 24 *vent. xij*, *art.* 5 *et* 6. — Mais l'omission de cette prononciation n'annulle pas l'arrêt. V. *arr. rej.* 14 *avr.* 1815 , *avoués , xj,* 286.

3. Les arrêts de condamnation à des peines afflictives ou infamantes sont imprimés par extraits et affichés (dans les communes de la Cour, du délit, de l'exécution et du domicile du condamné). V. *C-pén.* 36 ; *ci-dev. p.* 85, *note* 11, *n.* 2.

4. L'exécution se fait sur une des places publiques du lieu indiqué par l'arrêt, et un jour autre que les fêtes et dimanches. V. *C-pén.* 26, 25 ; *cours proc. p.* 158, *note* 4.

5. C'est le ministère public qui doit pourvoir aux mesures de l'exécution , et même à la mise en liberté de l'accusé absous. V. *B. c. ou rej.* 6 *avr. et* 20 *juill.* 1827 *et* 23 *févr.* 1833. — A moins qu'à son occasion il ne s'élève des questions sur la prescription, ou sur la remise ou l'expiation de la peine , questions qui sont du ressort de la Cour. *D. rej.* 23 *févr.*

(**71**) Donc, si le délit antérieur à la condamnation est puni d'une peine moindre que celle qu'elle a prononcée, on ne doit pas le remettre en jugement pour ce délit. V. *B. c.* 15 *oct.* 1825, *n.* 207 ; 12 *avr.* 1833, *n.* 132 *et J-cr.* 1833, 105 ; *ci-dev. p.* 86, *n.* 3 *et ses notes.*

APPENDICE AU TITRE III.

De quelques procédures particulières.

Indépendamment des formes déjà exposées, plusieurs sortes d'affaires en exigent de particulières, dont nous allons dire un mot. (1)

§ i^er *De la procédure du faux.*

I. Dans les règles particulières établies pour la procédure du faux principal ou du faux incident criminel (2), on s'est en général proposé pour but, de s'assurer de la pièce arguée de fausseté, d'en constater l'état, d'en faire l'examen par voie de comparaison. Elles sont à-peu-près semblables à celles du faux incident civil, que nous avons indiquées ailleurs. Ainsi, la pièce est remise au greffe, décrite, paraphée et vérifiée ; on fait un corps d'écriture, etc. V. *C-cr.* 448 *à* 464, *et cours procéd. p.* 311 *et suiv.* (3)

L'action criminelle relative au faux a l'effet de produire un sursis au procès civil, pendant le cours duquel elle est intentée, lorsqu'elle a pour objet un acte dont la vérité ou la fausseté doit influer sur le jugement de la question civile, à quelque tribunal que cette question soit soumise. V. *d. cours p.* 31, 32 *et* 315. — Et lorsque l'accusation pour le faux est portée, l'exécution de l'acte est également sursise. V. *id., p.* 97.

---

(1) ☞ Nous sommes forcés, vu l'espace de temps consacré à l'enseignement du droit criminel, de nous réduire à un simple coup-d'œil pour tout ce qui n'est pas relatif à la procédure *commune* criminelle.

(2) *Observations.* 1. Quant à leurs définitions, v. *rép., t.* 5, *p.* 109. *h. v.*; *cours de procéd. p.* 306 ; et pour quelques décisions sur des cas de faux, *id. p.* 70, *note* 2 (faux des greffiers... v. *aussi arr. cass.* 25 *août* 1817, *n.* 79) ; *p.* 85, *note* 43 ; *p.* 91, *note* 66 ; *p.* 309, *note* 11 *et* 14 ; *p.* 316, *not.* 48 *et* 49 ; et une foule d'autres au *rép. ib. et t.* 15, *p.* 308, *h. v.*

2. *Faux témoignage.* On a parlé des caractères de ce délit, *ci-dev. p.* 19,

note 20 ; et du renvoi d'un procès qu'il peut faire opérer, d'une session à une autre , *p.* 174, 2ᵉ *circonst.*

Ajoutons : 1° qu'en général il doit être instruit avant de reprendre la procédure principale. V. *B. c.* 20 *mai* 1813. — 2° que s'il y a eu un jugement sur cette procédure principale, il en fait surseoir l'exécution , et peut en faire opérer la révision. V. *à ce sujet, art. de la révision, p.* 216.

3. *Faux-incident à la police simple ou au correctionnel...* Voir pour le sursis, l'examen des moyens, la conversion du faux-incident en faux principal (lorsque l'auteur présumé est vivant), etc., *B. c.* 28 *fév. et* 26 *mars* 1818, 6 *avr.* 1820, *n.* 18, 35 *et* 56 ; 31 *janv.* 1823, *n.* 18.

3 *a.* L'inscription y est faite en personne ou par procureur spécial. V. *B. c.* 1 *juin* 1827, *n.* 135, *et cours procéd., p.* 310. — Quid , si la partie ne sait pas signer ? V. *d. B. c.* 1 *juin.*

3 *b.* Les moyens peuvent être déposés par un avoué. V. *d. B. c.* 1 *juin et d. cours, p.* 312 (*n. iij*) *et* 313. — Dans quel délai en matières de droits-réunis ?. V. *B. c.* 1 *oct.* 1829.

(5) *Observations.* 1. On doit , en matière criminelle comme en matière civile (v. *C-proc.* 215, *et cours procéd. p.* 310), faire une sommation au porteur de la pièce suspectée, de déclarer s'il entend s'en servir. V. *C-cr.* 458. — Mais au criminel, cette sommation n'est pas exigée du ministère public, partie principale. V. *rej.* 20 *juin* 1817, *n.* 148.

1 *a.* Quant à la vérification par comparaison, à la nomination des experts , aux pièces dont ils peuvent se servir et au corps d'écriture, *voy.* rej. 31 mars 1831, 12 janv. et 31 août 1833.

2. Celui qui, après avoir produit au civil une pièce (même privée) fausse, a renoncé à s'en servir, et l'a retirée, d'après la sommation précédente , n'est pas moins passible de poursuites comme auteur du faux , d'après *C-pén.* 150 *et* 151, parce que l'action du ministère public ne saurait être paralysée par le fait que la pièce est aux mains de cet individu, ou a été détruite. Tout ce qui résulte de ce fait, c'est que la preuve du crime sera moins facile. V. *réqu. et arr. cass.* 28 oct. 1813, *n.* 231, *et rép. xv,* 543, *h. v.,* § 5 *bis.* — *V.* aussi rej. 18 juin 1835, n. 241. — D'ailleurs, dans ce cas , on peut, sans nullité , omettre les formes prescrites par les articles (*C-cr.* 448 *et suiv.*) cités au texte. V. *rej.* 10 *févr.* 1835, *J-cr.* 48.

3. *Prescription* du faux. Quant à son effet, v. *p.* 105, *note* 5, *n.* 5.

4. Si le jury déclare que le faux n'est pas constant , est-on encore obligé de faire vérifier la pièce pour s'en servir comme titre ?... V. *d. cours, p.* 316, *note* 56.

§ 2. *De la procédure de contumace.*

On appelle **contumace**, l'action de faire défaut dans une procédure de grand criminel. (4)

On publie une ordonnance (4 *a*) qui enjoint au **contumax** de se présenter dans dix jours (5). Au bout de ce temps, on procède à son jugement, qui se rend sans audition de témoins, ni assistance de jurés, ni défense pour le contumax (6), sur les actes écrits de l'instruction (6 *a*), et après avoir examiné si l'ordonnance et sa publication ont été régulières. L'arrêt statue sur la peine et les intérêts civils, est exécuté par effigie à la diligence du procureur-général, et ne peut être attaqué en cassation (**6** *b*) que par ce magistrat et la partie civile. Les biens du contumax sont séquestrés (**7**), sauf à accorder des secours à sa famille si elle est dans le besoin.. Enfin lorsqu'il se représente (**8**) et est absous, il supporte les frais de la contumace. V. *C-cr.*, 465 *à* 478. — V. aussi *pour ces questions et autres*, *rej.* 27 *oct.* 1815, *Jalbert*, 1816, 345; *B-c.* 19 *mars et* 9 *avr.* 1818, 18 *et* 19 *fév.* 1819, 20 *oct.* 1820 (*B-c.* 1821, *n.* 11), 3 *juill.* 1834. (**8** *a*)

(**4**) Les défendeurs non comparaissans aux tribunaux correctionnels ou de police, y sont jugés par *défaut*, comme en matière civile. V. *ci-dev. p.* 136, 145 *et* 148; *rép. iij*, 137, *mot contumace*, § 1, *n.* 2; *avis cons. d'État* 18 *févr.* 1806.

4 *a. Observations.* 1. Elle est publiée à son de trompe ou de caisse, et affichée aux portes de l'accusé, du maire (de son domicile) et de la Cour d'assises. V. *C-cr.* 465, 466. — V. aussi *B. c.* 29 *mai et* 24 *nov.* 1826.

2. Elle doit en outre, sous peine de nullité, être notifiée au contumax, et en observant, vu le silence du Code criminel, les formes du Code de procédure (art. 68 et 69, ∲ 8). V. *B. c.* 8 *avr.* 1826 *et* 29 *juin* 1833.

(**5**) *Observations.* 1. L'accusé *contumax* ne peut pas actionner en justice. V. *C-br.* 464; *C-cr.* 465. — Mais il peut être actionné. V. *rép., sup. n.* 4, *arr. rej.* 10 *niv. xiv, ib.*

2. Le condamné par contumace, surtout à une peine emportant la mort civile, ne peut, au contraire, ni actionner ni être actionné. V. *C-civ.* 25 *et* 28; *d. arr.* 10 *niv.; cours procéd. p.* 216.

3. Si le défendeur ne se présente pas avant l'expiration des dix jours, il est dès-lors constitué en état de contumace, et par conséquent il doit les frais. V. *B. c.* 2 *déc.* 1830, *n.* 242.

4. Mais il faut, sous peine de nullité, qu'il ait été désigné dans l'ordonnance. V. *B. c.* 10 *déc.* 1825, *n.* 235.

(**6**) S'il se trouve hors de France ou dans l'impossibilité de se présenter, ses parens ou amis peuvent proposer ou plaider son excuse. *C-cr.* 468.

(**6** *a*) La lecture des dépositions des témoins morts, etc., et des réponses des coaccusés est une forme substantielle. *B. c.* 11 *mai et* 21 *déc.* 1827, 15 *janv.* 1829, 26 *juill.* 1832, 29 *nov.* 1834.

(**6** *b*) Le contumax ne peut en recourir même pour incompétence. V. *rej.* 28 *déc.* 1833, *n.* 522.

(**7**) Ces biens sont régis par l'administration de l'enregistrement, et leurs fruits, jusqu'à la condamnation, perçus au profit de l'état. Les fruits échus depuis, sont mis en réserve pour être rendus, soit au contumax, s'il se représente dans les vingt ans, soit à ses héritiers, s'il ne se représente pas dans ce délai. V. *rép. xij*, 489, *mot séquestre pour contumace.* — V. aussi *avis cons. d'État*, 20 *sept.* 1809 *à rec. alph., iv*, 596, *h. v.*

(**8**) *Observations.* 1. Peut-il, en se représentant, et déclarant acquiescer à l'arrêt, être admis à subir sa peine?... *Non*; il faut qu'il soit jugé de nouveau, à moins que la peine ne soit éteinte par la prescription, *suiv. requ.*

et arr. cass. 29 juill. 1813, *n.* 164, *et rép. xv,* 161 *à* 176, *mot contumace,* § 3, *n.* 6.

L'auteur de la jurisprudence du Code civil (*xxj,* 230) trouve cette décision trop rigoureuse. Il observe, notamment, que l'arrêt de contumace devant être présumé rendu plutôt à charge qu'à décharge, puisque le contumax n'a pas été défendu, on ne saurait non plus présumer qu'une instruction subséquente doive lui faire infliger une peine plus conforme à l'intérêt de l'ordre public... Néanmoins la décision de l'arrêt du 29 juillet 1813 a été adoptée depuis dans deux autres (27 *août* 1819, *B. c. n.* 95, *et* 1 *juill.* 1820, *aussi n.* 95), dont le premier offre, il est vrai, quelque différence quant à son hypothèse (le contumax en se représentant, avait formé opposition à l'arrêt de contumace).

2. Au reste, la représentation du contumax n'anéantit que les actes postérieurs à l'ordonnance qui lui enjoint de se représenter : l'acte d'accusation et l'arrêt de renvoi à la Cour d'assises sont maintenus. V. *réqu. et rej.* 16 *janv.* 1812, *rép. iij,* 141, *h. v.,* § 3; *arr., dans Laporte, h. v., n.* 3; *rej.* 17 *mars* 1831 *et* 14 *sept.* 1832. — V. aussi *id.* 31 *déc.* 1835, *Gaz. trib.* 1 *janv.* 1836, *et,* pour d'autres effets de la représentation, *C-civ.* 29 *à* 31.

3. Si un condamné par contumace à une peine afflictive ne l'est qu'à une peine correctionnelle lorsqu'il se représente, et s'il s'est écoulé cinq ans entre l'arrêt du contumace et son arrestation (v. *p.* 105, *n. ij*) la prescription de la peine lui est acquise. V. *B. c.* 2 *fév.* 1827, 22 *avr.* 1830. — V. aussi *B. c. ou rej.* 5 *août* 1825, 9 *juill.* 1829, 25 *nov.* 1830, 18 *avr.* 1834. — Mais non pas celle de l'action civile. *B. c. ou rej.* 17 *janv.* 1829 *et* 6 *mars* 1835. — Et il doit dans ce même cas être condamné aux frais de toute la procédure. *D. B. c.* 22 *avr.* 1830.

(8 *a*) *Observations.* 1. Le contumax peut être acquitté par le jugement de contumace. V. *rép. xv,* 97, *mot faux, n.* 10 *ter*; *arr.* 1812, *ib.*

2. Pour purger la contumace, il faut qu'il se constitue prisonnier. V. *d. arr.* 27 *oct.* 1815.

3. Le jugement de contumace a force de chose jugée pour tous les points à l'égard desquels il acquitte : la représentation du contumax ne l'anéantit que pour ceux où il y a condamnation. V. *B. c.* 15 *nov.* 1821, *n.* 177.

4. Si le contumax remis en jugement nie son *identité,* la cour statue sans jurés, sur cette question préjudicielle, sauf à procéder ensuite sur le fond, avec des jurés. *B. c.* 6 *févr.* 1824, 24 *janv. et* 5 *août* (*sect. réun.*) 1834.. V. aussi *id.* 1 *févr.* 1827 *et* (matières correctionnelles) 11 *juillet* 1834.

§ 3. *De la procédure pour les délits des juges.* (9)

Les délits correctionnels commis par les juges inférieurs (tels que membres des tribunaux de paix, de commerce et de première instance), par les officiers du ministère public près les tribunaux inférieurs et par les officiers de police judiciaire (**9 *a***), sont jugés en premier et dernier ressort, par la chambre civile de la Cour royale. V. *C-cr.* 479 *et* 483; *décr.* 6 *juill.* 1810, *art.* 4 (**10**). — V. aussi *arr.* 2 *mai* 1818 *et* 29 *nov.* 1821; *ci-dev. p.* 74, § 3, *n.* 4.

(9) A l'égard : 1. de leurs fautes contre la *discipline*, voy. cours procéd. p. 19; surtout, répert. iij, 708, h. v. — 2° des cas où ils peuvent être *pris à partie*, même au criminel, v. d. cours, p. 523 à 525, et note 7, ib.

(9 *a*) *Observations.* 1. Cela comprend par conséquent un garde-champêtre de particulier (*B. c.* 16 *févr.* 1821, *n.* 22, *et* 21 *mai* 1835, *n.* 196; *ci-d. p.* 123, *note* 8, *n.* 3), et un garde-forestier, quand ils ont agi comme officiers, etc. — V. *id.* 19 *juillet* 1822 *et* 24 *déc.* 1824. — Et non pas lorsqu'ils ont commis le délit hors de leurs fonctions (règles contraires pour les magistrats). V. *C-cr.* 479, 483 *et* 484; *B. c. ou rej.* 6 *juill.* 1826, 12 *mars* 1830, 15 *nov.* 1833, 7 *fév.* 1834. — Ou qu'il ne s'agit que d'une négligence. V. *B. c.* 30 *juill.* 1829, 4 *mai* 1832, 7 *août* 1834.

2. Le Graverend, *i,* 472, soutient que les délits des greffiers sont soumis aux mêmes règles de procédure, et l'on a jugé qu'il en est de même pour ceux des suppléans, même de paix. *Rej. ou B. c.* 29 *nov.* 1821, 30 *mai* 1826, 4 *juin* 1830, 14 *janv. et* 5 *mai* 1832.

(10) *Idem*, les délits correctionnels des grands-officiers de la Légion-d'Honneur, généraux, évêques, etc. V. *ci-dev. p.* 50.

A l'égard de leurs crimes, le premier président et le procureur - général, ou les officiers qu'ils désignent, remplissent les fonctions de juge-instructeur et de procureur du roi. V. *C-cr.* 480, 484. — V. aussi *arr. cass.* 27 *août* 1818, *n.* 108. (**11**)

Si les crimes sont imputés à des juges ou officiers du ministère public de Cours supérieures, ou à des tribunaux inférieurs (en corps), l'instruction est plus compliquée. V. *sur tous ces points, C-cr.* 481 *à* 503. (**12**)

(11) *Observations.* 1. Pour les crimes de ces fonctionnaires, c'est le premier président qui seul a le droit de décerner des mandats. Voy. *arr. rej.* 18 *avr.* 1816, *Jalbert,* 451.

2. Sauf le droit de délégation, le premier président n'a dans ces cas que les pouvoirs d'un juge-instructeur; et il en est de même de ses délégués. Voy. *d. arr.* 27 *août; ci-dev. p.* 131, *note* 15 *a.*

(12) V. aussi réqu. et arr. cass. 29 juin 1813 et 2 juin 1814, rép. xij, 174, mot rivière, et xv, 403, mot juge, n. 14; arr. rej. 2 mai 1816, Jalbert, 507. — V. toutefois, Le Graverend, i, 480.

§ 4 à 7. *De quelques autres procédures.*

Le Code criminel détermine aussi quelques formes particulières pour les circonstances ou matières suivantes :

I. Instruction et jugement des délits contraires au respect dû aux autorités constituées, tels que les troubles causés et les outrages commis pendant leurs séances. V. *à ce sujet, C-cr.* 5o4, 5o5 *à* 5og (**13**), *et cours de procéd. p.* 29, *n. iij.*

II. Manière de recevoir les dépositions des princes et grands fonctionnaires de l'Etat. V. *C-cr.* 51o à 517.

III. Reconnaissance de l'identité d'un individu condamné, qui s'est évadé et qui a été repris... Elle se fait publiquement, mais sans assistance de jurés. V. *C-cr.* 518 *à* 52o. (**14**)

VI. Manière de procéder en cas de destruction ou d'enlèvement des pièces ou du jugement d'une affaire (**15**).... On y supplée par les expéditions authentiques, ou par les minutes ; ou bien l'on recommence l'instruction. V. *C-cr.* 521 *à* 524.

(**13**) *Observations.* 1. S'il ne s'agit que de contraventions ou de délits simples, les juges peuvent, séance tenante, les punir, savoir : les contraventions, sans appel, et les délits, sauf l'appel, dans le cas où ils sont réprimés par des juges de première instance. V. *d. art.* 5o5.

2. Mais, lorsqu'ils n'ont pas été ainsi jugés, ils ne sont pas pour cela impunis ; ils doivent être poursuivis selon les formes ordinaires. V. *Carnot, ib., n.* 9 ; *réqu. et arr. cass.* 19 *mars* 1812 , *B-c. n.* 63 , *et rép. xv,* 536 , *mot opposition, n.* 4.

3. Pour d'autres décisions sur la même matière, v. *Le Graverend, ij,* 325, 326 , *note* 13.

(**14**) *Observations.* 1. Le banni (et par la même raison, le déporté.. v. *C-pén.* 17) qui est rentré et n'a pas été saisi, ne peut être jugé et condamné à la peine encourue par son infraction de ban (jadis la déportation, aujourd'hui la détention pour plus de temps qu'il ne lui en restait à subir de son bannissement), puisqu'on ne peut reconnaître son identité. V. *arr. rej.* 6 *mars* 1817, *Jalbert,* 167.

2. La reconnaissance doit se faire par la Cour qui a condamné. V. *B. c. ou rej.* 20 *oct.* 1826, 6 *sept.* 1833 , 17 *sept.* 1834, *et* pour celle du contumax, *ci-dev. note* 8 *a, n.* 4, *p.* 200 , *et,* pour d'autres questions, *B. c. ou rej.* 12 *août* 1825, *et* 5 *juin* 1831.

(**15**) Les soustractions de pièces produites sont défendues, même au civil. V. *cours de procéd. p.* 264, *note* 77, *et p.* 263 , *note* 73, *n.* 3.

TITRE IV.

Des voies de recours contre l'instruction et le jugement.

Les voies de recours tendent , ou à faire renvoyer l'instruction à d'autres juges (telles sont les demandes en réglement et en renvoi), ou à faire annuler et casser l'instruction et les jugemens (telles sont les demandes en nullité, en cassation et en révision); nous dirons un mot des unes et des autres.

ARTICLE PREMIER.

Des réglemens de juges.

I. Les cas où l'on peut demander un réglement de juges en matière criminelle, et les tribunaux qui doivent en connaître, sont déterminés et désignés en général d'après les mêmes principes qu'en matière civile. V. *C-cr.* 526, 527, 539, 540; *cours de procéd. p.* 378 *et suiv.* (1). — Ainsi, en cas de conflit (v. *id. p.* 12, *n.* 6; *Carnot, art.* 129, *n.* 7), il faut porter le réglement au tribunal immédiatement supérieur aux tribunaux entre lesquels il y a conflit (**1** *a*), et qui tout à-la-fois comprend l'un et l'autre dans son ressort (**2**). V. *des exemples à d. p.* 378, *note* 4.

(1) V. aussi Carnot, i, 367, n. 8 à 10 ; ij , 604, n. 3 et 4 ; rép. xj, 183 et 178, h. v., § 2, n. 2, et § 1 , n. 2. — Et pour plusieurs questions, d. § 2 , n. 3 à 6 ; arrêts, ibid.; autre, 13 oct. 1815 , avoués, xiv , 257 ; autres, dans Laporte, 319 et suiv., h. v., et Le Graverend, ij , 422 à 424, notes.

☞ Les décisious sur cette matière, sont en si grand nombre qu'il ne nous est possible d'en citer qu'une petite partie, même dans les notes du présent titre. Nous renverrons , pour les détails, aux ouvrages que nous y citons aussi, et aux tables du B. c. cr., mot *réglement de juges.*

(1 *a*) Il s'agit ici d'un conflit de *jurisdiction.* A l'égard des conflits *d'attribution* (v. *d. cours* , p. 106, *note* 8), ils ne peuvent être élevés qu'en matière correctionnelle, et dans ces deux cas : 1. délit attribué par la loi à l'autorité administrative (v. *pour* un exemple , *ci-dev. p.* 71, *note* 8) ; 2. délit dépendant d'une question préjudicielle administrative. Voy. *ordonn.* 1 *juin* 1828 , *art.* 1 *et* 2, *et*, pour les conflits entre les juges civils et les juges militaires, *ci- apr. les additions finales.*

(2) *Observations*. 1. Il suffit que ce tribunal supérieur comprenne dans son ressort les tribunaux du conflit quoiqu'ils soient indépendans de lui, quant à leurs actes (*v. Carnot*, 1re *édit.*, ij, 628, 629, *art.* 540, *n.* 3 *et* 7, *et* 2e *édit.*, iij, 462, 463). Ainsi, quoiqu'une Cour royale ne connaisse pas des appels des tribunaux de police, elle est juge de leurs conflits, lorsqu'ils dépendent de deux tribunaux correctionnels de son ressort (*idem*, en matière civile... *v. d. cours*, p. 378, *note* 4). Telle est la décision littérale de l'art. 540. — V. *aussi Carnot, sup.*

Le Graverend (1re *édit.*, ij, 432) se trompe donc lorsqu'il attribue à la Cour suprême le réglement du conflit dans cette dernière hypothèse. Les arrêts des 27 novembre 1812 et 14 mars 1816, qu'il cite, ne le décident point et n'auraient pu le décider sans contrevenir à l'art. 540.

2. Lorsque les tribunaux du conflit, quoique dépendans du ressort de la même Cour royale, mais ayant des attributions différentes (*v. ci-apr.*, *n.* 7), ont rendu une décision en dernier ressort, ou ayant force de chose jugée, il faut s'adresser à la Cour suprême. V. *Le Graverend, ij,* 421 ; *M. Laporte*, 320, *n.* 5 ; 4 *arr. de* 1812 *et* 1813, *ib.*; *autres*, 26 *mars* 1813 *et* 5 *févr.* 1825, *B. c.*, *n.* 55 *et* 39.

3. Telle est l'hypothèse où, soit une chambre du conseil par une ordonnance à laquelle on n'a pas formé opposition (*ci-dev.* p. 134, *n. iv*), soit une chambre correctionnelle, en réformant un jugement correctionnel (*ci-d.* p. 74 *et* 151, *n.* 2), soit un tribunal correctionnel, par un jugement non attaqué, ont renvoyé des causes au tribunal de police parce qu'ils n'envisageaient le fait imputé, que comme une contravention, et où ensuite ce tribunal l'envisageant comme délit ou crime, s'est déclaré incompétent par un jugement aussi non attaqué. V. *arr.* 7 *nov.* 1812, *Laporte, sup.*, *n.* 1; *d. arr.* 26 *mars*; *réqu. et arr. régl.* 29 *fév.* 1812, *rép.*, *xj*, 185, *sup.*, *n.* 4 ; *d. arr.* 13 *oct.* 1815; *autres*, 29 *janv. et* 18 *févr.* 1830, 11 *nov.* 1831, 23 *fév. et* 5 *juillet* 1832, 18 *janv. et* 14 *mars* 1833, 30 *août et* 13 *nov.* 1834, *etc.*, *et les mêmes tables.*—Carnot avait d'abord soutenu (1re *édit.*, i, 346, 547, *art.* 129, *n.* 6 *à* 8) qu'en cas de conflit entre une chambre du conseil et un tribunal de police du ressort de la même Cour royale, le réglement devait être porté à cette Cour. Mais dans la suite (2e *édit.*, i, 507, *observ. addit.*, *n.* 1) il est revenu à la doctrine consacrée par la jurisprudence. — V. *à ce sujet, ci-apr. n.* 7.—Voyez aussi *ci-dev.* p. 76, *n. iv.*

4. Telle est aussi l'hypothèse où la même chambre du conseil, par une semblable ordonnance, ou bien celle d'accusation, ont renvoyé un délit au tribunal correctionnel, qui s'est également déclaré incompétent par un jugement du genre ci-dessus. V. *arr.* 4 *déc.* 1812, *et* 5 *févr. et* 1 *avr.* 1813, *Laporte*, *n.* 2 *et* 5 ; *autres, au B. c.* 14 *déc.* 1820, 8 *mars et* 27 *avr.* 1821, 17 *juill. et* 8 *août* 1823, 18 *févr. et* 12 *juill.* 1830, 5 *et* 11 *nov.* 1831, 6 *févr. et* 23 *août* 1832, 18 *janv. et* 9 *août* 1833, 6 *juin et* 19 *déc.* 1834, 5 *mars*, 31 *mai*, 6 *et* 27 *juin* 1835, *etc.*, *et mêmes tables.*

5. Même règle, s'il y a conflit entre la chambre du conseil et, soit la Cour d'assises (*v. arr.* 19 *mars*, *ci-dev.* p. 202, *note* 13, *n.* 2, *et rép. xj*, 185, *sup.* *n.* 3), soit la chambre correctionnelle (*B. c.* 4 *fév.* 1830, 3 *juin* 1831, 13 *nov.* 1834, 27 *juin* 1835), soit celle d'accusation (*id.*, 5 *mars* 1831, 15 *mars* 1832, 7 *fév.* 1833).

6. Autres hypothèses analogues. V. *arr.* 18 *juill.* 1817, 13 *fév.* 1818, *et* 12 *janv.* 1821, *n.* 67, 23 *et* 70.

7. La règle exposée au n° 2, et dont on fait l'application dans les hypothèses des n°s 3, 4 et 5, et autres semblables, a été consacrée depuis 1813 par plus de cent arrêts. On n'y a admis de dérogation que pour les seuls cas indiqués dans l'art. 540, c'est-à-dire pour les conflits soit des juges d'instruction entre eux, soit des tribunaux de première instance (ce qui doit com-

prendre les chambres du conseil et les tribunaux correctionnels), également entre eux, lorsque ces juges et tribunaux sont du ressort de la même Cour royale, car cette Cour doit alors connaître du réglement. V. *B. c. 14 déc. 1827, n. 3o3; Carnot, 2ᵉ édit., d. p. 5o7 et 5o8, t. 1, et p. 463, t. 3.*— C'est qu'on a regardé l'art. 54o comme établissant une pure *exception* à une règle générale ancienne d'après laquelle les réglemens devraient tous être portés à la Cour de cassation (v. *Carnot, d. p. 5o8)...* Est-ce là l'esprit véritable du code?... Nous pencherions à en douter. Loin de vouloir étendre la jurisdiction de la même Cour en matière de réglement, il semble avoir voulu la restreindre puisqu'il la lui a ôtée dans une hypothèse où elle l'a conservée en matière civile; l'hypothèse où l'on a rejeté en première instance la demande de renvoyer à un tribunal du ressort d'une autre Cour. V. *C-cr. 539, et cours procéd. p. 254, note 37, et p. 379, note 4, n. 3.*

II. L'instruction est faite et la décision donnée sommairement, sur de simples mémoires. V. *C-cr.* 525; *Carnot, ibid.*

III. Lorsque la demande est portée à la Cour de cassation (et même à tous autres tribunaux, *selon Carnot, art.* 54o, *n.* 2, 1ʳᵉ *et* 2ᵉ *édit.*), on observe aussi les règles suivantes :

On présente une requête avec les pièces à l'appui, et la Cour peut, ou juger tout de suite, ou ordonner la communication à la partie. V. *C-cr.* 528.

Dans le premier cas, on peut, sous trois jours, former opposition à l'arrêt; la Cour y statue. V. *C-cr.* 533, 535. (3)

Dans le dernier cas, on présente les moyens sur le conflit, et l'arrêt (4) n'est point passible d'opposition. V. *C-cr.* 531, 537.

Dans l'un et l'autre cas, il y a sursis au jugement et à la procédure (5), à l'exception des actes conservatoires et d'instruction. V. *C-cr.* 531, 534.

La Cour, en jugeant le conflit, prononce en même temps sur tous les actes faits par le juge qu'elle dessaisit. V. *C-cr.* 536. (5 *a*)

---

(3) Cette opposition doit être notifiée dans trois jours à la partie adverse. V. *C-cr.* 533 *conféré avec* 418; *Carnot, art.* 533, *n.* 4. — Mais elle ne peut être formée que par le défendeur (même en cas de renvoi pour suspicion légitime). V. *rej. 11 févr.* 1829, *n.* 216.

(4) Celui qui est rendu après l'arrêt de soit-communiqué et son exécution. V. *C-cr.* 537.

(3) *Idem*, quoique l'opposition n'ait pas été notifiée dans le délai indiqué note 3. V. *Carnot*, *art.* 534, *n.* 2; *rej.* 27 *mars* 1811, *ib.*

(3 *a*) *Observations.* 1. Lorsque des circonstances qui peuvent changer le caractère de l'infraction ne sont pas suffisamment établies par les pièces (si elles ne résultent, par exemple, que des débats), la Cour suprême renvoie à une chambre d'accusation pour reprendre ou compléter l'instruction et statuer ensuite sur la compétence. *V.*, *pour des exemples*, arr. 22 févr. 1829, n. 38, 19 et 21 sept. 1832, 19 déc. 1834, 8, 17 et 24 janv., 13 et 27 févr., 8 et 13 mars et 21 mai 1835.

2. Si après un réglement sur un conflit entre deux autorités, par exemple entre une chambre d'accusation et un tribunal correctionnel, il s'élève un nouveau conflit, la Cour de cassation pourra caractériser les faits pour empêcher un semblable inconvénient de se renouveler. V. *B. c.* 28 *sept.* 1825.

ARTICLE II.

Des renvois.

I. La Cour de cassation peut, sur la réquisition du procureur-général, ordonner le renvoi d'un tribunal, ou d'un juge instructeur à un autre (**6**), s'il y a défaut de sûreté publique, ou bien suspicion légitime (**7**), et dans ce dernier cas, elle le peut aussi sur la réquisition des parties (non des simples plaignans, ni des simples dénonciateurs), ou des procureurs du roi. V. *C-cr.* 542 *à* 544; *cours de procéd.* *p.* 377; *arr. cass.* 10 *juin* 1819, *n.* 66.

II. L'instruction du renvoi se fait à-peu-près comme celle du réglement; mais le rejet de la demande (**8**) n'empêche pas d'en former une seconde pour des faits postérieurs. V. *C-cr.* 545 *à* 547 *et* 552.— V. aussi *arr. rej.* 10 *oct.* 1817, *n.* 91. (**9**)

(6) Il ne faut pas confondre ces renvois avec ceux que font les chambres du conseil et d'accusation (v. *p.* 132, 156) aux juges compétens pour connaître des délits dont elles ont examiné les procédures préliminaires.

(7) *Observations.* 1. Il y a *suspicion légitime* lorsque tous les membres d'un tribunal sont récusables, ou que, d'après diverses circonstances, on présume que le tribunal ne jugera pas avec impartialité. L'appréciation de ces circonstances, considérées surtout dans leur ensemble, est abandonnée à la conscience des magistrats de cassation, qui doivent alors se comporter comme des jurés. V. *cours procéd.* p. 377; *réqu. et arr. régl.* 28 *mars* 1811, *rép. xj*, 525, *mot renvoi*, *n.* 4; *Carnot*, art. 542, 1re édit., *n.* 6, 7 et 9, et 2e, *n.* 4 et 6; *M. Laporte*, *p.* 63 et 64; *plus. arr. ib.*; *B. c.* 28 *janv.* 1832 et 17 *sept.* 1834.

1 *a*. Mais il n'y a pas lieu au renvoi pour *suspicion légitime* lorsque les juges ont à statuer sur l'outrage qui leur a été fait pendant l'exercice, ou à l'occasion de l'exercice de leurs fonctions. V. *rej.* 27 *déc.* 1824, *n.* 192.

2. *Insuffisance de nombre.* Si elle provient de ce que plusieurs des juges sont frappés de récusation, le renvoi, en matière criminelle, doit être porté à la Cour de cassation, tandis qu'en matière civile, c'est au tribunal qui doit connaître des réglemens. V. *réqu. et arr. régl.* 22 *et* 23 *juin* 1814, *rép. xv*, 262, *mot évocation; arr. de* 1811, 1812 *et* 1813, *Laporte*, 64 (*n.* 2), *et* 320, *n.* 3; *B. c.* 12 *août* 1825, 18 *avr.*, 30 *mai*, 4 *juill.*, 5 *sept. et* 2 *oct.* 1828; *cours procéd.*, *p.* 376.

Si l'insuffisance provient d'autres causes, telles que maladie, mort, démission, etc., c'est à ce dernier tribunal. V. *rép.*, *sup.*, *d. p.* 262.

(8) *Observations.* 1. Il n'est pas nécessaire de former *directement* une demande en renvoi; il suffit que le tribunal entier ait été récusé, ou que tous ses membres aient déclaré s'abstenir. — *Carnot*, *ij*, 630, *n.* 6; *arr. cass.* 18 *janv. et* 8 *fév.* 1811, *ib.*

2. Néanmoins, la comparution volontaire de la partie intéressée, devant le tribunal saisi, la rend non recevable dans la demande en renvoi qu'elle ne fonde que sur des faits antérieurs à sa comparution. *Carnot, art.* 543, *n.* 1; *d. arr.* 8 *févr.*

(9) *Observations.* 1. Le tribunal auquel la Cour a renvoyé ne peut, sous aucun prétexte, renvoyer lui-même à un autre tribunal. V. *Carnot*, *ij*, 630, *n.* 5; *arr. cass.* 12 *sept.* 1811, *ib.*

2. Si le rejet a été fait sur le vu des motifs exposés dans la déclaration remise au greffe par le réclamant, son opposition au rejet n'est pas admissible, et elle ne peut être convertie en demande nouvelle quand il n'y a pas de faits postérieurs. V. *d. arr.* 10 *octobre.*

ARTICLE III.

Des nullités.

Il faut distinguer si les nullités ont été commises en matière criminelle, ou bien en matière correctionnelle et de police.

I. *Matières criminelles.*—En cas de *condamnation*, l'accusé et le ministère public (**10**) peuvent réclamer l'annulation de l'arrêt, lorsque dans cet arrêt, ou dans celui de mise en accusation (**11**), ou dans la procédure de la Cour d'assises, on a omis ou violé une forme prescrite sous peine de nullité. V. *C-cr.* 408, *in pr.* (**12**)

Il en est de même, 1° lorsqu'il y a incompétence. V. *d. art.* 408, ⨍. 2.

2° Lorsqu'on a omis ou refusé de statuer sur une de leurs demandes relatives à l'observation d'une forme, même non prescrite sous peine de nullité. V. *d.* ⨍. 2. (**13**)

3° Lorsqu'on a prononcé une peine autre que celle

de la loi. V. *C-cr.* 410, 411 (**13** *a*). — V. aussi *arr.
cass.* 13 *juin* 1816, *n.* 34, *et arr. rej.* 29 *août* 1817,
Jalbert, 511.

En cas d'*absolution* fondée sur l'inexistence d'une loi
pénale, quant au fait imputé, le ministère public peut
demander l'annulation si cette loi existe (**14**)... En
cas d'*acquittement*, il ne le peut que dans l'intérêt
de la loi (v. *ci-apr. p.* 210; *B. c.* 29 *avr.* 1819, 14
sept. 1833, *et*, pour une exception, *ci-d. p.* 189, *note* 60,
n. 3)..Dans l'un et l'autre de ces deux cas, la partie civile
ne le peut que pour un *ultra-petita* dans les dommages auxquels on l'a condamnée... V. *C-cr.* 409, 410
(*ƒ.* 2), 374 *et* 412; *Carnot, dd. art., n.* 1 *et* 2 (**15**). —
V. aussi *p.* 192, *note* 62, *n.* 3. (**15** *a*)

(**10**) *Observations.* 1. Selon Carnot, *art.* 408, *n.* 3, l'annulation obtenue dans ce cas par le ministère public profite à un condamné qui n'a pas
recouru et auquel il n'a pas notifié son recours. — V. aussi sur ce point, *Le
Graverend*, 3ᵉ *édit.*, ij, 467, 468.

2. La *partie civile* peut aussi recourir dans le même cas, *suiv. Carnot, d.
art., n.* 2, *par arg. de C-cr.* 373 *et* 374 *combinés.* — Mais ce ne peut jamais
être que dans son intérêt et pour ses dommages. V. *id., art.* 373, *n.* 14, 1ʳᵉ
et 2ᵉ *édit.*

(**11**) La connaissance des nullités de cet arrêt est réservée à la Cour de
cassation. V. *ci-dev. p.* 162 *et* 163. — Quelles sont ces nullités, et dans quel
délai peut-on les faire valoir?... V. *p.* 158 *et* 159, *et notes ib.*

(**12**) Bourguignon, *art.* 408, *note* 1, indique ces formes.

L'annulation ne doit être prononcée que lorsqu'il y a violation formelle
de la loi, « de sorte que si les termes de la loi *ne sont pas clairs*, il n'y en a
« pas violation ouverte, ni, par conséquent, matière à cassation ». *Carnot,
ib., n.* 36.—V. aussi *cours procéd., p.* 533, 534.

(**13**) *Observations.* 1. Exemples. Si l'on a omis de statuer sur la réquisition du conseil de l'accusé tendant à faire sortir deux témoins de l'auditoire,
ou à en entendre deux (*ci-dev. p.* 176) l'un en présence de l'autre. V. *B. c.*
1 *juillet* 1814 *et* 11 *janv.* 1817, *n.* 99 *et* 3.

Idem sur un chef des conclusions du ministère public. Voy. *B. c.* 5 *et* 26
nov. et 11 *déc.* 1829 *et* 12 *oct.* 1833.

2. Si le procès-verbal n'énonce pas la décision, elle est présumée n'avoir
pas été prise. V. *d. arr.* 1 *juill.*

3. Il suffit, toutefois, qu'elle soit constatée par ce procès-verbal, l'article
370 relatif à la minute de l'arrêt, n'étant pas applicable à ce cas, *suiv. arr.
rej.* 14 *déc.* 1815, *Jalbert*, 1816, *p.* 1, *par arg. de C-cr.* 277.

4. Il suffit également que la Cour ait statué sur cette demande, quand
même elle l'aurait rejetée, *suiv. arr. rej.* 2 *fév.* 1815, *Jalbert*, 325. — Voy.
aussi *id.*, 11 *avr.* 1817, *B. c.* 1818, *n.* 1. — Mais elle ne peut la rejeter lorsque la loi l'accorde, par exemple, la demande qu'on n'entende pas un témoin
dont le nom n'a pas été compris (v. *p.* 171, *alin.* 3ᵒ) dans la liste notifiée.
B. c. 11 *avr.* 1827.

5. Au surplus, l'omission de statuer sur une demande relative à un droit non accordé par la loi, tel que autrefois l'assistance du conseil au tirage du jury (*ci-dev. p.* 164, *note* 23), et à présent comme autrefois, la citation de quelque témoin, en vertu du pouvoir discrétionnaire, n'opère pas une nullité. V. *arr rej.* 31 *janv. et* 27 *juin* 1817, *B. c. n.* 8 *et* 54; 14 *août* 1818, *n.* 116, *et d. arr.* 11 *avr.* 1817.— Mais v. aussi *p.* 173, *note* 34, *n.* 4.

(13 *a*) *Observations.* 1. Il en est autrement, en premier lieu, si l'on a prononcé la peine légale quoiqu'on se soit trompé dans la citation de la loi. Voy. *C-cr.* 411; *rej.* 29 *août* 1817, *Jalbert*, 511; *B. c.* 7 *déc.* 1833.

En deuxième lieu, lorsque la peine prononcée est moindre que la peine légale, puisqu'il y a alors défaut d'intérêt. V. *rej. ou B. c.* 2 *juin et* 22 *juill.* 1825, 8 *sept.* 1826, 20 *juill. et* 7 *déc.* 1827, 17 *janv.* 1828 *et* 2 *avr.* 1831, 27 *fév.* 1832, 30 *avr. et* 7 *déc.* 1833, *et*, pour une exception, *B. c.* 22 *juin* 1832, *n.* 24, *p.* 320.

2. D'ailleurs, dans l'hypothèse du texte (*p.* 207, *al.* 3e), l'arrêt n'est annulé que pour le chef de la peine. *B. c.* 7 *déc.* 1833.

(14) Ce n'est que dans ce cas seulement; de sorte que son recours ne peut être fondé sur les vices de l'instruction antérieurs à l'arrêt d'absolution. V. *Carnot, art.* 410, *n.* 3; *arr. rej.* 25 *juin* (irrégularité dans un mandat de dépôt) *et* 22 *juill.* 1819, *n.* 74 *et* 84; *surtout arr.* 31 *oct.* 1817, *n.* 107. — V. aussi *ci-dev. p.* 163, *note* 20, *n.* 2.

(15) A l'égard des nullités de l'arrêt de renvoi, ou postérieures à cet arrêt, v. *ci-dev. p.* 158, 159, 162 *et* 163, *et notes ibid.*

(15 *a*) La Cour suprême doit en général au criminel comme au civil (voyez *cours procéd., p.* 536, *note* 23, *n.* 5) tenir pour constans les faits reconnus par les jugemens attaqués. Mais en est-il de même quant à l'appréciation qu'ils en ont faite pour les déclarer ou non des délits? *non*; elle pourra les apprécier elle-même, *suiv. B. c.* 2 *avr.* 1825, 5 *août et* 21 *oct.* 1831 *et* 28 *fév. et* 29 *mai* 1834... *oui*, elle ne peut casser à cause d'une appréciation inexacte, *suiv. rej. sect. réunies*, 4 *nov.* 1834, *J-cr.* 304 *et suiv.*—M. Dupin (*réquis. ib.*, 312) approuve cette décision quant aux faits *matériels*, mais s'en tient à la précédente pour les faits *moraux* (un arrêt du 23 mai 1834, *B. c. n.* 157, semble avoir admis une semblable distinction).

II. *Matières correctionnelles et de police.* Toute partie peut indifféremment demander, dans tous les cas précédens (16), l'annulation des arrêts ou jugemens rendus en dernier ressort. V. *C-cr.* 413, 177, 215 (17). — V. aussi *B-c.* 2 *mars* 1827 *et* 3 *juill.* 1829, *n.* 46 *et* 146; *rej.* 1er *févr.* 1834, *J-cr.* 329.

(16) Néanmoins, la partie poursuivie pour un délit ou pour une contravention, peut seule faire valoir l'inobservation des formes prescrites pour sa défense. V. *C-cr.* 413, § 2.

(17) *Observations.* 1. On ne peut agir en cassation, lorsque les jugemens ou arrêts sont passibles d'opposition, *suiv. Carnot, d. art.* 413, *n.* 22 *et* 23. — V. aussi *cours procéd. p.* 442, *note* 8.

2. Les nullités commises en première instance et qu'on n'a pas opposées en appel, ne peuvent plus servir de moyens de cassation. V. *L.* 29 *avr.* 1806, *art.* 2; *réqu. et arr. rej.* 27 *août et* 2 *sept.* 1813, *rép. xiij*, 448, *mot témoin*, § 2, *n.* 10; *arr.* 13 *août et* 11 *sept.* 1812, *et* 18 *juin* 1813, *Laporte,*

14 (*n.* 14), *et* 261, *n.* 5 ; 24 *août* 1832, *B. c. n.* 326. — V. aussi *ci-dev. p.* 149, *note* 9, *et d. cours procéd., p.* 535, *note* 20, *n.* 5.

2 *a.* Il en est autrement pour les nullités de l'appel, à moins qu'on n'ait défendu au fond sans les opposer. V. *B. c. ou rej.* 27 *sept* 1828, 3 *mai* 1833.

ARTICLE IV.

De la cassation.

On vient d'indjquer (*art. iij, p.* 207-209) les moyens sur lesquels on peut fonder le recours en cassation : il reste à parler de ses délais, de ses formes et effets, et des règles relatives à l'arrêt qui y statue. (**18**)

I. *Délai.* Le délai du pourvoi est de trois jours francs, à dater de celui où le jugement a été prononcé (**18** *a*) *au* coupable (**19**)... Il est réduit à vingt-quatre heures pour le ministère public en cas d'acquittement, et pour la partie civile, en cas, soit d'acquittement, soit d'absolution (**20**) ; et cette partie, on vient de le voir, ne peut réclamer que relativement à l'action civile, tout comme le ministère public ne peut réclamer, en cas d'acquittement, que dans l'intérêt de la loi (**21**). — V. *C-cr.* 373, 374, 409, 412.

Observez toutefois que les jugemens préparatoires et d'instruction ne sont attaquables qu'après le jugement définitif. V. *C-cr.* 416. (**21** *a*)

(**18**) Pour l'organisation de la Cour de cassation, v. *d. cours, p.* 68.

(**18** *a*) Ainsi le pourvoi fait le 19 contre un arrêt du 15, est recevable. *Rej. ou B. c.* 7 *avr.* **1832** *et* 8 *nov.* 1834.

(**19**) C'est le délai général de pourvoi contre tous les jugemens ou arrêts (v. *motifs de rej. ou cass.* 20 *juin* 1820, *B. c., p.* 574, *et* 20 *juill. et* 22 *déc.* 1827, *B. c., p.* 623 *et* 960), excepté : 1° l'arrêt d'accusation dont ou peut recourir pendant cinq jours, si le pourvoi est fondé sur certaines nullités (v. p. 162, n. ij... v. aussi *rej.* 20 *juin* 1820, *n.* 129) ; 2° et 3° l'arrêt d'absolution ou l'ordonnance d'acquittement (v. *ci-dessus le texte*).

Observations. 1. Ce délai est de rigueur. V. *Carnot, art.* 417, *n.* 1 ; *rej.* 28 *juin* 1811, *ib.* ; *B. c.* 13 *déc.* 1821 *et* 16 *juill.* 1824, *n.* 195 *et* 94.

2. Même délai, quant à certains arrêts de la chambre d'accusation. V. *ci-dev. p.* 158 *et* 159, *et notes ibid.*

3. Ce délai peut être anticipé. V. *réqu. et arr.* 7 *nov.* 1812, *rép. xv,* 332, *mot faux, sect.* 1, § 33.

4. On ne peut recourir d'un jugement correctionnel de première instance, mal-à-propos qualifié en dernier ressort ; il n'est passible que d'appel. Voy. *réqu. et arr. rej.* 26 *nov.* 1812, *rép. xv,* 81, *mot cassation,* § 3, *n.* 1 ; *cours proc. p.* 461, *except.* 3.

(20) *Observations*. 1. Ces deux *réductions* résultent des art. 409 et 412, auxquels l'art. 373 renvoie. V. *M. Merlin, réqu. et arr. rej.* 21 *nov.* 1812, *rép. xv*, 97, *sup.*, *n.* 10 *ter*.

2. L'art. 412 étendant la *réduction* indiquée dans le texte (*p.* 210, *n.* 1), au cas de l'absolution comme à celui de l'acquittement, Carnot (1re *édit.*, *art.* 372) avait d'abord cru que cette réduction s'appliquait pour ces deux cas, au ministère public comme à la partie civile (v. *notre édition de* 1825, *p.* 167, *note* 20, *n.* 2); mais il a ensuite (2e *édit.*, *ij*, 682) adopté l'explication de M. Merlin (*d. réqu.*), ainsi que l'avait déjà fait Le Graverend (*ij*, 383... *id.*, 3e *édit.*, *ij*, 437).— V. aussi *d. rej.* 20 *nov.* 1827.

(21) *Observations*. 1. Ce n'est que dans le cas d'acquittement par ordonnance du président (v. *ci-dev. p.* 191), qu'il peut recourir dans l'intérêt de la loi, *suiv. d. réqu. et arr.* 21 *nov.*; *autres*, 3 *déc.* 1812, *rép. xv*, 556, *mot parricide*, *n.* 4; 1 *déc.* 1814, *Jalbert*, 1815, 93; 24 *août* 1815 *et* 27 *mars* 1817, *B. c. n.* 47 *et* 28; *Carnot*, 1re *édit.*, *iij*, 247, *et* 2e, *iij*, 119. — Mais c'est aussi dans le cas d'une absolution par arrêt, suivant les motifs de *rej.* ou *B. c.* 27 *janv.* 1831, *n.* 14, *et* 2 *juin* 1834, *n.* 2; motifs qui sont critiqués par Carnot, *supplém.* à 2e *édit.*, 1835, *p.* 201.

1 *a*. Quoi qu'il en soit, le ministère public ne peut attaquer, de cette manière, ni un arrêt de condamnation, ni un jugement correctionnel en dernier ressort. V. *dd. arr.* 24 *août* 1815 *et* 27 *mars* 1817.

2. La faculté de recourir dans l'intérêt de la loi, n'appartient qu'au ministère public de la Cour d'assises et au procureur-général de cassation. V. *dd. arr.* 24 *août et* 27 *mars*; *id.*, 23 *sept.* 1826, 30 *mars* 1827, 21 *mai* 1829, 23 *avr.* 1831. — V. aussi *id.*, 19 *avr.* 1832.

3. Le droit de casser dans *l'intérêt de la loi* n'appartient aussi qu'à la Cour de cassation. V. *cours procéd., p.* 531, *note* 8, *n.* 3; *Carnot, art.* 442, *n.* 9; *arr. cass.* 16 *nov.* 1811, *ib.*

4. L'arrêt qui casse dans l'intérêt de la loi n'a aucun effet par rapport aux parties. V. *C-cr.* 442; *d. cours, d. note* 8, *n.* 1, *p.* 531. — Voy. toutefois *réqu. et B. c.* 20 *déc.* 1832, *n.* 502.

5. On a conclu de là que l'accusé est non recevable, par défaut d'intérêt, à y former tierce opposition. V. *M. Merlin*, à *d. n.* 1; *Bourguignon, art.* 409, *note* 1; *arr. rej.* 16 *therm. xj*, cité *par eux*. — Carnot (1re *édit.*, *d. art.*, *n.* 6 *et* 7, *et t.* 3, *p.* 247 *et* 248, *et* 2e, *iij*, 125, *n.* 2) combat avec force cette décision : il demande, notamment, si l'accusé n'a aucun intérêt à faire rétracter un arrêt qui porte atteinte à sa réputation et à son honneur ?.. Nous partageons entièrement son avis.

6. Il résulte de la même règle (du *n.* 4) qu'on ne peut de nouveau poursuivre un prévenu acquitté par un jugement qui a été ensuite cassé dans le seul intérêt de la loi. V. *arr. cass.* 17 *janv.* 1812, *n.* 13.

7. Au reste, le ministère public peut se pourvoir contre un arrêt, quoique conforme à ses conclusions, ou à celles de son substitut. V. *réqu. et arr.* 1813 *et* 1811, *ci-dev. p.* 32 *et* 33, *note* 23, *n.* 1.

(21 *a*) *Observations*. 1. Exemples de jugemens préparatoires.. V. *p.* 117, *note* 6 *a*; *B. c.* 22 *juin et* 24 *août* 1832 *et* 26 *juin* 1834.

2. Mais on ne doit pas leur assimiler ceux qui préjugent une question de droit d'où dépend la décision définitive du procès. V. *B. c.* 15 *oct.* 1819. — V. aussi *B. c. ou rej.* 6 *oct.* 1826 *et* 5 *nov.* 1829.

II. *Formes et effets*. Le condamné n'a besoin que de faire au greffe, par lui-même ou par un avoué (**21 *b***), ou un procureur spécial, une déclaration (**22**), sauf à l'appuyer ensuite, d'une requête contenant les moyens. V. *C-cr.* 417, 422 *à* 424.

Le ministère public et la partie civile doivent en outre lui notifier leur recours. V. *id.* 418, 419. (**23**)

Enfin, le sien n'est reçu qu'autant qu'il s'est constitué prisonnier, s'il a été condamné à une peine emportant privation de la liberté. V. *C-cr.* 421 (**23** *a*); *arr. cass.* 2 *août* 1816, *n.* 52, *et rej.* 20 *août* 1818, *n.* 115. (**24**)

Le recours a toujours un effet suspensif. V. *C-cr.* 373; *rép. ij,* 68, *mot cassation,* § 6, *n.* 5 et 6; *arr.* 30 *brum. xiv, ib.; B. c.* 6 *mai* 1825, *et* 14 *et* 20 *juill.* 1827 (**24** *a*). — V. aussi *ci-d.* note 69 *a, p.* 196.

(21 *b*) Même qui n'a pas occupé dans la cause. V. *rej.* 6 *mai* 1830, *J-cr.,* 255; *avoués, xxxix,* 101.

(22) Les condamnés à la police et au correctionnel doivent aussi consigner une amende. V. *pour les détails, ci-apr.* note 29, *p.* 215.

Observations. 1. V., pour diverses questions relatives au mode de la déclaration, à l'avoué et au pouvoir spécial, *arr. rej., ci-dev.* note 19, *n.* 1, *p.* 210 ; *autres,* 1 *déc.* 1814 *et* 21 *nov.* 1812, *rép. xv,* 91 *et* 92, *d. mot cassation,* § 5, *n.* 1, *et* 28 *janv.* 1813, *ib., x,* 118, *mot procuration,* § 2 ; *M. Merlin, ibid., xv,* 94, *d.* § 5, *n.* 3, *et xvj,* 136, § 5; *rej.* 30 *oct.* 1822, *ibid.;* 9 *juin* 1832, *B. c. n.* 210; 9 *mai* 1834, *J-crim.* 310 ; *ci-dev. p.* 149, *note* 8, *n.* 1.

2. Si le greffier refuse de recevoir, et un huissier de lui notifier le recours, on peut le faire devant un notaire. V. *rép. xv,* 93, *d.* § 5, *n.* 1 ; *arr.* 3 *janv.* 1812, *ib., et Jalbert,* 1816, 144.

3. Il peut être fait au greffe de première instance, si l'accusé est détenu dans les prisons de ce tribunal. V. *rép., xv,* 332.

(23) *Observations.* 1. Dans trois jours. *D. art.* 418. — Mais cela n'est pas prescrit sous peine de nullité. V. *rej.* 14 *sept.* 1833, *n.* 381.

2. Bien plus, le défaut de notification ne fait pas encourir la déchéance. V. *réqu. et arr. rej.* 7 *juin* 1811, *rép. xv,* 96 *et* 97, *d.* § 5, *n.* 10 *bis; Carnot, art.* 418, *n.* 4, *et arr. rej.* 8 *oct.* 1811, *ib.; autres,* 18 *avr.* 1817, *Jalbert,* 344, *et* 15 *oct.* 1819 *et* 25 *juin* 1824, *B. c., n,* 111 *et* 85. — Il reste alors au défendeur le droit de s'opposer à l'arrêt qui a statué sur le recours. V. *au reste, aux dd, n.* 4 *et p.* 97, comment on justifie cette décision qui est bien défavorable au défendeur.

(23 *a*) A moins qu'ils n'aient été mis en liberté provisoire sous caution. *D. art.* 421. — V. aussi *ci-dev. p.* 135, *n. v.*

On a induit de là que le condamné à un emprisonnement correctionnel peut, en recourant, demander cette mise en liberté provisoire (il doit s'adresser pour cela au tribunal qui l'a condamné). V. *à ce sujet, Paris,* 11 *janv.* 1823, *avoués, xxv,* 13; *rej. ou B. c.* 12 *févr. et* 27 *mars* 1830, *n.* 12 *et* 83. — V. aussi *J-cr.* 1830, 148.

(24) *Observations.* 1. S'il recourt pour incompétence, il lui suffit de se constituer prisonnier au lieu où siège la Cour de cassation. *D. art.* 421.

2. Lorsque ayant été acquitté ou mis hors d'accusation, il intervient sur le recours, il n'a pas besoin de se constituer prisonnier. V. *arr. rej.* 6 *mars* 1817, *Jalbert*, 167.

3. Pour diverses questions relatives à cette singulière mesure (on la nomme *mise en état*) empruntée à l'ordonnance de 1670 qui même était moins rigoureuse (elle paraît s'en rapporter aux juges.. *tit.* 26, *art.* 13, *et Jousse*, *ibid.*, *n.* 3 *et* 4), *voy*. rej. ou B. c. 10 sept. 1830 et 2 juin 1832, J-cr. 1831, 32, et 1832, 130.

(24 *a*) Surtout en matière de compétence. V. *B. c.* 11 *et* 24 *mai et* 14 *déc.* 1833.

Cette règle reçoit exception relativement aux jugemens préparatoires. V. *rej.* 26 *juin* 1834, *n.* 195. — V. aussi *rej.* 23 *juin* 1832, *n.* 228.

III. *Arrêt*. L'arrêt de cassation doit être rendu dans un mois, après les délais de recours et d'envoi de pièces. V. *C-cr.* 425, 426.

Si la Cour de cassation annulle, elle renvoie l'affaire et le condamné à d'autres Cours ou tribunaux. V. *à ce sujet C-cr.* 427 *à* 435 (**25**). — En cas de second pourvoi, on suit les mêmes règles qu'en matière civile. V. *C-cr.* 440; *cours proc. civ. p.* 67 *et* 68, *et note* 88, *ib.* (**25** *a*)

Lorsque la Cour reconnaît qu'il n'y a pas de délit, ou que l'action est éteinte, ou qu'il y a chose jugée, et lorsqu'il n'y a pas de partie civile, elle casse sans ordonner de renvoi (**25** *b*). V. *à ce sujet*, *C-cr.* 429, *in f.; B. c.* 21 *janv. et* 12 *mai* 1814, 17 *août* 1815, 2 *août* 1816, *n.* 8, 22, 45 *et* 52; *cours proc. p.* 543, *note* 38. (**26**)

Si elle rejette, on est déchu de tout recours ultérieur. V. *C-cr.* 438. (**27**)

La partie civile qui succombe dans le sien, est en outre condamnée à une indemnité de 150 francs envers le défendeur acquitté, absous ou renvoyé. V. *C-cr.* 436; *arr.* 28 *janv.* 1813, *Laporte*, 230, *n.* 1. (**28**)

(25) *Observations.* 1. On peut casser pour une partie et maintenir pour le surplus. Par exemple, si l'arrêt condamne à deux peines, dont l'une est mal appliquée, on le casse quant à celle-ci et l'on en ordonne l'exécution quant à l'autre. V. *B. c.* 17 *août* 1815 *et* 27 *sept.* 1816, *n.* 45 *et* 70.

1 *a.* S'il ne condamne qu'à une peine, et s'il a été cassé pour fausse application de cette peine, la déclaration du jury subsiste, et la discussion ne peut plus rouler que sur la peine, sans même pouvoir y comprendre les circonstan-

ces atténuantes non reconnues. V. *B. c. ou rej.* 2 *juin et* 9 *sept.* 1825, *n.* 105 et 179, 17 *mai et* 31 *août* 1832, *n.* 276, *et* 21 *févr.* 1835, *n.* 61.

1 *b.* Quant à la *procédure*, elle est, comme en matière civile (v. *cours proc.* p. 543), recommencée à partir du premier acte cassé. Ainsi, lorsqu'on annulle une liste de jurés pour incapacité de l'un d'eux (v. *p.* 170, *note* 29, *n.* 2 *a*), on renvoie à une autre Cour d'assises pour être procédé à une nouvelle liste, à de nouveaux débats, etc. V. *B. c.* 11 *fév.* 1825, *cite ib., et réqu. et B. c.* 1825, 7 *mai n.* 92.

1 *c.* Mais si l'on a cassé pour irrégularité dans la formation du jury, par exemple pour une adjonction d'un juré faite sans arrêt de la Cour (v. *ci-dev.* p. 168, *note* 26, *n.* 3 *a*), les réponses faites par le jury en faveur de l'accusé subsistent ; le débat ne peut plus rouler devant le nouveau jury que sur les autres questions. V. *B. c.* 10 *oct.* 1832, *n.* 398. — V. aussi *note* 41, *n.* 5, *p.* 178, *et note* 60 , *n.* 5 , *p.* 190.

Telle est la distinction qui semble résulter de la combinaison des arrêts des 7 mai 1825 et 10 octobre 1832. Il faut toutefois observer que le premier se fondait (v. *B. c.* 1825, *p.* 269) sur un principe dont il n'est pas fait mention dans le second , savoir que les réponses favorables des premiers jurés ne pouvaient pas profiter à l'accusé lorsque lui-même avait demandé la cassation de l'arrêt intervenu sur leurs déclarations.

2. Quand les choses sont entières, la Cour peut revenir sur l'indication du tribunal auquel elle avait renvoyé. V. *réqu. et arr.* 12 *août* 1813 , *rép. xj,* 520, *mot renvoi après cassation* , *n.* 4. — V. aussi *B. c.* 6 *juill.* 1832 , *n.* 248.

3. Si la partie civile a fait casser, quant à ses intérêts civils (v. *ci-dev.* p. 209 *et* 210), et sans réclamation du ministère public , il ne reste plus qu'une action civile à juger, et, en conséquence , on renvoie l'affaire à un tribunal civil (autre que celui du juge instructeur), et sans conciliation. — V. à ce sujet, *C-cr.* 429 ; *Carnot, id., n.* 5 à 7, *et art.* 412, *n.* 5 ; *B. c.* 14 *août* 1817, *p.* 190, *in f.* — V. aussi *ci-d. p.* 31, *note* 20, *n.* 2.

4. Le renvoi fait par la Cour de cassation à un tribunal (tel que celui de police), donne à celui-ci le pouvoir de procéder à tous les actes d'instruction nécessaires , comme de vérifier un local hors de son territoire. V. *arr. rej.* 25 *janv.* 1821 , *n.* 17.

5. Les juges dont la décision a été cassée ne peuvent connaître de la cause après le renvoi. V. *B. c.* 6 *mai* 1824, *n.* 63.

(25 *a*) Avec cette différence toutefois que la Cour à laquelle on renvoie après une seconde cassation, ne peut appliquer une peine plus grave que celle qui résulte de l'interprétation la plus favorable à l'accusé. V. *L.* 30 *juill.* 1828, *art.* 2 , *in f.* — V. aussi sur ce point et d'autres analogues, *rej. ou B. c.* 16 *et* 29 *janv.* 1829, *n.* 9 *et* 23 ; 17 *janv. et* 21 *févr.* 1835, *J-cr.* 1835, *p.* 18 *et* 150 ; *id.,* 1829, *p.* 67, 71 *et* 157.

(25 *b*) Et elle ordonne la mise en liberté du condamné. *Arg. de C-cr.* 429. V. pour des exemples , *B. c.* 12 *août* 1825, 16 *mars* 1828, 29 *août* 1829, 2 *sept.* 1830, 2 *juin et* 20 *sept.* 1832.

(26) *Observations.* 1. Exemples de cassation sans renvoi... V. *arr.* 26 *sept.* 1817, 19 *et* 27 *mars* 1818, 25 *mars* 1819, 8 *juin,* 26 *oct. et* 9 *nov.* 1820, 19 *juill.* 1821, 26 *févr.* 1825, 22 *août et* 28 *nov.* 1833, 27 *févr.* 1835 ; autres , *ci-dev. note* 25 *b.*

2. Mais, s'il y a une partie civile, la Cour renvoie , dans ce même cas, à un tribunal civil. V. *ci-dessus, note* 25 , *n.* 3 ; *d. arr.* 26 *sept.; autre,* 23 *mars* 1821, *n.* 42.

(27) Même contre un arrêt d'accusation. V. *rej.* 10 *oct.* 1817, *n.* 91.

Plusieurs auteurs et arrétistes, pour indiquer que la Cour a *rejeté* un pourvoi fait contre un arrêt, disent qu'elle a *confirmé* l'arrêt. Cette expression n'est pas exacte. Confirmer un jugement, c'est en ratifier les dispositions sur le *fond* de l'affaire, et celui-là seul peut confirmer qui a le pouvoir de *réformer*. Or, ce pouvoir est réservé au juge d'appel, par rapport au jugement de première instance : la Cour de cassation, au contraire, ne peut statuer sur le fond de l'affaire ; lorsqu'elle annulle, elle doit renvoyer ce *fond* à l'examen d'un tribunal du même genre que celui dont elle annulle la décision. C'est le terme *maintenir* qu'il faudrait employer au lieu de celui de *confirmer*.

(28) Même quand elle succombe par fin de non-recevoir. V. *arr.* 29 *avr.* 1813, *Laporte*, *ib.*, *n.* 2 ; pour d'autres *questions*, *id.*, *n.* 3 ; *et* pour des exceptions, *arr.* 11 *juill.* 1823 *et* 31 *déc.* 1824, *B. c.*, *n.* 95 *et* 204 ; 9 *juill.* 1830, *J-cr.* 1831, *p.* 12.

IV. A l'égard de l'amende (il faut en consigner une avant le pourvoi) et des recours d'office du procureur-général de cassation, *voy. C-cr.* 419 *à* 421, 4 37, 441, 442. (**29**)

(**29**) *Observations.* 1. L'amende est de rigueur, excepté : 1° quant aux condamnés en matière criminelle (v. *p.* 212, *note* 22), et aux agens publics, pour les affaires intéressant l'administration et les domaines ou revenus de l'état ; 2° quant aux indigens. V. *C-cr.* 420, 421 ; *arr. cass.* 2 *août* 1816, *n.* 52 ; *ci-apr. n.* 1 *d.*

1 *a.* De cette expression, *en matière criminelle*, de l'art. 420, on a conclu que les condamnés pour délits correctionnels n'étaient pas affranchis de la consignation de l'amende. V. *rej.* 24 *déc.* 1824, *Sirey*, 25, 484, *et* 5 *mars* 1831, *B. c. n.* 43.—Même lorsqu'ils ont été condamnés par la Cour d'assises. V. *rej.* 17 *juill.* 1828, *J-cr.* 1829, *p.* 71, *et* 14 *janv.* 1831, *B. c. n.* 7, *et ci-dev. p.* 194 *et note* 68, *ib.*

1 *b.* Par suite de la même interprétation les condamnés en matière de police sont également soumis à la consignation, même dans la dernière hypothèse. V. *Carnot*, 1re *édit.*, *ij*, 415, *et* 2e, *iij*, 172 *et* 173 (*obs. addit.*, *n.* 1), *et iv*, 207, 208 ; *observat.*, *ib.*

1 *c.* Il résulte de la même interprétation que l'expression *matières criminelles* ne comprend pas les *délits correctionnels*, ce qui est contraire au système de Le Graverend sur les délits des pairs (v. sur ce point *ci-dev. p.* 80, *note* 34, *n.* 3).

1 *d.* Au reste, pour d'autres questions sur l'amende et le certificat d'indigence, *voy. rej.* 13 *oct. et* 2 *nov.* 1815, *Jalbert*, 1816, 366, 367 : *et plus. arr. dans Laporte*, *p.* 31 *et* 54 ; *autres*, *B. c.* 20 *août* 1818, 7 *mai* 1819, 13 *oct.* 1820, 18 *janv.* 1821, 11 *oct.* 1827, 17 *août* 1832, 7 *mars et* 11 *juill.* 1833 ; *Carnot*, *d. p.* 208.

2. Quant au *recours d'office*, ou au droit du procureur-général de recourir dans *l'intérêt de la loi*, lorsque le délai est expiré sans réclamation des parties, *voyez* d. art. 442 ; pour un *exemple*, B. c. 15 mai 1823, n. 65, et pour les *cas*, *modes*, *etc.*, Carnot, d. art. 442 ; le rép. xij, 771, mot souveraineté, § 8.

3. Le procureur-général peut aussi, d'après les ordres du ministre de la justice, dénoncer à la Cour, et celle-ci annuler tous les actes ou jugemens contraires à la loi. V. *d. art.* 441. — C'est de ce pouvoir que parle l'arrêt du 19 juillet, *cité à note* 21, *n.* 2, *p.* 163. — Voy. surtout celui du 5 *févr.* 1824, *n.* 20.

ARTICLE V.

De la révision. (50)

Les demandes en révision d'arrêt sont admises dans trois circonstances.

I. Condamnations inconciliables de deux accusés, pour le même crime. V. *C-cr.* 443; *B. c.* 23 *janv.* 1835, *n.* 28. (**51**)

2. Condamnation pour homicide d'un individu dont on reconnaît ensuite l'existence. V. *C-cr.* 444.

3. Condamnation pour faux témoignage, contre un des témoins qui ont déposé à la charge d'un accusé. V. *C-cr.* 445, 446. — Et les poursuites exercées contre ce témoin, suffisent lorsqu'il y a un mandat d'arrêt décerné ou un arrêt d'accusation prononcé contre lui, pour faire surseoir à l'exécution du jugement rendu après sa déposition. V. *d. art.* 445. (**52**)

Ces demandes sont portées à la Cour de cassation (**55**), qui peut annuler les arrêts, et renvoyer devant les tribunaux compétens, les causes sur lesquelles ils ont statué. V. *au reste, C-cr.* 443 *à* 447.

(50) A l'égard des motifs des règles établies dans cet article, voy. *le discours de M. Berlier, au rép. xij*, 99, *mot révision.* — Quant à l'effet de la *grâce*, v. *ci-dev. p.* 109, *note* 14.

(51) *Id.* une condamnation de trois individus pour un crime auquel *deux* coupables seulement ont participé. V. *B. c.* 24 *juin* 1830, *n.* 178. — V. aussi *id.*, 26 *janv.* 1831, *n.* 8 *et* 9, *et*, pour un exemple contraire, *arr. rej.* 23 *oct.* 1812, *rép., sup., xij*, 102.

(52) Cet article se réfère à deux cas; 1° à celui où le témoin a été arrêté pendant les débats; 2° à celui où l'on n'a connu le faux témoignage qu'après l'arrêt de condamnation. V. *au surplus, B. c.* 20 *août* 1819, *n.* 93.

Quid, si l'individu attaqué comme faux témoin est décédé avant la condamnation?... Il n'y a pas lieu à révision. V. *le rapport de M. Zangiacomi et la décision du* 30 *juill.* 1822, *Sirey,* 22, 2, 345 *et suiv.*

(53) Il faut que ce soit par une réquisition du procureur-général, faite d'après les ordres du ministre de la justice. Voy. *rej.* 21 *nov.* 1817, *n.* 112.

FIN DU COURS DE DROIT CRIMINEL.

APPENDICE AU COURS DE DROIT CRIMINEL.

§ 1. TABLE *des articles du Code d'instruction criminelle cités dans le Cours de droit criminel.*

Avis. 1. La lettre *a* placée entre deux articles, annonce que la série dont ils sont les premier et dernier termes a été citée le plus souvent en bloc ; les autres articles sont cités séparément.

2. Les chiffres *italiques* indiquent, soit les articles abrogés ou modifiés postérieurement au Code, soit les pages où il est question des abrogations ou modifications, et notamment, les pages 55 à 59 (pour le Code pénal, les pages 59 à 62).

Art.	Pages.		Art.	Pages.
1.—28, 34.			45.—127.	
2.—103.			46.—126.	
3.—37, 39.			47.—124, 126.	
4.—36.			48 à 54.—121.	
5, 6.—45.			*48.—58*, 121.	
7.—45.			*49.—58.*	
8.—119.			50.—121.	
9.—121, 123.			55 à 58.—123.	
10.—123.			59.—124, 126.	
11.—57.			60.—131.	
11 à 21.—122.			*61.—58*, 131, 132.	
16.—123.			63.—120, 125.	
22.—4, 9, 25, *56*, 124.			*64.—33, 56*, 125.	
23, 26.—120.			*65.—56*, 125.	
27.—121.			66, 67.—99, 125.	
29.—124.			68.—125.	
30.—124.			69.—120, 125.	
31.—124, 125.			71 à 90.—131.	
32.—126.			72.—113.	
32 à 44.—131.			80.—123.	
34.—123, 127.			86.—123.	
35.—56.			*89.—56.*	
35 à 59.—56.			91.—128, 129.	
40.—127.			93, 94.—128.	
41.—9, 126.			95, 96.—128.	

§ 2. TABLE *des articles du Code pénal cités dans le Cours de droit criminel.*

Avis. Pour les lettres et chiffres italiques, *voy.* l'avis de la page 217.

<table>
<tr><td>Art.</td><td>Pages.</td><td>Art.</td><td>Pages.</td></tr>
<tr><td>1.—4, 5.</td><td></td><td>44.—61, 83.</td><td></td></tr>
<tr><td>2.—60, 89.</td><td></td><td>45.—61, 83.</td><td></td></tr>
<tr><td>3.—89.</td><td></td><td>46.—60, 83.</td><td></td></tr>
<tr><td>4.—4, 5.</td><td></td><td>47.—83.</td><td></td></tr>
<tr><td>5.—46.</td><td></td><td>48.—83.</td><td></td></tr>
<tr><td>6.—62, 84.</td><td></td><td>49.—83.</td><td></td></tr>
<tr><td>7.—59, 84, 85.</td><td></td><td>50.—83.</td><td></td></tr>
<tr><td>8.—84.</td><td></td><td>51.—62, 99, 100.</td><td></td></tr>
<tr><td>9.—83, 84.</td><td></td><td>52.—100.</td><td></td></tr>
<tr><td>10.—99.</td><td></td><td>53.—60, 100.</td><td></td></tr>
<tr><td>11.—82, 83.</td><td></td><td>54.—101.</td><td></td></tr>
<tr><td>12 à 21.—84.</td><td></td><td>55.—100.</td><td></td></tr>
<tr><td>13.—61.</td><td></td><td>56.—62, 90, 91.</td><td></td></tr>
<tr><td>14.—196.</td><td></td><td>57.—62, 84, 90.</td><td></td></tr>
<tr><td>16.—95.</td><td></td><td>58.—84, 90, 91.</td><td></td></tr>
<tr><td>17.—62, 202.</td><td></td><td>59 à 62.—92.</td><td></td></tr>
<tr><td>18.—98.</td><td></td><td>63.—61, 92, 93.</td><td></td></tr>
<tr><td>20.—60, 61, 62.</td><td></td><td>64.—7.</td><td></td></tr>
<tr><td>22.—61, 62, 84, 85, 94, 95.</td><td></td><td>65.—96.</td><td></td></tr>
<tr><td>23.—60, 62, 86.</td><td></td><td>66.—95.</td><td></td></tr>
<tr><td>24.—62, 88.</td><td></td><td>67.—95.</td><td></td></tr>
<tr><td>25.—114, 196.</td><td></td><td>68.—59, 60, 62, 94, 95.</td><td></td></tr>
<tr><td>26.—196.</td><td></td><td>69.—95.</td><td></td></tr>
<tr><td>27.—95.</td><td></td><td>70.—94.</td><td></td></tr>
<tr><td>28.—84, 98, 169, 175.</td><td></td><td>71.—62, 94.</td><td></td></tr>
<tr><td>29 à 31.—98.</td><td></td><td>72.—94.</td><td></td></tr>
<tr><td>32 à 35.—84.</td><td></td><td>73.—101.</td><td></td></tr>
<tr><td>33.—5, 62, 85.</td><td></td><td>74.—101.</td><td></td></tr>
<tr><td>34.—62, 98, 175.</td><td></td><td>75 à 82.—59.</td><td></td></tr>
<tr><td>35.—62, 84, 85.</td><td></td><td>75 à 101.—16.</td><td></td></tr>
<tr><td>36.—196.</td><td></td><td>78.—62.</td><td></td></tr>
<tr><td>37.—59, 60, 85.</td><td></td><td>81.—62.</td><td></td></tr>
<tr><td>38.—60, 85.</td><td></td><td>86.—60, 61, 65.</td><td></td></tr>
<tr><td>39.—60, 85.</td><td></td><td>87.—60.</td><td></td></tr>
<tr><td>40.—84, 88.</td><td></td><td>88.—60.</td><td></td></tr>
<tr><td>41.—84.</td><td></td><td>89.—60.</td><td></td></tr>
<tr><td>42.—84, 169, 175.</td><td></td><td>90.—60</td><td></td></tr>
<tr><td>43.—84.</td><td></td><td>102.—59.</td><td></td></tr>
</table>

§ 3. Table *des peines portées par le Code pénal, et des articles qui les prononcent.*

Nous avons dit (*p.* 82 , *note* 2) que Bourguignon indique les articles du Code pénal qui prononcent chaque espèce de peine ; mais outre que ses indications sont éparses et incomplètes, les changemens que le Code pénal a subis depuis la publication du *Manuel d'instruction criminelle*, les rendent tout-à-fait insuffisantes. Nous avons cru utile d'en donner de nouvelles... (les articles placés entre des parenthèses sont ceux auxquels renvoient expressément ou implicitement les articles qui les précèdent).

Amende... Articles 113, 120, 128, 129, 131, 135, 164, 169, 170, 171, 172, 175, 176, 177, 179, 181, 184, 185, 187, 192, 193, 194, 196, 197, 199, 207, 218, 224, 254, 257, 260, 261, 262, 287, 292, 293, 294, 306, 307, 311, 314, 318, 319, 320, 330, 334, 338, 339, 346, 347, 348, 349, 350, 352, 353, 358, 359, 360, 373, 378, 387, 388, 399, 400, 401, 405, 406, 407, 408, 409, 411, 412, 413, 414, 417, 418, 419, 420, 421, 423, 427, 428, 430, 431, 433, 436 (306, 307), 437, 438, 439, 440, 443, 444, 454, 456, 457, 458, 459, 460, 461, 471, 475, 478, 479.

— Maximum de id... Art. 289 (283-285, 287, 288), 438, 442.

Bannissement... Art. 84, 110, 124, 155, 156, 157, 158, 160, 202, 204, 208, 229.

— Maximum de id... Art. 281 (156, 157).

Confiscation spéciale... Art. 180, 286, 287, 314, 318, 364, 410, 413, 423, 427, 472, 477, 481.

Dégradation civique... Art. 111, 114, 119, 121, 122, 126, 127, 130, 143, 177, 183, 228, 263, 362, 365, 366.

Déportation... Art. 82, 84, 85, 89, 91, 94, 98, 124, 361.

Détention... Art. 78, 81, 89, 90, 91, 200, 205.

Éloignement d'un certain lieu... Art. 229. — V. aussi 44.

Emprisonnement correctionnel... Art. 45, 82, 86, 89, 91, 109, 112, 120, 123, 153, 154, 155, 156, 157, 159, 160, 161, 171, 174, 175, 179, 184, 187, 192, 193, 197, 200, 201, 202, 207, 211, 212, 217, 222, 223, 225, 228, 230, 234, 236, 238, 239, 240, 241, 242, 245, 248, 249, 250, 252, 254, 257, 258, 259, 260, 261, 262, 271, 274, 275, 276, 277, 278, 283, 285, 287, 293, 306, 307, 311, 314, 317, 318, 319, 320, 326, 330, 334, 337, 338, 343, 346, 347, 348, 349, 350, 352, 353, 356, 358, 359, 360, 362, 365, 373, 378, 387, 388, 398, 400, 401, 402, 405, 406, 407, 408, 410, 411, 412, 414, 415, 416, 417, 418, 419, 420, 421, 423, 433, 436 (306, 307), 438, 439, 443, 444, 445, 446, 447, 448, 449, 450, 451, 452, 453, 454, 456, 457, 459, 460, 461, 478.

— Maximum de id... Art. 281 (156, 157), 438, 450, 453, 454.

Emprisonnement de simple police... Art. 473, 474, 476, 478, 480, 482.

Exposition publique... art. 165.

Interdiction de certains droits,.. Art. 109, 112, 113, 123, 171, 175, 187, 197, 335, 388, 400, 401, 405, 406, 407, 408, 410.

Mort... Art. 75, 76, 77, 79, 80, 81, 82, 83, 86, 87, 91, 92, 93, 94, 95, 96, 97, 125, 233, 302, 303, 304, 316, 344, 361, 365, 434, 435, 437.

Parricide (peine du)... Art. 86, 302.

Réclusion... Art. 141, 142, 150, 151, 156, 157, 158, 174, 181, 188, 210, 211, 230, 232, 251, 255, 268, 279, 309, 312, 317, 331, 332, 345, 351 (309), 354, 362, 363, 364, 365, 383, 386, 387, 389, 399, 408, 418, 430, 431, 434, 437, 439, 440.

— Maximum de id... Art. 189, 281 (156, 157).

Réparation d'honneur... Art. 226, 227.

Surveillance de la haute police. 1° *Temporaire...* Art. 67, 100, 108, 138, 144, 221, 246, 271, 282, 308, 315, 335, 343, 388, 400, 401, 416, 419, 420, 421, 436 (306, 307), 444, 452.

— 2° *A vie...* Art. 108, 138, 144.

Tentative de délit... Art. 179, 241, 245, 388, 400, 401, 405, 414, 415.

Travaux forcés perpétuels... Art. 132, 139, 145, 146, 230, 243, 304, 310, 312, 316, 339, 342, 344, 351 (304), 361, 365, 381, 382, 383, 404, 434, 435.

Travaux forcés à temps... Art. 99, 118, 133, 134, 147, 148, 158, 169, 170, 173, 210, 243, 251, 253, 255, 256, 267, 305, 309, 310, 312, 317, 332, 333, 340, 341, 355, 356, 361, 364, 365, 382, 383, 384, 385, 400, 402, 403, 404, 432, 434, 436 (305), 437, 440.

— Maximum de iid... Art. 140, 332, 442.

§ 4. Table *alphabétique et analytique des matières du Cours de Droit criminel.*

N. B. On a indiqué par le signe *disc.* (discussion), plusieurs des questions sur lesquelles on a émis une opinion motivée.

Abandon. v. bestiaux.

Abattage d'arbres, *pages* 4, 20.

Absolution : cas, 91, 189, 194 ; cassation, 208, 210 ; questions diverses, 38, 100.

Abus de confiance, 20, 61 ; — de blanc-seing, 105, 115.

Accusation : effet, 76 ; procédure, 154 et suiv. ; arrêt et acte, 156, 157 ; leur lecture, 171, 176 ; résumé de l'acte, 156 ; cassation, 162 ; arrêt de non-lieu, ou de n'y a lieu, 156 ; quand l'accusation n'est pas purgée, 182, 189 ; questions diverses, 74, 192. — V. chambre.

Accusé : arrêt, 156 ; procédure aux assises, conseil, interrogatoire, témoins et défense, 161 et suiv. ; jugement, 191 ; quest. et disc. div., 162, 163 (procéd. avant l'accusation), 180, 181, 214.

Acquittement, 191 et suiv. ; qu. div., 38, 41, 48, 57, 87, 200.

Acte public : exécution suspendue, 157.

Actes d'instruction : préliminaires, 130 et suiv. — D'accusation... v. ce mot.

Actions naissant des délits, 23 et suiv. ; choix et non-variation, 29, 34 (disc., ib., note 32), 145 ; sont distinctes, 36 ; Tribunaux où on les porte, 37 ; personnes passibles, 45 et s. ; extinction, 103.

Action civile : but et caractères, 27 ; à qui appartient et par qui exercée, 34 ; quand peut être exercée par le lésé, 34 ; où, et renonciation, 35, 36 ; sursis, 39 ; extinction, 103 et suiv. ; quest. div., 121.

Action publique. But et caractères, 23 ; quand doit être provoquée par le lésé, 23 ; exercée, 26 ; à qui appartient, 28 ; quid, si elle n'est pas exercée, 29.

— Quand peut être exercée par le lésé, 33 ; influence sur l'action civile, 39 à 41 ; au péril de qui exercée, 40 ; extinction, 103 et suiv. ; quest. div., 121, 159.

Adjoint : quand remplace le maire, 28 ; officier de police, 122 ; quest. div., 129, 140. — Juré, v. jury.

Adjudicataire de bois : caution, 104.

Administrations : peuvent faire des réglemens de police, 10. — V. réglement. — Et transiger, 97. — Des douanes, des droits réunis, forêts, etc., v. ces mots.

Administrative (autorité), 203 ; jurisdiction... v. conseil de préfecture.

Adultère : quand passible de poursuites, 24, 96; quest. div., 110.

Affiche de jugement : quand peut ou doit être faite, sa nature, 85, 124, 196. — D'ordonnance, 199. — V. enlèvement.

Afficheurs, 17, 57, 60.

Affirmation... **v.** procès-verbal.

Afflictive... peine.. **v.** peine.

Age : fait modifier les peines, 94, 62... **v.** mineur.

Agens d'exécution : respect, 17.

Agens du gouvernement : leurs espèces, autorisation pour les poursuivre, 48, 49; les arrêter, 129. — De police, 141. — Forestiers... **v.** forêts.

Aggravation de peine : elle est défendue, 86, 87... **v.** peine.

Alignement... **v.** maison.

Alliés... **v.** témoins.

Alternative : ne peut être la base d'un jugement, 117.

Ambassadeurs et leur suite : délits, etc., 46.

AMENDES au civil , 4 ; au criminel, 82 et suiv.; leurs différences, 3 et 4 ; maximum et minimum, 10, 11, 82; articles qui les prononcent, 225 ; d'appel, 143 ; de cassation, 215 ; de la loi du notariat, 4 ; prescription, 105; quest. div., 62, 90, 100, 102, 137, 155, 195.

Amis : conseils, 161.

Amnistie : qui l'accorde, effets, cas, etc., 110.

Angleterre : procédure, 172, 187.

Animaux, 7.. **v.** bestiaux.

Anticipation : sur une rivière, 4 ; de délai, 210.

Appel : **v.** chambre d'accusation, père, police correctionnelle, police simple.

— Notification verbale de id., disc., 150, note 13 ; dépens de id., *a minima*, disc., 153, note 18; incident, 143 ; quest. div., 64, 117, 210... **v.** partie.

Application (fausse) de peine, 213.

Appréciation... **v.** faits. — De dommages, 191 à 193.

Arbres : abattage, délit, 20.

Architecture... mode , 13.

Armes , 21 ; détenteurs , 16, 62, 112... **v.** port et vol.

Arrestations : illégales, 17, 130 ; légales, règles, 127 et suiv.; rigueur dans iid., 86.

Arrêt : d'absolution, 194, 189, 190; d'accusation, **v.** ce mot.

— (maison d').. **v.** maison.

Art de guérir, 87.

Artisans... **v.** responsabilité.

Ascendans... **v.** témoins.

Assassinat , 18 ; id., tentative, 89.

Assemblée **constituante :** critique mal fondée de id., 53, 54.

Chien : morsure, 4; clôture, 12.

Chirurgien... v. médecin.

Chose jugée : quest. div. , 40, 46, 76, 133, 158, 191, 194, 213... v. non bis.

Circonstances aggravantes d'un délit: espèces, 21; quest. div., 87, 92, 183.

— Atténuantes, 96, 98, 156; avis à en donner, 184; lois sur iid., 58, 62.

Citation : en police, délai de id., 136; correctionnelle, 144, 145; aux assises, 172; — de loi.. v. loi.

Civil : tient le criminel en état, 41.

Clameur publique, 126, 136.

Clémence : recommandation à id., 109.

Clôture : de lieu de débit, 83; de procès-verbal, 140.

Code de brumaire, 54. — Forestier, 54.

Code d'instruction criminelle, ou criminel, 54; table des passages où sont cités ses articles, 217 et suiv. ; modifications postérieures, 55 et suiv.; mise en vigueur, 55, 58.

Code pénal, 54; maritime, militaire, etc., id.; table des passages où sont cités ses articles, 222 à 224; modifications postérieures, surtout en 1832, 59 et suiv.

Code de procédure : applicable aux récusations, 115; non aux procédures criminelles, 113, 137, 144; exception, 199.

Code rural : but, 13; époque, effet, etc., 63; modifications faites à id., 63.

Collèges : élèves, délits, peines, jurisdiction, 48.

Colombiers : ouverture est-elle un délit?... 6... v. pigeons.

Comestibles gâtés : exposition est une contravention, 7, 61, 63; destruction, 83.. v. vente.

Comités du conseil d'état, 49.

Commencement de preuve par écrit, 115.

Commissaire de police : fonctions, 28, 122 et suiv.; remplacement, 122, 123; procès-verbaux, 121; agissant hors de son ressort, 122; quest. div., 138, 140, 169.

Commissions militaires : supprimées, 78.

Communes... v. responsabilité. — Quest. div., 82, 110.

Communications de pièces, 145... v. jurés.

Commutation de peine : qui l'ordonne, etc., 109.

Comparution : volontaire, 136; en personne, 145.

Compétence : règles générales, 68; s'apprécie *in limine litis,* 71, 72; d'après quelles données, 3; pour la police judiciaire, 120; quest. div., 156, 194, 206.

Complicité : caractère, peines, appréciation, etc., 91; tentative, 90; quest. div., 50, 95, 103, 183, 189.

Complot, 16, 45, 60.

suiv.; examen, 164 et suiv.; questions, 180; réunion ancienne aux jurés, 187; lecture de leur déclaration et jugement, 191 et suiv.; procès-verbal, 195; exécution, 195; quest. div.; dommages, 40; dépens, 100; excuses, 96 ; récidive, 91. — Disc... v. récidive.— V. aussi publicité.

Cour de cassation : jurisdiction, 79, 162, 203 et suiv... V. cassation.

Cour prévôtale : suppression , 69 ; quest. div., 109.

Cour royale : jurisdiction, 73 , 124; quest. div., 109, 111.

Cours spéciales : suppression, 69; quest. div., 69, 109.

Cours de procédure civile : celui de droit criminel y fait suite... v. l'*Avis aux élèves, au commencement du volume.*—Additions et corrections à ce cours, 44, et ci-après, p. 256.

Cours de droit criminel : composition, éditions diverses, principaux ouvrages cités... Voy. même avis.

Crieurs publics, 17, 57.

Crimes : définition, classification, 16 et suiv.; supprimés, ou devenus délits, 60; nouveaux, 61; qui accompagnent un autre crime, 19, 183; contre la chose publique , 16 et suiv.; contre les particuliers, 17 et suiv. ; prescription, 104; arrestation et poursuites, 127 et suiv.; quest. div., 151... v. récidive.

Criminel : tient le civil en état, 139; grand ou petit, 33, 118, 141, 148, 184.

Culpabilité, ou non-culpabilité, 114, 117.

Cultes : ministre de iid., délits, 19.

Cumul : de peines, est défendu , 87 (discuss.), 196; quest. diverses, 3.

Date : de notifications de jurés, 166.

Débats : publicité , 115, 137, 172; sursis, 174; mode, continuité, faits séparément, réclamation contre leur clôture, etc., 171 et suiv.; quand s'ouvrent et finissent, 116, 171; prolongation, 190; faits qui en résultent, 182; annulés, 189; quest. div., 19 (faux témoignage), 126... v. conseil.

Décapitation, ou décollation, peines des nobles, 86.

Décès (acte de), d'un individu qui a été exécuté, formes, 196.

Décharge... v. témoins.

Déclaration... V. jury.

Décrets abrogatoires, ou abrogés, 55.

Défaillans et Défaut, 136, 151, 155, 193, 198; preuve nécessaire (discuss.), 118; quest. div. , 105.

Défensable (bois), 27.

Défense : droit de id., 133 ; addition à id. , 194; en personne, 146; point d'obstacles, 162, 173, 180; disc. div... v. substantielles, extraction et réplique.

Défense (Légitime) : point de délit, 18; quest. div., 41. 89, 156, 183.

Dégâts : de denrées et marchandises, délit, 20.

Dégradation civique : peine, 84, 62, 91; articles qui la prononcent, 225; effet civil, 98.

Délais divers et règles de iid., 134, 137, 144, 145, 148, 150, 152, 210 (de pourvoi)... v. cassation.

Délibération: des jurés, 185; des juges, 187, 193.

Délinquant : comparution, etc., 127; quest. div., 92, 155, 168.

DÉLIT : définit., caractères, 2 et suiv.; règles diverses, 4 et suiv.; auquel on est contraint, 7; espèces, 9 et suiv.; supprimés, ou devenus contraventions, ou crimes, 60; nouveaux, 61.. v. police et crimes. — Suites, 19; compromis, 36; commis à l'étranger, 45; militaire, 46; prescription, 104; successif, 105; recherches, 124 et suiv.; arrestation, 127 et suiv.; corps, 130; second ou nouveau, 183, 193, 195, 196; complexe ou résultant de plusieurs faits distincts (tels que l'usure), 105. — Disc. div... v. connexité, militaire, mineur, récidive, volonté.

Délit : proprement dit, ou correctionnel : définit., espèces ou classification, 15 et suiv.; politique, 57, 110, 157; de la presse, 64, 157; quest. div., 74, 151, 155... v. procédure correctionnelle. — Maritime, prescription, 108.

Délit spécial : procès-verbal est-il nécessaire?... Disc., 140, note 8.. v. lois spéciales.

Démence : exclut le délit, 7, 8; par qui appréciée, 8, 42; disc. à ce sujet... v. volonté; quest. div., 102.

Démolition d'édifices: délit, 20; peines, 2; quest. div., 2, 12.

Dénonciateur: témoin, 175, 192; dommages, 192, 193.

Dénonciation : de délit, 124, 192; formes, signature, etc., 124.

Denrées... v. destruction et comestibles.

Dépens.., qui les doit et avance, 99; consignation, 101; privilège, 101; de police, 141; correctionnels, 146, 153; id. de défaut, 147; d'assises, 193, 194; quest. div., 95, 125. — Disc. div... v. appel, mineur.

Déportation : peine, 84, 61; articles qui la prononcent, 225; effets civils, 98; quest. div., 202.

Dépositions de témoins : princes, militaires, mineurs, etc., 131, 138, 151, 176, 178, 202.

Dépôt : preuve, 35, 115; violation, 115. — Sur la voie publique, 107.

Dépôts (caisse des), reçoit les cautionnemens, 135.

Députés : arrestation et poursuite, qui peut les autoriser, 80.

Descendant... v. témoin.

Désertion : délit, tribunal, etc., 48, 78, 79, 85.

Désignation : de jurés et témoins, v. erreur..; de contumax, 199.

Exposition : peine, 84, 61, 62; articles qui la prononcent, 226. — V. aussi comestibles.

Extension de branches, 4.

Extraction de prison pour recherches, défense (disc., 146, note 5, et 157, note 8) et maladie, 158.

Extradition d'un Français réfugié à l'étranger, 45.

FABRIQUES : produits, altération, 60.

Faculté accordée à l'accusé, 173, 165. — Disc... v. témoins à décharge.

Faits moraux, tels que complicité, banqueroute, etc., doivent être spécifiés par les jurés, 93. — Indivisibles, 290; — à caractériser, 206; appréciation, 209.

Faillite... Juge-commissaire, 123.

Fait principal, 92, 93, 182, 186; accessoire, connexe, 182; résultant de l'accusation, 182; id. des débats, 184.

Fait qui n'est pas délit, 4 à 7, 190, 194.

Famille : liens, 4.

Faux, 42, 45; prescription et effet, 105; procédure, mode, effets, etc., 197. — V. usage. — Quest. div., 22, 85, 125, 146.

Faux-incident, 198.

Faux-témoignage : quand est crime, 19; arrestation, 174; procédure, 197; effet sur la condamnation de l'accusé, 197, 198, 216; compétence, 121.

Femme : action au criminel, 34; peines, 95; enceinte, disc., ib. et note 5, n. 2. — Quest. div., 110. — V. responsabilité et autorisation.

Fêtes : observation, 15.

Feu allumé ou porté près des bois, 27; peine ancienne, 52.

Filets : traînans, 25; à mailles étroites, 25.

Flagrant délit : définition, procédure, etc., 126 et suiv.; quest. div., 80, 129, 132.

Flétrissure... V. marque.

Foires : tranquillité, réglement, 11.

FONCTIONNAIRES : délits, 16; manquement et outrages à iid., 14 à 17, 201, 202; blessures, mort, 61; jurés, 169; dénonciateurs, 192; quest. div., 201.

Fond (défense au), 210.

Forçats : délits, jurisdiction, 79; évasion, peine, ib.

Force : qui contraint à un délit, 7, 183.

FORÊTS : délits, préposés, agens, 27, 32, 49, 149; lois, 53, 54; prescription, 106; preuves, 139; procédure, 144; citations, 113; compétence, 139; Gardes, poursuites, 71; administration, 71; question préjudicielle, 43; délits des mineurs, 94; responsabilité, 102; quest. div., 97, 104. — V. bois.

Identité d'un prévenu : procédure pour la reconnaître, 202; de juré, 166 ; de contumax, 200; de banni ou déporté, 202.

Impression de jugement, 196 ; id., peine , 85; de notification de liste de jurés, 166; de procès-verbal d'assises, 196.

Incapacités de condamnés, 98.

Incendie : mesures, 11 ; crime, 20, 61 ; de bois, 27 ; quest. div., 2, 3, 4 (de sa maison).

Incertitude de désignations de jurés, 167.

Incidens, 180, 190.

Incompatibilités de juge d'instruction, 76, 123; jurés, 169, 170.

Incompétence : quand se propose , 68 ; effet, 207; quest. div., 143, 148, 152, 156, 203, 204.

Incrimination, 60, 61.

Inculpé d'un délit : comparution, arrestation, etc., 127 et suiv.

Indemnité envers l'accusé acquitté, etc., 213.

Indices... v. chambre d'accusation.

Indivisibilité de faits, 190.

Infamie : n'atteint plus la famille, 86... v. peines.

Infanticide, 19.

Infraction à une loi pénale , 3 ; espèces, 9 ; de ban , 196.

Injures graves : quest. div., 14, 17, 25.

Injures verbales : peine , 7; contravention, 14 ; jurisdiction, 70; quest. div., 103, 139; quand passibles de poursuites, 24.

Insalubres (établissemens), 3 ; de ban, 119.

Inscription de faux, 198.

Instituteurs.... v. responsabilité.

Instruction , 130; des délits ou de police judiciaire, ses règles, 130 et suiv.; son résultat, 132; actes préliminaires, régularité ou annulation, 121, 131; quest. div., 126.—A lire aux jurés, 185; est affichée, ib.

Instruction près des tribunaux de police , 136 et suiv. ; correctionnels, 144 et suiv.; criminelle, 154 et suiv.

— (juge d')... v. juge instructeur.

Instrumens, 131.

Insuffisance de nombre de juges et de jurés, mode d'y pourvoir, 67, 207.

Intention : nécessaire au délit, 78; exception, 96.—V. volonté.

Interdiction : de droits, peine, 83, 84 ; articles qui la prononcent , 226; des condamnés, 98.

Intérêt de la loi : cassation, 79, 208, 211, 215.

Intérêt (défaut d'), 36, 168, 211.

Interpellation : témoin, 179.

Interprétation : favorable à l'accusé, 214; des lois, 57.

Interprète : cas, nomination, serment, 161, 162; quest. div., 162.

Interrogatoire : d'accusé, 161, 172 (discuss.), 176, 184 ; de prévenu, 127 et suiv.

Intervention : où, et quand admise, etc., 44, 126, 36.

Ivresse : n'excuse pas un délit, 96 ; quest. div., 141.

Japon : responsabilité y est corporelle, 102.

Jet de choses nuisibles : est une contravention, 13.

Jeu de hasard, 61.

Jeunesse... v. mineur.

Jonction d'actes d'accusation relatifs au même délit, 164.

Jouissance... v. quest. préjudicielle.

Jour : durée, 88 ; férié, 114, 151.

Juge de commerce : juré, 169.

Juge instructeur ou *d'instruction* : où peut siéger, 73 (disc., ib., note 14), 76 ; délégation de id., 161 ; sa compétence, 129 ; ses fonctions, nomination, etc., 123 et suiv. ; appel de ses décisions, ib. ; quest. div., 201.

Juge-de-paix, 142, 69, 70 ; officier de police, 121 ; quest. d., 129.

Juge-suppléant : juré, 169 ; délits, 201.

Juges : délits, 50 et 200 ; récusation, 115 ; pouvoir au criminel, 116, 188 ; assistance aux audiences, 151 ; nombre, ib. ; délibération, 193. — V. insuffisance.

Jugement : de police, 141 ; correctionnel, 145 ; de défaut, opposition et dépens de id., 145 ; id. d'appel, 151 ; criminel, motivé, et sur quoi basé, 117, 188 (v. aussi motifs) ; mal qualifié, 72, 210, 143 ; de jonction, 117 ; préparatoire et d'instruction, 210, 117, 195, 213 ; définitif, 195.

Juif : témoin, serment, 177.

Jury, Jurés : formation et notification de la liste (enregistrement de id., 114), nombre, tirage, récusation, tableau, qualités, remplacemens, supplémentaires, adjoints, définitifs, incompatibilités, absens, etc., 164 et suiv., 56 ; serment, 171 ; notes, 179 ; communication et clôture, 171, 174 ; délibération, instruction à lire ; sur quoi forment leur conviction ; vote secret (partage, majorité), déclaration (régulière ou non, obscure, contradictoire, incomplète) et effet, 185 et suiv., 252 ; lecture, etc., 191 ; quest. div. : faits moraux, 93 ; excuse, 97 ; liste et nombre, 117, 144, 165, 155 ; autres, 89, 91, 170 (mineur de 30 ans), 214. — Autres v. questions, tirage, volonté. — Jury nouveau, 188.

Justice : on ne peut se la faire, 44 ; autorité, 113 ; par qui administrée, 136 ; quand son action commence, 119.

Latrines : écoulement dans un puits voisin, 4.

Lecture : de la loi, 146, 194 ; d'instruction aux jurés, 185 ; de leur déclaration, 191.

Légion d'Honneur (membre de la): peine, 85; dégradation, 196; délits, 201.

Législation criminelle : définition, 1 ; ancienne, vices, 52 ; nouvelle, histoire, lois qui la composent, 51; disc. div... v. droit criminel.

Lésé par un délit : action, 34.

Lèse-majesté : crime, 60; non-révélation de id., ib.

Lettre : missive ou anonyme, 131, 184.

Liberté (mise en) du prévenu, etc., 128, 132, 135, 155, 196.

Liberté individuelle : attentats, 16.

Liberté provisoire de l'inculpé, 128; du condamné, 212 ; id. définitive, 214.. v. élargissement.

Licence... v. responsabilité.

Lieu (non, *ou* n'y a).. v. accusation et ordonnance.

Liste : — disc... v. jurés et témoins.

Loi civile : infractions, 4.

Lois criminelles : espèces et histoire, 51 et suiv.; quand exécutoires, 51.

Lois générales criminelles : 51 et suiv.; quest. div., 94, 140.

Loi naturelle : on ne peut y déroger, 146.

Lois pénales : infractions, 3 ; espèces, 51 et suiv.; lecture, insertion, 141, 146, 194 ; application, 188; violation, 165, 166, 171; citation, 209.

Lois spéciales criminelles : espèces, nature, 63, 64 ; quest. div., 94, 102, 106, 140, 185.

Loterie : agens, autorisation pour les poursuivre, 49.

Magie, crime ancien, 52.

Mailles... v. filets.

Maire : quand exerce le ministère public, 28, 121; jurisdiction, 70; quest. div., 137, 140.

— Officier de police, 121, 122; visa de mandats, 129.

Maison d'arrêt, 84, 128, 133.

— Centrale de détention ou de correction, 84.

— *de jeu* : clôture, 11; réglemens, 20.

— *de justice*, ou prison, 133, 157.

Maison particulière : arrestation pendant la nuit, 129, 130... v. nuit.—Introduction dans id., mode, 123.

— Démolition, 2, 3, 12 ; alignement, 12; blanchissage, 13.

Maison royale : mode pour y arrêter, 129.

Maître, 6, 34... v. responsabilité.

Majeur : complice du mineur, 92, 95.

Majorité de voix, 187... v. jurés.

Maladies : épizootiques ou contagieuses, 64; réglemens, 119. — Occasionées par un délit, 61.

Mandats : espèces et par qui décernés, 127, 122 ; exécution, règles, temps, visa, etc., 128 à 130 ; quest. div., 157.

Mandat d'amener : définit. et cas, 127 et suiv.; quest. div., 120.

Mandat d'arrêt : définit., cas, formes, refus de le décerner, etc., 129 ; quest. div., 120, 146.

Mandat de comparution : définit., cas, etc., 128.

Mandat de dépôt : définit., cas, caractères, effets, etc., 128 ; quest. div., 120, 146, 166.

Mandat pour appeler, 149 .. v. pouvoir spécial.

Manquement aux fonctionnaires ; délit, 16, 201.. v. outrages.

Marchés : tranquillité, réglemens, 11.

Mari... v. responsabilité, et 110.

Maritime : tribunal et délits, 78, 79 ; prescription, 108.

Marque : peine afflictive, 85 ; supprimée, ib. et 61 ; — d'or, 97.

Matière criminelle : quid, 80, 215.

Maximum, 82, 83, 91... v. peine.

Médecins : chirurgiens, experts, etc.; recherches, procès-verbaux, serment, 131, 184.

Mémoires du prévenu ou accusé, 133, 155.

Mendicité, 16 ; circonstance aggravante, 87 ; quest. div., 83.

Mère : enfant naturel, 22.

Mesures : fidélité, réglemens, 11.

Meubles... v. question préjudicielle.

Meurtre : caractères, 18 ; quest. div., 36, 61.

Militaires : délits, 46 ; tribunaux, v. ce mot; quest. div., 77, 97.

Mineur : de 16 ans, délinquant, qui a agi avec ou sans discernement, peine, etc., 94, 64 ; serment, 132 ; délits d'eaux et forêts, disc., 94, note 1 ; acquitté, doit-il les dépens ? id., 95, note 3.

Minimum : v. peine.

Ministère public : qui l'exerce dans les divers tribunaux, 28, 71, 143 ; remplacement et mode de id., 28, 120, 143 ; a l'action publique, 28 ; effet de son appel, ou de son défaut d'appel ou de réquisition, quant à cette action, 29; peut attaquer le jugement conforme à ses conclusions, disc., 32, note 23, et p. 211 ; peut conclure pour et contre, 33; ne doit pas les dépens, 100 ; récusation, 116 ; sa présence est nécessaire, 32, 141, 146, 193; droit d'opposition, 132 ; id. d'appel, 148; recours contre l'arrêt de n'y a lieu à accusation, 159 ; fonctions aux assises, 164 et suiv.; pour l'exécution, 196 ; quand peut recourir, 159, 163, 207 et suiv.; quand est partie jointe, 26.

Ministres des cultes : délits, 16 ; autorisation inutile, 49.

Ministres : crimes, 80 ; circulaires, leur effet, 109; quest. div., 69.

Minutes de jugemens, signature, 195.

Mise à disposition... v. gouvernement.

Mœurs (attentat aux)... v. pudeur.

Mois : durée quant à la peine, etc., 88, 107.

Monnaie : refus, 14; fausse, confiscation de biens, 85; employés, 49.

Mort : peine, 84, 98, 61, 93; articles qui la prononcent, 226; effet sur les actions publique et civile, 103.

Mort civile : quand opérée; son effet sur le testament, etc., disc., 69, note 1; quest. div., 46, 109.

Motifs des jugemens, 116, 141, 148, 157.

Moyens : de faux, 199.

Mutilation : du poing, peine du Code de 1810, supprimée, 61.

NAVIGATION : sur le Rhin, loi, infractions, 57.

Négligence... v. garde.

Neveu : témoin, 176.

Nobles... v. décapitation.

Nombre de juges (insuffisance de) : réglement, 207.

Non bis in idem : effet de cette maxime, 30, 155, 194; id. et exception, 191. — V. chose jugée.

Notifications : leur caractère, 150; qui les fait, 113, 114, 150; des noms des jurés, 165, 166, 167. — Disc... v. témoins.

Nuit : arrestations sont prohibées, 129, 130... v. pêche.

NULLITÉS : d'accusation, ou antérieures, cas, délais, etc., 163; matières criminelles, correctionnelles, etc., cas, jurisdiction, etc., 207 et suiv.; de 1ʳᵉ instance, 209; légales ou substantielles, 117, 166; couvertes, 117 et 121; quest. div., 116, 131, 148, 163; non opposées, 209.

OCTROIS , 49, 140; employés, 49... v. procès-verbaux.

Offense : à la loi; loi sur cet objet, abrogée, 17; aux personnes, 61.

Office (procédure d'), 124; (recours d'), 216; renvoi, 188.

Officiers disponibles : de qui justiciables, 48; pensionnés, jurés, 56, 169.

Officiers de l'état civil : poursuites, etc., 49; qu. d., 196.

Officiers de police judiciaire, leurs fonctions, etc., 120 et suiv.; quest. div., 125, 166, 169, 176.

Officiers de police auxiliaires : fonctions, etc., 121 et suiv.; quest. div., 125, 127, 131.

Omission de statuer sur une demande, 207, 173; de faire une action prescrite , 2.

Oncle, témoin, 176.

Opposition ordinaire : cas, 136, 149, 151, 153, 193, 205, 212; effet quant au recours en cassation, 209, 137; dépens, 147. — V. partie civile.

Opposition aux ordonnances de la chambre du conseil, 74; règles, nature, 134 ; quest. div., 204.

Option de peine , 87.

Ordonnance de prise de corps : sa nature, quand décernée, 132, 129 ; effet, 158 ; — d'acquittement... v. ce mot ; — de non-lieu, 133 ; — de 1669, 51.

Ouest (départemens de l'), 58, 122.

Outrages aux fonctionnaires publics, 14, 16, 201, 202, 206.

Ouvrages : dangereux ou immoraux, publication , 16, 71 ; — cités dans le Cours, voy. *l'avis aux élèves, p. vj.*

Ouvriers , 4, 61.

PAIRS... v. chambre. — Leurs délits, contraventions et arrestation, 80 ; jurés, 169.

Paix publique, crimes et délits contre id., 16, 17.

Paille (toit de), 12.

Paraphe : de pièces , 184.

Parcours (droit de), servitude , 12.

Parens : crime à l'étranger, réclamation, 46 ; conseils, 161.

Parenté : de juges et jurés, 161, 170 : de témoins, 175, 178.

Parricide : n'est jamais excusable, 96 ; peine, 19, 226.

Partage d'opinions : se vide en faveur de l'accusé, 116, 187.

PARTIE CIVILE : action, 34 ; quand peut obtenir des dommages, 38 et suiv., 99, 192 ; et les dépens , 99 ; qui l'est et comment, 125 et suiv.; citation, 136, 144 ; sa défense, 145 ; droit de recours, 158, 206, 209, 210 ; son appel n'ôte pas au défaillant le droit d'opposition , 147 ; quest. div., 169, 176, 177.

Partie jointe, 26.

Passage : par un terrain ensemencé , 4 : dans les rues, etc., 11.

Patente : omission de l'énoncer, 166.

Pâturage dans les bois : est un délit, 27.

Pêche : quand passible de poursuites, 24 ; prescription, 106.

— *Fluviale :* instrumens et temps (la nuit) prohibés, 25; enregistrement, 114.

PEINE : prononcée contre un délit, 3 ; omise par la loi, 6 ; ne peut être établie par décision du gouvernement, 112 ; par quel tribunal applicable, 5, 194 ; sur quels faits , 69 ; ne peut l'être par induction, 6 ; sert à distinguer les délits, 9, 68 ; afflictive ou infamante, 9, 84, 200 ; effets et autres règles, 86 et suiv., 98 et suiv.; modération et aggravation, 68, 72, 86, 96 ; récidive, 90 ; modifications, 94 et suiv.; maximum , 91, 69 ; minimum, 83, 194 ; la moindre, 214 ; inférieure à la légale, 209 ; indéterminée, 69 ; extinction, 103 et suiv.; mal appliquée , 207, 208 ; quest. div... v. commutation, cumul, emprisonnement, femme, option.

Peines : espèces, 82 et suiv.; supprimées, 61 ; remplacées, 61 ;

nouvelles , 62 ; abaissement, 62 ; temporaires, 62 ; anciennes, 52, 86 ;sont personnelles, 86 ; articl. qui les prononcent, 225.

Peines de police , 82 et suiv.; quest. div., 6.

Peines correctionnelles , 82 et suiv.; quest. div., 200.

Peines des crimes, 82 et suiv.

Percepteurs concussionnaires , 49.

Pères, 22... v. responsabilité. — Id., droit d'appel , 149.

Petit criminel : définit., 33 ; quest. div., 141.

Pièces de conviction : représentées, 179 ; de comparaison , ou attaquées comme fausses, v. vérification.

Pièces de procédure : remises au jury, 184; détruites, etc., 202... v. communication.

Pigeons... 12; tués, 6... v. colombiers.

Pillages, 19.

Plaidoiries, 180.

Plaignant, 125 et suiv.; calomnie, 193; défense, disc... v. extraction ; témoin, 176.

Plainte : définit., effets, formes, à qui portée, etc., 125 et suiv.; quest. div., 145, 159.

Poids et mesures, 12, 50.

Poing... v. mutilation.

Police administrative : son objet, 119; agens, sergens , 50.

Police correctionnelle : v. procédure, tribunaux, etc.

Police judiciaire : son but, 119, 124; ses officiers, 120 et suiv.; ses procédures, 124 et suiv.; quand ses fonctions cessent , 119.

Police municipale : contraventions, 13, 14.

Police rurale : contraventions, etc., 14; lois, 63 ; prescription, 206.

Police simple : lois et réglemens, par qui faits, 10 à 12 (v. aussi réglement); peines applicables, 10, 62; jurisdiction, 70; procédure , règles, etc., 136 et suiv.; jugement, signification et appel, 141 ; circonstances atténuantes, 97; juge y est juré, 142; recours, 209, 72; id., amende, 215; qui a droit d'appeler, 72 ; procédure d'appel, 142.

Port d'armes : contre l'état, 16 ; à la chasse, etc., 107, 108.

Porteurs... v. contrainte.

Poste aux lettres... agens, 49.

Poursuites : prorogent la prescription, 107; qu.d 104, 128, 133.

Potence... v. strangulation.

Pourvoi : nécessaire et facultatif, 163; effet, 212... v. cassation.

Pouvoir discrétionnaire du président, 190; quest. div., 146, 152, 174, 175.

Préfets : délits, 50; officiers de police, 123; liste de jurés, 165, 169, 170, 56.

Premier président de Cour royale, 57, 123, 160, 165, 201.

Préparatoire... v. jugement.

Préposés de douanes et de droits réunis, etc., 113, 139.

Prescription des actions et peines ; temps et autres règles, 104 et suiv., et v. poursuites ; quest. div., 90, 196, 200 ; amende, 3.

Président d'assises : pouvoir, 190, 179 et suiv., 191, 195 ; son résumé... v. ce mot ; fonctions ou quest. div., 166, 168, 175, 188.

Presse : délits, 13 ; compétence, 121 ; lois, 64 à 66 ; prescription, 108 ; quest. div., 110, 157.

Prestations civiles : ou dommages, dépens, restitutions, 99.

Preuves : espèces au criminel, 114 et 39 ; à la police, 138 ; au correctionnel, 153 ; légale, d'où résulte, 140.

PRÉVENU ; quand obtient des dommages, 38 et suiv.; arrestation, comparution, etc., 127 et suiv.; élargissement, renvoi, etc., 128, 132.

Prévôtales... v. cours.

Prise à partie, 195.

Prison : extraction pour affaire, défense, ou maladie, 157 ; quest. div., 121.

Privilège du trésor public pour les dépens, 101.

Procédure correctionnelle : règles, citation, faits à y énoncer, délai, défaut, opposition, instruction, jugement (juge y est juré), 144 et suiv.; renvoi à la police simple, 145 ; appel, délai, procédure et jugement de id., 148 et suiv.; nullités et recours, 209... v. aussi 151.

Procédure des Cours d'assises... v. Cours d'assises.

PROCÉDURE CRIMINELLE : définit., but, 1 ; règles générales, 113 et suiv.; id. proprement dite, ou des crimes, 154 et suiv.

Procédure de police... v. police simple, procédure correctionnelle, police judiciaire, etc.

Procès-verbaux des délits ; formes, 130 ; écriture, affirmation, 138 à 140 ; produits aux débats, disc., 162 ; de police, foi, etc., 138, 185 ; correctionnels, 146 ; d'assises, 195, 172, 177, 208 ; de douanes, droits réunis, octrois, 139 ; affirmation, 139, 140 ; de nomination de conseil, 161 ; quest. div., 184.

Processions : tapisseries, 13.

PROCUREUR-GÉNÉRAL : a l'action publique, 28 ; surveille les officiers de police, 121 et suiv., 56 ; fonctions pour l'accusation, 154 et suiv.; pour les assises et le jury, 168, 57 ; droit d'appel au correctionnel, 148, 150 ; id. de cassation, 215.

— Quest. div., 132, 28.

PROCUREUR DU ROI : a l'action publique, 28 ; est chargé de la police judiciaire ; règles à cet égard, 120 et suiv.; remplacement, compétence, cas de flagrant délit, 127 et suiv.; communication à id., 131 ; quest. div., 125, 126, 169.

Procureur spécial : quand supplée la partie, 149, 211.

Propriété... v. question préjudicielle.
Provocation : à un délit, 91; par violences graves, excuse, 96.
Prud'hommes : jurisdiction de police, 71.
Publicité : nécessité, débats, instruction, 115, 137,146, 171.
Pudeur (attentat à la), 5, 41, 61.

Qᴜᴀʟɪғɪᴇ́ (jugement mal)... v. jugement.
Qualités des jurés, 56, 167; erreurs de iid. dans leur liste, effets, disc., 167, note 24; défaut de id., effet, disc., 170, note 29.
Question ou *torture :* peine ancienne, 53.
Question d'état, 41 et suiv.; incidente, 42.
Question préjudicielle : caractères; de propriété (non de jouissance, ou de meubles); quand fait surseoir, 41 à 44, 106; quest. div., 24.
Questions aux jurés : position, et sur quels faits et circonstances prescrite, réclamation, division, solution, termes, etc., 180 et suiv.; générales et spéciales, 182; la réclamation de l'accusé contre la position peut-elle être écartée?... disc., 182, note 46. — Quest. div., 193.

Rᴀɪsᴏɴ (tel égard que de), 139, 141.
Rapt : quand passible de poursuites, 24; et prescriptible, 105.
Ratures de déclaration, 187.
Rébellion : caractères, 16, disc... v. résistance; quest. div., 104.
Recel : d'un détenu, 5; ou criminel, 17, 92; d'objet d'un crime, 92; quest. div., 157, 183, 46.
Récidive : nature, cas, peine, etc., 90; effet quand à la réhabilitation, disc., 90, note 3, n. 3; quid, si le crime n'est plus qu'un délit? Id., ib., n. 4; de délits militaires, 47; quest. div., 61, 62, 84, 85, 93, 96, 109, 112, 138.
Réclamation contre la position des questions : disc... v. questions.
Réclusion : peine afflictive, 84, 98, 61, 62, 83; articles qui la prononcent, 226.
Récoltes : enlèvement, 61; dévastations, 20.
Recours... v. cassation, nullités, office, réglement, renvoi, révision.
Récusation de juges, règles, 115; de jurés, péremptoire ou motivée, 168, 169, 165.
Réglemens de juges; cas, tribunaux qui les jugent, instruction, jugement, etc., 203 et suiv.; entre divers tribunaux de divers genres, qui en connaît, id. et 204, 205, 252.
Réglemens des jeux, enchères, commerce, arts, etc., 20.
Réglemens de police; de qui émanent, mode, effets, exécution, conditions pour être obligatoires, etc., 10 et suiv.; peine et récidive, 13, 91, 61; anciens, quand sont applicables, 51.

Réhabilitation : cas, mode, effets, etc., 111; par qui examinée, disc., ib., note 2; autre disc... v. récidive; quest. div., 99.

Réintégrande : question, 44, note 58.

Rejet de pourvoi : son effet, 213.

Religieux : témoin, serment, 177.

Renvoi à un autre juge : cas, qui en connaît, etc., 206; id., après cassation, 213; son effet sur la compétence, ib.; quand n'est pas ordonné, 213, 214; quest. div., 152.

Renvoi à une autre session d'assises, 160, 174, 187.—Des jurés dans leur chambre, 189.

Renvoi sous la surveillance de la haute police, 83.

Réparation civile, 62, 27.

Réparation d'honneur : peine, quand applicable, 84; articles qui la prononcent, 226.

Réplique de l'accusé, peut-elle être refusée? disc., 180, note 45.

Repris de justice (condamné) : définition, 135.

Reproches de témoins, 22, 98, 140, 141, 157, 175; quest. div., 150, 175.

Requête : d'appel au correctionnel, 149; en réglement, 205.

Réquisitionnaire fuyard, est-il militaire? 41.

Réserve de poursuivre un délit, 193.

Résistance : de nuit à la force armée, etc., disc., 130, note 13; d'un condamné à son exécution, blessures à lui faites, disc., 87, note 14.

Respect... v. manquement de...

RESPONSABILITÉ civile des condamnations, dont sont tenus les pères, maîtres, instituteurs, artisans, aubergistes, communes, maris, tuteurs, femmes, porteurs de licences, 102. — Quest. div., 3, 31, 136.

Restitution d'effets dérobés, 38, 99, 194.

Résumé du président d'assises, ne peut être interrompu, 180, 181; quid, s'il y présente des faits nouveaux, etc.?. ib.

Retenue du fond : quand a lieu, 148, 151.

Révélation de crimes et délits (non), 60.

Révision d'arrêt : cas, jurisdiction, mode à suivre, etc., 216.

Rhin... v. navigation.

Rixes : contraventions, 11.

Roi : attentats contre lui, 16; droit de grâce, amnistie, commutation, extradition... v. ces mots.

Roturiers... v. strangulation et décapitation.

Roue : peine ancienne, 52.

Routes, 64, 71.. v. chemins..

Rues : nettoiement et éclairage, 2, 11; passage, 11.—Voy. chemins.

Sacrilège : délit, loi sur id., 18; son abrogation, 18 et 60.

Saisies : qui les fait au criminel, 114.

Salubrité, 11, 119.

Scellé (bris de) : crime, 17; circonstance aggravante, 22.

Séances d'autorités; délits pendant leur tenue, 202 ; d'assises, 171, 178.

Séditieux (cris ou actes) : délits, 16, 55.

Séparation de corps, 35.

Septuagénaire : peine est modérée, 94.

Serment : des témoins, 132, 141, 177, 190; des jurés, 171; quand est présumé non prêté, ibid.; des médecins, experts, etc., 131.

Session d'assises, 168. — V. renvoi.

Signature de procès-verbal d'assises, 195 ; de pièces, 184; de déclaration, 188, 191.

Sociétés savantes (membres de); jurés, 169.

Sœur... v. témoin.

Solidarité pour les amendes et les prestations civiles, 100, 101.

Sorcellerie, 52.

Sourd-muet : interprète, 162.

Sous-préfet, 123.

Soustractions : entre parens, 5, 21, 92; du gage, 21; des effets saisis, 21; séquestrés, 21; entre cohéritiers ou associés, 22; de pièces, 202.

Souterrain, 22, 26.

Strangulation par la potence : peine des roturiers, 86.

Subornation de témoins : quand est délit, 19.

Substances nuisibles, 61.

Substantielles (formes) : celles qui tiennent à la défense sont de ce genre, 117, et disc., 173, note 34, note 4; et 146, note 5... quest. div., 145, 147, 162, 168, 179, 180.

Substitut du procureur-général, 28, 156 160, 194; — du procureur du roi, 127, 149. — Anciens, 56.

Suicide : quest. div., 5, 104.

Suppléant (juge) : peut être juré, 169; être appelé aux assises, 160; remplacer le procureur-général, 160; délits, 201.

— de juge de paix, 140.

Surcharge de déclaration, 188.

Sûreté (défaut de): est un cas de renvoi, 206.

Sursis : aux procédures, 39, 41, 164, 174, 197, 205; aux actes, 197; au jugement, 187 ; à l'exécution, 195.

Surveillance : peine, 83, 62, 91, 120 ; articles du Code qui la prononcent, 226.

Suspects, 55.

Suspicion légitime : est un cas de renvoi; les juges agissent comme des jurés pour l'apprécier, 206.

Tribunaux militaires : espèces et jurisdiction, 77 ; effets des jugemens, condamnations civiles, ib. ; justiciables, 46 ; recours en
cassation, 78 ; quest. div., 91.

Tribunaux de police : jurisdiction de premier et de dernier ressort, etc., 70... V. police simple. — Disc... v. réglement. — Juge
y agit comme juré, 142.

Trompe... v. contumace.

Unanimité de voix : elle ne doit pas être exprimée , 187.

Université : délits des élèves mineurs ; discipline des membres
de id. , 48.

Urne pour le tirage des jurés, 165, 168.

Usage : de pièce fausse, 121, 198; contraire à la loi, 3 , 51.

Usure... v. délit complexe.

Usurpation , 110... v. titres.

Vacances : tribunaux criminels n'en ont pas, 114.

Vagabonds : condamnés, réclamés par les communes, 110; caution, on n'en reçoit point, 135 ; quest. div., 62, 83.

Vaisseaux : délits commis sur iid., 45.

Vendanges (bans de) ; prescription, 107.

Vente de comestibles au-dessus de la taxe, 61.

Vérification : de pièce déclarée non fausse, est-elle nécessaire ?
198, note 3, n. 4 ; par comparaison d'écritures, 198.

Vieillesse... v. septuagénaire.

Violation... v. domicile.

Violence : délit, 19; qui provoque au délit, 96.

Visa de mandat de dépôt et d'arrêt, 129.

Voie de fait : légère, 15; grave, 19; quand permise , 44.

Voie publique... v. dépôts, excavation.

Voie pour agir, on ne peut varier dans son choix, 145, 26.

Voirie : délits de id., à qui soumis, et dans quels cas, 71. —
V. conseil de préfecture.

Voitures : police, 61.

Voix : nombre, pluralité , ou majorité, 186, 187 ; sur le discernement, 187. — Disc., voy. jurés.

Vol : définit., espèces, circonstances aggravantes, etc., 21, 22 ,
60 ; avec escalade, 21, 87 ; à force ouverte, avec armes, etc. , 6 ,
22 ; quest. div., 102. — V. aussi récoltes et soustraction.

Volailles : à l'abandon, 6 , 7 ; dégâts de iid., ib. et 14.

Volonté : est nécessaire au délit ; celle qui exclut la démence
ne doit-elle pas être constatée par le jury? Disc., 8, note 14.

Vote... v. jurés. — Mode de id., 185, 252.

ERRATA ET ADDITIONS.

Page 14 , lig. 8 (note 9, n. 5), *au lieu de* C-pén. 476 à 478, *lisez* C-pén.
475 à 478.

P. 26 , note 8 *a*, n. 2, à la fin , *ajoutez* : même règle quand ces infractions
constituent un délit contre l'ordre public. V. à ce sujet d. B. c. 14
nov. 1833.

P. 44 , lignes 31 et 32, *au lieu de* et note 37, *lisez* et notes 36 et 37.

P. 64 , lig. 9 à la fin (n. vj), *effacez* 414 et 415... et lig. 11 (d. n. vj), *effacez*
aussi 19 (cet art. n'est pas abrogé).

P. 101, lig. 17 du texte, *après le mot* attroupemens, *placez* le renvoi (10*b*),
et p. 102, *après* la note 10 *a*, *ajoutez à la ligne* :
    (10 *b*) Il n'en est pas de même s'ils ont eu pour but le renverse-
ment du gouvernement. V. *au reste, à ce sujet, réquis.* (de M. Dupin) *et arr. cass.* 6 *avr.* 1836, *Gaz. trib. des* 7 *et* 8.

P. 103 , lig. 24 du texte, *après* 9 déc. (2), *lisez* excepté les dépens adjugés
au fisc par la condamnation *pénale.* V. *rej. civ.* 21 *juill.* 1834,
et crim. 3 *mars* 1836, *Sirey*, 35 , 75, *et* 36, 193.

P. 161 , note 16, lig. 5, après les mots aux assises, *ajoutez* Rej. 16 sept. 1835,
J-cr. 355.

P. 180, lig. 20 (note 44 *c*, à la fin), *ajoutez* : néanmoins , pendant cette première plaidoirie (v. pour la seconde, sur la peine, p. 193 et 194), on
ne peut entretenir les jurés de la peine qui pourrait être appliquée à
l'accusé, par suite de leurs réponses. V. *réqu.* (de M. Dupin) *et rej.*
25 *mars* 1836, *Gaz. trib. du* 26.

P. 185, note 54 *b* (délibération des jurés), *voy.* l'addition suivante.

P. 185, note 61 *b*, *ajoutez* : D'après ce projet, qui vient d'être adopté (28
mars 1836) par la Chambre des députés, le vote doit avoir lieu au
scrutin... les billets soit blancs, soit illisibles, comptent en faveur de
l'accusé.
    Pendant la discussion du même projet on a de nouveau formellement
reconnu que les jurés, avant de voter, ont le droit de délibérer (v.
ci-dev. p. 185 , note 54 *b*).

P. 203, note 1 *a*, à la fin *ajoutez* : Si les deux tribunaux entre lesquels il y a
conflit, sont dans une hiérarchie judiciaire différente , par exemple
s'il s'agit d'un tribunal maritime et d'un tribunal ordinaire , le réglement doit être porté à la Cour de cassation. V. *C-cr.* 527 ; *B. c.*
10 déc. 1824, 22 *févr.* 1828, 10 *avr. et* 8 *juill.* 1829, 1 *juill.* 1830,
13 *et* 27 *juill.*, 19 oct. *et* 13 *nov.* 1832.

P. 211, lig. 10, note 11, n. 2, à la fin , *ajoutez* et B. c. 14 sept. 1833, n. 381.

Ib., lig. 44, note 21, à la fin , *ajoutez* à la ligne 8 : Il ne peut pas se désister de son pourvoi, et ce pourvoi est acquis à toutes les parties. V.
rej. 3 janv. 1834, n. 8, et ci-dev., p. 32, note 22 *a*.

TABLE DES MATIÈRES

DANS L'ORDRE DU COURS DE DROIT CRIMINEL.

PREMIÈRE PARTIE.

LÉGISLATION CRIMINEELE.

SECONDE PARTIE.

PROCÉDURE CRIMINELLE.

ERRATA ET ADDITIONS

POUR LA VIe ÉDITION DU COURS DE PROCEDURE.

Page 53, note 47, *au lieu de* plein de droit, *lisez* de plein droit.
Page 67, ligne 9 (note 84 *a*), *au lieu de* 19 *sept.*, *lisez* 28 *sept.*
P. 72, ligne 12 (note 6, alin. 2), *au lieu de* 659 , n. 9, *lisez* 649, n. 9.
P. 117, lig. 42, *à* C-c. 1872 et 822, *ajoutez* 1476.
P. 130, lig. 3 (note 35, in pr.), *après* xxxij, 138, *ajoutez* et Cours criminel, p. 44, note 58 ; arr. de 1835, ibid.
— D. p. 130, lig. 26 (note 57, n. 1, in f.), *ajoutez* V. aussi Cours criminel , note 58.
P. 229, note 54. n. 4, *ajoutez* : la *litis contestatio* substituait à l'obligation primitive du défendeur, celle de subir le jugement (*Gaïus*, iij, 180), et produisait ainsi une novation (11 , § 1 , *D. novat.*). Il est clair que rien de semblable ne pouvait avoir lieu si l'action était réelle, c'est-à-dire, avait pour objet une question de propriété (voy. *ci-dev. p.* 135, *note* 12, *n.* 1). F. B. S.
P. 257, lig. 47 et 48 (note 15, n. 1), *après* déclinatoire , *lisez* la seconde, celle qui résulte d'une nullité(v. p. 242) de formes.
P. 328 , lig. 29 (note 34, n. 1, in f.), *supprimez* et 28 déc.
P. 285, note 42 , alin. 1 , *au renvoi* qui suit *judicati*, *substituez* : elle résultait d'une espèce de novation. En effet, l'obligation d'exécuter la sentence se trouvait substituée à l'obligation de la subir, née de la *litis contestatio* (*Gaius*, iij, 180). F. B. S.
P. 345, note 50, lig. 1 , *au lieu de* 20 janv. 1805, *lisez* 28 janv. 1806.
P. 356, lig. 39 (note 37 in f.), *au lieu de* peut concorder, *lisez* peu concorder.
P. 400, lig. 24 (note 13 *b*, in pr.), *au lieu de* donnée , *lisez* formée.
P. 412, lig. 46 (note 6), *après* par un jugement, *ajoutez*, mais v. note 5, n. 1 et 1 *a*.
P. 433, texte, lig. 5, *lisez* l'enregistrement et les droits accessoires.
P. 450 , lig. 21 (note 23, n. 5, in pr.) *au lieu de* l'opposition nulle ne peut , *lisez* l'opposition nulle peut.
P. 469 , lig. 23 (note 51), *effacez* (v. aussi nos additions finales).
    Ib., lig. 38 (note 53 , n. 1), *au lieu de* d. art. et, *lisez* d. art. 447, et.
P. 475 , lig. 39 (texte, n. ij), *au lieu de* suivante, l'audience , *lisez* suivante (73 *a*) ; l'audience.
P. 553 , lig. 12 (note 6, n. 1, in f.), *au lieu de* 1828, *lisez* 1835.
P. 585, lig. 42 (note 32 , n. 2, in f.), *ajoutez* : la saisie ou opposition *sur soi-même* vient aussi d'être déclarée illégale par un jugement du tribunal de première instance et un arrêt (8 *avr.* 1836, *Gaz. trib. du* 9) de la Cour de Paris; décisions d'autant plus remarquables que la partie condamnée fondait principalement la légalité de cette saisie sur ce qu'elle était consacrée dans la capitale par un long usage.
P. 644, note 41, lig. 8, *au lieu de* vij, 1835, *lisez* rej. 1835.
P. 640. lig. 4 du texte, *après* imprimé, *effacez* le renvoi (62 *a*).
    N. B. Voy. pour d'autres additions et corrections, Cours de procédure, 6e édit., p. 877 à 880.